사례로 배우는

학교폭력 예방 및 대처의 이론과 실제

신재한 · 권민석

교육과학사

학교폭력은 육안으로 드러나는 신체 폭력보다는 일상적인 학교생활에서 발생하는 언어폭력, 사이버폭력, 따돌림 등의 비중이 상대적으로 더 증가하고 있다. 또한, 지금까지의 학교폭력은 지나칠 정도로 학교폭력 법률에 의존하여 가해학생 처벌 위주의 대응 방법에 중점을 두고 있기 때문에, 가해자와 피해자의 관계 회복보다는 돌이킬 수 없는 상처로 남는 경우가 많다. 가해학생의 처벌에 중점을 두기보다는 피해학생의 회복은 물론, 가해학생과 피해학생의 관계 회복이 무엇보다도 중요하다.

이에 본 저서는 1부 학교폭력 이해하기, 2부 학교폭력 사안처리하기, 3부 상담 및 특별교육 프로그램 운영하기, 4부 학교폭력 예방 및 대처하기, 5부 성폭력 사안처리하기, 6부 학교폭력 법령 이해하기, 7부 학교폭력 유형별 지도 및 상담하기로 구분하였다. 1부 학교폭력 이해하기에서는 학교폭력 유형 및 현황, 학교폭력 실태조사 및 후속처리, 학교폭력 예방교육 등으로 구성되었고, 2부 학교폭력 사안처리하기에서는 학교폭력 초기 대응, 학교폭력 전담기구, 학교폭력대책자치위원회, 분쟁조정, 재심, 행정심판, 사법처리절차와 통고제도 등으로 구성되었다. 또한, 3부 상담 및 특별교육 프로그램 운영하기에서는 특별교육 프로그램 운영, 가해학생 상담 프로그램 운영, 피해학생 상담 프로그램 운영 등으로 구성되었다. 4부 학교폭력 예방 및 대처하기에서는 학교폭력 예방 프로그램 운영, 학교폭력 대처 모형 및 방안으로 구성하였다. 5부 성폭력 사안처리하기에서는 성폭력의 개념 및 유형, 성폭력 사안처리, 성폭력 예방교육, 또래 및 사이버 성폭력 사례 등으로 구성하였고 6부 학교폭력 법령 이해하기에서는 학교폭력 예방, 사안발생 인지 및 신고사례, 학교폭력대책자치위원회 개최 및 운영 사례 등으로 구성하였다. 한편, 7부 학교폭력 유형별 지도 및 상담하기에서는 신체폭력, 언어폭력, 금품갈취 및 강요, 따돌림, 성폭력, 사이버폭력 등 사례별 지도 및 상담 방법을 소개하였다.

본 저서는 교직 과목 중에서 '학교폭력 예방 및 대처'를 수강하는 교육대학 및 사범대학 학생뿐만 아니라, 교육 현장에서 실천하는 교사들에게도 많은 도움을 줄 것으로 기대한다. 아무쪼록 본 저서가 학교폭력 예방 및 대처는 물론, 성공적인 생활지도를 실천하는데 기초가 되는 기본 지침서가 되기를 바라는 마음이다. 끝으로 본서 출판에 도움을 주신 교육과학사 가족 여러분께 감사를 드린다.

2017년 8월

저자 대표 신재한

차 례

제3부 상담 및 특별교육 프로그램 운영하기

제4부 학교폭력 예방 및 대처하기

제5부 성폭력 사안처리하기

제6부 학교폭력 법령 이해하기

제7부 학교폭력 유형별 지도 및 상담하기

제1부 학교폭력 이해하기

제1장 학교폭력의 유형 및 현황

제2장 학교폭력 실태조사 및 후속처리

제3장 학교폭력 예방교육

제1장 학교폭력의 유형 및 현황

학습목표

1. 학교폭력의 유형을 이해할 수 있습니다.
2. 학교폭력이 실제 일어나는 실태를 설명할 수 있습니다.

1. 학교폭력의 유형

'학교폭력'이란 학교 내외에서 학생을 대상으로 발생한 상해, 폭행, 감금, 협박, 약취 · 유인, 명예훼손 · 모욕, 공갈, 강요 · 강제적인 심부름 및 성폭력, 따돌림, 사이버 따돌림, 정보통신망을 이용한 음란 · 폭력 정보 등에 의해 신체 · 정신 또는 재산상의 피해를 수반하는 행위를 말한다(「학교폭력 예방 및 대책에 관한 법률」 제2조제1호).

처음에 학교폭력이라는 용어를 사용할 때에는 학생들을 중심으로 한 학교 대 학교, 또는 학교내 집단패싸움 등 신체적인 가해행위를 의미했지만, 이후 이 용어는 심리적 위협을 포함한 다양한 형태의 폭력을 포함하는 것으로 정의되고 있다. 즉, 힘이 센 학생을 중심으로 형성된 패거리들로부터 지속적이고 위협적인 자극을 받음으로써 심리적인 소외감과 극도의 불안감을 겪고, 신체적인 상처와 물리적인 손해를 감수하고 있는 상태도 학교폭력으로 볼 수 있다. 여기에는 언어에 의한 위협, 놀림, 소지품 은닉, 따돌림, 집단에 의한 무시, 폭력, 갈취, 훈계 · 친절의 강요, 기물손괴가 포함된다. 보다 광의로 볼 때, 학교폭력에는 학생의 교사에 대한 폭력과 교사의 폭력도 포함시키기도 한다.

가. 학교폭력의 3가지 유형

학교폭력의 유형은 여러 가지로 나눌 수 있다. 먼저 학교폭력이 나타나는 유형을 크게 언어·심리적 유형, 신체적·물리적 유형, 집단 따돌림 유형의 3가지로 〈표 1-1〉과 같이 제시할 수 있다.

〈표 1-1〉 학교폭력의 3가지 유형

언어적·심리적 유형	신체적·물리적 유형	집단 따돌림 유형
1. 별명을 부르기 2. 험담을 하기 3. 빈정거리기 4. 조롱하기 5. 나쁜 소문 퍼뜨리기 6. 위협적 행동 - 여러명의 학생들이 한명에게 반복적으로 하는 윙크같은 행동도 포함 7. 음란한 눈빛 8. 음란한 몸짓 9. 어떠한 행동을 사진 또는 동영상으로 찍어서 수치심이 들게 하는 것 10. 인터넷 카페 또는 학교 게시판에 협박 글 등을 올리는 행동	1. 고의적으로 건들이거나 치는 행동 등 시비 걸기 2. 폭력, 폭행 - 때리라고 시키는 것도 포함 3. 장난을 빙자하여 때리거나 밀치기 4. 하기 싫은 걸 강요하는 행동 5. 물건이나 흉기 등을 이용해서 상해 입히기 6. 돌 던지기 7. 침 뱉기 8. 돈이나 물건 감추기 9. 돈이나 물건 뺏기	1. 고의적 따돌림 2. 사이버 폭력 - 게임아이템 사기, 절도, 이메일이나 모바일을 통해 반복적 협박, 비난 등 3. 친구를 도와주는 것을 막는 행동 4. 소지품 버리기 5. 소지품 감추기 6. 책상 숨기기 등

나. 학교폭력의 7가지 유형

교육부에서 학교폭력이 발생하는 다양한 유형들을 [그림 1-1], 〈표 1-2〉와 같이 크게 신체폭력, 언어폭력, 금품갈취, 강요, 따돌림, 성폭력, 사이버폭력의 7가지 유형으로 나누고 이에 따른 대처방안을 제시하고 있다.

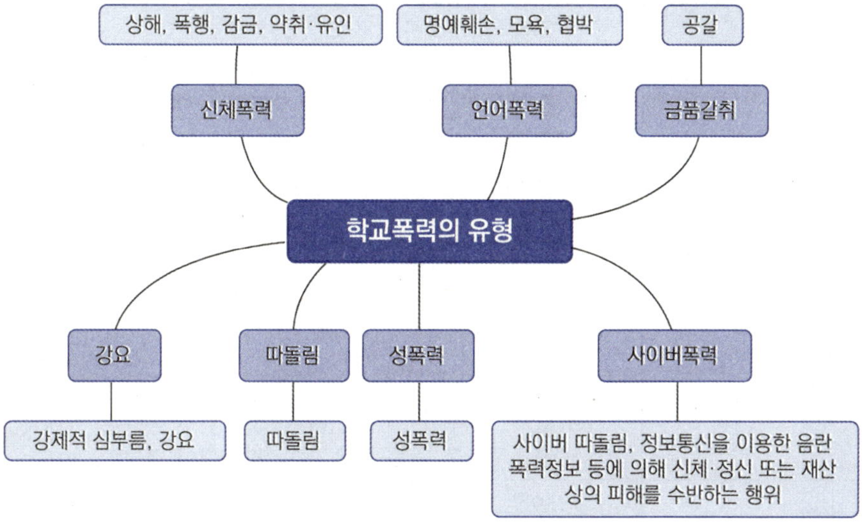

[그림 1-1] 학교폭력의 7가지 유형

〈표 1-2〉 학교폭력의 7가지 유형

유형	학교폭력 예방법 관련	예시상황
신체 폭력	• 상해 • 폭행 • 감금 • 약취 · 유인	• 일정한 장소에서 쉽게 나오지 못하도록 하는 행위(감금) • 신체를 손, 발로 때리는 등 고통을 가하는 행위(상해, 폭행) • 강제(폭행, 협박)로 일정한 장소로 데리고 가는 행위(약취) • 상대방을 속이거나 유혹해서 일정한 장소로 데리고 가는 행위(유인) → **장난을 빙자해서 꼬집기, 때리기, 힘껏 밀치는 행동 등도 상대 학생이 폭력행위로 인식한다면 이는 학교폭력에 해당**
언어 폭력	• 명예훼손 • 모욕 • 협박	• 여러 사람 앞에서 상대방의 명예를 훼손하는 구체적인 말(성격, 능력, 배경 등)을 하거나 그런 내용의 글을 인터넷, SNS 등으로 퍼뜨리는 행위(명예훼손) → **내용이 진실이라고 하더라도 범죄이고, 허위인 경우에는 형법상 가중 처벌** • 여러 사람 앞에서 모욕적인 용어(생김새에 대한 놀림, 병신, 바보 등 상대방을 비하하는 내용)를 지속적으로 말하거나 그런 내용의 글을 인터넷, SNS등으로 퍼뜨리는 행위(모욕) • 신체 등에 해를 끼칠 듯한 언행(죽을래 등)과 문자메시지 등으로 겁을 주는 행위(협박)

유형	학교폭력 예방법 관련	예시상황
금품 갈취	• 공갈	• 돌려 줄 생각이 없으면서 돈을 요구하는 행위 • 옷, 문구류 등을 빌린다며 되돌려주지 않는 행위 • 일부러 물품을 망가뜨리는 행위 • 돈을 걷어오라고 하는 행위 등
강요	• 강제적 심부름 • 강요	• 속칭 빵 셔틀, 와이파이 셔틀, 과제 대행, 게임 대행, 심부름 강요 등 의사에 반하는 행동을 강요하는 행위(강제적 심부름) • 폭행 또는 협박으로 상대방의 권리행사를 방해하거나 해야 할 의무가 없는 일을 하게 하는 행위(강요) → **속칭 바바리맨을 하도록 강요하는 경우, 스스로 자해하거나 신체에 고통을 주는 경우 등이 강요죄에 해당**
따돌림	• 따돌림	• 집단적으로 상대방을 의도적이고, 반복적으로 피하는 행위 • 싫어하는 말로 바보취급 등 놀리기, 빈정거림, 면박주기, 겁주는 행동, 골탕 먹이기, 비웃기 • 다른 학생들과 어울리지 못하도록 막기 등
성폭력	• 성폭력	• 폭행 · 협박을 하여 성행위를 강제하거나 유사 성행위, 성기에 이물질을 삽입하는 등의 행위 • 상대방에게 폭행과 협박을 하면서 성적 모멸감을 느끼도록 신체적 접촉을 하는 행위 • 성적인 말과 행동을 함으로써 상대방이 성적 굴욕감, 수치감을 느끼도록 하는 행위 등
사이버 폭력	• 사이버폭력	• 특정인에 대해 모욕적 언사나 욕설 등을 인터넷 게시판, 채팅, 카페 등에 올리는 행위. 특정인에 대한 '저격글'이 그 한 형태임 • 특정인에 대한 허위 글이나 개인의 사생활에 관한 사실을 인터넷, SNS 등을 통해 불특정 다수에 공개하는 행위 • 성적 수치심을 주거나, 위협하는 내용, 조롱하는 글, 그림, 동영상 등을 정보통신망을 통해 유포하는 행위 • 공포심이나 불안감을 유발하는 문자, 음향, 영상 등을 휴대폰 등 정보통신망을 통해 반복적으로 보내는 행위

자료: 교육부(2014). 학교폭력 사안처리 가이드북. pp.6-7.

2. 학교폭력의 원인

학교폭력의 주요 원인으로는 입시제도를 비롯한 교육현장에서의 문제점과 청소년이 접하고 있는 환경과 문화에서 그 원인을 찾고 있다.

첫째, 학력중심사회인 우리나라에서 공부만을 중시하는 교육현장에서는 인성교육을 충분히 실시하지 못하고 있다는 현실에 있다. 학생들을 판단하는 유일한 척도는 학업성적이라 할 정도이다. 좋은 고등학교를 진학하기 위하여 중학교 내신을 잘 받아야 하며, 이를 위해서는 아프지도 말아야 하고, 전과목에 걸쳐서 모두 잘 하는 만능학생이 되어야 한다. 학부모들은 자신의 자녀들이 어떻게 학교생활을 하고 있는 것에 관심이 있기보다는 학업성적이 어떠한가만 신경을 쓰고 있다. 일류만을 지향하는 우리사회의 무한경쟁시스템은 이류와 삼류의 존재를 무시하거나 소외시키고 있다. 청소년들이 가정과 학교에서 소외되면서 문제가 발생한다는 점이다.

혈연, 지연, 학연이 판을 치는 사회에서 학연의 의미는 중요하다. 혈연과 지연은 태어날 때 결정되는 것이기 때문에 개인적 노력에 의해 사회적 연줄망에 진입할 수 있는 것은 학연뿐이다. 학벌에서 소외된다는 것은 소위 기득권층에 진입할 가능성이 희박하다는 것은 의미한다. 이러한 사회에서 명문대는 커녕 대학에 진학할 가능성이 없다는 현실은 사회적 낙오자가 될 가능성이 높으며, 그들의 소외의식을 심각한 상황이라 하겠다.

둘째, 사회의 불건전한 문화와 직접적으로 연관되어 있다. 청소년비행은 사회적 진공 속에서 발생하는 것이 아니다. 청소년들은 어른들의 모습을 보면서 자란다. 청소년들에게 문제가 있다면 그것은 어른들의 부끄러운 모습이 청소년들 통해 나타나는 것뿐이다. 가정과 학교에서 소외된 학생들은 서로 모여 집단을 이룬다. 비행집단을 이룬 청소년들은 공부에는 관심이 없으며, 학교 주변에까지 침투한 온갖 유해업소에 드나들게 된다. 유해업소에 출입하려면 유흥비가 필요하게 되며, 유흥비를 마련하기 위해 폭력을 휘두르며 친구들의 금품을 갈취하게 된다. 이것이 우리나라 청소년비행의 두 번째 중요한 이유라 하겠다.

우리나라 청소년들의 불건전한 문화는 두 가지로 나누어 고찰할 수 있을 것이다. 먼저, 인쇄매체나 영상매체, 컴퓨터를 통한 음란물과 술, 담배, 본드, 부탄가스 등 유해물질 오남용과 관계된 것이다. 유해매체와 유해약물은 유해업소와 직결된다. 노래방, 비디오방, 만화방 등은 유해매체와 연결될 유해업소이며 소주방, 단란주점, 디스코장 등은 유해약물과 관련된 유해업소이다. 즉 청소년에게 유해한 매체와 약물, 그리고 이러한 유해물을 유포하고 조장하는 유해업소와 관련된 불건전한 문화이며, 이러한 문화를 향락문화라 부를 수 있을 것이다.

아울러 청소년들 사이에 만연되고 있는 폭력문화이다. 말보다는 주먹이 앞서는 문화, 선배가 후배를 버릇을 가르친다라는 명분에서 쉽사리 폭력을 휘두르는 문화는 중·고등학교는 물론이고 대학교에까지 확산된 폭력문화이다. 험한 욕설을 서로간에 쉽사리 할 수 있는 문화가 청소년들 사이에 만연되어 있다.

이러한 향락문화와 폭력문화는 비행소년들 사이에만 있는 것은 아니다. 많은 청소년들에게 확산되어 있다는 점에 문제의 심각성이 있다.

학벌이 판치는 사회에서 청소년을 소외시키는 교육환경과 어른들이 만들어 놓은 무분별한 퇴폐 향락적인 유해환경이 없어지지 않는 한 학교폭력을 비롯한 청소년비행에 대한 근본적인 대책은 없다. 그러나 이러한 근본적인 문제가 해결될 때까지 아무런 대책도 없이 방관할 수 없는 것이다. 비록 그것이 미봉적이라고 해도 우리는 현재 우리가 당면한 사회구조적인 문제를 감안하면서라도 대책을 세워야 할 것이다.

3. 학교폭력의 현황

학교폭력의 현황은 앞에서 제시한 신체폭력, 언어폭력, 금품갈취, 강요, 따돌림, 성폭력, 사이버폭력의 7가지 학교폭력의 유형을 최근의 실태 분석결과를 중심으로 살펴보고자 한다.

가. 2012년 전국 학교폭력 실태 조사 결과[1)]

청소년폭력예방재단에서 조사한 2012년 전국 학교폭력 실태조사의 주요 내용

1) 청소년폭력예방재단은 2001년부터 객관성과 전문성을 바탕으로 매년 전국 학교폭력 실태조사를 실시해 왔으며 이는 학교폭력의 현 실태와 변화추이를 알아볼 수 있는 중요한 자료로 사용되고 있다.

은 〈표 1-2〉와 같다.

〈표 1-2〉 전국 학교폭력 실태조사 주요 내용

조사 대상	전국 16개 시·도 초등학교 4학년 ~ 고등학교 2학년 5,530명
조사 기간	2012년 12월 ~ 2013년 1월
조사 방법	온-오프라인 설문방식
조사 내용	인구통계학적 문항, 학교폭력 인식 및 심각성실태, 학교폭력 피해실태, 가해실태, 목격 및 방관실태, 학교폭력 예방 및 근절대책에 대한 실태 등 총 59문항

1) 학교폭력 피·가해율 감소, 심각성 인식율 여전, 체감율 증가

2012년 학교폭력 피해율은 12.0%, 가해율은 12.6%로 조사되었다. 청소년폭력예방재단(청예단)에서 실시한 2011년 실태조사와 비교하여 살펴보면, 피해율의 경우 18.3%, 가해율의 경우 15.7%로 나타나 2012년에는 감소한 것으로 나타났다. 또한 학교폭력 심각성에 대한 질문에서 2011년 41.7%, 2012년 40.8%로 나타나 여전히 학생들은 학교폭력이 심각하다 여기고 있는 것으로 드러났다. 특히 24.4%의 학생들이 '집단따돌림'을 가장 심각하다고 응답하였으며 '신체폭행'의 경우 23.3%의 학생들이 심각하다고 응답하였다.

2) 학교폭력 피해로 인한 자살생각 증가

학교폭력 피해로 인한 자살생각의 경우 44.7%로 조사되어 학교폭력 피해자 10명 중 4.5명이 피해 후 자살을 생각해 본 경험이 있는 것으로 나타났다. 한편 2011년 실태조사에서는 31.4%가 자살생각을 해본 적이 있다고 한 것에 비해 증가한 수치로 학교폭력으로 인한 자살을 생각하는 청소년이 늘어나고 있음을 알 수 있다.

3) 학교폭력 피해 후 심리적 고통 증가

학교폭력 피해 후 고통스러웠다고 생각한 학생은 49.3%, 가해학생에게 복수충동을 느낀 학생은 전체의 70.7%로 나타났다. 또한 학교폭력 피해를 당한 후 등교거부 충동을 가진 학생이 39.3%로 학교에서 많은 시간을 보내야 하는 학생이 등교거부 충동을 느껴 학교생활의 어려움을 가지는 심각한 양상을 보여준다.

4) 초등학교부터 시작되는 학교폭력 장기화

재학 기간 중 학교폭력 경험이 있다고 응답한 학생 중, 처음 학교폭력 피해 경험시기에 대한 질문에 초등학교 저학년(1~3학년)의 경우 30.5%, 고학년(4~6학년)은 47.8%로 총 78.3%가 초등학교 때 학교폭력 피해를 경험한 것으로 나타났다.

5) 피·가해의 순환구조

실태조사 전체 응답자 중, 학교폭력 피해와 가해를 모두 경험한 학생은 전체의 5.1%로 조사되었다. 특히 이들 중 피·가해경험을 셀 수 없이 경험한 학생이 5.6%로 나타나 그 심각성을 더했다.

6) 10명 중 3명, 학교폭력 피해 후 도움요청하지 않는 학생

학교폭력 피해 후 도움을 요청하지 않는 학생은 33.8%로 나타났다. 이들 중학교선생님에게 도움을 요청하는 경우는 26.6%, 부모님께 알려 도움을 요청한 경우는 24.0%로 조사되었다. 한편 도움의 효과성을 묻는 질문에 '도움이되었다'고 응답한 학생은 27.9%, '도움이 되지 않았다'고 응답한 학생은 41.8%로 나타나 실질적인 도움을 받지 못하고 있음을 반증하는 결과라 할 수 있다.

7) 10명 중 4.5명은 방관, 학교폭력 방관 실태 심각

학교폭력을 보고도 모르는 척 한 학생은 전체의 44.5%로 나타났다. 이들에게 방관이유에 대해 '같이 피해를 당할까봐'라 응답한 학생은 30.6%로 나타났다. 이는 학교폭력 예방 및 근절을 위해 학교폭력 목격자에 대한 보호체계 마련이 시급함을 뜻하며 나아가 방관자를 방어자로 만드는 변화의 움직임이 필요함을 시사한다.

8) '일이 커질 것 같아' 신고 못하는 청소년

학교폭력 피해 시 도움을 요청하지 않은 이유를 분석한 결과 '일이 커질것 같아서'라는 응답이 29.8%, '이야기해도 소용없을 것 같아서' 25.8%의 순으로 나타났다.

9) 학교 교실, 쉬는 시간이 위험

학교폭력이 일어나는 장소와 시간에 대한 문항에 '학교 교실'이라고 응답한 학생은 전체의 50.0%로 나타났으며, 학교폭력 피해를 경험한 시간은 '쉬는시간'이라고 응답한 학생이 48.9%로 가장 많았다.

10) 학교폭력의 사각지대, 사이버 공간

학교폭력을 당한 공간에 대한 질문에 '사이버 공간'이라고 응답한 학생이 8.4%로 나타났으며, 심각하다고 생각하는 학교폭력 유형에 대한 질문결과 사이버폭력이라고 응답한 학생은 2011년 1.8%이었으나 2012년 4.7%로 나타나 학생들이 사이버공간 상의 학교폭력의 심각성을 인식하고 있음을 알 수 있다.

11) 가해학생에 대한 무조치, 공정하고 일관된 조치 필요

최근 1년간 학교폭력 가해 후 일어난 일로 '아무 일도 일어나지 않았다'고 응답한 학생은 27.6%로, 정부의 지속되는 대책마련에도 불구하고 현장에 서는 적절한 조치가 이루어지지 않고 있음을 알 수 있다.

12) 학교폭력, 학생들의 갈등조정 및 해결 능력이 필요

학생들이 응답한 학교폭력 가해 이유를 살펴보면 '오해와 갈등' 18.4%, '상대 학생이 잘못해서' 17.3%로 나타나, 학생들이 학교폭력이나 또래관계에서 갈등이 발생할 경우 이를 해결하거나 조율하는 능력이 부족함을 알 수 있다.

13) 가해행동을 중지하기 위해 청소년들의 올바른 인식 및 자성이 중요

학교폭력 가해행동을 그만 둔 이유를 묻는 질문에 '스스로 나쁜 행동임을 알게 되어서'라고 응답한 학생은 전체의 48.5%로 나타나 다른학생을 가해하는 행위가 범죄임을 스스로 깨우치게 하는 것이 무엇보다 중요함을 알 수 있다.

14) 학생들이 느끼는 학교폭력 예방 및 대책에 관한 법률과 정부의 학교폭력 종합대책

학생들에게 '학교폭력 예방 및 대책에 대한 법률'에 대한 인식에 대해 질문한 결과 '전혀 모른다'라고 응답한 학생은 9.1%, '모른다'라고 응답한 학생은 25.8%로 총 34.9%로 나타나 학교폭력에 관련 법률에 대해 인식하고 있는 비율이 낮았다. 또한 정부가 학교폭력을 4대 악(惡)으로 정하고 추진한 대책 중 전문상담교사, 학교폭력 전담경찰, CCTV에 대하여 질문한 결과, 전문상담교사가 학교폭력 예방에 도움이 된다고 생각한 학생은 28.4%,학교폭력 전담경찰이 도움이 된다고 생각한 학생은 30.3%, CCTV가 도움이 된다고 생각한 의견은 23.2%로 조사되었다.

나. 2016년 제1차 학교폭력 실태조사 결과[2)]

학교폭력 실태조사는 학교폭력 발생 실태 및 관련 인식을 체계적으로 조사하여 학교별 현황 정보를 제공하고, 학교폭력근절 종합대책 등 정책 수립에 활용하고, 학교폭력에 대한 입체적 조사를 통해 학교폭력에 대한 학생들의 인식 개선 및 학교의 적극적 대응 노력을 유도하기 위해 학교폭력 예방 및 대책에 관한 법률 제11조 및 동법시행령 제9조에 의거 해당 지역 시・도 교육감은 학교폭력 실태조사를 연 2회 실시하여야 한다.

조사 주관 기관은 전국 시・도교육감협의회가 공동으로 초등학교 4학년~고등

2) 2016년 1차 학교폭력 실태조사는 17개 시・도교육감 공동으로 전국 초・중・고등학교 학생의 학교폭력 피해・가해 경험 등을 조사한 것으로, 초등학교 4학년부터 고등학교 3학년을 대상으로 2015년 9월부터 조사 참여시까지의 학교폭력 관련 경험에 대한 온라인 조사를 6주간(2016년 3월 21일부터 4월 29일) 실시하였다.

학교 2학년 재학생 전체를 대상으로 실시하였다.

1) 학교폭력 피해 응답 현황

학교폭력 피해를 경험한 학생의 응답률은 0.9%(39천명)로, 전년 동차 대비 0.1%p(5천명) 감소하였다. 학교급별 피해응답률은 초등학교 2.1%, 중학교 0.5%, 고등학교 0.3%로, 전년 동차 대비 중학교의 감소폭(0.2%p)이 컸으며, 고등학교는 소폭 감소(0.1%p), 초등학교는 소폭 증가(0.1%p) 하였다.

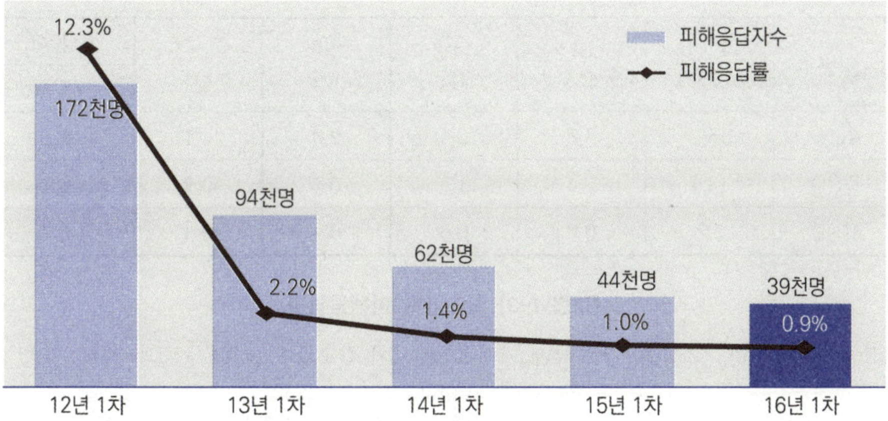

구분	'12년 1차	'13년 1차	'14년 1차	'15년 1차	'16년 1차	증감(%p)
						전년동차
응답률(%)	12.3	2.2	1.4	1.0	**0.9**	−0.1
명수(천명)	172	94	62	44	**39**	−5

[그림 1-2] 학교폭력 전체 피해응답률

자료: 교육부(2016). 학교폭력 감소 추세 지속-2016년 1차 학교폭력 실태조사 결과 -보도자료.

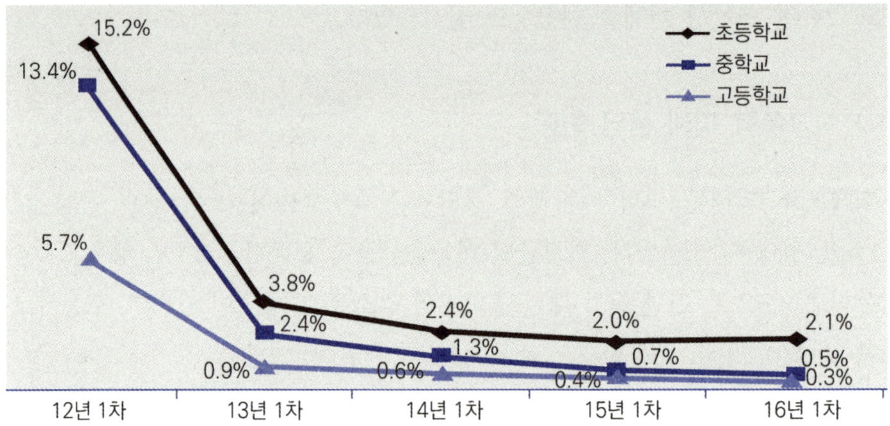

구분	'12년 1차	'13년 1차	'14년 1차	'15년 1차	'16년 1차	증감(%p)
						전년동차
초(%)	15.2	3.8	2.4	2.0	**2.1**	**0.1**
중(%)	13.4	2.4	1.3	0.7	**0.5**	**-0.2**
고(%)	5.7	0.9	0.6	0.4	**0.3**	**-0.1**

[그림 1-3] 학교급별 피해응답률

자료: 교육부(2016). 학교폭력 감소 추세 지속-2016년 1차 학교폭력 실태조사 결과 -보도자료.

2) 학교폭력 피해 유형

학생 천명당 피해유형별 응답건수는 지난해 동차 대비 모든 유형에서 피해응답건수가 감소하였고, 언어폭력(6.2건), 집단따돌림(3.3건), 신체폭행(2.2건) 등의 순으로 나타났다. 피해유형 응답건수(1차): '14년 135천건 → '15년 98천건 → '16년 83천건, 피해유형별 비율도 언어폭력(34.0%), 집단따돌림(18.3%), 신체폭행(12.1%) 등의 순으로 나타났다.

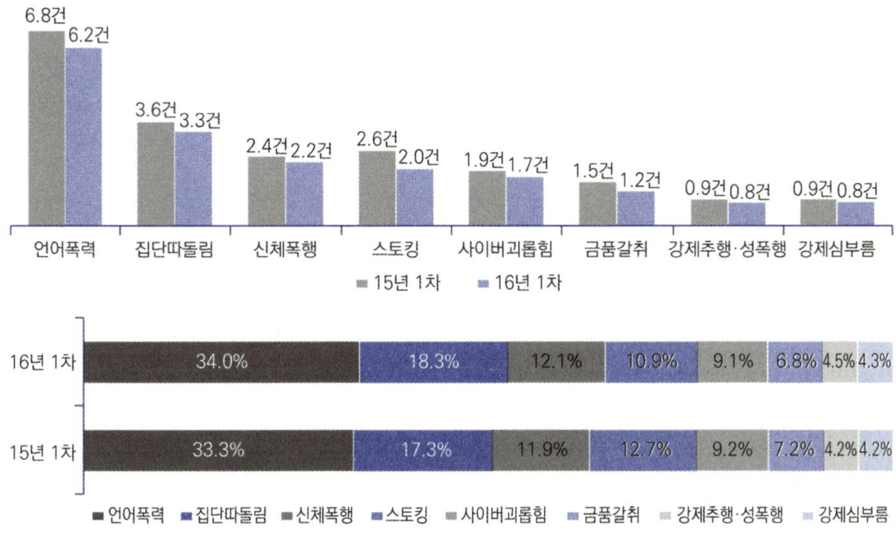

[그림 1-4] 학생 천명당 피해응답 건수 및 피해유형별 비율

자료: 교육부(2016). 학교폭력 감소 추세 지속-2016년 1차 학교폭력 실태조사 결과 -보도자료.

3) 피해장소

피해 장소는 '교실 안'(41.2%), '복도'(10.9%) 등 학생들이 주로 생활하는 '학교 안'(72%)에서 발생하였다.

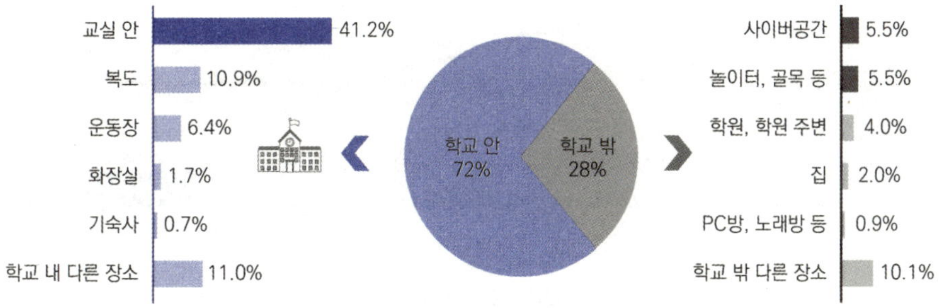

[그림 1-5] 피해 장소

자료: 교육부(2016). 학교폭력 감소 추세 지속-2016년 1차 학교폭력 실태조사 결과 -보도자료.

4) 피해시간

학교폭력 피해 시간은 '쉬는 시간'(39.4%), '하교 이후'(16.4%), '점심시간'(10%), '하교시간'(6.5%) 등의 순으로 나타났다.

5) 가해자 유형

피해학생이 응답한 가해자 유형은 같은 학교 같은 학년(67.4%)이 대다수이며, 같은 학교 학생의 비율은 75.6%, 다른 학교 학생의 비율은 3.8%로 나타났다.

6) 가해응답

학교폭력 가해 학생의 응답률은 0.4%(16천명)로, 전년 동차 대비 0.06%p(3천명) 감소하였다. 학교급별 가해응답률은 초등학교 1.0%, 중학교 0.2%, 고등학교 0.1%이며, 중학교의 응답률이 전년 동차 대비 소폭 하락(0.1%p)하였다.

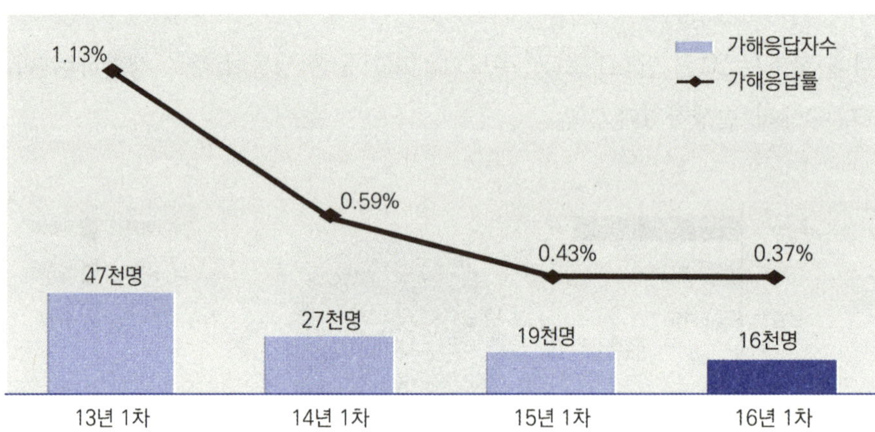

[그림 1-6] 가해응답률

자료: 교육부(2016). 학교폭력 감소 추세 지속-2016년 1차 학교폭력 실태조사 결과 -보도자료.

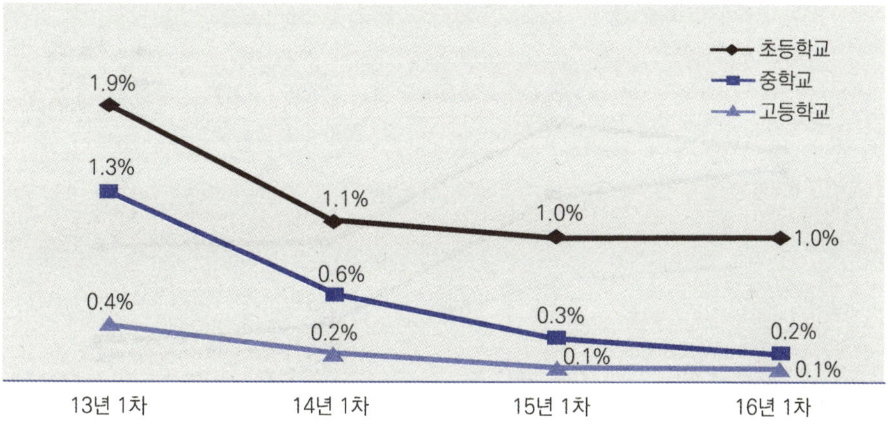

[그림 1-7] 가해응답률

자료: 교육부(2016). 학교폭력 감소 추세 지속-2016년 1차 학교폭력 실태조사 결과 -보도자료.

7) 학교폭력 목격 응답 현황

학교폭력 목격 학생의 응답률은 2.5%(109천명)로, 전년 동차 대비 0.5%p(24천명) 감소하였다. 학교급별 목격응답률은 초등학교 5.5%, 중학교 1.5%, 고등학교 1.1%이며, 중학교의 응답률이 전년 동차 대비 큰 폭으로 하락(0.8%p)하였다. 초: 5.7% → 5.5% (0.2%p↓) / 중: 2.3% → 1.5% (0.8%p↓) / 고: 1.5% → 1.1% (0.4%p↓)

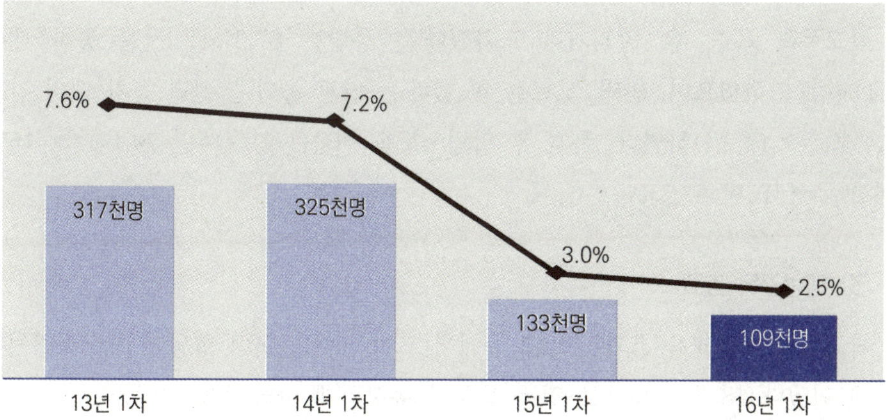

[그림 1-8] 목격응답률

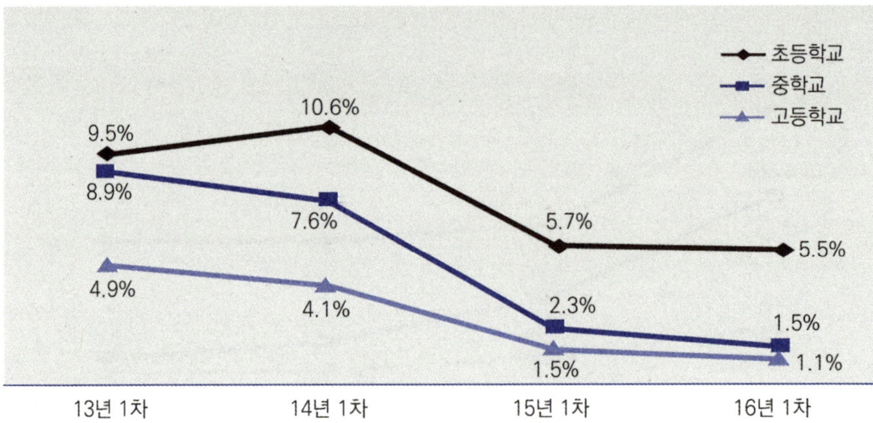

[그림 1-9] 학교급별 목격응답률

8) 학교폭력 신고 · 도움 및 예방교육 응답현황

(1) 피해 후 알림 · 신고

학교폭력 피해 사실을 주위에 알리거나 신고한 응답은 80.3%로 전년 동차 대비 0.7%p 증가하였으며, 대상은 '가족'(39.8%), '학교'(21.4%), '친구나 선배'(15.3%), '117신고센터'(3.8%)의 순으로 나타났다. 피해 후 알림 · 신고 비율(1차): '14년 78.3% → '15년 79.6% → '16년 80.3%

(2) 목격 후 알림 · 도움

학교폭력 목격 후 '알리거나 도와줬다'는 응답은 87.3%로 전년 동차 대비 2.1%p 증가하였으며, 반면 '모르는 척 했다'는 방관 응답은 전년 동차 대비 감소(14.5% → 12.2%)하였다. 목격 후 알림 · 도움 비율(1차): '14년 79.1% → '15년 85.2% → '16년 87.3%

(3) 예방교육 효과

학교폭력 예방교육 효과는 '117 등에 신고'(19.9%), '어떤 행동이 학교폭력인지 알게 되었다'(18.2%) 등으로 전년 동차와 유사하게 나타났다.

참고문헌

교육부(2014). 학교폭력 사안처리 가이드북.
교육부(2014). 현장 중심 학교폭력대책.
교육부(2016). 학교폭력 감소 추세 지속-2016년 1차 학교폭력 실태조사 결과 -보도자료.
경찰청(2013). 학교폭력전담경찰관 워크숍 자료집.
교육과학기술부(2012). 학교폭력사안처리 Q & A.
문용린 외(2008). 학교폭력 예방과 상담. 학지사.
문재현 외(2012). 학교폭력 어떻게 만들어지는가. 살림터.
청소년폭력예방재단(2013). 전국 학교폭력실태 조사발표.

제2장

학교폭력 실태조사 및 후속처리

학습목표

1. 학교폭력 실태조사 과정을 이해할 수 있습니다.
2. 학교폭력 실태조사 후속처리 과정을 설명할 수 있습니다.

1. 학교폭력 실태조사의 법적 근거

가. 학교폭력 실태조사 관련 법률

학교폭력 실태조사를 실시할 수 있는 관련 법률은 「학교폭력 예방 및 대책에 관한 법률」 제11조 8항과, 제14조 4항에 의거하여 학교폭력 실태조사를 실시할 수 있다.

〈표 2-1〉 학교폭력 예방 및 대책에 관한 법률

법률조항	내용
「학폭법」 제11조 8항	**교육감**은 학교폭력의 실태를 파악하고 학교폭력에 대한 효율적인 예방대책을 수립하기 위하여 **학교폭력 실태조사**를 **연 2회 이상** 실시하여야 한다.
「학폭법」 제14조 4항	**전담기구**는 **학교폭력에 대한 실태조사**(이하 "실태조사"라 한다)와 **학교폭력 예방 프로그램을 구성·실시**하며, 학교의 장 및 자치위원회의 요구가 있는 때에는 학교폭력에 관련된 조사결과 등 활동결과를 보고하여야 한다.

나. 학교폭력 예방 및 대책에 관한 법률의 목적과 특징

「학교폭력 예방 및 대책에 관한 법률」의 목적과 특징은 다음과 같다.

첫째, 피해학생의 보호, 가해학생의 선도·교육 및 피해학생과 가해학생 간의 분쟁조정을 통하여 학생의 인권을 보호하고 학생을 건전한 사회구성원으로 육성함을 목적으로 한다.

둘째, 학교 내외에서 발생하는 학생을 대상으로 하는 폭력에 적용되는 일반법으로서 학교폭력이 발생하면 형사·민사상의 절차와는 별개로 반드시 적용해야 하는 법이다.

셋째, 학생 간의 분쟁을 사법처리 이전에 교육적으로 해결하고자 한다.

넷째, 학교 내에서 가해자 및 피해자에 대한 신속한 조치로 2차 피해를 방지하고자 한다.

다. 학교폭력 실태조사 개요

학교폭력 실태조사는 학교폭력 발생 실태 및 관련 인식을 체계적으로 조사하여 학교별 현황 정보를 제공하고, 학교폭력근절 종합대책 등 정책 수립에 활용함으로써 학교폭력에 대한 학생들의 인식을 개선하고, 학교의 적극적 대응 노력을 유도하는 것이 실시 목적이다.

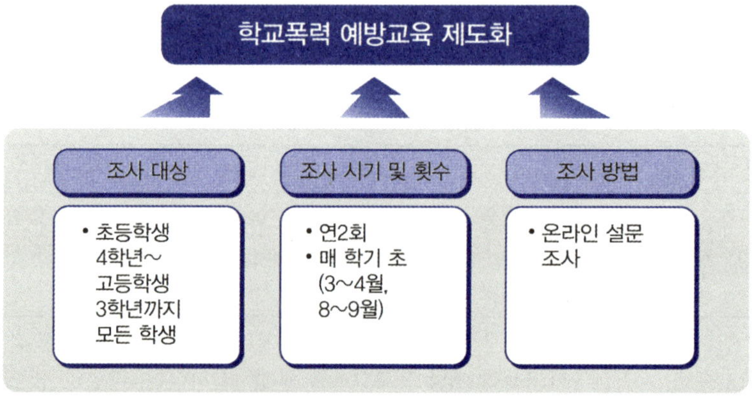

[그림 2-1] 학교폭력 실태조사 개요

자료: 교육과학기술부(2014). 학교폭력사안처리 가이드북. p.30.

조사주관은 전국 시·도교육감협의회 위탁을 받아 한국교육개발원에서 실시하며, 조사대상은 초·중등교육법 제2조의 초·중등교육을 실시하는 학교의 학생은 초등 4~고등학교 3학년 재학생 전체, 학부모는 전국 초등학교 1학년 ~ 고등학교 3학년 학부모(기타학교 포함)를 대상으로 한다. 조사시기는 학기별 1회-연2회, 조사방법은 온라인 설문조사를 통해 실시하며, 결과 공개는 학교별 정보공시 연1회(11월말) 조사 참여 및 피해 현황 등 6개 항목에 대해 결과를 공개한다.

2. 학교폭력 실태조사 후속처리

가. 단위학교의 학교폭력 실태조사 후속업무처리

단위학교에서 이루어지는 학교폭력 실태조사 후속업무처리는 〈표 2-2〉와 같이 ① 실태조사 유형별 분석 및 심층 조사 → ② 자치위원회 개최 및 심의 → ③ 학교폭력 사안별 처리 방안 및 예방 대책 제출 → ④ 실태조사 결과 설명회 개최의 4단계로 이루어진다.

1) 실태조사 유형별 분석 및 심층 조사

서술형 문항에서 나타난 사안(가, 피해자조사), 객관식 문항 중에서 중대 사안 심층 조사(쪽지 설문 등), 객관식 문항 분석을 실시한다.

2) 자치위원회 개최 및 심의

학교폭력전담기구에 학교폭력 실태 및 유형을 보고하고, 학교폭력대책자치위원회를 개최하여 실태조사의 학교폭력 사안 심의 및 조치를 시행한다.

3) 학교폭력 사안별 처리 방안 및 예방 대책 제출

학교 구성원의 의견을 수렴 → 학교운영위원회 심의 → 학교폭력대책자치위원회 심의 → 대책을 교육청에 보고하여야 한다. 이 때 학교운영위원회 자문, 학교폭력대책자치위원회 심의·의결 전이라도 대책(안)을 우선적으로 추진할 수 있다.

4) 실태조사 결과 설명회

학교폭력 실태조사 현황(분석 및 예방 대책)을 학생, 교직원, 학부모에게 설명회 개최, 서면(가정통신문), 학교홈페이지 탑재 등을 통해 실태 조사 결과를 알린다.

〈표 2-2〉 단위학교 학교폭력 실태조사 후속업무처리 과정

<table>
<tr><th>단계</th><th>조치 내용</th></tr>
<tr><td>[1단계]
실태조사 유형별분석
및 심층조사</td><td>① 학교폭력 전담기구 회의를 개최하여 실태조사 결과를 종합적으로 분석
② 「학교폭력 사안별 처리방안 및 예방대책」수립</td></tr>
<tr><td>[2단계]
자치위원회 개최
및 심의</td><td>① 자치위원회 개최
② 「학교폭력 사안별 처리방안 및 예방대책」에 대한 심의·의결
→ 필요시 경찰·검찰 등 조사 전문가 참여
<table>
<tr><th>피해 사례</th><th>조치 방안</th></tr>
<tr><td>피해자 정보·피해사례가 구체적이지 않은 경우</td><td>교육 및 상담</td></tr>
<tr><td>학교 내 폭력이 자주 발생하는 공간을 명시한 사례</td><td>교내 순회지도</td></tr>
<tr><td>가·피해자 정보는 없으나, 피해사실 등이 구체적으로 서술된 경우</td><td>학교 자체 진상조사</td></tr>
<tr><td>가·피해자 정보 및 피해사실 등이 구체적으로 서술 된 경우</td><td>자치위원회 개최</td></tr>
<tr><td>전문적인 상담·심리치료가 필요한 경우</td><td>전문적인 상담·치료</td></tr>
<tr><td>학교 밖 우범지역과 관련된 피해사실이 서술된 경우</td><td>지역사회 및
유관기관 연계지도</td></tr>
</table>
→ 피해사례에 대한 조치는 권고사항이며, 학교의 판단에 따라 재분류할 수 있음</td></tr>
<tr><td>[3단계]
학교폭력 사안별
처리방안 및
예방대책 제출</td><td>「학교폭력 사안별 처리방안 및 예방대책」을 시·도교육청 보고</td></tr>
<tr><td>[4단계]
실태조사 결과
설명회</td><td>교사, 보호자, 학생, 지역사회 관계자 등을 대상으로 학교폭력에 대한 조치 사항 및 대책 설명회 개최
→ 서면으로 대체 가능</td></tr>
</table>

자료: 교육과학기술부(2012). 학교폭력 실태조사 조사에 따른 후속 업무처리 매뉴얼

나. 심층조사 및 자치위원회 개최 등 후속조치

진상 조사과정에서 가해, 피해학생의 신분이 노출되지 않도록 유의하여 사안별로 처리하되, 단위학교 차원에서 별도 조사를 실시하여 사실 관계를 보다 명확히 확인하여 조치하여야 한다.

우울, 불안, 분노, 자살충동 등 심리·정서적 어려움을 호소하는 사례는 전문적인 상담과 치료를 받을 수 있도록 Wee센터, 정신건강증진센터, 청소년상담센터, 병의원 등 전문기관에 의뢰하여야 한다.

서술형 문항 (1)번의 경우 학교 자체적으로 사안을 조사하여 조치하되, 시·도

설문지 문항 분석 →

- 학교폭력 피해 경험(유형별 빈도, 지속기간)
- 학교폭력 피해 경험(힘들었는 정도, 힘들었을 때의 생각)
- 학교폭력 가해 경험(유형, 방법, 가해(중단) 이유, 집단성, 가해자 인식)
- 서술형 문항-학교폭력 피해, 목격 경험 및 학교폭력 근절을 위한 방안 제언

후속 처리 방법 →

- 다음의 경우 반드시 사실관계를 엄밀히 확인하여 사안을 처리
  - '강제추행, 성폭력을 당했다' 항목에 1명 이상 응답한 경우
  - '1주일에 1-2번 정도', '거의 매일' 빈도에 1명 이상 응답한 경우
  - 피해자가 장애인을 비롯하여 사회적 약자로 추정되는 경우
- 진상조사과정에서 가해, 피해학생의 신분이 노출되지 않도록 유의
- 우울, 불안, 분노, 두려움, 자살충동 등 심리·정서적 어려움을 호소하는 사례는 전문적인 상담과 치료를 받을 수 있도록 Wee센터 또는 관련 기관으로 의뢰
- 서술형 문항의 경우 시·도 교육청의 데이터 필터링을 거쳐 117 학교폭력신고센터에 통보되어 필요시에는 경찰 수사가능

수사 지시 사례

- ▸가·피해자 정보가 모두 명확하게 적시된 경우
  ※ 가해자 또는 피해자 정보만 있는 경우는 제외
- ▸피해사실이 위법에 해당하는 경우(폭행, 갈취, 강요, 모욕 등)
  ※ 단순 따돌림이나 사소한 욕설 정도는 수사 대상이 아님
- ▸(예시) 김**와 박**가 남**네에서 1명당 35대쯤 계속 맞았다(○)
  장**가 나를 계속 때렸다(X), 최**가 이**를 따돌린다(X)

[그림 2-2] 설문지 문항 분석 및 후속 처리 방법

교육청의 데이터 필터링 결과(117 학교폭력신고센터 통보 여부)와 연계하여 사안을 처리해야 하며, 실태조사를 통해 새로 파악된 사안의 경우 학교폭력 신고 접수 대장에 인지 사안으로 등재하여 관리하여야 한다.

〈표 2-3〉과 같이 응답조건에 부합되는 경우만 심층문항 응답 대상학생으로 분류하여 심층 조사를 실시한다.

〈표 2-3〉 심층 조사 및 분석 항목

영역	문항 내용		비고 (응답조건)
	기본	심층	
	① 피해 경험 유·무	①-1 학교폭력을 가한 상대	피해 경험 있다
	② 피해유형별 빈도·지속기간		피해 경험 있다
	③ 피해 장소		피해 경험 있다
피해 경험	④ 피해 시간		피해 경험 있다
	⑤ 힘들었던 정도	⑤-1 힘들었을 때의 생각	힘들었다, 매우 힘들었다
	⑥ 피해 사실 알린 대상	⑥-1 알리지 않은 이유 ⑥-2 알린 후 효과	
문항수	6	4	10
	① 가해 경험 유·무 및 유형	①-1 가해 이유 ①-2 가해 중단 이유	가해 경험 있다
가해 경험	② 가해 유형		
	③ 가해 방법		
	④ 가해자의 인식		
문항수	4	2	6
목격 경험	① 목격 경험 유·무		
	② 목격 후 행동	②-1 알리지 않은 이유	모른 척 했다
문항수	2	1	3
예방 교육	① 학교폭력 예방교육의 효과		
문항수	1		1
향후	① 향후 학교폭력 발생 시 행동		
문항수	1		1
기타	학교생활 만족도(행복), 안전도 등(9문항)		
서술 문항	① 피해·목격 경험 기술(장소, 시간, 내용 등) ② 학교폭력 근절을 위한 방안 제언		신고 의사 확인

다. 교내 · 외 순찰 및 안전대책 마련

1) 학교 안

학교폭력이 자주 발생하는 장소 및 시간을 파악하여 사각지대 해소 등 교내 환경을 개선하고, 배움터지킴이, 자원봉사자 등 학생보호인력 순찰을 강화하고, CCTV 추가 배치 등 안전 인프라를 구축한다. 특히, 운동장 외곽, 복도, 특별실 이동 공간, 우유배급장소 등 우범지역으로 지목된 곳에 대한 순찰을 강화한다.

학생들에게 학교폭력이 빈번하게 발생하는 장소를 안내하고, 안전한 학교 만들기를 위한 학생자치활동을 강화하며, 학교전담경찰관이 교내 상주 · 활동할 수 있는 공간을 제공한다.

2) 학교 밖

지역상권, PC방 · 노래방 · 학원 등 청소년 출입업소, 아파트 내 지역주민 협의체 등 지역사회와의 연계를 강화하고, 학교전담경찰관과 연계하여 정보공유 및 취약지역 합동순찰을 실시한다.

특히, 학교폭력지역협의회를 통해 지자체, 경찰서 등 지역사회 협력 방안을 마련하여 자퇴, 퇴학, 가출청소년 등 학교 밖 청소년에 대한 지도를 강화한다.

실태 조사 관련 문항 →
- 학교폭력 피해 장소
- 학교폭력 피해 시간

후속 처리 방법 →
- 교내 학교폭력이 자주 발생하는 장소를 파악하여 환경 개선 및 배움터지킴이 교내 순찰, 학부모 자원봉사자 활용, CCTV 배치 변경 등에 활용
  - 학생들에게 학교폭력이 빈번하게 발생하는 장소를 사전에 안내
  - 안전한 학교만들기를 위한 학생자치활동 강화
  - ※ 운동장 외곽, 복도, 특별실 이동 공간, 우유배급장소 등 교내외 우범지역으로 지목된 곳에 대한 순시 강화
  - 시 · 군 · 구 단위 지역상권, PC방 · 노래방 · 학원 등 청소년 출입업소, 아파트 내 지역주민 협의체 등 지역사회와의 연계 강화
  - 자퇴, 퇴학, 가출청소년 등 학교밖 청소년에 대한 지도 강화
  - ※ 학교폭력지역협의회를 통해 지자체, 경찰서 등 지역사회 협력 방안 마련

[그림 2-3] 교내 · 외 순찰 및 안전대책 마련 방안

라. 신고체계 점검 및 개선

설문지 문항 중에서 피해 경험 후 알리는 대상, 학교폭력 목격자로서의 행동유형, 단위학교 폭력 예방교육의 실효성에 대한 문항을 분석하여 학교폭력 사안이 학폭법에 따라 적절하게 신고·처리되고 있는지를 점검하고, 학교의 사안 처리 과정 전반에 대한 개선 방안을 마련한다.

학교폭력 신고 비율이 낮은 경우, 그 원인을 분석하여 개선하는 한편, 학교폭력 신고체계를 다양하게 마련 운영하고, 이를 적극 안내(신고 방법 게시 등)한다.

실태 조사 관련 문항 →	• 피해 경험 후 알리는 대상 • 학교폭력 목격자로서의 행동유형 • 단위학교 폭력 예방교육의 실효성
후속 처리 방법 →	• 교내에서 발생하고 있는 사안이 적절하게 신고되고 학교폭력 전담기구를 거쳐 제대로 처리되고 있는지를 점검하고, 학교의 폭력 사안 처리 과정 전반에 대한 개선 방안 마련 • 학교폭력 신고 비율이 낮은 경우, 그 원인을 분석하여 개선하는 한편, 학교폭력 신고체계에 대해 다양한 방법으로 수시 안내(신고 방법 게시 등)

[그림 2-4] 신고체계 점검 및 개선 방안

마. 학교폭력 예방교육 활용

설문지 문항 중에서 단위학교 폭력 예방교육의 실효성, 향후 학교폭력 발생시 행동 및 서술형 문항을 분석하여 학교폭력의 개념, 문제점, 신고방법, 도움 요청, 자치위원회 개최 등 예방교육 분야별로 학생들의 인지 상태를 파악하고, 미흡한 부분은 교육을 통해 적극적으로 안내한다.

실태 조사 관련 문항 →

- 단위학교 폭력 예방교육의 실효성
- 향후 학교폭력 발생시 행동
- 서술형 문항

실태 조사 관련 문항 →

- 학교폭력의 개념, 문제점, 신고방법, 도움 요청, 자치위원회 개최 등 예방교육 분야별로 학생들의 인지 상태를 파악하고, 미흡한 부분을 적극 보완
- 서술형 내용의 유형을 분석하여 학교에서 주로 발생하는 폭력의 사례를 제시하고 해결 방안 토론, 조·종례시 담임 훈화 등 학교폭력예방 교육에 활용하고, 상담프로그램 운영시 관련 사례 활용

[그림 2-5] 학교폭력 예방교육 활용 방안

이상의 내용을 종합하여 단위학교 학교폭력 실태조사 후속업무 추진일정을 정리하면 〈표 2-4〉와 같다.

〈표 2-4〉 단위학교 학교폭력 실태조사 후속업무 추진 일정

순	추진 업무	업무추진 기관			비고
		학교	교육 지원청	시 교육청	
1	• 후속업무 처리 지침 안내			○	• 공문 시행
2	• 서술형 문항 모니터링 경찰 협조공문 발송		○	○	• 시·도교육청 → 지방경찰청
3	• 실태조사 분석 및 사안 조사	○			• 서술형문항에서 나타난 사안(가, 피해자조사) • 객관식 문항 중대 사안 심층 조사(쪽지 설문 등) • 객관식 문항 분석
4	• 서술형문항 수사요청사안 선정 작업		○	○	• 초, 중은 교육지원청에서, • 고등학교는 시·도교육청에서
5	• 서술형 문항 수사요청사안 제출		○		• 교육지원청 → 시·도교육청으로 전자문서 제출
6	• 서술형 문항 수사요청사안 최종선정			○	• 시·도교육청에서 경찰관 협조받아 최종 선정

순	추진 업무	업무추진 기관			비고
		학교	교육지원청	시 교육청	
7	• 서술형 문항 수사요청사안 수사의뢰			○	• 시 · 도교육청 → 대구지방경찰청(117센터)
8	• 자치위원회 개최 및 심의	○			• 폭력 실태 및 유형 보고(전담기구) • 실태조사의 학교폭력 사안 심의 및 조치
9	• 학교폭력 사안별 처리 방안 및 예방 대책 제출	○			• 초, 중 → 교육지원청 • 고, 특수, 학평 → 시 · 도교육청 • 자료집계 첨부파일로 제출
10	• 실태조사 결과 설명회	○			• 단위학교실정에 맞게 실시 – 서면, 홈페이지 가능
11	• 학교폭력 사안별 처리 방안 및 예방 대책 지원청별 수합 제출		○		• 교육지원청 → 시 · 도교육청으로 전자문서 제출 • 단위학교 예방활동 및 조치내용 점검(컨설팅시)
12	• 현장지도 점검(컨설팅)		○	○	• 초, 중 → 교육지원청 • 고 → 시 · 도교육청
13	• 실태조사 후속업무 결과 교육부 제출			○	• 경찰수사결과 보고 • 생활지도 특별지원학교 관련 보고
14	• 학교폭력대책지역위원회에 보고			○	• 실태조사 결과 및 후속업무 처리 결과

3. 조치 방안별 조치 내용

학교폭력 사안별 처리방안 및 예방대책에 대한 예시는 〈표 2-5〉와 같다.

〈표 2-5〉 학교폭력 실태조사 조치 방안별 조치내용(예시)

조치 방안	세부 조치 내용	
교육 및 상담	**학교폭력 예방교육 및 상담프로그램에 활용**	• 학생들이 응답한 내용의 유형을 분석하여 학교폭력 예방 교육의 내용에 포함하고, 상담프로그램 운영시 관련 사례 활용
교내 순회지도	**교내 순찰지도 강화**	• 배움터 지킴이, 보호자 자원봉사자 등 활용 추진 • 학생들에게 학교폭력이 빈번하게 발생하는 장소를 사전에 안내 • 안전한 학교만들기를 위한 학생자치활동 강화 ☞ 학급회의시 교내우범지역에 대한 지도에 대한 자치활동 계획 수립 ☞ 학생회 간부 및 또래상담자를 활용한 교내순시 • CCTV 설치 등 교내 환경개선 및 정비 • 방과후 시간, 근무 종료 후 시간, 공휴일 교내 순찰 강화 • 교외 우범지역에 대한 단속 및 순찰강화 대책마련 • 경찰 순찰인력 동원 및 지역 주민협의회의 협조 대책 마련 ☞ 〈예시〉의 경우 운동장 외곽, 복도, 특별실 이동 공간, 우유배급장소 등 교내외 우범지역으로 지목된 곳에 대한 순시 강화
	교외 학교폭력 유해 환경 정비	• 교외 우범지역에 대한 단속 및 순찰강화 대책마련 • 경찰 순찰인력 동원 및 지역 주민협의회의 협조 대책 마련 ☞ 〈예시〉의 경우 운동장 외곽, 복도, 특별실 이동 공간, 우유배급장소 등 교내외 우범지역으로 지목된 곳에 대한 순시 강화
학교 자체 진상 조사	**학교폭력전담기구의 진상조사 실시**	• 학교폭력 전담기구에서 사안 조사를 실시하여 진상 규명(사실로 파악된 경우 자치위원회에 회부) • 진상조사 결과, 구체적인 증거가 드러나지 않는 경우 예방교육에 사례를 적시하여 재발이 되지 않도록 조치 ☞ 〈예시〉의 경우 홍길동(가명) 학생과 기타 학생들의 가해행위가 적시되어 있으므로 주변 학생들과의 면담 등 사안조사를 통해 사실 관계를 파악한 후 적절한 조치를 취해야 함
자치위원회 개최	**자치위원회 개최**	• 진상조사 사안보다 구체적으로 학교폭력 사안에 대해 기술된 경우 학교폭력 전담기구의 사안조사를 거쳐 자치위원회 개최 등 적절한 조치 실행
전문적인 상담 및 치료	**전문적인 상담과 치료 지원**	• 학교내 Wee클래스에서 우선 지원하고, 상태가 심각한 경우 Wee센터 등 전문상담기관 연계 • 우울, 불안, 자살충동, PTSD(외상후 스트레스장애) 등을 호소

조치 방안	세부 조치 내용	
		하는 사례는 전문병원으로 의뢰 • 보호자가 자녀의 안정과 치료에 협조할 수 있도록 조치
지역사회 및 유관기관 연계지도	**교외 연합 생활지도강화**	• 동일사건 연관된 학교가 2개 이상인 경우 관련 학교와 공조 • 일진과 같은 폭력서클 관련성에 대해 조사 필요
	지역유관기관과 협력하여 학생지도	• 시청, 구청단위 지역상권 업주 대상의 학생폭력예방교육 협조 요청 • PC방, 노래방, 학원 등 지역청 관할 기관에 대한 교육 실시 • 아파트 내 지역주민협의체와 협력하여 우범지역 순찰지도 • 자퇴, 퇴학, 가출청소년 등 학교밖 청소년에 대한 지도 강화

자료: 교육과학기술부(2012). 학교폭력사안처리 가이드북. p.34.

1) 학교폭력 예방교육 및 상담 강화

학교폭력 예방교육 및 상담 강화를 위해 학교에서 실천할 수 있는 방법들은 다음과 같다.

- 담임교사를 통한 학교폭력 예방 교육 및 인성지도 강화 및 지속적으로 실시 (조, 종례시간 활용)
- 휴대전화 및 인터넷 예절 교육 강화
- 사제동행 행복시간 활용 폭력예방 지도 실시
- 상담 프로그램을 통한 학교폭력 사전 예방 활동 강화
- 학생 · 학부모 · 교사를 대상으로 정기적 학교폭력 예방 교육 실시
- 학교 매니페스토 교육의 내실화와 언어폭력, 스마트폰의 올바른 사용에 대한 예방 교육 강화
- 안전사고 예방교육 실시
- 결손 가정 및 맞벌이 가정의 하교 후 프로그램 파악 활용
- 요선도 학생 및 위기 학생 개별 및 집단 상담 강화
- Wee클래스를 적극 활용하여 폭력사용 학생들의 지속적인 상담 및 관리
- 부모와 자녀간 커뮤니케이션 강화(1.1.6, 1-3-10)
- 생활지도 도움카드 활용 및 누가 기록
- 학교폭력징후 발생시 담임 → 생활부장 → 교감, 교장선생님께 바로 사안을

알리고, 신속하게 매뉴얼에 의해 처리
- 학생들이 담임선생님께 익명(1004)으로 휴대전화 문자메세지로 상담 신청

2) 교내외 순회 및 순찰 강화

학교폭력을 예방하기 위해 학교에서 실천할 수 있는 교내외 순회 및 순찰 강화 방법들은 다음과 같다.

- 배움터 지킴이, 학부모 자원봉사자 교내 순찰 강화
- 방과 후 시간 , 교사 안전지킴이 교내 순회지도 운영 강화
- 학생들에게 학교폭력이 빈번하게 발생하는 장소를 사전 안내
- CCTV 설치 등 교내 환경 정비
- 화장실, 복도, 계단 등 순회 강화
- 외부인 학교 출입시 출입증 발급·관리 및 교사 명찰 달기
- 학교 밖 우범지역 교사순찰 및 동천지구대에 순찰 협조

3) 학교 자체 진상 조사

학교폭력을 예방하기 위해 학교에서 실천할 수 있는 교내외 순회 및 순찰 강화 방법들은

- 학교폭력 전담기구에서 실태 파악
- 교사 및 학생에 대한 학교폭력 예방 교육 자료로 활용
- 실태조사 결과에 따른 학생생활지도 및 상담과 학부모 예방 교육 실시
- 지속적인 학교폭력 예방 교육 설문조사 실시
- 진상조사 결과, 구체적인 증거가 드러나지 않을 경우 예방 교육에 사례를 적시하여 재발이 되지 않도록 조치
- 학교홈페이지 신고 및 신고함 확인 후 조치
- 사안 개요 파악 후 학교장 보고 조치

4) 학교폭력신고에 대한 관리 철저

학교폭력신고에 대한 관리를 철저하게 하기 위해서는 117전화, 홈페이지 및 신

고함 신고 방법 등을 철저하게 지도한다.

5) 지역사회 및 유관기관 연계지도

지역사회 및 유관기관 연계지도를 강화하기 위한 방법은 다음과 같다.

- 일진과 같은 폭력서클 관련성에 대해 조사
- 지역유관기관과 협조하여 생활지도 실시
- 학교주변 및 우범지역(놀이터, 공터, 주차장, 등)에 대하여 담당 경찰지구대에 순찰 강화 협조 요청 공문 발송
- 아파트 내 지역주민협의체와 협력하여 우범지역 순찰지도 및 예방지도 요청
- 학부모 교육기부단을 활용한 교외 순찰 실시
- 안전지킴이 집 역할 안내 및 활용

4. 학교폭력실태 조사결과 활용 관련 Q&A

문1) 학교폭력 사안에 대한 진상조사는 어떻게 진행해야 하나요?

답) 학교의 학교폭력 전담기구에서 구체적인 사안조사를 하셔야 합니다. 진상조사 과정에서 가해자와 피해자에 대한 인적사항이 공개되지 않도록 주의하고, 가해자와 그 측근에 의한 피해자에 대한 2차 보복이 발생하지 않도록 유의하셔야 합니다.

문2) 성폭력, 성추행, 성희롱 관련사안의 경우 처리 방안은?

답) 이번 학교폭력 실태조사에서 초등학교, 중등학교 모두 공통적으로 성추행과 성폭력 사안이 많이 접수되었습니다. 학교폭력경험에 관한 주관식 문항 중 성추행 및 성폭력 사안이 기록된 경우, 다른 폭력보다 더욱 철저하고 세심한 사안조사와 대응이 필요합니다. 성폭력의 경우 「아동·청소년의 성보호에 관한 법률」에 따라 구체적인 사안이 파악된 경우, 즉시 경찰에 신고해야 합니다.

문3) 아파트 놀이터나 동네 PC방, 학교 주변 골목에서 발생한 사안에 대해서는 어떤 대응조치를 마련하여야 합니까?

답) 학교 인근 지역에서발생한 폭력사안의 경우 지역순찰경찰에 협력을 요청하여 순찰강화가 이루어질 수있도록 하여야 하며, 아파트 입주민 협의회나 구청의 PC방이나 노래방 등의 업소를 관할하는 부서(구청 평생체육과 등)에 협력을 요청하여야 합니다.

문4) 폭력사안이 1년 이전이나 그 이상 오래 전에 발생한 사안일 경우 어떻게 처리하여야 합니까?

답) 폭력사안에 대한 진상조사 결과 오래전에 발생하여 이미 학교폭력대책자치위원회를 개최하여 조치한 경우, 기 조치사항으로 처리하면 됩니다. 다만, 가해자에 의한 보복이 발행하고 있거나 지속적인 피해로 이어지고 있다면 재진상조사를 하셔야 합니다. 재진상조사 결과 폭력양상이 지속적으로 발생하여 왔다면 가중치를 두어 가해자에 대한 엄중한 조치를 취하여야 합니다.

문5) 폭력사안이 인근학교와 연관되어 있을 때 어떻게 처리하여야 합니까?

답) 폭력사안이 인근 학교나 상급학교와 연관되어 있을 때에는 관련된 학교가 연계하여 진상조사를 실시한 후 조치를 취해주시기 바랍니다. 진상조사를 한 결과, 폭력양태가 심각하게 밝혀질 경우 공동의 학교폭력대책자치위원회를 개최하여 가해자에 대한 조치와 피해자에 대한 보호책이 마련되어야 합니다.

문6) 학교폭력 피해경험에 대한 주관식 문항 답변 중 '복도에서 맞았다'가 a조치를, '교실에서 맞았다'는 c조치를 할 것이 권고되었는데, 비슷한 종류의 답변인 것 같은데, 다른 조치가 권고된 이유는 무엇인가요?

답) 설문답변 분석시 폭력피해의 정황 상 가해자나 피해자를 추정하는 것이 어렵지 않을 것으로 보이는 경우(피해자가 장애우이거나, 전학생, 가해자가 학급회장이나 전교회장 등일 경우)나, 발생빈도 수나 답변의 중복성 등을 감안하여 그 정도가 심각할 때에는 c(진상조사)조치를 권고하였습니다. a(교육 및 상담)조치의 경우 가해나 피해사실이 분명하지는 않으므로 학생들에게 교육이나 상담을 통해 학교폭력에 대한 민감성을 키울 수 있도록 해 주실 것을 권고하는 것입니다.

문7) 학교폭력 피해경험에 대한 주관식 문항 답변 중 가해자나 피해자의 이름만 기록하였을 때에도 진상조사를 하여야 하나요?

답) 학교폭력 실태조사에 대한 답변과정에서 기록하는 학생이 설문지에 이름 석자만 썼다하더라도, 그 학생은 많은 고민과 고통의 시간 속에서 어렵게 이름 석자를 기록했을 수 있습니다. 비록 피해사실에 대한 분명한 기록이 없다하더라도 진상조사를 실시하고 학교폭력사실이 분명하게 밝혀진다면 엄중하게 처리하셔야 합니다.

문8) 외부학교 학생들이 본교에서 폭력을 발생했을 때는 어떻게 처리해야 하나요?

답) 외부학교 학생이나 인근 상급학교 학생들이 교내 운동장이나 복도에 들어와서 폭력(신체폭력, 금품갈취, 협박 등)을 행사한 경우, 학교학생들에게 학교폭력이 발생한 피해장소와 피해발생 시간대를 조사하여 가해학생들의 소속이 드러나면 해당학교에 사실에 대해 알린 후 함께 공조하여 대책마련을 강구해 주시기 바랍니다. 또한 학생들에게는 그러한 폭력사안 발생시 신고에 대한 의무를 실천하여야 함에 대해 교육하는 기회로 활용하시기 바랍니다.

문9) 일진의 개념에 대해서 어떻게 판단해야 하나요?

답) 교내 일진에 대한 개념은 학교상황에 따라 그 폭과 범위가 매우 다양합니다. 일반 사회 조직에서의 '일진'개념과 달리 학교 안에서 일반학생들이 '일진'이라고 생각하는 개념은 다소 다릅니다. 학교 안에서 일반학생들에게 위협을 느끼도록 분위기를 조성하고 더 나아가 정신적, 물리적 폭력을 휘두르는 집단세력은 '일진'이라고 볼 수 있습니다. 참고로, 일진에 대해서는 5월 이후 교과부차원에서 경찰청과 협조하여 일진경보제를 활용한 조치를 별도로 시행할 예정입니다.

문10) 학교 내에 일진서클이 존재한다는 학생들의 답변이 많이 나왔는데, 일진에 대해서 교내에서 어떤 대응책을 세워야 하나요?

답) 학교폭력 실태조사 보고서에 '일진'이 존재한다고 느끼는 학생이 많다면, 학교폭력전담기구에서 설문이나 면담조사를 통해 구체적으로 그 실상에 대해 조사한 후, 폭력적인 양태가 심각하다면 경찰과 협의하여 사안을 처리하셔야 합니다.

문11) 학교에 전문상담교사 및 전문상담인력이 배치되어 있지 않은데, 어떻게 해야 하나요?

답) 관할 지역교육지원청내에 있는 Wee센터에 협조를 요청하거나, 학생상담 자원봉사자의 활용, 지역순회상담교사 배치 요청 등을 통해 상담프로그램을 운영할 수 있습니다. 그리고 학교내의 전문상담자격증을 가진 교사가 해당업무를 진행할 수 있도록 조치할 수 있습니다.

참고문헌

교육부(2014). 학교폭력 사안처리 가이드북.

교육부(2014). 현장 중심 학교폭력대책.

교육부(2013). 2013년 2차 학교폭력 실태조사 후속업무처리 지침.

교육과학기술부(2012). 학교폭력사안처리 Q & A.

교육과학기술부(2012). 학교폭력 실태조사에 따른 후속 업무처리 매뉴얼.

문용린 외(2008). 학교폭력 예방과 상담. 학지사.

제3장 학교폭력 예방교육

학습목표

1. 학교폭력 예방교육의 목적과 방법을 이해할 수 있습니다.
2. 학교폭력 예방교육의 자료를 알고 활용할 수 있습니다.

1. 학교폭력 예방교육의 목적

범사회적 · 범국가적으로 문제화 되고 있는 학교폭력 문제에 효과적으로 대처 · 예방할 수 있는 사회적 분위기를 조성하고, 학생들이 폭력의 심각성을 인지하고 슬기롭게 대처하여 즐거운 학교생활을 할 수 있도록 하기 위해 학교폭력 예방교육을 실시하고 있다. 특히 신학기 초 개학 및 입학을 맞이하여 학교폭력 발생 요인이 증가하고 있으므로 학교폭력 예방교육 행사를 내실 있게 운영하여 안전하고 행복한 학교를 만들고자 교사, 학생, 학부모, 지역사회가 관심을 갖고 노력하여야 한다.

가. 학교폭력 예방교육 실시에 관한 법적 근거

학교에서 정기적으로 교사, 학생, 학부모를 대상으로 학교폭력 예방교육을 실시하여야 한다. 학교폭력 예방교육 실시에 관한 법적 근거는 〈표 3-1〉과 같이 학교폭력 예방 및 대책에 관한 법률 제15조, 학교폭력 예방 및 대책에 관한 법률 시행령 제17조에 명시되어 있다.

〈표 3-1〉 학교폭력 예방교육 실시에 관한 법적 근거

법률조항	내용
학폭법 제15조	① 학교의 장은 학생의 육체적·정신적 보호와 학교폭력의 예방을 위한 학생들에 대한 교육(학교폭력의 개념·실태 및 대처방안 등을 포함하여야 한다)을 학기별로 1회 이상 실시하여야 한다. ② 학교의 장은 학교폭력의 예방 및 대책 등을 위한 교직원 및 보호자에 대한 교육을 학기별로 1회 이상 실시하여야 한다. ③ 학교의 장은 제1항에 따른 학교폭력 예방교육 프로그램의 구성 및 그 운용 등을 전담기구와 협의하여 전문단체 또는 전문가에게 위탁할 수 있다. ④ 교육장은 제1항부터 제3항까지의 규정에 따른 학교폭력 예방교육 프로그램의 구성과 운용계획을 보호자가 쉽게 확인할 수 있도록 인터넷 홈페이지에 게시하고, 그 밖에 다양한 방법으로 보호자에게 알릴 수 있도록 노력하여야 한다.
학교폭력 예방 및 대책에 관한 법률 시행령 제17조	① 학기별로 1회 이상 실시하고, 교육 횟수·시간 및 강사 등 세부적인 사항은 학교 여건에 따라 학교의 장이 정한다. ② 학생에 대한 학교폭력 예방교육은 학급 단위로 실시함을 원칙으로 하되, 학교 여건에 따라 전체 학생을 대상으로 한 장소에서 동시에 실시할 수 있다. ③ 학생과 교직원, 학부모를 따로 교육하는 것을 원칙으로 하되, 내용에 따라 함께 교육할 수 있다. ④ 강의, 토론 및 역할연기 등 다양한 방법으로 하고, 다양한 자료나 프로그램 등을 활용하여야 한다. ⑤ 교직원에 대한 학교폭력 예방교육은 학교폭력 관련 법령에 대한 내용, 학교폭력 발생 시 대응요령, 학생 대상 학교폭력 예방 프로그램 운영 방법 등을 포함하여야 한다. ⑥ 학부모에 대한 학교폭력 예방교육은 학교폭력 징후 판별, 학교폭력 발생 시 대응요령, 가정에서의 인성교육에 관한 사항을 포함하여야 한다.

시·도교육청에 따라서 다소 차이는 있지만 대체로 학기별로 반드시 1회 이상(학기별 2시간, 연간 4시간 이상 실기 권장)으로 하여 학생들에 대한 교육과 교직원에 대한 교육을 별로로 실시함을 원칙으로 하나 내용에 따라 함께 교육 가능하고, 학급 단위로 실시함이 원칙이나 여건에 따라 전체 학생 대상도 가능하며, 창의적 체험활동 등의 시간을 활용하여 예방교육을 실시할 수 있음을 원칙으로 하고 있다.

나. 학교폭력 예방교육의 목적

학교폭력 예방교육 실시의 목적은 전시적·획일적 학교폭력 예방교육에서 벗어나 학생의 자율권과 교사의 교육권이 함께 보장될 수 있는 생활교육으로 나아가기 위해 일상생활과 모든 교과 수업 시간을 활용하여 실천적이고 공감하는 생활지도 방안과 제도적 지원을 마련하는 것이다.

구체적인 목적은 다음과 같다.

가. 학생들 상호간에 배려하며, 칭찬과 관심을 바탕으로 한 '사랑 나눔' 실천으로 더불어 살아가는 진솔한 교우관계를 형성한다.

나. 학생·교사·학부모 모두에게 꿈과 신바람 및 감동을 주는 학교 풍토를 조성하고 친구 사랑 학교문화를 정착시킴으로써 학교폭력을 예방한다.

2. 학교폭력 예방교육의 방법

가. 학교폭력 예방교육 실시 개요

〈표 3-2〉 학교폭력 예방교육 실시 개요

대 상	횟수	시 기	방법(예시)
학생	학기별 1회 이상 (연 2회 이상)	단위 학교별 계획 수립	• 교과교육 및 창의적 체험활동 교육과정을 통한 예방교육 • 생활지도를 통한 예방교육 등
보호자	학기별 1회 이상 (연 2회 이상)		• 보호자 연수를 통한 예방교육 • 가정통신문, 홈페이지 등을 통한 예방교육 등
교사	학기별 1회 이상 (연 2회 이상)		• 교사 연수를 통한 예방교육 • 각종 매뉴얼을 활용한 예방교육 등

나. 학생

학생을 대상으로 학교폭력 예방 교육을 할 경우 학기별 1회(필수), 학기당 2시간이상 권장하고 있다. 교육방법으로는 외부전문가 초빙강연, 학교장 훈화, 담임이 조·종례, 학급회 시간에 학교폭력 예방 교육, 학교폭력 예방 동영상 시청 등의 방법이 있다.

유치원 및 초등학교는 조기예방교육에 초점을 두고 있고, 초·중·고는 맞춤형 예방교육에 중점을 두고 학교급별 맞춤형 학교폭력 예방교육을 실시하고 있다.

〈표 3-3〉 학교급별 맞춤형 학교폭력 예방교육

구 분	세부 내용
조기 예방교육 (유치원 및 초등학교)	• 유치원 기본교육과정 운영의 내실화 • 가정친화적 인성교육 강화로 유아 발달단계에 기초한 학교폭력 예방교육 실시 • 초등학교 학년 단계별 예방프로그램을 운영 • 학교폭력 가·피해 예측학생에 대한 예방상담 강화
맞춤형 예방교육 (초·중·고)	• 매년 3월과 9월 셋째 주를 학교폭력 관련 프로젝트 주간으로 정해 다양한 프로그램 운영 • 학교폭력의 이해, 예방 및 대처능력 등을 학교급과 발달단계를 고려해서 학급단위로 운영 • 단위학교의 학교폭력 발생 특성을 고려한 맞춤형 예방교육 병행 • 집단따돌림 예방교육 및 상담 강화 • 강요에 의한 휴대폰 대여, 심부름 등 다양한 괴롭힘에 대한 예방교육 강화 • 다문화가정 및 장애학생 예방교육 강화 • 성인지적 통합인권교육 실시 • 사이버 청정학교 및 인터넷 미디어 교실 운영

〈표 3-4〉 학교폭력 예방교육 학교 사례

행사명	대상	주제 및 내용	비고
동영상 교육	1~6학년	• 학교폭력 예방 동영상 시청 • 학교 폭력근절 서약서 작성 • 바른 언어 실천 서약서 작성	공문게시자료 서약서 양식 활용
내 친구 캐릭터 그리기	1학년	• 친구 그리기 －친구의 캐릭터를 그리고 친구의 장점 자세하게 쓰기 －착한 내 친구 소개하기	학습지 활용
만화로 친구 자랑 하기	2~3학년	• 천사표 내 친구 －친구의 착한 점, 잘하는 것을 만화로 그리기 －천사표 내 친구 소개하기	학습지 활용

행사명	대상	주제 및 내용	비고
친구 사랑 우체통	4~6학년	• 친구야 고마워! 미안해! −친구에게 우정을 다지는 내용이나, 화해의 내용이 담긴 편지를 써서 전달하기	배부된 학습지 활용
학생 토론회	4~6년	• 학급 어린이회를 통한 토론 (주제: 학교폭력 예방)	협의록 활용
담임과 소통하기	5~6년	※ 학생과 담임간의 소통의 장 마련	일기장, 생활본 등 활용
학교폭력 예방연수	교직원	• 학교폭력에 대한 교사 역할 • 학교폭력 사안처리시 유의사항	PPT 및 연수물
학교폭력 예방교육	학부모	• 통신문 발송(경찰서장)	
학교폭력 예방교육	1~6학년	• 담임을 통한 학교폭력 예방교육(아침활동, 수업 중 등)	

항목	대상	내용	비고
학교폭력 진단표	학생	나는 학교폭력을 얼마나 알고 있는가?	※1~3학년용 진단표 ※4~6학년용 진단표 ※학교폭력유형 정답표
영상자료 시청	학생	학교폭력 수준별 영상자료 〈해피콘서트〉	※학급별 실시 ※영상자료 별도 배부
학교폭력 예방서약서 쓰기	학생	학교폭력 예방을 위한 7가지 실천서약(친구야 사랑해)	※생활본에 학생이 직접 작성해서 보관하며, 학생 지도에 이용
설문지 작성	학생	학교폭력 관련 설문지 작성	※교육부에서 온라인으로 실시(추후안내)
학교 폭력예방 글짓기	학생	학교폭력 예방을 위한 일기쓰기	※학교폭력 예방을 위한 일기쓴 후 담임교사 추수지도
기타	학생	「학생보호 및 학교안전 표준 가이드 라인」	홍보자료 홈페이지 탑재
		일기장으로 담임과 소통하기	※학생과 담임간의 소통의 장 마련
	교직원	사안처리 10大 유의사항	※학교에 근무하는 모든 인력

항목	대상	내용	비고
		학교폭력 관련법령 학교폭력의 개념 및 유형	대상
		학생보호 및 학교안전 강화를 위한 개선방안	
	학부모	학교폭력 예방 및 대처방안 학부모 연수	
		학교폭력 예방을 위한 10가지 실천 서약(애들아 사랑해!)	
	공통	굿바이 학교폭력 어플리케이션 안내	※홈페이지 게시 ※학급별 담임 안내

최근에는 학생들에게 역할극·연극·뮤지컬 등 문화체험형 교육을 확대하여, 학교폭력에 대해 강의만 들었을 때와는 달리, 폭력의 심각성을 직접 체감하고 공감하는 기회를 확대해 나가고 있다. 이러한 연극·뮤지컬 등 문화체험형 교육을 통해 관람 학생과 교원 상당수가 학교폭력 예방에 도움이 된다고 응답하였다.

또한, 경찰서에 마련된 체험장에서 경찰역할, 역할극 체험 등을 통해 준법의식을 키우고 학생이 학교폭력으로부터 스스로를 지킬 수 있도록 '청소년 경찰학교' 프로그램도 운영하고 있다.

『경찰청에서는 소년법』상 촉법소년(만10세) 및 범죄소년(만14세)에 해당하는 초등학교 4학년 및 중학교 2학년을 대상으로 범죄예방교실을 시·도교육청 또는 교육지원청(또는 학교)이 지방경찰청과 협의하여 실시하고 있다.

학생 대상 학교폭력 예방교육에서 유의할 점은 전체학생 대상, 강의식 교육을 지양하고 가급적 교과별, 학급별, 학년별 특성에 맞는 다양한 방식의 교육 및 토론, 체험이 되도록 하여야 한다.

〈표 3-5〉 경찰청 범죄예방교실 교육내용

구분	초등학교 4학년	중학교 2학년
학교폭력의 법적 정의	• 학교폭력의 개념 • 장난과 범죄의 경계 • 학교폭력 유형별 설명	• 학교폭력의 개념 • 장난과 범죄의 경계 • 학교폭력 유형별 설명
사례로 보는 학교폭력 유형 및 법적 책임	• 초등학생 사이에 주로 발생하는 학교폭력 • 신종 학교폭력 사례 소개	• 중학생 사이에 주로 발생하는 학교폭력 • 신종 학교폭력 사례 소개 • 성폭력 · 성매매(조건만남 등) 예방교육
형사처벌 절차	**〈촉법소년의 형사처벌 절차〉** • 경찰 단계 학교폭력 가해학생 조사 및 처리 절차 • 법원 단계에서의 사안별 처분 내용	**〈범죄소년의 형사처벌 절차〉** • 경찰 단계 학교폭력 가해학생 조사 및 처리 절차 • 검찰 · 법원 단계에서의 사안별 처분 내용
학교폭력 피해 및 목격 시 대응 요령	• 117 학교폭력신고센터 홍보 • 학교폭력 목격자에 대한 신고 강조 • 학교폭력 피해자 대처 요령 등	• 117 학교폭력신고센터 홍보 • 학교폭력 목격자에 대한 신고 강조 • 학교폭력 피해자 대처 요령 등

다. 교사

교사를 대상으로 한 학교폭력 예방교육은 학교폭력 관련 법령, 학교폭력 발생 시 대응요령, 학생 대상 학교폭력 등을 내용으로 하여 학기 초 학교폭력 예방과 대처 방법 연수 실시, 외부 전문가 초빙 연수, 생활교육 관련 학교 단위 직무연수 개설을 권장하고 있다. 또한 단위학교 학교폭력 담당자 연수를 교육청 단위로 실시하고 있다.

또한 대상으로는 교원, 행정직원, 영양사, 배움터지킴이 등 학생보호 인력 등 모든 인력을 대상으로 교육을 실시하여야 한다.

〈표 3-6〉 학교급별 맞춤형 학교폭력 예방교육

구 분	세부 내용
학교관리자, 학교폭력 담당자 대응역량 강화	• 교장, 교감자격 연수에 학교폭력 교과목 시간 수 확대 • 학교관리자 학교폭력 예방 및 대처 연수 강화 • 학교폭력 담당자 정례 워크숍 개최 • 시·도교육청 학교폭력 담당자, 생활지도 우수교원을 대상으로 학교폭력 예방·근절 선진국 우수학교 방문기회 제공
담임교사 대응역량 강화	• 임용·자격연수 과정에 학교폭력 교과목 시간 수 확대 • 전문가가 학교현장을 직접 방문해서 교직원 대상 연수 실시 • 학교폭력 예방 동영상 연수자료 제작·보급 • 학교폭력 상담 콜센터를 지역교육청 단위에 설치·운영 • 다문화가정 및 장애학생 대상 담임교사 연수 강화
교원 대상 사이버 연수 실시	• 학교폭력 관련 사이버 연수과정 확대 운영 • 전 교원 대상 사이버 연수과정 이수 의무화 • 따돌림 예방 및 대처 사이버 연수과정 개설

라. 학부모

학부모를 대상으로는 학교폭력 징후 판별, 학교폭력 발생 시 대응요령, 자녀 대화 기술, 가정에서의 인성교육에 관한 사항, 학생안전강화대책 등을 내용으로 하여 각급학교 학교폭력대책자치위원회 학부모 위원 연수, 외부 전문가 초빙 연수, 학교홈페이지나 가정통신문 등을 통한 교육이 있다.

학교설명회, 일과후 교육 등을 활용하여 학부모 교육 참여율 제고하기 위하여 다양한 노력을 하여야 한다.

〈표 3-7〉 학교급별 맞춤형 학교폭력 예방교육

구 분	세부 내용
학부모회를 활용한 학교폭력 예방교육 실시	• 학부모교실 등을 통한 학교폭력 예방교육 확대 • 아버지 학교, 아버지 교실 운영
찾아가는 학부모교육 실시	• 학교폭력 취약지역을 대상으로 '찾아가는 학부모교육'실시 • 직장인 대상 '찾아가는 학부모교육' 실시 • 자발적 학습조직 대상 '찾아가는 학부모교육' 실시

3. 학교폭력 예방교육 자료

가. 교육부 학교폭력 예방교육 자료

학교폭력 예방교육에 관련된 자료는 교육부에서 〈표 3-8〉과 같이 개발하여 각급 학교로 보급하고 있다.

〈표 3-8〉 교육부 학교폭력 예방교육 자료 안내

구분	자 료 명	자료형태
교사용	학교폭력 핵심매뉴얼 【학교폭력에 대한 교사의 역할】	PPT파일, PDF파일
	학교폭력 사안처리 가이드북	한글파일
	학교폭력 예방 길라잡이 콘텐츠	플래시파일
	게임 · 인터넷 · 스마트폰 올바른 사용을 위한 생활지도 매뉴얼	PDF파일
	학교폭력 사안별 대응 매뉴얼	한글파일
	집단따돌림예방 교사용지도서(중학생용) 【우리들의 행복한 교실】	PDF파일
	도덕수업, 국어수업을 통한 학교폭력 예방교육 PPT 및 학생용 교재 (초등 저 · 중 · 고학년용, 중학생용, 고등학생용)	PPT파일, PDF파일
학생용	학교폭력 핵심매뉴얼 • 초등 저학년용 【소중한 나, 소중한 나의 친구들】 • 초등 고학년용 【아픔없는 우리학교, 행복한 학교생활 만들기】 • 중학생용 【난 아픈데, 넌 장난?】 • 고등학생용 【학교 폭력은 범죄입니다.】	PPT파일, PDF파일
	집단따돌림예방워크북(중학생) 【우리들의 행복한 교실】	PDF파일
보호자용	학교폭력 핵심매뉴얼 【우리 아이들에게 무슨 일이?】	PPT파일, PDF파일

자료: 교육부 홈페이지(http://www.moe.go.kr)-학교폭력 예방

또한 도란도란 학교폭력 예방 누리집(www.stopbullying.or.kr)에 접속하면 학교폭력, 예방과 대처, 자료실, 상담실이 운영되고 있으며, 이 밖에 '청소년폭력예방재단', '스쿨로', 'Wee 프로젝트', '학교폭력SOS지원단' 등 학교폭력과 관련해 상담 · 신고 등 필요한 서비스를 제공받을 수 있는 홈페이지가 있다.

스마트폰으로 '굿바이 학교폭력' 어플을 설치하면, 긴급전화, 학교폭력 예방법, 고민상담, 정보 등을 공유할 수 있다.

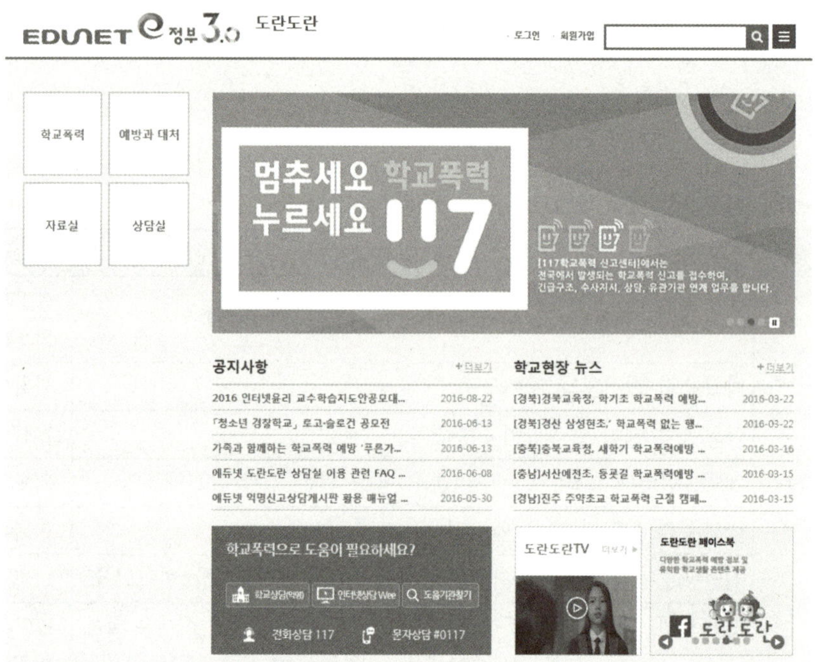

[그림 3-1] 도란도란 학교폭력 예방 누리집

(http://www.dorandoran.go.kr/)

〈표 3-9〉 사이버교육의 실시

구분	프로그램	프로그램 특징	이용방법
온라인	솔리언또래상담프로그램	청소년이 뽑은 고민상담 대상 1순위인 '또래친구'를 통한 현장상담 프로그램	한국청소년상담복지개발원 (www.kyci.or.kr 또는 www.cyber1388.kr)
온라인	개별 프로그램	학교급별 · 대상별 예방교육 영상자료	청소년 폭력예방재단 원격교육연수원 (http://home.ejikim.com)
스마트폰 어플리케이션	굿바이! 학교폭력	스마트폰 어플을 이용한 학교폭력 예방 · 상담	안드로이드마켓 또는 애플앱스토어에서 다운

나. 학교폭력 예방교육 프로그램 내용

한편 구체적인 활동 프로그램들의 내용은 다음 〈표 3-10〉과 같다. 학생, 교사, 학부모를 대상으로 한 교육, 학교 내 규율 확립, 폭력발생에 대한 개입과 상담전화 및 신고함의 활성화, 지역사회 폭력예방 활동체계 조직화, 소식지, 게시판, 홍보행사 등을 통한 관심 및 참여유도를 위한 구체적인 프로그램 활동을 수행할 수 있다.

〈표 3-10〉 학교폭력 예방교육 프로그램 예시

프로그램 구성요소	활동	활동내용
교육	폭력예방교육	1차시: 폭력심의위원회(학교폭력개념, 학교폭력의 종류와 범위 이해) 2차시: 우리들의 일그러진 영웅(학교폭력실태와 피해예측) 3차시: 폭력 트라이앵글(피해/가해/방관자 입장별 해결책 모색) 4차시: 수호천사로 임명합니다(중재역할의 중요성과 실천방법) 5차시: 화를 다스리를 방법1(긴장이완) 6차시: 화를 다스리를 방법2(합리적사고) 7차시: 의사소통 기술연습1(경청기술) 8차시: 의사소통 기술연습2(자기 주장 훈련)
	학부모교육	1. 일반교육: 학교폭력 예방을 위한 부모의 역할에 대한 교육 2. 통신교육: 가정통신문을 통한 학교폭력 예방 교육 (학교폭력 피해학생의 증상과 대처/가해학생의 증상과 대처 등)
	교사연수	1회: 폭력예방시범학교 운영전반에 대한 이해 2회: 폭력예방을 위한 교사역할 교육 폭력발생의 원인, 예방을 위한 성공요건들, 교사의 구체적 역할 등
규율	학급규칙 선포	학교폭력 예방을 위해 학교차원의 규칙 세 가지 선포 자치활동시간을 활용하여 규칙준수를 위한 학급의 행동강령 논의
	학급회의	학급회의를 통해 학급 폭력 실태에 대한 의견 공유, 해결방안 탐색학교폭력 중재학생 칭찬
	칭찬과 제재	1. 칭찬나무 키우기: 1, 2학년 학급마다 칭찬나무 제작 칭찬열매 양이 풍성하고 학습성원의 참여가 활발한 우수학급 선정 포상 2. 칭찬카드: 전교생과 전교직원을 대상으로 칭찬카드를 배포

프로그램 구성요소	활동	활동내용
		평상시 자신을 도와주거나 고마운 사람에게 발급하도록 함
개입	상담전화 개설	교내 진로상담부 및 사회사업실에 전화창구를 추가 개설함 교외 한빛종합사회복지관을 도우미 상담창구로 위촉함
	가해-피해상담	학교폭력 가해학생 및 피해학생들에 대한 상담실시
	신고함	1, 2학년 각 학급마다 폭력신고 비치, 친근한 이미지로 접근성을 높임
모임/조직화	수호천사	학급당 4명의 수호천사를 선발하여 교육 또래보호자, 칭찬옹호자, 폭력행동 감시자의 역할 담당 수호천사 일지 기록
	폭력예방 협의회	시범사업 운영활동 제반에 대하여 정기적으로 논의
	지역순찰대	지역 어르신 조직과 연계하여 방과 후 지역순찰 네트워크 구축
	지역사회 네트워크	학교폭력 예방 활동을 위한 지역사회 기관과의 네트워크 구축
관심/참여	실태조사	설문지를 통해 학생들의 학교폭력에 대한 인식과 학교폭력 가해 및 피해경험 여부 파악
	소식지	학생, 교사, 학부모 대상으로 소식지 발간 폭력예방을 위한 다양한 활동들에 대해 공유하도록 함
	게시판	학교폭력 예방과 관련된 내용의 게시판을 제작하여 설치함
	홍보행사	폭력예방캠페인(피스데이 캠페인)을 실시 폭력예방 필요성에 대한 인식 및 활동에 대한 관심 증대

자료: 이봉주 외(2009). 학교폭력 예방 프로그램개발 및 효과성 평가연구: 논리모델에 기반하여. 한국청소년연구, 20(2), p.265.

다. 학부모 학교폭력 예방교육

1) 학교폭력 신고, 이렇게 하세요.

(1) 언제 신고해야 하나요?

- 자녀가 학교폭력을 당할 때, 두려워하지 말고 담임선생님께 도움을 요청하세요. 담임선생님은 여러분을 가장 먼저 도와드릴 것입니다.

- 자녀의 친구가 학교폭력을 당하고 있는 것을 알 때도 주저하지 말고 담임선생님께 도움을 요청하세요.
- 학교폭력 신고는 '고자질'이 아니라 정의를 실천하는 것입니다. 고자질쟁이는 자기만의 이익을 위해 이야기하는 것이고, 신고는 나뿐만 아니라 학생 전체를 위해서 알리는 것입니다.

(2) 어떻게 신고해야 하나요?

- 학교폭력이 발생한 구체적인 날짜, 장소, 학교폭력의 내용을 구체적이고 상세하게 이야기하세요. 담당자가 질문하는 사항에 대해서는 주저하지 말고 있는 그대로의 사실을 이야기하는 것이 중요합니다.
- 단, 감정적으로 있었던 사실을 부풀려 이야기하는 것은 금물입니다.

(3) 학교 내에서 신고하기가 두렵다면?

- 언제든지 117 학교폭력신고센터로 신고하세요. 상담원 선생님들이 어떻게 대처해야 할지 친절하게 안내해 주실 겁니다.
- 또 1588-7179, 380-4600으로 신고할 수 있습니다. 24시간 주야로 여러분을 도와드릴 준비가 되어 있습니다.
- 특히, 집단폭력이나 폭력의 정도가 심한 경우 바로 117로 신고하는 것이 좋습니다.
- 117로 신고한 이후에도, 학교의 담임선생님이나 상담선생님께 도움을 요청한다면 더 신속하게 문제를 해결할 수 있습니다.

2) 자녀에게 학교폭력을 예방하기 위한 작은 실천 방법을 알려주세요.

(1) 화가 나도 참을 줄 알아야 학교폭력을 예방할 수 있어요.

- 화가 날 때는 눈을 감고 천천히 열까지 세어보세요. 어느 덧 마음이 가라앉고 친구와 사이좋게 이야기할 수 있는 좋은 방법이 떠오를 거에요.
- 왠지 마음이 답답한가요? 학교스포츠클럽에 가입하거나 예술활동, 동아리 활동에 적극 참여해 보세요. 스트레스가 확 풀리면서 가슴이 뻥 뚫리죠!

- 어떤 방법으로도 친구와 사이좋게 지낼 방법이 떠오르지 않는다구요? 학교의 상담선생님께 문의하세요. 사소한 걱정거리를 가지고 방문해도 선생님은 환한 미소로 여러분을 맞이해 주실 겁니다.

(2) 내가 하고 싶은 이야기, 이렇게 해보세요.

- 원하지 않을 때는 "싫어"라고 분명하게 말하세요.
- 여러분이 화가 나거나 싫은 이유를 정확하게 상대방에게 이야기하세요.
- 상대방이 여러분의 이야기에 귀 기울여 듣지 않는다면, 담임선생님이나 상담선생님께 고민을 털어 놓으세요. 상대방과 화해하거나 타협할 수 있는 좋은 방법을 알려주실 거예요.

(3) 학교 안에서는 친구들을 존중하며 생활해요.

- 평소 친구들의 의견을 귀 기울여 듣고, 상대방을 이해하려고 노력해요.
- 내가 존중받고 싶듯이 친구도 존중받고 싶어 합니다. 대화를 할 때 고운말을 쓰고, 친구를 무시하지 마세요.
- 나와 다르다고 친구를 차별하지 말고, 편견 없이 친구를 대하세요.
- 친구와 다투거나 갈등이 생겼을 때, 나의 잘못은 없는지 한 번 더 생각하고 친구와 이야기 해보세요.

(4) 학교 밖에서 조금만 조심하면 학교폭력을 막을 수 있어요.

- 낯선 사람이 있는 외진 곳에 혼자 가지 말아야 합니다.
- 너무 늦은 시간에 혼자 다니면 위험해요.
- 외출할 때에는 부모님께 갈 곳을 미리 말씀드리세요.
- "117" 전화번호를 기억하고, 위험한 상황이 닥치면 신고하세요.

참고문헌

교육부(2014). 학교폭력 사안처리 가이드북.

교육부(2014). 현장 중심 학교폭력대책.

교육부(2013). 2013년 2차 학교폭력 실태조사 후속업무처리 지침.

교육과학기술부(2012). 학교폭력사안처리 Q & A.

대구광역시교육청(2012). 학교폭력근절매뉴얼.

문용린 외(2008). 학교폭력 예방과 상담. 학지사.

이봉주 외(2009). 학교폭력 예방 프로그램개발 및 효과성 평가연구: 논리모델에 기반하여. 한국청소년연구, 20(2), 257-281.

제2부 학교폭력 사안처리하기

제4장 학교폭력 초기대응
제5장 학교폭력 전담기구
제6장 학교폭력대책자치위원회
제7장 분쟁조정, 재심, 행정심판
제8장 사법처리절차와 통고제도
제9장 교사의 민 · 형사상 책임

제4장 학교폭력 초기대응

학습목표

1. 학교에서 학교폭력 초기대응 절차와 방법을 알고 실천할 수 있습니다.
2. 학교폭력 관찰 및 면담의 절차와 방법을 알고 실천할 수 있습니다.

1. 학교에서 학교폭력 초기대응

학교에서 일어나는 학교폭력의 경우 교사가 학생들의 행동이나 교실 분위기를 살펴보고 학교폭력이라고 느끼는 '감지'와 학생들의 말이나 제보, 행동을 직접 목격함으로써 알게 되는 '인지'를 통해 신속하고 적극적으로 학교폭력 사안에 초기대응을 해야 한다.

가. 교사의 학교폭력 초기 대응

1) 학교폭력 현장을 목격한 경우

학교폭력이 일어났을 경우 담임교사의 대응이 중요하게 작용한다. 교사가 학교폭력 현장을 목격하였을 경우에는 관련학생을 안전조치하고, 학부모에게 연락한 후 피·가해 학생 상담을 실시한 후 전담기구 사안조사를 요청하여야 한다.

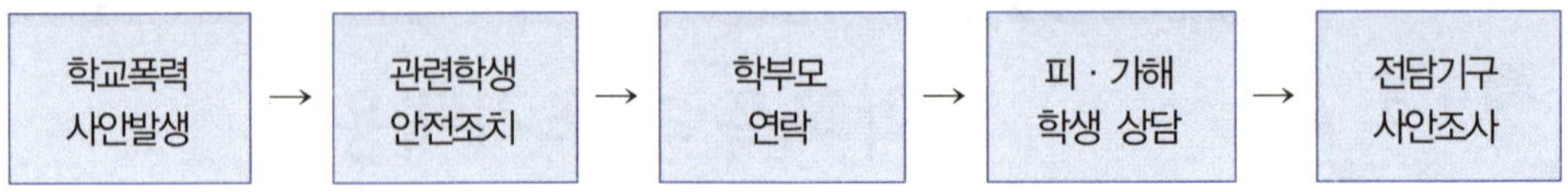

[그림 4-1] 학교폭력 현장을 목격한 경우 초기 대응 방법

학교폭력 현장을 목격한 경우 교사가 유의할 사항은 다음과 같다.

첫째, 응급조치, 병원이송여부 판단하여 신속한 판단 및 응급조치를 하여야 한다.

둘째, 실신하거나 머리를 부딪힌 경우는 반드시 병원검사를 실시하여야 한다.

셋째, 학교 및 해당 학부모에게 상황을 보고하고 조치사항을 구체적으로 알려야 한다.

넷째, 학교폭력 사안의 확대 및 왜곡 방지를 위해 올바른 초기대응이 필요하다.

다섯째, 정확하고 충분한 증거 확보를 가능케 하여 분쟁을 최소화할 수 있다. 특히 학교폭력 발생시 학교에서 대처한 내용을 반드시 문서(기록)로 만들어 두는 것이 필요하다.

2) 학교폭력 사안 인지한 경우

학교폭력 사안을 초기에 담임교사가 감지·인지하기 위해서는 [그림 4-2]와 같이 평소에 학교폭력에 꾸준한 관심을 갖고 관찰하여 학교폭력을 감지한 후 관련학생을 관찰·면담, 전담기구에 사안을 보고하고 학부모에게 학교폭력 사안을 통보하면 된다.

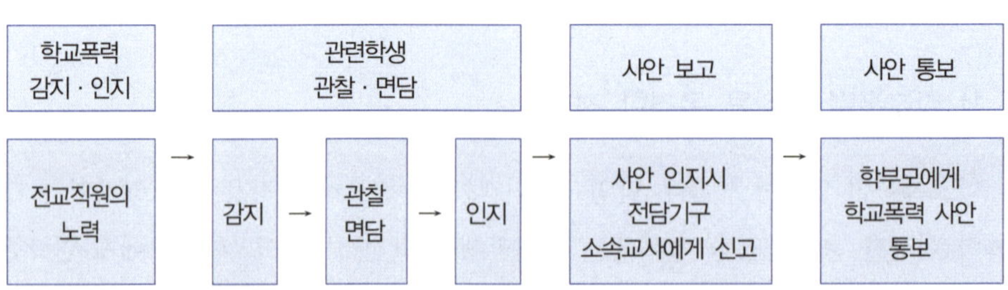

[그림 4-2] 학교폭력 사안 인지한 경우 초기 대응 방법

3) 학교폭력 신고를 받았을 경우

담임교사가 학교폭력 신고를 받았을 경우는 [그림 4-3]과 같이 학교폭력신고서를 작성하여 학교폭력담당교사에게 사안을 접수한다. 학교폭력담당교사는 신고대장에 기록한 후 전담기구에 사건을 보고하고, 접수사항을 알린 후 전담기구에서 학교폭력에 대한 사안조사를 하게 된다.

[그림 4-3] 학교폭력 사안 인지 시 초기 대응 방법

4) 학교폭력 초기대응 후 절차

담임교사가 학교폭력 현장을 목격한 경우, 학교폭력 사안을 초기에 인지한 경우, 학교폭력 신고를 받았을 경우 등의 학교폭력 초기대응 후 절차를 정리하면 [그림 4-4]와 같다.

담임교사가 학교폭력 현장목격, 학교폭력신고 접수, 학교폭력을 인지하였을 경우 초기 대응으로는 학교폭력전담기구에 사안을 신고하고, 전담기구에서 사안조사가 이루어지면 학교폭력자치위원회에 보고한 후 심의·의결한 후 의결된 사항을 학교장에게 조치요청을 하게 된다. 학교장은 최종조치한 결과를 교육청으로 보고를 해야한다. 동시에 학교폭력전담기구에서 사안조사 내용을 교육청으로 사안보고를 해야한다. 유의할 점은 학교에서 대처한 내용을 반드시 문서로 만들어 두는 것이 필요하다.

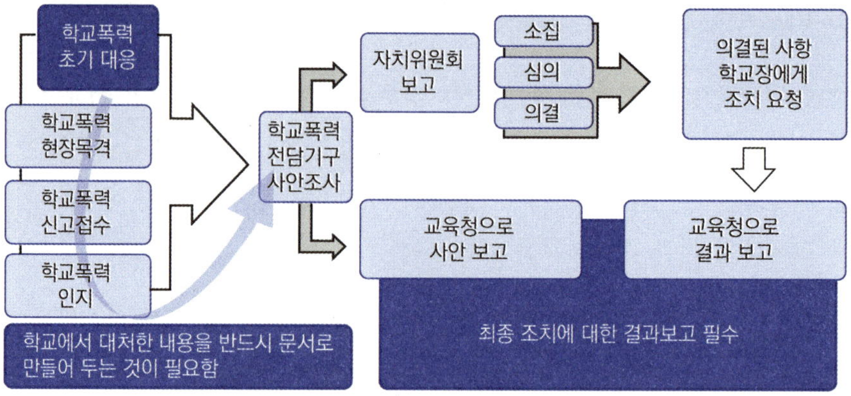

[그림 4-4] 학교폭력 초기대응 후 절차

나. 학교폭력 유형별 초기대응 요령

1) 신체폭력

① 교직원의 신속한 응급조치

- 응급상황 발생 시 학교폭력 전담기구 소속교사들(교감, 책임교사, 보건교사, 상담교사 등)을 중심으로 역할을 분담하여 신속하게 조치한다.
- 사안을 가장 먼저 인지한 교직원은 신속히 학교폭력 전담기구 소속교사에게 이를 알린다.
- 피해학생의 위급상황을 발견한 교직원은 보건교사에게 이를 알리거나 119에 연락하여 도움을 청한다.
- 보건교사 역할: 119, 1339 등 응급의료정보센터에 연락하여 아래와 같이 지시대로 응급조치를 취하며, 관리자와 해당 교사에게 이를 알린다.
- 현장자료 유지 및 보관: 현장에 있던 모든 증거자료는 섞거나 없애지 말아야 한다. 관련 자료들은 추후 법적, 의료적 분쟁이 있을 시 중요한 근거 자료가 될 수 있으므로 학교에서 응급조치한 내용은 빠짐없이 기록한다.

※ 1339(응급의료정보센터)란?

• 병원의 의료진 및 병상, 의료장비 등을 실시간으로 파악해 환자에게 적합한 병원을 안내함

• 구급차 출동, 시도 권역별 설치, 전문상담요원과 상담의사가 24시간 상주하여 응급처치 지도

② 주요 대상별 초기 대응 요령

〈담임교사 또는 교직원〉

• 보호자 연락: 피해학생 상태 및 병원 안내
• 병원 이송 시 동승 학교장 등 관리자
• 전반적인 상황 파악 및 총괄
• 원인 분석 및 재발 방지 주력

〈학교폭력 전담기구〉

• 교감: 상황 파악, 지시
• 책임교사: 상황 지시, 주위 학생 안정 및 질서유지 지도, 진행상황 육하원칙에 따라 기록
• 보건교사: 응급조치, 병원 이송 시 동승, 차량 내에서 요원의 응급처치 도움, 병원에서 피해학생 상태 설명
• 전문상담교사: 피해학생의 심리적 안정 지원
• 피해를 당한 학생의 마음을 안정시키고 신변안전이 급선무다. (심호흡, 안정을 취하는 말 등)
• 가벼운 상처는 학교 보건실에서 1차적으로 치료하고, 상처 정도가 심해 학교 보건실에서 치료할 수 없을 때는 2차적으로 병원으로 신속히 이송한다.
• 탈골, 기도 막힘, 기타 위급상황이라고 판단된 경우 자리에서 움직이지 않고 119, 1339에 도움을 청한다.
(잘못 이송할 경우 척추 및 경추 손상 우려)
• 피해학생의 상태가 위중하거나 외상이 심한 경우, 가해학생 역시 충격을 받아 예측하지 못하는 돌발행동을 할 수 있다. 그러므로 심리적으로 안정될 수 있도록 교사가 계속 주의를 기울이고 빨리 부모에게 연락을 취한다.
• 이후 가해학생에게 지나친 질책 및 감정적 대처를 하지 않도록 유의한다.

2) 언어폭력

언어폭력은 상대방의 명예를 훼손하는 구체적인 말을 하거나 인터넷, SNS, 문자메시지 등으로 퍼뜨리는 행위이므로 증거를 확보해 놓는다.

① 피해학생 조치

- 핸드폰 문자로 욕설이나 협박성 문자가 오면 어떠한 응답도 하지 않도록 한다.
- 인터넷 상에서 게시판이나 안티카페 등에서 공개적인 비방 및 욕설의 내용은 그 자체로 저장해두도록 한다.
- 보호자에게 알리고 전문 상담사에게 상담을 받도록 권한다.

② 가해학생 조치

- 언어폭력을 했는지 사실여부와 이유 등을 확인한다.
- 장난으로 한 욕설이라도 피해학생이 고통 받을 수 있음을 인식시킨다.

3) 금품갈취

아무리 적은 금액이라도 다른 사람에게 돈을 빼앗겼을 경우에는 반드시 담임교사에게 사실을 알려 피해가 커지지 않도록 평소에 예방교육을 철저히 한다.

① 피해학생 조치

- 초등학교 저학년 학생은 500원, 1000원을 빼앗겨도 두려워하고 불안해할 수 있으므로 교사는 이를 무시하거나 가볍게 여기지 않고 반드시 도와주겠다는 것을 학생에게 약속하여 학교를 신뢰하도록 한다.

② 보호자조치 목격학생 · 주변학생 조치

- 보호자에게 사실을 빠르게 알린다.
- 연락할 때 보호자들이 지나치게 흥분하거나 놀라지 않도록 연락하고, 학교에 오면 사전에 정해진 장소에 가서 자녀를 만날 수 있도록 안내한다.
- 사안의 내용과 학교 측의 대처사항에 대해 보호자에게 정확히 알려준다.
- 피해 · 가해학생이 귀가했을 경우, 학생이 가정에서 심리적 안정을 취할 수

있도록 부모에게 안내한다. 특히 피해학생인 경우, 부모가 자녀에게 정서적 지지와 지원을 아끼지 말 것을 당부한다.

- 폭력을 목격하거나 폭력 현장에 있음으로 인해 심리적·정서적 충격을 받은 간접 피해자도 유사한 문제 반응이 나타날 수 있다.
- 주변학생들의 현장 접근을 통제하고, 특히 초등학교 저학년의 경우 동화책 읽어주기, 종이접기 등 흥미 있는 활동으로 주의를 돌려 심리적 충격을 완화시킨다.
- 사안에 관련된 학생 및 목격한 학생들에게 상황을 인식시키고, 차후 유사한 폭력상황이 벌어지지 않도록 예방교육을 한다.
- 사안에 관련된 학생들에 대해 낙인을 찍어 따돌리거나, 사안과 관련하여 사실과 다른 소문을 퍼뜨리지 않도록 주의시킨다.
- 적은 금액을 빼앗겼을 때 피해학생의 경우 교사에게 얘기하기를 주저할 수 있다. 하지만 교사는 금품갈취 금액보다는 금품갈취 당했다는 사실에 대해 주목하고 이에 대해 학생의 심정을 공감하고 해결을 위해 노력한다.

③ 가해학생 조치

- 가해학생과의 면담을 통하여 사실을 확인한다.
- 아무리 적은 금액이라도 남의 돈을 빼앗는 행위는 폭력에 해당한다는 사실을 인식시킨다.
- 보호자에게 사실을 알린다.
- 방임·빈곤아동일 경우, 경제적 도움을 줄 수 있도록 사회복지사나 지역주민자치센터에 연계하여지원을 돕는다.

4) 강요·강제적 심부름

강요 등은 폭력서클과 연계하여 일어날 수 있으므로 즉시 신고하도록 평소에 지도한다.

① 학생의 행동 감지

다음과 같은 행동 변화가 있을 경우 학생을 불러서 상담하고 부모에게도 확인한다.

- 친구를 대신하여 심부름을 한다.
- 친구를 대신하여 과제를 하거나 책가방을 들어준다.
- 친구에게 음식물을 제공하고 옷 등을 빌려준다.

② 피해학생 조치

- 상담을 통하여 어느 정도 피해를 받았는지, 다른 폭력 피해는 없는지 확인을 한다.
- 당분간 부모가 등·하교 길에 동행한다.

③ 가해학생 조치

- 단순가담 학생들은 상담을 통해 지도한다.
- 보호자에게 알리고 재발하지 않도록 지도한다.

5) 따돌림

따돌림은 괴롭힘과 함께 이루어지는 경우가 많지만 대부분의 교사들이 학교폭력으로 인식하지 못하는 경우가 많으므로 특별히 주의를 요한다.

① 피해학생 의사에 반하는 피해사실 공개 금지

- 피해사실이 확인되고 난 후 이를 바로 공개하면, 피해학생이 당황하고 난처해질 수 있다. 교사는 피해학생과 깊이 있는 상담을 통해 피해학생이 필요로 하는 사항을 파악하여 대처한다.
- 가해학생을 바로 불러서 야단치면, 가해학생은 교사에게 일렀다는 명목으로 피해학생을 더욱 심하게 괴롭히고 따돌리는 경우가 많다.
- 반 전체 앞에서 피해·가해학생의 이름을 지목하며 따돌림에 대해 훈계하면 피해·가해학생 모두에게 낙인이 찍혀 문제해결에 효과적이지 않다.

② 심각한 피해일 경우, 피해학생 설득하기

- 만약 따돌림 정도가 심한데 피해학생이 보복이 두려워 사안의 공개나 처벌을

반대하면 아래의 이유 등을 예로 들어 피해학생을 설득한다.

- 담임교사는 학교폭력 전담기구에 이를 알려 사안을 처리한다.

③ 피해 · 가해학생 함께 만나지 않게 하기

- 피해 · 가해학생들을 강제로 한 자리에 불러 모아 화해시키거나 오해를 풀도록 하면 안 된다.
- 학생들끼리 얘기하라고 교사가 자리를 비우는 경우도 있는데 이는 적절치 않다. 따돌린 학생 다수와 따돌림 받은 학생 1명이 한 공간에 있게 되면 피해학생은 더욱 심한 공포심과 위압감을 느끼게 된다. 피해학생과 가해학생은 교사가 따로 불러 상담을 한다.

④ 피해학생 조치

- 피해학생이 정신적 피해를 심하게 입어 학교에 나오지 못하는 경우, 집에서 휴식을 취하거나,신경정신과 또는 상담센터에서 상담을 받는다.
- 학교에 출석하지 못하는 동안 담임교사는 학생의 학습 상황을 수시로 점검하여 학습능력이 뒤쳐지지 않도록 신경을 쓴다.
- 관련 기관에서 받은 진단서나 상담소견서 등을 교사에게 제출하여 출석으로 인정받을 수 있도록 한다.

⑤ 가해학생 조치

- 가해학생은 실제 자신이 무엇을 잘못했는지 모르는 경우가 많다. 그러므로 가해학생의 따돌림 행동이 명확한 학교폭력이라는 것을 인식시킨다.
- 담임교사나 상담교사가 수시로 가해학생을 만나 지속적으로 상담을 한다.

6) 사이버폭력

① 평소 예방교육

- 핸드폰 문자로 욕설이나 협박성 문자가 오면 어떠한 응답도 하지 않는다.
- 인터넷의 게시판이나 안티카페 등에서 공개적인 비방 및 욕설의 내용은 그 자체로 저장한다.

– 모든 자료는 증거 확보를 위해 저장한다.

② 피해학생 조치

– 불특정 다수에게 공개되는 사이버 폭력으로 인해 피해학생은 명예훼손, 모함, 비방 등을 당하여 심각한 정신적 피해를 입을 수 있다. 그러므로 피해학생을 상담교사나 상담센터와 연계하여 상담을 받도록 한다.

③ 가해학생 조치

– 교사가 증거를 철저하게 확보한 후, 사이버폭력을 지속하지 않도록 지도한다.

7) 성폭력

① 학교장 및 교직원의 즉시 신고의무

– 학교장과 그 종사자는 직무상(학생과의 상담 과정, 학교폭력신고 접수 등) 아동·청소년대상 성범죄의 발생 사실을 알게 된 때에는 즉시 수사기관에 신고하여야 한다.

– 피해학생 측의 의사와는 관계없이 반드시 신고하여야 하나, 피해학생 측에 신고의무의 당위성을 설명하고, 신고과정에서도 수사기관에 피해학생 측의 의사를 충분히 전달한다.

▶ 1899-3075 원스톱 지원센터, 해바라기 여성·아동센터

▶ 1366 여성긴급전화

▶ 112 경찰서

② 피해학생의 비밀보호 철저

– 성폭력에 관하여는 피해학생의 프라이버시가 특별히 보호되어야 한다. 따라서 학교장 및 학교폭력업무 담당교사, 담임교사를 제외하고는 이와 관련된 사실을 알지 못하도록 철저하게 비밀을 보호하여 2차 피해를 방지한다.

③ 피해학생 조치

– 몸을 씻어내는 등 증거가 소멸되지 않도록 주의하여 가능한 빨리 의료기관에

이송한다.

- 피해학생이 정신적 피해를 심하게 입어 학교에 나오지 못하는 경우, 관련 상담센터에서 상담을 받는다.
- 관련 기관에서 받은 진단서나 상담소견서 등을 교사에게 제출하여 출석으로 인정받을 수 있도록 한다.

④ 가해학생 조치

- 학교장의 긴급조치를 통해 피해학생과 분리한다.

2. 학교폭력 관찰 및 면담

학교에서 일어나는 학교폭력의 경우 교사가 가・피해 학생을 대상으로 관찰 및 면담을 실시한 후 가・피해 학생 부모를 대상으로 면담이 이루어져야 한다.

가. 학생 관찰

1) 피해학생 관찰

피해학생이 신체적으로 혹은 심리・정서적으로 어려움을 겪고 있지는 않은지를 파악한다.

2) 가해학생 관찰

가해학생이 특정 학생을 괴롭히는지 혹은 다수의 학생들을 괴롭히는지, 가해학생이 반 내에서 다른 학생들에게 어떤 학생으로 통하는지 등을 파악한다.

3) 관련 학생 관찰

관련된 학생들은 더 있는지, 학교폭력 사안에 어떻게 연루되어 있는지 등에 대해 알아본다.

나. 학생 면담

교사가 학교폭력 사안을 인지하고 있다는 것에 대해 말하지 않고, 학교생활이나 교우관계 등을 물어본다. 가해학생 등에게 교사가 학교폭력 사실을 알고 있다는 것을 너무 성급히 이야기하면 다른 학생들을 더 괴롭힐 위험이 있으므로 주의한다. 반장 등의 임원에게 자연스럽게 교실 분위기나 관련 학생들을 물어본다.

다. 학부모 면담

1) 피해학생 학부모 면담

교사는 자녀의 피해사실에 대하여 놀라고 당황스러워하는 한편 가해학생에 대한 분노와 원망, 억울함, 자신의 자녀에 대한 미안함 등으로 자기가 자녀를 대신하여 무엇이라도 해주고 싶은 마음이 들 수 있다는 것을 인지하고 면담을 실시해야 한다.

피해학생 학부모를 대상으로 면담할 때 유의할 점은 다음과 같다.

첫째, 학부모의 감정을 수용·이해하고 경청하여 정서적 지지를 한다.

둘째, 학부모가 말하는 피해사실을 객관적으로 인지하고 진심어린 사과와 유감을 표현해야 한다.

셋째, 학부모와 피해학생의 요구사항을 정확히 묻는다.

넷째, 추후 처리과정을 설명하고 사실에 근거하여 문제를 해결할 것을 약속한다.

다섯째, 학생의 보호와 안정, 적응을 위해 노력할 것을 약속한다.

여섯째, 사건은폐를 의심할 만한 어떠한 진술도 하여서는 안 된다.

2) 가해학생 학부모 면담

교사는 가해학생 학부모가 자기 자녀가 다른 학생에게 폭력을 휘둘렀다는 사실에 당황스러움과 혼란스러움, 의심, 미래에 대한 불안감 등을 경험하게 되며 동시에 잘못을 인정하면 더 큰 피해를 입을지도 모른다는 우려도 할 수 있다는 것을 인지해야한다.

가해학생 학부모를 대상으로 면담할 때 유의할 점은 다음과 같다.

첫째, 학부모의 감정을 수용하되 피해학생의 피해정도와 가해행위는 정확히 알려준다.

둘째, 가해 측의 진심 어린 사과의 중요성을 인지시키고 향후 절차를 안내한다.

셋째, 가해학생에게 교육적으로 적절한 지도와 선도가 이루어질 것임을 알린다.

넷째, 이번 일로 가해학생이 학교에서 낙인찍히지 않을 것임을 알려준다.

다섯째, 가정에서 학생에 대한 특별한 관심과 지도를 부탁한다.

3. 가정에서 초기대응

가. 피해학생 가정의 초기대응

피해학생 가정에서 해야 할 일은 다음과 같다.

첫째, 부모가 아이에게 "절대 네가 잘못한 게 아니야"라고 이야기를 하여 아이에게 지지를 보내줘야 한다.

둘째, 먼저, 담임선생님에게 학교폭력 사실을 알린 후 도움을 요청해야 한다.

셋째, 자녀에게 온 문자메세지, 이메일, 음성녹음, 상해진단서 등의 증거를 확보해 두어야 한다.

넷째, 교문 앞에서 아이를 기다리면서 보호하여 안심할 수 있도록 해주어야 한다.

피해학생 가정에서 하지 않아야 할 일은 다음과 같다.

첫째, 학교폭력은 자녀만의 문제가 아니므로 아이를 탓해서는 안된다.

둘째, 부끄럽다고 해서 피해사실을 은폐, 축소해서는 안된다.

셋째, 부모가 절망하면 아이는 더 움츠러들기 때문에 힘들다고 해서 힘든 내색을 하면 안된다.

넷째, 괴로운 심정은 이해되나 부모가 아이의 상처를 덮어줄 목적으로 가해 학생에게 보복을 해서는 안된다.

다섯째, 문제 회피, 침묵, 전학 이사는 해결책이 아니므로 도피해서는 안된다.

나. 가해학생 가정의 초기대응

가해학생 가정에서 해야할 일은 다음과 같다.

첫째, 아이와 친구, 교사에게 정확한 경위를 확인하여 가해사실 유무를 알아야 한다.

둘째, 아이의 잘못과 부모의 책임을 스스로 인정해야 한다.

셋째, 피해학생에게 아이와 함께 진심으로 사과하고 회복을 지원해야한다.

넷째, 전문가 상담, 봉사활동 등을 통해 다시 성장할 수 있는 기회를 주어야 한다.

가해학생 가정에서 하지 않아야 할 일은 다음과 같다.

첫째, 가해 사실을 부인하는 것은 또 다른 가해 행위이므로 부인하지 않도록 한다.

둘째, 피해학생에게 폭력의 원인을 찾지 말고, 스스로 문제가 없는지를 살펴봐야 한다.

셋째, 아이들이라고 해서 폭력 자체를 정당화해서는 안된다.

넷째, 불안, 걱정, 두려움 등을 통해 회피해서는 안된다.

다. 피해학생 학부모가 경찰에 고소한 경우

가해 측의 부모가 가해사실을 인정하지 않거나 축소 내지 합리화할 때, 학교 측에서 효과적으로 사안처리하지 않거나 성의 없는 태도를 보일 때, 피해상황이 매우 심각하고 피해 후유증이 명확하게 예상될 때에는 피해학생 학부모가 경찰에 고소를 많이 하는 경우이다.

피해학생 학부모가 경찰에 고소한 경우에 가정에서 해야할 일은 다음과 같다.

첫째, 학교 차원에서 할 수 있는 보호 및 지도조치를 계속적으로 실시하는 것이 좋다.

둘째, 법적 절차가 진행되는 동안 가해행동이 재발하지 않도록 주의한다.

셋째, 가해학생을 상담교사나 지역 상담센터와 연계하여 지속적으로 상담을 실시한다.

4. 외부기관 연계 대응 및 학교폭력신고센터 일원화

가. 외부기관 연계 대응

학교폭력이 발생한 경우 전문성을 가진 외부기관과 연계 대응하는 것이 중요하다. 학교폭력SOS지원단, 정신보건센터, 건강지원센터, 가정지원센터, 보건소, 성폭력 one-stop지원센터, 학생고충신고 및 상담전화, Wee센터, 청소년상담지원센터, 해바라기센터, 굿네이버스 등의 기관을 통해 학교폭력 사안에 연계 대응할 수 있다.

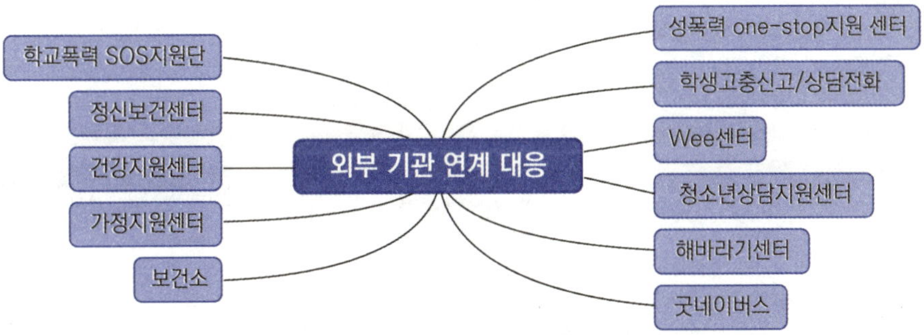

[그림 4-5] 학교폭력 외부기관 연계대응

학기 초 각 학교에서는 안전사고예방대책을 세울 때 학교에서 가까운 거리에 있는 지구대, 병원, 법률기관, 상담기관 등과 업무협약을 맺어 평상시 긴밀한 협조체제를 유지하는 것이 좋다.

나. 학교폭력신고센터일원화

- 학교폭력 신고 대표전화를 117로 통합하여 24시간 운영한다.
- 신고센터는 접수된 학교폭력 사안의 경중을 판단하여 경찰청 또는 학교폭력 원스톱지원센터(Wee 센터, CYS-Net)로 사건을 이송한다.
- 경찰청 및 상담센터는 신고센터로부터 이송을 받은 사안의 최종처리 결과를 해당학교 및 학교폭력신고센터에 통보한다.

• 통보를 받은 학교의 장은 자치위원회를 소집하여 심의를 거쳐 사건을 종결한다.

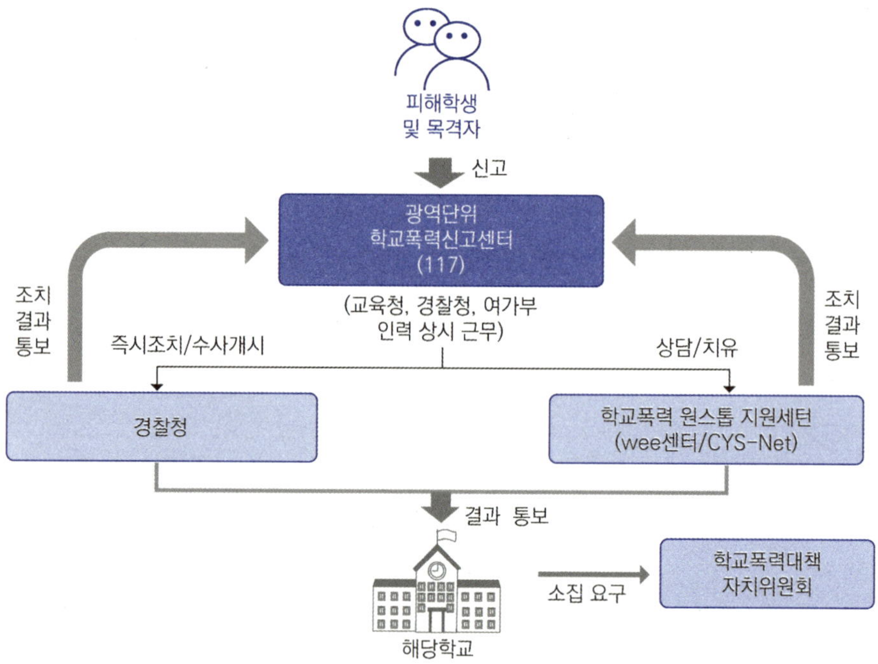

[그림 4-6] 학교폭력 신고센터 일원화

자료: 교육과학기술부(2012). 학교폭력 사안처리 가이드북. p.81.

5. 학교폭력의 징후로 의심할 수 있는 사례

가해학생의 경우 가정과 학교에서 〈표 4-1〉과 같이 일반적으로 학교폭력의 징후로 의심할 수 있는 사례를 나타내는 경우가 많으므로, 부모와 교사는 특별히 관찰하는 것이 필요하다.

〈표 4-1〉 가해학생의 사례

가해학생의 사례	
가정에서	• 부모님을 포함한 어른들에게 반항적이고, 무시하며 공격적이다. • 또래 친구들에 비해 참을성이 없으며 화를 잘 낸다. • 부모와의 대화를 기피한다. • 외출이 잦고 친구들의 전화에 신경을 많이 쓴다. • 귀가시간이 늦어지고 불규칙하다. • 집에서 주는 용돈보다 돈 씀씀이가 크고, 사주지 않은 물건을 소지하고 있다. • 음주, 약물 남용 또는 흡연 등의 행동을 한다.
학교에서	• 비행 전력이 있거나 또래 폭력 집단에 속해 있다. • 교실에서 큰 소리를 많이 치고 반 분위기를 주도한다. • 교사와 눈길을 자주 마주치며 수업분위기를 독점하려 한다. • 교사가 질문 시 다른 학생의 이름을 대며 그 학생이 대답하게끔 유도한다. • 교사의 권위에 도전하는 행동을 종종 나타낸다. • 친구에게 받았다고 하면서 비싼 물건을 가지고 다닌다. • 다른 학생들을 지배하고, 굴복시키며 힘과 위협으로 자기주장을 세우고, 자기 뜻대로 관철시키려는 욕구가 강하다. • 음주, 약물 남용 또는 흡연 등의 행동을 한다. • 난폭하고 강인한 것처럼 보이고, 피해학생에게 동정심을 전혀 기울이지 않는다.

피해학생의 경우 가정과 학교에서 〈표 4-2〉와 같이 일반적으로 학교폭력의 징후로 의심할 수 있는 사례를 나타내는 경우가 많으므로, 부모와 교사는 특별히 관찰하는 것이 필요하다.

〈표 4-2〉 피해학생의 사례

피해학생의 사례	
가정에서	• 전화를 받고 갑자기 외출하는 경우가 많다. • 휴대폰에 협박성 문자 메시지가 온다. • 친구에게 전화 오는 것조차 싫어한다. • 부모와 눈을 잘 마주치지 않고 피한다. • 자기 방에서 혼자 보내는 시간이 많다. • 학용품이나 소지품이 자주 없어지고 전보다 용돈을 자주 달라고 요구한다. • 몸에 상처나 멍이 들어 있거나, 옷이 더럽혀 있고 찢겨 있다. • 교과서나 공책에 '죽고 싶다', '죽어라' 같은 낙서가 발견된다. • 갑자기 학교에 가기 싫어하고 학교를 그만 두거나 전학가고 싶어 한다.

피해학생의 사례	
학교에서	• 수업시간에 많은 학생들로부터 야유나 험담을 많이 받는다. • 체육시간이나 점심시간, 야외활동 시간에 집단에서 떨어져 따로 행동한다. • 옷이 지저분하거나 단추가 떨어지고 구겨져 있으며 혼자 다닌다. • 친구의 심부름이나 시키는 대로 따른다. • 교과서나 필기도구 등이 자주 없어지거나 수업 준비물을 챙겨오지 못한다. • 이름보다는 비하성 별명이나 욕으로 호칭되고, 잘못에 대해 비웃어도 이에 반발하지 않는다. • 성적이 갑자기 혹은 서서히 떨어진다. • 자주 지각을 하거나 표정이 어둡고 몸이 아프다는 이유로 결석이 잦다. • 자기 교실에 있기보다 이 반, 저 반 다른 반을 떠돈다. • 같이 어울리는 친구가 거의 없거나 소수의 학생과 어울린다. • 특별한 볼일 없이 교무실(상담실, 보건실)이나 교사 주위를 배회한다. • 평상시와 달리 수업에 집중하지 못하고 불안해 보인다. • 수련회, 수학여행 및 체육대회 등 학교행사에 참석하지 않는다. • 각종 모둠 활동에서 소외된다.

자료: 경기도교육청(2012). 학교폭력 예방 및 대처종합매뉴얼. 경기도교육청장학자료제9호, 8-9.

참고문헌

경기도교육청(2012). 학교폭력 예방 및 대처종합매뉴얼. 경기도교육청장학자료제9호.

교육부(2014). 학교폭력 사안처리 가이드북.

교육부(2014). 현장 중심 학교폭력대책.

교육부(2013). 2013년 2차 학교폭력 실태조사 후속업무처리 지침.

교육과학기술부(2012). 학교폭력사안처리 Q & A.

대구광역시교육청(2012). 학교폭력근절매뉴얼.

문용린 외(2008). 학교폭력 예방과 상담. 학지사.

전라북도교육청(2011). 학교폭력 사안처리 매뉴얼.

제5장 학교폭력 전담기구

학습목표

1. 학교폭력 전담기구의 구성과 역할을 이해할 수 있습니다.
2. 학교폭력 사안처리의 과정에서 학교폭력 전담기구의 구체적인 역할을 알고, 실행할 수 있습니다.

1. 학교폭력 전담기구 구성 및 역할

학교폭력이 발생했을 경우 학교 내에서 담임교사가 가장 빨리 조치할 수 있는 방법이 전담기구에 보고를 하여야 한다. 이처럼 학교폭력 전담기구는 평상시 학교폭력 실태조사, 학교폭력 예방 사업을 추진하고, 학교폭력 사안 발생시 신고접수, 사안조사 등을 실시하여 학교장과 학교폭력대책자치위원회에 보고하여야 한다.

가. 학교폭력 전담기구 구성

1) 학교폭력 전담기구 운영의 법적 근거

학교폭력 전담기구 운영에 관한 법적 근거는 〈표 5-1〉과 같이 학교폭력 예방 및 대책에 관한 법률 제14조, 학교폭력 예방 및 대책에 관한 법률 시행령 제16조에 명시되어 있다.

〈표 5-1〉 학교폭력 전담기구 구성에 관한 법적 근거

법률조항	내용
학폭법 제14조 (전문상담교사 배치 및 전담기구 구성)	① 학교의 장은 학교에 대통령령으로 정하는 바에 따라 상담실을 설치하고, 「초·중등교육법」 제19조의2에 따라 전문상담교사를 둔다. ② 전문상담교사는 학교의 장 및 자치위원회의 요구가 있는 때에는 학교폭력에 관련된 피해학생 및 가해학생과의 상담결과를 보고하여야 한다. ③ 학교의 장은 교감, 전문상담교사, 보건교사 및 책임교사(학교폭력문제를 담당하는 교사를 말한다) 등으로 학교폭력문제를 담당하는 전담기구(이하 "전담기구"라 한다)를 구성하며, 학교폭력 사태를 인지한 경우 지체 없이 전담기구 또는 소속 교원으로 하여금 가해 및 피해 사실 여부를 확인하도록 한다. ④ 전담기구는 학교폭력에 대한 실태조사(이하 "실태조사"라 한다)와 학교폭력 예방 프로그램을 구성·실시하며, 학교의 장 및 자치위원회의 요구가 있는 때에는 학교폭력에 관련된 조사결과 등 활동결과를 보고하여야 한다. ⑤ 피해학생 또는 피해학생의 보호자는 피해사실 확인을 위하여 전담기구에 실태조사를 요구할 수 있다. ⑥ 국가 및 지방자치단체는 실태조사에 관한 예산을 지원하고, 관계 행정기관은 실태조사에 협조하여야 하며, 학교의 장은 전담기구에 행정적·재정적 지원을 할 수 있다. ⑦ 전담기구는 성폭력 등 특수한 학교폭력사건에 대한 실태조사의 전문성을 확보하기 위하여 필요한 경우 전문기관에 그 실태조사를 의뢰할 수 있다. 이 경우 그 의뢰는 자치위원회 위원장의 심의를 거쳐 학교의 장 명의로 하여야 한다. ⑧ 그 밖에 전담기구 운영 등에 필요한 사항은 대통령령으로 정한다.
학교폭력 예방 및 대책에 관한 법률 시행령 제16조 (전담기구 운영 등)	법 제14조제3항에 따른 전담기구는 가해 및 피해 사실 여부에 관하여 확인한 사항을 학교의 장 및 자치위원회(자치위원회의 요청이 있는 경우만을 말한다)에 보고하여야 한다.

2) 학교폭력 전담기구 구성

학교폭력 전담기구 구성권자는 학폭법 제14조에 의거하여 학교장은 교감, 전문상담교사, 보건교사 및 책임교사(학교폭력문제를 담당하는 교사) 등으로 학교폭력문제를 전담하는 기구(이하 "전담기구")를 구성·상시 운영해야 한다.

전담기구의 구성원은 [그림 5-1]과 같이 전문상담교사, 보건교사, 책임교사 등 학교폭력과 관련된 자로 구성하여야 하고, 전담기구의 사안조사, 사무처리를 위해 별도의 사무실, 운영비 등 지원할 수 있다.

책임교사	보건교사	전문상담교사 (인턴교사)
↓	↓	↓
• 사안의 조사 방향에 대해 판단 • 사안조사를 전반적으로 총괄 • 신속하게 조사 결과 보고	• 피 · 가해학생의 피해 파악 • 전문기관에 의뢰	• 피 · 가해학생과의 상담 실시 • 심리적 · 정신적 상태 파악 • 심리검사 실시

[그림 5-1] 학교폭력 전담기구 구성원과 역할

책임교사의 역할은 [그림 5-1]과 같이 폭력 사안의 조사 방향에 대해 판단을 내리고, 사안 조사 시 피해·가해학생의 담임교사 및 전문상담교사 등의 협조를 얻어 사안의 진상을 조사하는 등 전반적으로 총괄한다. 그리고, 학교폭력 상황, 주위 학생 안전 및 질서 유지, 진행상황 등을 육하원칙에 따라 기록하고 증인 및 증거자료 확보 후 자치위원회에 보고하여야 한다.

보건교사의 역할은 피해·가해학생의 신체적·정신적 상황을 파악하고, 피해학생을 신속하게 응급조치한 후 전문기관에 의뢰하여야 한다. 긴급한 사안의 경우 119에 연락을 취하고 피해학생 병원 이송 시 동승하여야 한다.

상담교사의 역할은 책임교사가 필요하다고 판단하여 협조를 요청한 경우, 피해·가해학생에 대한 심리검사 및 상담을 실시하여 학생의 상태에 대한 소견을 제시할 수 있고, 학생에 대한 조사과정 자체가 상담의 과정이므로 상담의 기본태도를 지키면서 조사를 진행하여야 한다.

나. 학교폭력 전담기구의 역할

학교폭력 전담기구의 역할은 크게 사안 발생시와 학교폭력 예방교육으로 나눌 수 있다.

〈표 5-1〉 학교폭력 전담기구의 역할

구분	역할
학교폭력 신고 접소 및 관련학생 보호자에게 통보	학교폭력신고접수대장-신고·인지·통보사안 기록·관리 -사소한 것도 모두 기록 보호자에게 즉시 통보-통보내용·일자·방법 등 기록
학교폭력 사안 조사	학교폭력 인지시 피해 및 가해사실 여부 조사 담임교사 및 다른 교원의 협조를 구할 수 있음
사안보고	학교장 및 자치위원회에 보고
자치위원회 개최 전 사전심의	학교폭력 여부 및 개최 여부·시기 등 사전 심의 실시
집중보호·관찰대상 학생 생활지도	해당학생 담임교사와 함께 지속적 상담 및 기록
학교폭력 실태조사	연 2회
학교폭력 예방교육	학교폭력 예방교육프로그램 계획 수립, 운영 계획 수립 시 자치위원회 심의 거치도록 함.

1) 학교폭력 신고접수 및 관련 학생 보호자에게 통보

전담기구는 학교폭력신고 접수대장을 비치하고 117신고센터, 학교장, 교사, 학생, 학부모, 외부인으로부터 신고 받은 사안에 대해 비공개로 기록·관리함을 원칙으로 한다.

학교폭력신고 접수대장은 학교장, 교원의 학교폭력 은폐여부를 판단하는 중요한 기초자료로 활용되므로, 사소한 폭력이라도 신고한 것은 반드시 접수하여야 한다.

접수한 사안에 대해서는 즉시 피해학생 학부모에게 통보하고, 통보일자, 통보방법 등 통보 사실을 기록하여야 한다.

2) 학교폭력 사안조사

학교폭력 사태를 인지한 경우 가해 및 피해사실 여부에 대해 조사하여야 하고, 이 때 담임교사의 협조를 구할 수 있다.

학교폭력 사안조사에 있어 책임교사는 사안의 조사를 총괄하며, 조사방향을 정하며, 조사한 결과를 학교장 및 자치위원회에 보고하여야 한다. 보건교사는 피해·가해학생의 신체적, 정신적 피해상황을 파악하고, 필요시 전문기관에 의뢰하여야 한다. 전문상담교사(전문상담사)는 피해·가해학생과 상담을 의무적으로 실시하여 심리적, 정서적 상황을 파악하여야 한다.

3) 학교폭력대책자치위원회 개최전 사전 심의

신고된 학교폭력사안에 대해 사전 심의를 실시하고, 심의 내용을 상황보고서로 작성하여 학교장 및 자치위원장에게 보고하여야 한다.

4) 집중 보호 또는 관찰 대상 학생에 대한 생활지도

해당 학생 담임교사와 함께 생활지도 누가기록카드 등을 활용하여 지속적인 상담 등을 실시하여야 한다.

5) 학교폭력 실태조사

연 2회 이상 정기적으로 학교폭력에 대한 실태조사를 실시하여 학교폭력 사안처리의 기초자료로 활용하고, 학교폭력 예방계획 수립에 반영하여야 한다.

6) 학교폭력 예방교육

학생, 교직원, 학부모에게 시행할 예방교육프로그램 계획을 수립하고 운영하여야 하고, 학교폭력 예방교육 계획 수립시 자치위원회의 심의를 거치도록 한다. 필요할 경우 외부전문기관의 자문을 실시할 수 있다.

2. 사안조사 진행과정

학교폭력 전담기구에서 사안조사를 할 때 지켜야 할 원칙은 다음과 같다.

첫째, 서면조사, 해당학생 및 증인의 면담 조사, 사안 현장조사 등을 모두 실시하여야 한다.

둘째, 면담 조사를 하는 경우에는 관련자들의 진술서를 받고 면담일지 작성

셋째, 학생조사 및 지도는 학생들의 수업권을 보장하기 위해 수업시간 이외에 하여야 한다.

넷째, 피·가해학생의 구분, 폭력장소와 폭력의 형태 및 피해의 정도를 파악하여야 한다.

다섯째, 조사의 종결과 동시에 조사결과보고서를 작성하여 피·가해학생 학부모에게 통보하여야 한다.

3. 정보보안에 관한 책임

가해학생·피해학생 및 제20조에 따른 신고자·고발자와 관련된 자료를 누설할 경우 300만원 이하의 벌금이 부과됨에 유의하여야 한다.(「학교폭력 예방 및 대책에 관한 법률」제21조, 제22조)

유의사항으로는 첫째, 책임교사, 상담교사, 보건교사가 사안 발생시 유기적인 협조를 할 수 있도록, 평소 학교내 학교폭력 실태, 학생생활지도 방안 등에 대한 협의를 지속적으로 실시하는 것이 중요하다.

둘째, 성폭력, 심각한 상해 등 신체적 폭력의 경우 보건교사가 초기의 피해를 정확하게 파악하여 증거로 보존하고, 신속하게 조치를 취하도록 하여야 한다.

4. 학교폭력 전담기구와 학급담임의 협조 사항

가. 학교폭력전담기구와 협의하여 담임교사가 해결할 수 있는 사안

1) 판단 기준(다음 두 가지 조건을 모두 충족하는 경우)

• 가해행위로 인해 피해학생에게 신체·정신 또는 재산상의 피해가 있었다고

볼 객관적인 증거가 없고,

- 양측 학부모의 동의 아래, 가해학생이 즉시 잘못을 인정하여 피해학생에게 화해를 요청하고, 이에 대해 피해학생이 화해에 응하는 경우에 해당하는 사안

2) 조치 방안

- 담임교사가 또래상담, 또래중재, 학생자치법정, 학급총회 등 학생들이 스스로 문제를 해결할 수 있는 또래 프로그램 여건을 마련하여 활용
- 담임교사가 사안 인지 후 3일 이내에 해결을 하지 못하는 경우, 일반적인 절차에 따라 처리
- 담임교사가 자체 해결한 사안인 경우에도 사안 발생 사실과 담임교사의 조치사항에 대해 학교폭력전담기구에 알리고 사건 종료

나. 피해학생 면담

- 가해학생이나 다른 학생이 모르게 진행하고, 피해학생이 솔직하게 이야기할 수 있는 분위기를 만드는 것이 중요함.
- 피해의 유형, 학교폭력의 구체적인 사실, 가해학생 명단 등 구체적인 증거 확보
- 학생이 담임교사와의 면담을 어려워하는 경우 전문상담교사의 지원을 받도록 함.

다. 학부모 면담

- 담임 교사는 학교폭력이 발생했을 시 면담 일시, 면담 내용은 기록으로 남기고, 그 결과를 학교폭력 전담기구에 보존

라. 담임교사가 종결한 사안

- 담임교사가 학교폭력 진담기구에 보고 후 종결한 사안은 자치위원회에 회부하지 아니함.

5. 신고함을 통한 학교폭력 접수 절차

가. 학교 폭력 신고 및 접수 절차

신고서 작성 및 접수	➡	신고 대장 기록	➡	사건 보고	➡	접수 공지
접수 경로: 신고함 등 다양한 경로		대장 기록		학교장에게 보고 담임교사에게 통보		접수 사실을 신고자에게 공지

1) 책임교사 등 전담기구에 다양한 경로(구두, 이메일, 홈페이지 등)을 통해서 접수된 사례에 대해서는 신고자의 신분이 확인할 수 있는 경우 다시 신고서를 받아야 한다.
2) 신고자가 신분 노출을 꺼리는 경우(예컨대 신고함에 신고자 이름을 쓰지 않은 경우) 신고서를 받는 것을 생략할 수 있으나 대신 사안을 정확히 파악하고자 하는 노력이 필요하다.

나. 신고 절차에 대한 안내 계획

1) 목적: 교사 및 학생들에게 학교 폭력 신고 방법에 대한 홍보함.
2) 방법: 게시물 배부하여 교실에 부착
3) 내용: 신고의 대상이 되는 폭력의 유형, 신고함 위치 및 서식 안내, 방학 중 발생한 폭력 신고 방법 안내

6. 학교폭력 사안처리 절차

학교폭력 사안 처리 단계는 ① 폭력사건 발생인지 → ② 신고 접수 및 학교장 보고 → ③ 즉시 조치 → ④ 사안조사 → ⑤ 가・피해학생 부모면담 → ⑥ 처리방향 심의 및 결정 → ⑦ 자치위원회 개최 및 조치 → ⑧ 결정통보 및 재심안내 → ⑨ 조치실행 및 사후처리의 과정을 거친다.

단계	처리 내용	비고
폭력사건 발생인지	사건현장 목격, 117신고센터 통보, 신고 등을 통해 사건 발생을 인지한 교사, 학생, 학부모 등은 학교폭력 전담기구(책임교사 등)에 신고	
⬇		
신고 접수 및 학교장 보고	• 학교폭력 전담기구는 신고된 사안을 신고대장에 반드시 기록하고, 학교장, 담임교사에게 보고한 후 가·피해학생 학부모에게 통지 • 사안이 중대한 경우, 학교장 및 자치위원장에게 즉시 보고	학교폭력 전담기구
⬇		
즉시 조치	• 피해학생과 가해학생 즉시 격리 • 신고·고발한 학생도 피해학생의 수준에서 가해학생으로부터 보복행위를 당하지 않도록 조치 《피해학생》 • 「아동·청소년의 성보호에 관한 법률」에 따라 성폭행에 대해서는 반드시 수사기관에 신고하고, 성폭력 전문상담기관 및 병원을 지정하여 정신적·신체적 피해 치유 • 피해학생의 신체적·정신적 피해를 치유하기 위한 조치 실시 《가해학생》 • 2인 이상의 학생이 고의적·지속적으로 폭력을 행사하는 등에 해당하는 사안의 경우 학교장은 가해학생에 대해 출석정지 • 가해학생의 선도가 긴급한 경우, 「학교폭력 예방 및 대책에 관한 법률」 제17조 제4항에 따라 학교장은 가해학생에 대한 조치를 취한 후, 자치위원회에 즉시 보고하여 추인	학교장 학교폭력 전담기구 담임교사
사안 조사	• 학교폭력전담기구에서 구체적인 사안조사 실시 －가·피해학생 면담, 주변학생 조사, 설문조사, 객관적인 입증자료 수집 등 • 가·피해학생 심층상담 • 조사한 결과를 바탕으로 가해자와 피해자 확정 • 성폭력의 경우 비밀유지에 유의	학교폭력 전담기구 담임교사
⬇		
가·피해학생 부모면담	• 조사결과에 대해 부모에게 알리고, 향후 처리 절차 등에 대해 통보	학교폭력 전담기구 담임교사
⬇		
처리방향 심의	• 자치위원회 개최 시기 결정	학교폭력 전담기구
⬇		
처리방향 결정	• 전담기구의 심의결과를 바탕으로 자치위원회 개최 요구	학교장
⬇		
자치위원회 개최 및 조치	• 가해학생 및 보호자에게 의견진술의 기회를 부여하는 등 적절한 절차를 거쳐야 함 • 자치위원회를 개최하여 가·피해학생에 대한 조치 결정	자치위원회
⬇		
결정 통보 및 재심 안내	• 자치위원회의 결정을 가해자와 피해자 및 그 보호자에게 통보 • 통보시 재심을 받을 수 있는 방법 안내	학교장
⬇		
조치 실행 및 사후 관리	• 학교장은 자치위원회의 조치 요청이 있는 경우, 14일 이내에 해당 조치를 해야 함 • 가해학생과 그 보호자가 조치를 거부하거나 회피하는 경우 관련 법령에 따라 징계 또는 재조치 • 교육감에게 조치 및 그 결과 보고 ※ 학교폭력 예방 및 대책에 관한 법률 제19조 • 가·피해학생이 안정적인 학교생활을 할 수 있을 때까지 심리치료, 재활치료, 생활지도 등 실시 • 가·피해학생 소속 학급, 필요시 학생 전체를 대상으로 학교폭력 예방 교육 실시	학교장 담임교사 전 교원

[그림 5-2] 학교폭력 사안 처리 절차

[별첨1-학생용 설문지]

〈학교폭력에 대한 설문〉

※ 학교폭력이란?
학교 안팎에서 학생을 대상으로 일어나는 신체폭행, 금품갈취 등 신체적·재산적 폭력과 집단 따돌림, 괴롭힘, 협박과 같은 정신적 폭력, 그리고 인터넷에서 욕을 하고 근거 없는 소문을 퍼뜨리는 사이버따돌림, 사이버머니나 게임아이템을 빼앗는 사이버 폭력, 그리고 성적인 모욕감을 주는 폭력, 억지로 심부름을 시키는 행위 등을 말합니다.

이 설문은 학교폭력을 사전에 예방하여 안전하고 행복한 학교생활 문화 정착에 목적을 두고 있습니다. 학생 여러분의 **진솔하고 성의 있는 답변을 바랍니다.** 이 설문 답변 내용은 학교폭력으로부터 여러분을 보호하는 소중한 기초자료로 활용될 것입니다.

자신의 마음에 맞는 선택지 번호에 '√' 표시를 하거나, 답변 사항을 기록해 주십시오.

학년: ( ) 학년 성별: 남 □ 여 □

1. 학생은 학교폭력에 대해 어느 정도 이해하고 있다고 생각하나요?
① 잘 알고 있다. ② 보통이다. ③ 잘 모른다.

2. 최근 학교와 학교주변에서 발생하는 학교폭력은 어느 정도라고 생각하십니까?
① 매우 심각하다 ② 심각한 편이다. ③ 심각하지 않다. ④ 심각하지 않다.

3. 최근 3개월 이내에 학교내·외에서 학교폭력 피해경험 또는 목격한 경험이 있나요?
① 없다. ② 1회 있다. ③ 2~3회 있다. ④ 4~5회 이상

4. 피해를 당했거나 목격한 시간대는 언제인가요?
① 등하교 시간 ② 쉬는 시간 ③ 수업시간 ④ 학원시간대 ⑤ 기타

5. 누가 피해를 주었나요?
① 같은 반 친구 ② 다른 반 친구 ③ 학교 선배
④ 학교 후배 ⑤ 다른 학교 학생 ⑥ 기타

6. 피해를 준 사람은 몇 명인가요?

① 1명 ② 집단(2~5명 이내) ③ 집단(6명 이상)

7. 피해를 당한 장소는 어느 곳인가요? (여러 개를 선택해도 됩니다.)

교내: ① 교실 ② 화장실 ③ 복도 ④ 운동장 ⑤ 후미진 곳 ⑥ 기타
교외: ① 학원 ② 놀이터 ③ PC방 ④ 통학로 ⑤ 후미진 곳 ⑥ 기타

8. 어떤 학교폭력을 당했나요? (여러 개를 선택해도 됩니다.)

① 말로 하는 협박이나 욕설 (명예훼손, 모욕, 공갈, 협박)
② 집단 따돌림
③ 강제 심부름과 같은 괴롭힘
④ 돈 또는 물건을 빼앗김(약취)
⑤ 손, 발 또는 도구로 맞거나 특정한 장소 안에 갇힘 (상해, 폭행, 감금)
⑥ 성적인 부끄러움을 갖게 하는 말과 행동 또는 강제로 몸을 만지는 행위 (성폭력: 성희롱, 성추행, 성폭행)
⑦ 인터넷 채팅, 이메일, 휴대전화로 하는 욕설과 비방 (정보통신망을 이용한 폭력)
⑧ 학교폭력을 당한 적이 없음

9. 학생의 주변에 폭력을 행사하는 학생들의 모임(집단)이 있다고 생각하나요?

① 예 (   ) ② 아니오 (   )

10. 학교폭력을 당하거나 목격하였다면 그 내용을 간단하게 적어주세요.

(언제, 어디서, 누구에게, 어떻게)

10-1. 학교폭력의 피해를 예방하기 위한 학생의 의견(아이디어)이 있다면 적어주세요.

"설문에 응해주셔서 대단히 감사합니다."

[별첨2-담임교사 통계용]

2017학년도 ( )월 설문조사 결과 종합

( )학년 ( )반 담임교사 ㊞

구분	관련 학생			특기사항(장소)	지도내용	비고
	가해 학생 및 수		피해 학생 및 수			
말로 하는 협박이나 욕설	같은 반					※비고란에는 해당문제에 대한 대응 유형을 기재할 것
	다른 반					
	학교 선배					
	학교 후배					
	다른 학교					
	기타					
집단 따돌림	같은 반					
	다른 반					
	학교 선배					
	학교 후배					
	다른 학교					
	기타					
강제 심부름 등의 괴롭힘	같은 반					
	다른 반					
	학교 선배					
	학교 후배					
	다른 학교					
	기타					
맞거나 장소에 갇힘	같은 반					
	다른 반					
	학교 선배					
	학교 후배					
	다른 학교					
	기타					
성희롱 성추행 성폭력	같은 반					
	다른 반					
	학교 선배					
	학교 후배					
	다른 학교					
	기타					
정보통신망을 이용한 폭력	같은 반					
	다른 반					
	학교 선배					
	학교 후배					
	다른 학교					
	기타					
계	같은 반					
	다른 반					
	학교 선배					
	학교 후배					
	다른 학교					
	기타					
교내폭력조직(10번)						
건의사항(10-1번)						

대응	설명
담임 지도	해당 상황에 대한 담임 지도 및 조치 내용
전담기구 신고	학교폭력대책자치위원회를 통해 처리해야 할 사안으로 판단되는 경우

[별첨3-학교폭력 신고함 양식]

학교폭력을 신고합니다

1	괴롭힌 친구	이름:	학년 반:
2	피해를 당한 친구	이름:	학년 반:
3	목격한 친구 (모두 써주세요)	이름:	학년 반:
		이름:	학년 반:
		이름:	학년 반:
4	언제		
5	어디서	학교 안:	학교 밖:
6	무엇을 어떻게		
7	괴롭힘이 발생한 이유		
8	신고자 이름	(쓰기 곤란하다면, 쓰지 않아도 됩니다.)	

〈양식(필수) 1-1〉

학교폭력 신고 접수 대장

확인	교감	학교장

* 사안번호	일시	신고자 또는 신고기관	신고자 소속 및 신분	연락처	신고내용	사실 통보		책임교사 확인
						피해학생 학부모	가해학생 학부모	
2014-1								
2014-2								
2014-3								

* 사안번호는 모든 관련 서류에 동일하게 작성

〈양식(필수) 1-2〉

학교폭력사안 접수 보고서

* 사안번호:

<table>
<tr><td rowspan="2">학교명</td><td rowspan="2"></td><td rowspan="2">학교장</td><td>성명</td><td></td><td rowspan="2">담당자</td><td>성명</td><td></td></tr>
<tr><td>(H.P)</td><td></td><td>(H.P)</td><td></td></tr>
<tr><td>접수 일시</td><td colspan="7">년 월 일 (오전/오후) 시 분</td></tr>
<tr><td>신고자
(성명, 신분)</td><td colspan="4">* 신고자가 익명을 희망할 경우 익명으로 처리</td><td>접수·인지 경로</td><td colspan="2"></td></tr>
<tr><td>접수자·
인지자
(성명, 신분)</td><td colspan="7"></td></tr>
<tr><td>신고·인지
내용</td><td colspan="7">(누가/누구에게) (언제)
(어디서) (무엇을/어떻게)
(왜)</td></tr>
<tr><td rowspan="2">관련학생</td><td colspan="2">성명</td><td>학번</td><td>보호자
통보 여부</td><td colspan="3">비고</td></tr>
<tr><td colspan="2"></td><td></td><td></td><td colspan="3"></td></tr>
<tr><td>기타 사항</td><td colspan="7">(고소, 소송 여부 등)</td></tr>
<tr><td rowspan="2">타학교
관련 여부</td><td colspan="2">관련학교명</td><td colspan="5">* 신고 접수 시 타학교 관련성이 확인되지 않은 경우에는 공란으로 처리</td></tr>
<tr><td colspan="2">통보여부</td><td colspan="5">(통보 일시, 방법)
(통보 받은 사람) (연락처)</td></tr>
</table>

[참고] 학교폭력 접수 사안을 학교장 및 교육청에 보고

〈양식(선택) 2-1〉

학교폭력 확인서(피 · 가해학생용)

* 사안번호:

<table>
<tr><td>1</td><td>성명</td><td></td><td>학년 / 반</td><td>/</td><td>성별</td><td>남 / 여</td></tr>
<tr><td>2</td><td>연락처</td><td colspan="5">집: 핸드폰:</td></tr>
<tr><td rowspan="5">3</td><td rowspan="5">사안 확인</td><td>누가</td><td colspan="4">(관련학생 모두)</td></tr>
<tr><td>언제</td><td colspan="4">① 최초 발생: ______년 ____월 _____일 __________시경
② ______개월 간 ______번 정도</td></tr>
<tr><td>어디서</td><td colspan="4">① 교실 ② 화장실 ③ 복도
④ 기타: 학교 안( )
학교 밖(_________________)</td></tr>
<tr><td>무엇을 /어떻게</td><td colspan="4">(폭력상황, 폭력기간, 피해상황 집단여부 등 기록)</td></tr>
<tr><td>왜</td><td colspan="4"></td></tr>
<tr><td>4</td><td colspan="2">목격한 학생(모두)</td><td colspan="4">① 같은 반 친구(____________________)
② 다른 반 친구(____________________)
③ 기타(_________________________________)</td></tr>
<tr><td>5</td><td colspan="2">현재 감정</td><td colspan="4"></td></tr>
<tr><td>6</td><td colspan="2">원하는 조치</td><td colspan="4">① 나 –_______________
② 상대 학생 –________________</td></tr>
<tr><td>7</td><td colspan="2">필요한 도움</td><td colspan="4">담임교사 -
학교 -
보호자 -</td></tr>
<tr><td>8</td><td colspan="2">기타</td><td colspan="4"></td></tr>
<tr><td>9</td><td>작성일</td><td colspan="2">20___년 ___월 ___일</td><td>작성 학생</td><td colspan="2">(서명)</td></tr>
</table>

〈양식(선택) 2-2〉

학교폭력 확인서(목격학생용)

* 사안번호:

1	성명		학년 / 반	/	성별	남 / 여	
2	연락처	집:		핸드폰:			
3	사안 확인	누가	(관련학생 모두)				
		언제	① 최초 발생: ______년 ____월 _____일 ___________시경 ② ______개월 간 ______번 정도				
		어디서	① 교실 ② 화장실 ③ 복도 ④ 기타: 학교 안(_________________) 학교 밖(_________________)				
		무엇을 /어떻게	(폭력상황, 폭력기간, 피해상황 집단여부 등 기록)				
		왜					
4	목격한 학생(모두)		① 같은 반 친구(______________________________) ② 다른 반 친구(______________________________) ③ 기타(______________________________________)				
5	작성일	20____년 ____월 ____일		작성 학생		(서명)	

〈양식(선택) 2-3〉

보호자 확인서

* 사안번호:

1. 본 확인서는 학교폭력 사안조사를 위한 것입니다.
2. 자녀와 상대방 학생에 관련된 객관적인 정보를 제공해 주시길 바랍니다.
3. 사안 해결을 위해 학교는 객관적이고 적극적인 자세로 임할 것입니다.

<table>
<tr><td>1</td><td colspan="2">학생 성명</td><td></td><td>학년 / 반</td><td>/</td><td>성별</td><td>남 / 여</td></tr>
<tr><td>2</td><td colspan="2">사안 인지 경위</td><td colspan="5"></td></tr>
<tr><td>3</td><td colspan="2">현재
자녀의 상태</td><td colspan="5">신체적 -
정신적 -</td></tr>
<tr><td>4</td><td rowspan="3">자녀관련
정보</td><td>교우 관계</td><td colspan="5">(친한 친구가 누구이며, 최근의 관계는 어떠한지 등)</td></tr>
<tr><td>5</td><td>폭력 경험 유무
및 내용</td><td colspan="5">(실제로 밝혀진 것 외에도 의심되는 사안에 대해서도)</td></tr>
<tr><td>6</td><td>자녀 확인 내용</td><td colspan="5">(사안에 대해 자녀가 부모에게 말한 것)</td></tr>
<tr><td>7</td><td colspan="2">현재까지의 부모 조치</td><td colspan="5">(병원 진료, 화해 시도, 자녀 대화 등)</td></tr>
<tr><td>8</td><td colspan="2">사안 해결을 위한
관련 정보 제공</td><td colspan="5">(자녀의 특이사항, 성격 등)</td></tr>
<tr><td>9</td><td colspan="2">현재 부모의 심정</td><td colspan="5">(어려운 점 등)</td></tr>
<tr><td>10</td><td colspan="2">본 사안 해결을 위한 부모
의견, 바라는 점</td><td colspan="5">(보호자가 파악한 자녀의 요구사항 등)</td></tr>
</table>

〈양식(선택) 2-4〉

가해학생 선도 긴급조치 보고서

* 사안번호:

<table>
<tr><td>대상자</td><td colspan="2">이름: ________ 학년/반: ___ 학년 ___ 반</td></tr>
<tr><td rowspan="3">사건 내용</td><td>발생일</td><td></td></tr>
<tr><td>피해학생</td><td>이름: ________ 학년/반: ___ 학년 ___ 반</td></tr>
<tr><td>유형</td><td>① 신체폭력 ② 언어폭력 ③ 금품갈취
④ 강요(강제적 심부름) ⑤ 따돌림 ⑥ 성폭력
⑦ 사이버 폭력 ⑧ 기타</td></tr>
<tr><td>조치일자</td><td colspan="2"></td></tr>
<tr><td>조치 내용</td><td colspan="2">① 피해학생에 대한 서면사과
② 피해학생 및 신고·고발 학생에 대한 접촉, 협박 및 보복행위의 금지
③ 학교에서의 봉사
④ 학내외 전문가에 의한 특별 교육이수 또는 심리치료
⑤ 출석정지</td></tr>
<tr><td>사전 선도조치 필요성</td><td colspan="2">(학교폭력사안의 심각성, 가해학생의 태도, 가해행위의 지속성 등 고려)</td></tr>
<tr><td>가해학생 또는 보호자 의견청취 여부</td><td colspan="2">① 의견청취 완료 (일시: __________ , 방법: ____________)
② 의견을 들으려 하였으나 이에 따르지 않음
※ 출석정지 조치를 하고자 할 경우 의견청취는 필수 절차임</td></tr>
<tr><td rowspan="2">학생 및 학부모 통지</td><td>통지일자</td><td></td></tr>
<tr><td>통지방법</td><td></td></tr>
</table>

작성자: (인)

확인자: 학교장 (인)

[참고] 가해학생 긴급조치가 이루어진 경우에는 본 보고서를 작성하여 자치위원회의 추인을 받아야 함

〈양식(필수) 2-5〉

학교폭력 사안조사 보고서

생활지도부장	교감	학교장

* 사안번호:

<table>
<tr><td>1</td><td colspan="2">접수일자</td><td colspan="2">20 　 년 　 월 　 일</td><td>담당자</td><td>(인)</td></tr>
<tr><td rowspan="2">2</td><td rowspan="2">피해
학생</td><td colspan="2">성 명</td><td></td><td>성 별</td><td>남 / 여</td></tr>
<tr><td colspan="2">학년/ 반/ 번호</td><td></td><td>전화번호</td><td></td></tr>
<tr><td rowspan="2">3</td><td rowspan="2">가해
학생</td><td colspan="2">성 명</td><td></td><td>성 별</td><td>남 / 여</td></tr>
<tr><td colspan="2">학년/ 반/ 번호</td><td></td><td>전화번호</td><td></td></tr>
<tr><td rowspan="2">4</td><td colspan="2" rowspan="2">긴급 조치 여부</td><td>피해학생</td><td colspan="3"></td></tr>
<tr><td>가해학생</td><td colspan="3"></td></tr>
<tr><td rowspan="5">5</td><td rowspan="5">사안
내용</td><td>누가</td><td colspan="4"></td></tr>
<tr><td>언제</td><td colspan="4"></td></tr>
<tr><td>어디서</td><td colspan="4"></td></tr>
<tr><td>무엇을/
어떻게</td><td colspan="4"></td></tr>
<tr><td>왜</td><td colspan="4"></td></tr>
<tr><td rowspan="3">6</td><td rowspan="3">현재
상황
(주장/
상태 등)</td><td>피해측</td><td colspan="4"></td></tr>
<tr><td>가해측</td><td colspan="4"></td></tr>
<tr><td colspan="5">기타:</td></tr>
<tr><td>7</td><td>특이
사항</td><td colspan="5">(담임교사, 보건교사, 상담교사, 목격학생 의견)</td></tr>
</table>

8	사안 진행 및 조치 사항	
9	분쟁 유무 및 내용	
10	기타	

[참고] 전담기구에서 학교폭력 상황 보고서를 작성하여 학교장 결재 후 자치위원회에서 보고

학교폭력 신고접수 대장

순	신고일	접수일	신고자 이름	접수자명 (관계)	신고내용	사실 통보 여부	
						피해 학생측	가해 학생측
1							
2							
3							
4							
5							
6							
7							
8							
9							
10							

[별첨4] 전담기구 사안조사 결과보고서

전담기구 사안조사 결과보고서

1. 사건 개요

1) 피해학생 성명(학년, 반, 번호):
2) 가해학생 성명(학년, 반, 번호):
3) 사안 발생 일시 및 장소:
4) 사안 내용:

2. 가해학생별 학교폭력 사안 조사결과

1) 가해학생 성명(학년, 반, 번호):	
1-1) 폭력 유형별 중점 파악 요소 조사 결과	
1-2) 폭력행위의 경중 판단	
2) 가해학생 성명(학년, 반, 번호):	
2-1) 폭력 유형별 중점 파악 요소 조사 결과	
2-2) 폭력행위의 경중 판단	

3. 조사자 직위/성명: (인)

년 월 일

○○학교 학교폭력대책자치위원회 위원장 귀하

참고문헌

경기도교육청(2012). 학교폭력 예방 및 대처종합매뉴얼. 경기도교육청장학자료제9호.

교육부(2014). 학교폭력 사안처리 가이드북.

교육부(2014). 현장 중심 학교폭력대책.

교육부(2013). 2013년 2차 학교폭력 실태조사 후속업무처리 지침.

교육과학기술부(2012). 학교폭력사안처리 Q & A.

대구광역시교육청(2012). 학교폭력근절매뉴얼.

문용린 외(2008). 학교폭력 예방과 상담. 학지사.

전라북도교육청(2011). 학교폭력 사안처리 매뉴얼.

제6장 학교폭력대책자치위원회

학습목표

1. 학교폭력대책자치위원회의 구성과 기능을 이해할 수 있습니다.
2. 학교폭력대책자치위원회에서 가·피해 학생 처리과정을 설명할 수 있습니다.

1. 학교폭력대책자치위원회 구성의 목적 및 기능

학교폭력이 일어났을 때 학교에서 가장 중요한 역할과 기능을 하는 것이 학교 내에 설치된 학교폭력대책자치위원회이다. 학교폭력대책자치위원회는 학교폭력 사후 처리가 주요한 목적이 아니라 학교폭력이 일어나지 않도록 미리 예방에 중점을 두고, 학교폭력이 일어났을 경우 학교폭력에 대처하여 가해자와 피해자를 대상으로 분쟁을 해결하고 조정하는 것이다.

가. 구성의 목적

학교폭력의 예방과 대책에 관하여 필요한 사항들을 심의하여 피해학생의 보호, 가해학생의 선도·교육 및 피해학생과 가해학생간의 분쟁조정을 통하여 학생의 인권을 보호하고 학생을 건전한 사회구성원으로 육성함을 목적으로 한다.

나. 역할

학교폭력대책자치위원회의 역할은 다음과 같다.

첫째, 자치위원회는 학교폭력 예방 및 대책수립을 위한 학교의 체제를 구축하는 것이다.

둘째, 자치위원회는 피해학생의 보호를 위하여 필요하다고 인정하는 때에는 피해학생에 대하여 해당하는 조치를 하도록 학교의 장에게 요청할 수 있다.

셋째, 자치위원회는 피해학생의 보호와 가해학생의 선도·교육을 위하여 가해학생에 대하여 해당하는 조치를 하도록 학교의 장에게 요청할 수 있다.

넷째, 자치위원회는 학교폭력과 관련하여 분쟁이 있는 경우에는 피해학생과 가해학생 간의 분쟁을 조정할 수 있다.

다섯째, 자치위원회는 피해학생에 따른 조치를 요청하기 전에 피해학생 및 그 보호자에게 의견확인의 기회를 부여하는 등 적정한 절차를 거쳐야 한다.

다섯째, 그 밖에 대통령령으로 정하는 사항(학교폭력의 예방 및 대책과 관련하여 법 제14조3항에 따른 책임교사 및 학생회 대표가 건의하는 사항)

여섯째, 자치위원회 또는 학교의 장이 피해학생 보호조치 및 가해학생 선도·교육조치에 따라 내린 조치에 대하여 이의가 있는 피해학생 또는 그 보호자는 그 조치를 받은 날로부터 15일 이내, 그 조치가 있음을 안 날로부터 10일 이내에 지역위원회에 재심을 청구할 수 있다(법률 제17조 제1항). 자치위원회가 가해학생 선도·교육조치 중 전학과 퇴학조치에 대하여 이의가 있는 학생 또는 그 보호자는 그 조치를 받은 날부터 15일 이내, 그 조치가 있음을 안 날로부터 10일 이내에 시·도학생조치조정위원회에 재심을 청구할 수 있다(법률 제17조 2항).

일곱째, 자치위원회는 해당 지역에서 발생한 학교폭력에 대하여 학교장 및 관할 경찰서장에게 관련 자료를 요청할 수 있다.

여덟째, 자치위원회의 설치·운영 등에 필요한 사항은 지역 및 학교의 규모 등을 고려하여 대통령령으로 정한다.

2. 학교폭력대책자치위원회 위원 구성

가. 위원 구성 및 구성원의 역할

학교폭력대책자치위원회의 위원 구성 및 역할은 〈표 6-1〉, 〈표 6-2〉와 같다.

〈표 6-1〉 학교폭력대책자치위원회의 위원 구성

위원 구성	자치위원회는 위원장 1인을 포함하여 5인 이상 10인 이하의 위원으로 구성하되, 대통령령으로 정하는 바에 따라 전체위원의 과반수를 학부모전체회의에서 직접 선출된 학부모대표로 위촉하여야 한다. 다만, 학부모전체회의에서 학부모대표를 선출하기 곤란한 사유가 있는 경우에는 학급별 대표로 구성된 학부모대표회의에서 선출된 학부모대표로 위촉할 수 있다.

〈표 6-2〉 학교폭력대책자치위원회 구성원의 역할

위원장	위원	간사
• 필요하다고 판단할 때 교장에게 위원회 소집 요청 • 회의 주재 • 간사 1인 지명	• 회의 안건 심의 • 분쟁조정 참여	• 회의록 작성 및 자치위원회 사무 처리

자치위원회의 위원장은 해당 학교의 교직원에서 자치위원회의 사무를 처리할 간사 1명을 지명한다(시행령 제14조 제5항).

나. 위원 자격 및 외부 전문가 참여 전략

학교폭력대책자치위원회를 활성화하기 위해서는 학교폭력처리에 관련된 전문가를 위원으로 참여시켜야 하고, 이들을 참여를 최대한 이끌어낼 수 있는 참여전략이 필요하다.

〈표 6-3〉 학교폭력대책자치위원회의 위원 자격

위원 자격	• 해당 학교의 교감 • 해당 학교의 교사 중 학생생활지도의 경력이 있는 교사 • 학부모전체회의에서 선출된 학부모 대표 • 판사 · 검사 · 변호사 • 해당 학교를 관할하는 경찰서 소속 경찰공무원 • 의사의 자격을 가진 사람 • 학교폭력 예방 및 청소년 보호에 대한 지식과 경험을 가진 사람 중 하나 이상의 요건을 갖춘 사람 ※ 위원의 정수 및 구성 비율은 학교의 특성 및 지역여건을 고려, 학교장에게 맡겨져 있음. 교사의 수를 늘려 위촉한다거나 법률전문가나 청소년전문가 없이 위원회를 구성하는 것도 가능하나 '교외 전문가 위원'의 구성 비율을 높게 하는 것이 바람직하다.

학교폭력대책자치위원회에 외부 전문가의 참여가 필요한 이유는 다음과 같다.

첫째, 자치위원회나 분쟁조정 시, 법률·의료 전문가가 참여하면 진행 과정상 객관성을 확보하는데 용이하다.

둘째, 외부전문가가 관계하는 기관과의 유기적인 협력 체제를 구축할 수 있다.

셋째, 자치위원회의 공정성을 제고할 수 있다.

외부 전문가 참여 유도를 위한 구체적인 전략을 소개하면 다음과 같다.

첫째, 판사·검사·변호사 참여 유도를 위한 전략: 지역변호사회, 교육청 소속 변호사 등에 추천을 요청함으로써 사회봉사를 원하는 변호사와 연계하도록 노력한다.

둘째, 의사 자격이 있는 전문가 유도를 위한 전략: 학기 초 의사 자격이 있는 보호자에게 가정통신문 등을 통해 자치위원회를 적극 홍보함으로써 관심 있는 보호자의 참여를 유도한다.

셋째, 경찰공무원 참여 유도를 위한 전략: 해당지역 및 학교의 담당경찰관을 위원으로 하는 것이 바람직하다. 그 이유는 수락의 용이성, 학교와의 연계를 강화할 수 있기 때문이다.

다. 위원장 선출 및 임기

학교폭력대책자치위원회의 위원장 선출 및 임기는 〈표 6-4〉와 같다.

〈표 6-4〉 학교폭력대책자치위원회의 위원장 선출 및 임기

구분	내용
위원장 선출	위원 중 호선 (학교장은 어떠한 사유를 들어서라도 자치위원회의 위원이 될 수 없음)
임기	자치위원회의 위원의 임기는 2년으로 하되 연임할 수 있다. 다만 자치위원회 위원의 사임 등으로 새로 위촉되는 위원의 임기는 전임위원 임기의 남은 기간으로 한다. 위원장이 사고로 직무를 수행할 수 없을 때에는 위원장이 지정하는 위원이 위원장의 직무를 대행한다.

3. 학교폭력대책자치위원회의 개최 및 운영

가. 개최

학교폭력대책자치위원회가 개최되는 경우는 〈표 6-5〉와 같다.

〈표 6-5〉 학교폭력대책자치위원회 개최

위원회 개최	자치위원회는 분기별 1회 이상 회의를 개최하고, 자치위원회의 위원장은 다음 각 호의 어느 하나에 해당하는 경우에 회의를 소집하여야 한다. ① 자치위원회 재적위원 4분의 1 이상이 요청하는 경우 ② 학교의 장이 요청하는 경우 ③ 피해학생 또는 그 보호자가 요청하는 경우 ④ 학교폭력이 발생한 사실을 신고 받거나 보고받은 경우 ⑤ 가해학생이 협박 또는 보복 한 사실을 신고 받거나 보고받은 경우 ⑥ 그 밖에 위원장이 필요하다고 인정하는 경우 자치위원회는 회의의 일시, 장소, 출석위원, 토의내용 및 의결사항 등이 기록된 회의록을 작성·보존하여야 한다. 그 밖에 자치위원회의 구성·운영에 필요한 사항은 대통령령으로 정한다.

나. 운영

학교폭력 대책자치위원회의를 운영하는 과정은 [그림 6-1]과 같다.

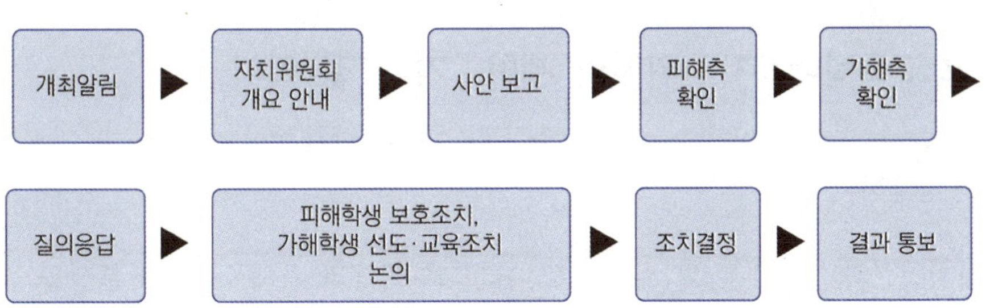

[그림 6-1] 학교폭력대책자치위원회 운영 과정

첫째, 회의는 재적위원 과반수의 출석으로 개의하고, 출석위원 과반수의 찬성으로 의결한다.

불출석 위원들의 위임장 인정되는 경우는 다음과 같다. ① 매우 예외적인 상황과 사안과 관련된 사안조사 등의 과정에서만 위임장으로 출석인정, ② 각종 심의 및 의결에 있어서 위임장으로 출석을 인정, 처리하는 것은 부적절, ③ 위임장이 아닌 출석위원 과반수가 실제로 출석한 후 심의 하는 것이 원칙이다. 재적위원 수가 7명인 위원회: 출석위원(위원장 포함) 3명과 불출석한 위원들(4명)의 위임장을 출석으로 인정하여 학교폭력 사안을 심의·의결하였다면 개의·의결정족수에 대한 치명적인 하자가 있는 것으로 봐야 한다.

둘째, 자치위원회의 회의에 출석한 위원에 대하여는 예산의 범위 안에서 수당과 여비를 지급할 수 있다. 다만, 본교의 소속 교직원은 그러하지 아니한다.

셋째, 자치위원회의 회의는 분기별 1회 이상 개최하여 운영 활성화한다.

넷째, 자치위원회의 회의록을 작성·보존하여야 한다. 회의록을 공개해야 하는 경우는 피해·가해학생 또는 보호자가 회의록의 열람·복사 등 회의록 공개를 신청한 때에는 학생과 그 가족의 성명, 주민등록번호 및 주소, 위원의 성명 등 개인정보에 관한 사항을 제외하고 공개하여야 한다(법률 제21조 3항). 비밀의 범위는 학교폭력 피해학생과 가해학생 개인 및 가족의 성명, 주민등록번호 및 주소 등 개인정보에 관한 사항, 학교폭력 피해학생과 가해학생에 대한 심의·의결과 관련된 개인별 발언 내용, 그 밖에 외부로 누설될 경우 분쟁당사자 간에 논란을 일으킬 우려가 있음이 명백한 사항이다(시행령 제33조).

4. 학교폭력대책자치위원의 제척·기피 및 회피

가. 제척

자치위원회의 위원은 법 제18조에 따라 피해학생과 가해학생간의 분쟁을 조정함에 있어 다음의 어느 하나에 해당하면 해당 분쟁조정사건에서 제척[1)]된다.

첫째, 위원 또는 그 배우자나 배우자이었던 자가 당해 분쟁조정 사건의 피해학생 또는 가해학생의 부모 등 보호자인 경우 또는 보호자였던 경우

1) 특정 사건에 관련되어 있어 불공정한 재판을 할 우려가 있기 때문에 직무 집행으로부터 제외되는 것

둘째, 위원이 당해 분쟁조정 사건의 피해학생 또는 가해학생과 친족관계에 있거나 있었던 경우

셋째, 그 밖에 자치위원회가 당해 분쟁조정 사건과 관련이 있다고 인정하는 경우

나. 기피 · 회피

학교폭력과 관련하여 분쟁이 발생한 피해학생, 가해학생 또는 그 보호자(이하 분쟁당사자라 한다)는 자치위원회의 위원에게 공정한 심의를 기대하기 어려운 사정이 있다고 인정할 만한 상당한 사유가 있는 경우에는 자치위원회에 그 사실을 서면으로 소명하고 기피신청을 할 수 있다.

제2항의 규정에 의한 기피신청이 있을 때에는 자치위원에는 의결로써 당해 의원의 기피여부를 결정하여야한다. 이 경우 기피신청을 받은 자는 그 의결에 참여하지 못한다.

자치위원회의 위원이 제1항 또는 제2항의 사유에 해당하는 경우에는 스스로 당해 분쟁조정 사건에서 회피할 수 있다.

5. 학교폭력 사안 처리 절차

학교폭력대책자치위원회에서 처리하는 학교폭력 사안 처리는 정식으로 접수된 사안만을 처리하며, 대부분 사건 자체가 경미해서 담임종결로 처리되는 경우가 많으나, 일부분은 학교폭력대책자치위원회를 거쳐 경찰, 검찰에 넘어가는 경우도 있다.

6. 학교장의 역할 및 가 · 피해학생 처리

가. 학교장의 역할

학교폭력대책자치위원회에서 학교장의 역할은 가장 중요하다고 할 수 있다. 주의할 점은 학교폭력대책자치위원회 결정 전 가해, 피해학생을 구분하지 않고 '관

련학생'으로 지칭하여야 한다.

첫째, 자치위원회의 피해학생에 대한 조치 요청이 있는 때에는 학교의 장은 피해학생 보호자의 동의를 받아 14일 이내(단, 학교장 판단에 따라 7일 이내 추가 연기 가능)에 해당 조치를 하여야 하고 이를 자치위원회에 보고하여야 한다(법률 제16조 제3항).

둘째, 제1항에 따른 요청이 있는 때에는 학교의 장은 14일 이내에 해당 조치를 하여야 한다(법률 제17조 제6항).

셋째, 학교의 장은 교육감에게 학교폭력이 발생한 사실 및 제16조, 제16조의 2, 제17조, 제17조의 2 및 제18조의 규정에 따른 조치 및 그 결과를 보고하고, 관계 기관과 협력하여 교내 학교폭력 단체의 결성예방 및 해체에 노력하여야 한다(법률 제19조).

나. 가해학생에 대한 조치

자치위원회는 피해학생의 보호와 가해학생의 선도·교육을 위하여 가해학생에 대하여 다음 각 호의 하나에 해당하는 조치(수 개의 조치를 병과하는 경우를 포함한다)를 할 것을 학교의 장에게 요청하여야 한다.

학교폭력 가해학생 조치별 적용 세부기준 고시(교육부 고시 제2016-99호)에 의거하여 가해학생에 대한 세부기준을 적용하여야 한다.

제1조(목적) 이 고시는 「학교폭력예방 및 대책에 관한 법률」(이하 "법"이라 한다) 제17조 및 「학교폭력예방 및 대책에 관한 법률 시행령」 제19조에서 위임된 가해학생 조치별 적용 세부 기준을 정함을 목적으로 한다.

제2조(조치의 결정) ① 학교폭력대책자치위원회(이하 "자치위원회"라 한다)는 가해학생이 행사한 학교폭력의 심각성, 지속성, 고의성의 정도와 가해학생의 반성 정도, 해당 조치로 인한 가해학생의 선도 가능성, 가해학생 및 보호자와 피해학생 및 보호자 간의 화해의 정도, 피해학생이 장애학생인지의 여부 등을 고려하여 [별표]에 따라 법 제17조제1항 각 호의 조치 중 가해학생별로 선도가능성이 높은 조치(수개의 조치를 병과하는 경우를 포함한다)를 할 것을 학교의 장에게 요청하여야 한다.

② 자치위원회는 피해학생 및 신고·고발 학생의 보호가 필요하다고 판단되는 경우 일정 기간 가해학생이 피해학생과 접촉하는 것을 금지하고, 가해학생 스스로 자신의 잘못을 되돌아 볼 수 있는 기회를 주기 위해 법 제17조제1항제2호 조치를 기간을 정하여 부과할

수 있다.

③ 자치위원회는 가해학생이 학내외 전문가의 도움을 받아 폭력에 대한 인식을 개선하고 행동을 반성하게 하기 위해 법 제17조제1항제5호 조치를 기간을 정하여 부과할 수 있다.

④ 자치위원회는 법 제17조제9항에 따라 가해학생이 특별교육을 이수할 경우 해당 학생의 보호자도 별도의 특별교육을 기간을 정하여 함께 교육을 받게 하여야 한다.

제3조(장애학생 관련 고려 사항) ① 가해학생 또는 피해학생이 장애학생일 경우 법 제14조제3항에 따른 전담기구 및 자치위원회에 특수교육 교원, 특수교육 전문직, 특수교육지원센터 전담인력, 특수교육 관련 교수 등 특수교육전문가를 참여시켜 의견을 청취할 수 있다.

② 법 제17조제1항제5호 또는 제17조제3항에 의한 특별교육을 실시할 때 피해학생이 장애학생일 경우 장애인식개선 교육내용을 포함하여야 한다.

〈 부칙 〉

제1조(시행일) 이 고시는 2016년 9월 1일부터 시행한다.

제2조(적용) 이 고시는 시행일 이후 심의하는 학교폭력 사안부터 적용한다.

[별표] 학교폭력 가해학생 조치별 적용 세부 기준

<table>
<tr><th colspan="4" rowspan="2"></th><th colspan="5">기본 판단 요소</th><th colspan="2">부가적 판단요소</th></tr>
<tr><th>학교 폭력의 심각성</th><th>학교 폭력의 지속성</th><th>학교 폭력의 고의성</th><th>가해 학생의 반성 정도</th><th>화해 정도</th><th>해당 조치로 인한 가해학생의 선도가능성</th><th>피해학생이 장애학생 인지 여부</th></tr>
<tr><td colspan="3" rowspan="5">판정 점수</td><td>4점</td><td>매우 높음</td><td>매우 높음</td><td>매우 높음</td><td>없음</td><td>없음</td><td rowspan="8">해당점수에 따른 조치에도 불구하고 가해학생의 선도가능성 및 피해학생의 보호를 고려하여 시행령 제14조제4항에 따라 학교폭력대책자치위원회 출석위원 과반수의 찬성으로 가해학생에 대한 조치를 가중 또는 경감할 수 있음</td><td rowspan="8">피해학생이 장애학생인 경우 가해학생에 대한 조치를 가중할 수 있음</td></tr>
<tr><td>3점</td><td>높음</td><td>높음</td><td>높음</td><td>낮음</td><td>낮음</td></tr>
<tr><td>2점</td><td>보통</td><td>보통</td><td>보통</td><td>보통</td><td>보통</td></tr>
<tr><td>1점</td><td>낮음</td><td>낮음</td><td>낮음</td><td>높음</td><td>높음</td></tr>
<tr><td>0점</td><td>없음</td><td>없음</td><td>없음</td><td>매우 높음</td><td>매우 높음</td></tr>
<tr><td rowspan="3">가해학생에 대한</td><td rowspan="3">교내 선도</td><td>1호</td><td>피해학생에 대한 서면사과</td><td colspan="5">1~3점</td></tr>
<tr><td>2호</td><td>피해학생 및 신고·고발 학생에 대한 접촉, 협박 및 보복행위의 금지</td><td colspan="5">피해학생 및 신고·고발학생의 보호에 필요하다고 자치위원회가 의결할 경우</td></tr>
<tr><td>3호</td><td>학교에서의</td><td colspan="5">4~6점</td></tr>
</table>

<table>
<tr><th colspan="5" rowspan="2"></th><th colspan="5">기본 판단 요소</th><th colspan="2">부가적 판단요소</th></tr>
<tr><th>학교 폭력의 심각성</th><th>학교 폭력의 지속성</th><th>학교 폭력의 고의성</th><th>가해 학생의 반성 정도</th><th>화해 정도</th><th>해당 조치로 인한 가해학생의 선도가능성</th><th>피해학생이 장애학생 인지 여부</th></tr>
<tr><td rowspan="8">조치</td><td colspan="2"></td><td></td><td>봉사</td><td colspan="5"></td><td rowspan="8"></td><td rowspan="8"></td></tr>
<tr><td colspan="2" rowspan="2">외부 기관 연계 선도</td><td>4호</td><td>사회봉사</td><td colspan="5">7~9점</td></tr>
<tr><td>5호</td><td>학내외 전문가에 의한 특별 교육이수 또는 심리치료</td><td colspan="5">가해학생 선도·교육에 필요하다고 자치위원회가 의결할 경우</td></tr>
<tr><td rowspan="4">교육 환경 변화</td><td rowspan="2">교내</td><td>6호</td><td>출석정지</td><td colspan="5">10~12점</td></tr>
<tr><td>7호</td><td>학급교체</td><td colspan="5">13~15점</td></tr>
<tr><td rowspan="2">교외</td><td>8호</td><td>전학</td><td colspan="5">16~20점</td></tr>
<tr><td>9호</td><td>퇴학처분</td><td colspan="5">16~20점</td></tr>
</table>

※ 법 제17조제2항에 따라 피해학생이나 신고·고발 학생에 대한 협박 또는 보복 행위일 경우에는 제17조제1항 각호의 조치를 병과하거나 조치를 가중할 수 있음

1) 제1호: 피해학생에 대한 서면사과

가해학생이 피해학생에게 서면으로 그동안의 폭력행위에 대하여 사과를 함으로써 서로 화해하도록 하는 조치이다.

2) 제2호: 피해학생 및 신고·고발 학생에 대한 접촉, 협박 및 보복행위의 금지

피해학생이나 신고·고발학생에 대한 가해학생의 접근을 막아 더 이상의 폭력이나 보복을 막기 위한 조치이다.

3) 제3호: 학교에서의 봉사

가해학생에게 반성의 기회를 주기 위한 조치이다. 단순한 훈육적 차원이 아니라, 봉사의 진정한 의미를 알고 학생 스스로 잘못을 깨달을 수 있는 봉사 방법을 선정하여 선도적·교육적 차원에서의 봉사활동을 실시한다. 가해학생에게 학교 내의 화단 정리, 교실의 교구 정리, 화장실 청소, 장애 학생의 등교 도우미 등을

하도록 하게 한다. 학교에서의 봉사는 출석정지하고는 의미가 다른 조치이므로 되도록 학습권을 침해하지 않도록 한다. 지도교사를 생활지도부장 외에도 담임교사, 생활지도부 교사, 상담교사 등으로 다양하게 구성한다.

4) 제4호: 사회봉사

사회구성원으로서의 책임감을 느끼기 위한 조치이다.

학교에서는 사회봉사를 실시하는 기관과 업무협조를 긴밀히 하고, 각종 확인자료와 담당자 간의 통신을 통하여 사회봉사가 실질적으로 이루어질 수 있도록 한다.

5) 제5호: 학교 내외 전문가의 특별교육이수 또는 심리치료

교육감이 정한 기관에서 특별교육을 이수하거나 심리치료를 받아야 하며, 그 기간은 자치위원회에서 정하는 조치이다.

6) 제6호: 출석정지

가해학생을 학교에 출석하지 못하게 함으로써 반성의 기회를 주고 일시적으로 피해학생과 격리시킴으로써 피해학생을 보호하기 위한 조치이다. 가해학생에 대한 출석정지 기간은 출석일수에 산입하지 않는다.

7) 제7호: 학급교체

가해학생을 피해학생으로부터 격리하기 위하여 같은 학교 내의 다른 학급으로 옮기는 조치이다.

8) 제8호: 전학

가해학생을 피해학생으로부터 격리시키고 피해학생에 대해 더 이상의 폭력행위를 하지 못하도록 하기 위하여 다른 학교로 소속을 옮기도록 하는 조치이다. 자치위원회에서 가해학생에 대하여 전학조치를 의결하면 학교의 장은 14일 이내에 전학조치를 취해야 하며, 가해학생이 다른 학교로 전학을 간 이후에는 전학전의 피해학생 소속 학교로 다시 전학 올 수 없도록 하여야 한다.

교육감 또는 교육장은 전학 조치된 가해학생과 피해학생이 상급학교에 진학할 때에는 각각 다른 학교를 배정하여야 한다. 이 경우 피해학생이 입학할 학교를 우선적으로 배정한다.

9) 제9호: 퇴학처분

피해학생을 보호하고 가해학생을 선도·교육할 수 없다고 인정될 때 취하는 조치이다. 다만 의무교육과정에 있는 가해학생에 대하여는 적용하지 아니한다.

퇴학 처분 시 학교의 장의 조치사항은 다음과 같다.

첫째, 학교의 장은 가해학생을 퇴학처분하기 전에 일정기간동안 가정학습을 하게 할 수 있으며(초·중등교육법 시행령 제31조 제6항), 퇴학처분을 할 때에는 당해 학생 및 보호자와 진로상담을 하여야 하며, 지역사회와 협력하여 다른 학교 또는 직업교육훈련기관 등을 알선하는데 노력하여야 한다(초·중등교육법 시행령 제31조 제7항).

둘째, 교육감은 퇴학처분을 받은 학생에 대하여 법률 제17조 제12항에 따라 해당 학생의 선도의 정도, 교육 가능성 등을 종합적으로 고려하여 「초·중등교육법」 제60조의 3에 따른 대안학교로의 입학 등 해당 학생의 건전한 성장에 적합한 대책을 마련하여야 한다(초·중등교육법 시행령 제23조 1항).

셋째, 가해학생에 대한 조치 및 재입학 등에 필요한 세부사항은 교육감이 정한다(초·중등교육법 시행령 제23조 2항)

10) 가해학생에 대한 선도가 긴급한 경우의 조치

학교의 장은 가해학생에 대한 선도가 긴급하다고 인정할 경우 우선 제1호로부터 제3호까지, 제5호와 제6호의 조치를 할 수 있으며, 제5호와 제6호는 병과 조치할 수 있다. 이 경우 자치위원회에 즉시 보고하여 추인을 받아야 한다.

다. 피해학생 보호조치

자치위원회는 피해학생의 보호를 위하여 필요하다고 인정하는 때에는 피해학생에 대하여 다음 각 호의 어느 하나에 해당하는 조치(수개의 조치를 병과하는 경우를 포함한다)를 할 것을 학교장에게 요청할 수 있다(법률 제16조 제1항).

1) 제1호: 심리상담 및 조언

학교폭력으로 받은 정신적·심리적 충격으로부터 회복할 수 있도록 하기 위하여 학교 내의 교사 혹은 학교 외의 전문상담기관의 전문가에게 심리상담 및 조언을 받도록 하는 조치이다. 학교 내 상담교사가 없을 때는 외부 상담기관과 연계한다.

2) 제2호: 일시보호

지속적인 폭력이나 보복을 당할 우려가 있는 경우 일시적으로 보호시설이나 집 또는 학교상담실 등에서 보호를 받을 수 있도록 하기 위한 조치이다.

3) 제3호: 치료 및 치료를 위한 요양

학교폭력으로 인하여 생긴 신체적·정신적 상처의 치유를 위하여 일정기간 출석을 하지 아니하고 의료기관 등에서 치료를 받도록 하는 조치이다. 피해학생이 보호조치로 집이나 요양기관에서 신체적·심리적 치료를 받을 때는 치료기간이 명시된 진단서 또는 관련 증빙자료를 첨부하여 자치위원회에 제출하도록 보호자에게 안내한다.

피해학생이 전문단체나 전문가로부터 제1항제1호부터 제3호까지의 규정에 따른 상담 등을 받는데에 사용되는 비용은 가해학생의 보호자가 부담하여야 한다. 다만, 피해학생의 신속한 치료를 위하여 학교의 장 또는 피해학생의 보호자가 원하는 경우에는 「학교안전사고예방및보상에관한법률」제15조에 따른 학교안전공제회 또는 시·도교육청이 부담하고 이에 대한 구상권을 행사할 수 있다.

4) 제4호: 학급교체

지속적인 학교폭력 상황 및 정신적 상처에서 벗어나도록 하기 위해서 피해학생을 동일 학교 내의 다른 학급으로 소속을 옮겨주는 조치이다. 피해학생 입장에서는 새로운 학급에 적응해야 하는 부담이 있으므로, 조치 결정에 있어 피해학생의 의견을 적극 반영하는 것이 좋다.

5) 제5호: 삭제

6) 제6호: 그 밖에 피해학생의 보호를 위하여 필요한 조치

피해학생 보호를 위하여 필요하다고 판단되는 다양한 조치 방법으로는 치료 등을 위한 의료기관에의 연계, 법률 구조기관 등에 필요한 협조와 지원요청, 신변보호지원 등을 할 수 있다.

참고문헌

교육부(2014). 학교폭력 사안처리 가이드북.
교육부(2016). 학교폭력 가해학생 조치별 적용 세부기준 고시.
교육과학기술부(2012). 학교폭력사안처리 Q & A.
문용린 외(2008). 학교폭력 예방과 상담. 학지사.
문재현 외(2012). 학교폭력 어떻게 만들어지는가. 살림터.

제7장 분쟁 조정, 재심, 행정 심판

학습목표

1. 학교폭력이 일어났을 때 분쟁조정의 대상, 신청, 진행과정을 설명할 수 있습니다.
2. 학교폭력이 일어났을 때 재심의 대상, 신청, 진행과정을 설명할 수 있습니다.
3. 학교폭력이 일어났을 때 행정심판의 대상, 신청, 진행과정을 설명할 수 있습니다.

1. 분쟁 조정

학교폭력이 일어났을 때 사안이 해결되지 못하고 가·피해 학생 간에 손해 보상 등 분쟁이 있을 경우 문제해결을 위한 분쟁 조정이 필요하다.

가. 분쟁 조정의 주체 및 대상

학교폭력과 관련하여 분쟁이 일어났을 경우 분쟁을 조정할 수 있는 주체는 학폭법 제18조 제1항에 따르면 학교폭력대책자치위원회 또는 교육감이 분쟁을 조정할 수 있도록 하고 있다.

분쟁 조정의 대상은 학교폭력과 관련하여 피해학생과 가해학생 간 또는 그 보호자 간의 손해배상에 관련된 합의 조정, 그 밖에 자치위원회가 필요하다고 인정하는 사항에 해당된다. 가해자 및 피해자 조치결과에 대한 분쟁조정은 해당하지 않는다.

나. 분쟁 조정 신청

분쟁 조정을 신청하는 경우는 피해·가해측의 손해배상에 관련된 합의를 하고자 할 때 가능하다. 예를 들면, 피해학생 측에서 치료비와 요양비 등 금전적 손해에 대한 배상을 요구하는 경우, 가해학생 측에서 치료비, 위자료 등 금전적 손해배상을 통해 합의하고자하는 경우이고, 이 밖에 학교폭력대책자치위원회의 조치만으로는 해결이 불가능한 갈등이 있는 경우에 학교폭력대책자치위원회가 분쟁조정 신청을 할 수 있다.

분쟁 조정 신청 방법으로는 피해학생, 가해학생 또는 그 보호자 중 어느 한 쪽은 자치위원회 또는 교육감에게 "분쟁조정 신청인의 성명 및 주소, 보호자의 성명 및 주소, 분쟁조정 신청의 사유"를 적은 문서로 신청이 가능하다.

다. 분쟁 조정 기한 및 진행 관할권

분쟁 조정은 신청 접수한 날로부터 5일 이내에 시작하여야 하며, 분쟁 당사자에게 분쟁 조정의 일시 및 장소를 통보하여야 한다. 통지를 받은 분쟁당사자 중 어느 한 쪽이 불가피한 사유로 출석할 수 없는 경우에는 자치위원회 또는 교육감에게 분쟁조정의 연기를 요청할 수 있는데, 이 경우 자치위원회 또는 교육감은 분쟁조정의 기일을 다시 정하여야 한다. 분쟁 조정 기간은 1개월을 넘지 못한다.

자치위원회 또는 교육감은 자치위원회 위원 또는 지역위원회 위원 중에서 분쟁조정 담당자를 지정하거나, 외부 전문기관에 분쟁과 관련한 사항에 대한 자문 등을 할 수 있다.

시·도교육청 관할 구역 안의 소속 학교가 다른 학생 간에 분쟁이 있는 경우에는 교육감이 해당 학교의 자치위원회위원장과의 협의를 거쳐 직접 분쟁을 조정하여야 하고, 관할 구역을 달리하는 시·도교육청 소속 학교의 학생 간에 분쟁이 있는 경우에는 피해학생을 감독하는 교육감이 가해학생을 감독하는 교육감 및 관련 해당 학교의 자치위원회위원장과의 협의를 거쳐 직접 분쟁을 조정하여야 한다.

[그림 7-1] 분쟁 조정의 흐름도

자료: 교육과학기술부(2012). 학교폭력 사안처리 가이드북. p.149.

라. 분쟁 조정 거부, 중지, 정지

다음의 경우에는 분쟁조정을 거부 또는 중지할 수 있다.

첫째, 분쟁당사자 중 어느 한 쪽이 분쟁조정을 거부한 경우

둘째, 피해학생 등이 관련된 학교폭력에 대하여 가해학생을 고소·고발하거나 민사상 소송을 제기한 경우

셋째, 분쟁조정의 신청내용이 거짓임이 명백하거나 정당한 이유가 없다고 인정되는 경우

분쟁조정의 개시가 거부되거나 분쟁조정이 중지된 경우에, 명확한 사유를 양측 분쟁당사자에게 서면으로 통보하여 기록으로 남기는 것이 사후 문제 제기의 소지가 적어 바람직하다고 할 수 있다.

마. 분쟁 조정 진행과정

분쟁 조정 전에 분쟁당사자들과의 면담을 통해 심리정서적 안정을 도모하면 보다 원활한 분쟁조정이 가능하다.

분쟁 조정의 전체적인 진행 과정은 [그림 7-2]와 같다.

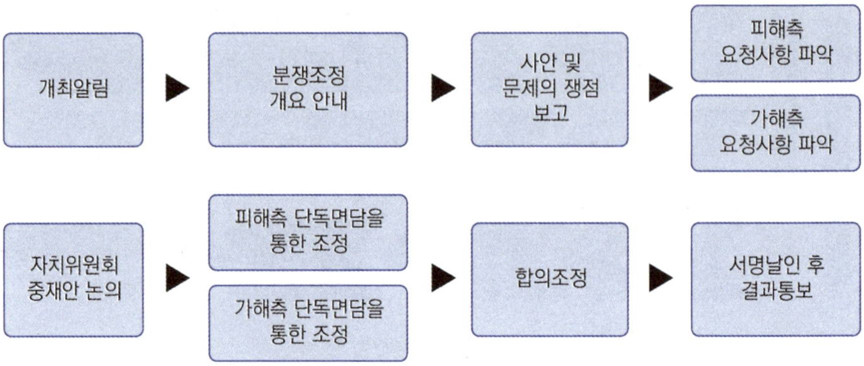

[그림 7-2] 분쟁 조정 진행 과정

자료: 교육과학기술부(2012). 학교폭력 사안처리 가이드북. p.151.

진행 과정을 정리하면 다음과 같다.

첫째, 위원장이 분쟁조정 회의의 개최를 알린다.

둘째, 책임교사가 분쟁 조정의 전체적인 개요을 안내한다.

셋째, 책임교사가 사안조사 결과 보고와 갈등이 되고 있는 쟁점 사항을 보고한다.

넷째, 사안을 확인하고 피해측의 입장에서 요청사항을 말하도록 하고, 위원회와 피해측이 서로 질의응답을 한다. 다음으로 가해측의 입장에서 요청사항을 말하도록 하고, 위원회와 가해측이 서로 질의응답을 한다.

다섯째, 자치위원들 간의 협의를 통해 중재방안을 논의한다.

여섯째, 피해·가해측을 담당할 자치위원을 각각 선정하여 별도의 독립된 공간에서 조정을 진행한다.

일곱째, 위의 분쟁 조정 절차를 통해 피해·가해측이 합의를 도출했을 경우 합의서를 작성한다.

여덟째, 작성된 합의서에 자치위원회가 분쟁을 조정한 경우에는 분쟁 당사자와 조정에 참가한 위원이 서명 날인을 하고, 교육감이 분쟁을 조정한 경우에는 분쟁 당사자와 교육감이 서명 날인하여 결과를 통보한다.

바. 분쟁 조정 종료

다음의 경우에는 분쟁 조정을 종료해야 한다.

첫째, 분쟁당사자 간에 합의가 이루어지거나 자치위원회 또는 교육감이 제시한 조정안을 분쟁당사자가 수락하는 등 분쟁조정이 성립한 경우

둘째, 분쟁조정 개시일 부터 1개월이 지나도록 분쟁조정이 성립하지 아니한 경우

사. 분쟁 조정 합의결과 처리방법

자치위원회 또는 교육감은 분쟁조정이 합의된 경우에는 "분쟁당사자의 주소와 성명, 조정 대상 분쟁의 내용(분쟁의 경위, 분쟁당사자의 의견을 포함한 조정의 쟁점)이 포함한 합의서에 분쟁조정 당사자 및 분쟁조정에 참여한 위원이 서명날인한 후 분쟁당사자에게 통보하여야 한다. 중요한 점은 자치위원회의 위원장은 분쟁조정의 결과를 교육감에게 반드시 보고하여야 한다.

2. 재심

학교폭력으로 인한 갈등이나 분쟁이 원만하게 해결되지 않을 때 피·가해학생 및 보호자가 재심을 청구하는 경우가 있다. 재심 청구의 요건 및 방법에 대한 정보를 충분하게 제공함으로써 정보부족에 따른 혼선을 예방하고 원만한 학교폭력 문제해결을 찾는 것이 필요하다.

가. 관련 법률

재심청구, 심사절차, 결정통보 등은 초·중등교육법 제18조의 2 제2항부터 제4항까지의 규정을 준용한다.

〈표 7-1〉 재심 관련 법률

관련 법률	내용
학교폭력 예방법 제17조의 2(재심청구)	① 자치위원회 또는 학교의 장이 제16조제1항에 따라 내린 조치에 대하여 이의가 있는 피해학생 또는 그 보호자는 그 조치를 받은 날부터 15일 이내, 그 조치가 있음을 안 날부터 10일 이내에 지역위원회에 재심을 청구할 수 있다. ② 자치위원회가 제17조제1항제8호와 제9호에 따라 내린 조치에 대하여 이의가 있는 학생 또는 그 보호자는 그 조치를 받은 날부터 15일 이내, 그 조치가 있음을 안 날로부터 10일 이내에 「초·중등교육법」 제18조의3에 따른 시·도학생징계조정위원회에 재심을 청구할 수 있다. ③ 지역위원회가 제1항에 따른 재심청구를 받은 때에는 30일 이내에 이를 심사·결정하여 청구인에게 통보하여야 한다. ④ 제2항에 따른 재심청구, 심사절차, 결정통보 등은 「초·중등교육법」, 제18조의2제2항부터 제4항까지의 규정을 준용한다.
학교폭력 예방법 시행령24조 (피해학생재심청구 및 심사절차 및 결정통보 등)	① 법 제17조의2제5항에 따라 피해학생 또는 보호자가 지역위원회에 재심을 청구할 때에는 다음 각 호의 사항을 적어 서면으로 하여야 한다. 1. 청구인의 이름, 주소 및 연락처 2. 가해학생 3. 청구의 대상이 되는 조치를 받은 날 및 조치가 있음을 안 날 4. 청구의 취지 및 이유 ② 지역위원회는 청구인, 가해학생 및 보호자 또는 해당 학교에 심사에 필요한 자료 또는 정보의 제출을 요구할 수 있고, 청구인, 가해학생 또는 해당 학교는 특별한 사유가 없으면 이를 즉시 제출하여야 한다. ③ 지역위원회는 직권으로 또는 신청에 따라 청구인, 가해학생 및 보호자 또는 관련 교원 등을 지역위원회에 출석하여 진술하게 할 수 있다. ④ 지역위원회는 필요하다고 인정할 때에는 전문가 등 참고인을 출석하게 하거나 서면으로 의견을 들을 수 있다. ⑤ 지역위원회의 회의는 비공개를 원칙으로 한다. ⑥ 지역위원회는 재심사 결정 시 법 제16조제1항 각 호와 제17조제1항 각 호의 어느 하나에 해당하는 조치(수 개의 조치를 병과하는 경우를 포함한다)를 할 것을 해당 학교의 장에게 요청할 수 있다.
초·중등교육법 제18조의 2(재심청구)	① 〈생략〉 ② 제18조의 3에 따른 시·도학생조치조정위원회는 제1항에 따른 재심청구를 받으면 30일 이내에 심사·결정하여 청구인에게 통보하여야 한다. ③ 제2항의 심사결정에 이의가 있는 청구인은 통보를 받은 날부터 60일 이내에 행정심판을 제기할 수 있다. ④ 제1항에 따른 재심청구, 제2항에 따른 심사 절차와 결정 통보 등에 필요한 사항은 대통령령으로 정한다.

관련 법률	내용
초·중등교육법 시행령 제31조의 2(퇴학 조치된 자의 재심청구 등)	① 법제18조의2제1항에 따라 학생 또는 그 보호자가 법 제18조의 3에 따른 시·도학생징계조정위원회(이하 "징계조정위원회"라 한다)에 재심을 청구할 때에는 다음 각호의 사항을 적어 서면으로 하여야 한다. 1. 청구인의 이름, 주소 및 연락처 2. 피청구인 3. 퇴학조치가 있음을 안 날 4. 청구의 취지 및 이유 ② 징계조정위원회는 청구인이나 피청구인에게 심사에 필요한 자료 또는 정보의 제출을 요구할 수 있고, 청구인이나 피청구인은 특별한 사유가 없는 한 이를 즉시 제출하여야 한다. ③ 징계조정위원회는 직권 또는 신청에 따라 청구인, 피청구인 또는 관련 교원 등을 징계조정위원회에 출석하여 진술하게 할 수 있다. ④ 징계조정위원회는 필요하다고 인정하는 때에는 전문가 등 참고인을 출석하게 하거나 서면으로 의견을 들을 수 있다. ⑤ 징계조정위원회의 회의는 비공개를 원칙으로 한다. ⑥ 징계조정위원회는 재심청구에 대하여 결정을 하였을 경우 지체 없이 다음 각 호의 사항을 적은 결정서의 정본을 청구인 및 피청구인에게 송부하여야 한다. 1. 사건번호 및 사건명 2. 청구인의 이름과 주소 3. 퇴학조치의 원인 4. 결정내용 5. 결정의 이유 6. 결정한 날짜

나. 피해학생 측의 재심요청

• 어떤 경우에 재심을 청구하는가?

– 자치위원회 또는 학교의 장이 내린 피해학생에 대한 조치 및 가해학생에 대한 조치('학교폭력 아님' 결정 포함)에 대하여 이의가 있는 피해학생 및 보호자가 청구한다.

• 재심청구 기한 및 기관(법률 제17조의2 제1항)

– 조치를 받은 날부터 15일 이내, 조치가 있음을 안 날부터 10일 이내에 시·도에 설치된 지역위원회로 청구한다.

– 조치를 받은 날이란 조치가 성립한 날을 의미하므로 도달주의에 따라 '처분서를 받은 날'이 된다. 또한 조치가 있음을 안 날이란 '현실적으로 안 날'을 의

미한다.

– 따라서 처분서를 송달 받은 다음날부터 15일 이내에 재심 청구를 하여야 한다. (예: 7월 1일 자치위원회 조치가 결정되어, 7월 2일 처분서를 발송하여 7월 4일 처분서를 송달받았다면, 7월 19일까지(초일불산입) 재심청구 가능, 마지막 날이 공휴일인 경우 그 다음날까지 청구 가능)

• 재심청구 방법(시행령 제24조 제1항)

– 청구인의 이름, 주소 및 연락처, 가해학생, 청구의 대상이 되는 조치를 받은 날 및 조치가 있음을 안날, 청구의 취지 및 이유를 적어 서면으로 청구한다.

• 재심 진행 기간(법률 제17조의2 제3항)

– 지역위원회가 재심청구를 받으면 30일 이내에 심사·결정하여 청구인에게 통보하여야 한다.

• 재심 심리 방식(시행령 제24조 제3항, 제4항)

– 지역위원회는 직권 또는 신청에 따라 관련학생(피해학생, 가해학생 및 보호자), 참고인 등을 출석하게 하여 진술을 청취하여 심리할 수 있으며, 서면으로 심리하는 것도 가능하다.

• 재심 결정 통보(시행령 제24조 제7항)

– 지역위원회의 재심 결과는 결정의 취지와 내용을 적어 청구인과 가해학생에게 서면으로 통보한다.

다. 가해학생 측의 재심요청

• 어떤 경우에 재심을 청구하는가?

– 자치위원회가 가해학생에게 내린 전학, 퇴학 조치에 대하여 이의가 있는 학생 또는 보호자가 청구한다.

• 재심청구 기한 및 기관(법률 제17조의2 제2항)

- 조치를 받은 날부터 15일 이내, 조치가 있음을 안 날부터 10일 이내에 시·도 교육청에 설치된 시·도 학생징계조정위원회로 청구한다.

※ 재심 청구 기한은 피해학생 재심 참조

• 재심 진행 기간(초·중등교육법 제18조의2 제2항)

- 시·도학생징계조정위원회는 재심청구를 받으면 30일 이내에 심사·결정하여 청구인에게 통보하여야 한다.

• 재심청구, 심사절차, 결정통보

- 재심청구, 심사절차, 결정통보 등은 초·중등교육법 제18조의2 제2항부터 제4항까지의 규정을 준용한다.

※ 가해학생이 재심을 청구한 경우, 그 결정이 피해학생의 이해에도 관련되므로, 가능한 피해측에 재심청구 사실 통보 및 의견청취 등의 절차적 노력을 이행하는 것이 좋다.

▶ 자치위원회 결정에 대해 재심이 청구되어 가해학생 조치가 유보된 경우

※ 행정심판 및 소송 청구의 경우에는 일반적으로 조치가 유보되지 않으며, 법원(행정심판위원회)에서 집행정지 결정을 한 경우에만 조치가 유보됨

- **가해학생 조치**: 재심기관의 판단 결과가 나올 때까지 법률 제17조에 따른 가해학생 조치를 유보해야 한다. 다만, 가해학생에 대한 조치 실행을 유보하는 것과 이를 학생부에 기재하는 것은 별개의 문제이므로 가해학생에 대한 조치 결과는 학생부에 기재 후, 재심 결과에 따라 조치가 변경된 경우 수정해야 한다.
- **피해학생 보호**: 재심청구로 조치가 유보된 경우 피해학생을 철저히 보호하기 위해 노력해야 한다.

참고 재심청구가 기각된 사례

1) 가해학생은 이 사건 이전에 학교폭력으로 접촉, 협박 및 보복행위의 금지(2호), 출석정지 7일(6호) 조치를 받은 적이 있으며, 학교생활에서 여러 가지로 문제를 일으켜 담임교사는 가정과의 연계지도를 위해 노력하였으나 보호자의 협조가 부족하였음.
2) 가해학생은 피해학생 김○○을 지속적으로 폭행하면서 금품을 요구하였고, 피해학생의 휴대폰으로 게임 아이템을 구입하기도 하였으며 휴대폰을 빌려가서 잃어버렸다고 돌려주지 않았으며, 피해학생 이○○의 요요를 빌려가서 돌려주지 않았고, 묵찌빠에서 이겼다는 이유로 만원을 갈취하였고, 피해학생 박○○를 3층 창밖으로 던지겠다고 위협하면서 실제로 던지려는 행위를 하기도 하여 자치위원회가 개최되었음.
3) 자치위원회는 가해학생에 대하여 교육환경 변화가 필요하다고 판단하여 전학을 결정하였고, 가해학생의 보호자는 시·도학생징계조정위원회에 재심을 청구하였음.
4) 시·도학생징계조정위원회는 다음과 같은 이유로 재심 청구를 기각하였음

- 가해학생의 행위가 다른 학생들의 사주에 의한 것이라는 청구인의 주장이 사실이라 하더라도 가해학생의 행위는 심각·지속·고의적인 학교폭력에 해당하고 이에 대한 교육과 선도를 위한 조치는 필요함.
- 가해학생은 이 사건 이전에도 학교폭력을 행사하여 피청구인은 주의 및 선도 조치를 하여 징계의 단계적 적용을 통한 개전의 기회를 제공하였으나 가해학생은 개전의 정을 보이지 않고 다시 학교폭력을 행사하였음.
- 전학조치를 통하여 피해학생을 보호하고 가해학생의 교육환경을 바꾸어줄 필요성이 인정되므로 피청구인의 전학조치가 법률을 위반하였다거나 재량권을 남용하였다고 볼 수 없음.

참고 재심청구가 인용된 사례

1) 수학여행 도중 숙소에서 김○○ 학생이 피해학생이 샤워하고 옷을 갈아입는 모습을 촬영하여 SNS에 사진을 올렸고, 가해학생은 반 학생들이 단체로 대화하는 대화방에 이 사진을 전송함.
2) 가해학생들의 성폭력 행위에 대하여 자치위원회가 개최되어 모두 전학이 결정됨.
3) 가해학생은 자치위원회 개최 이후 피해학생과 화해를 하였으며, 사진을 직접 촬영한 것이 아니므로 전학조치는 과하다는 이유로 시·도학생징계조정위원회에 재심을 청구함.
4) 시·도 학생징계조정위원회는 다음과 같은 이유로 재심 청구를 인용하였음.

- 가해학생의 행위는 피해학생에게 수치심을 줄 수 있는 심각한 학교폭력에 해당하나, 가해학생이 이전에 학교폭력을 행사한 적이 없는 점, 평소 학교생활태도가 모범적인 점, 이 사건에 대하여 깊이 반성하고 있는 점, 해당 사진을 직접 촬영한 다른 가해학생보다는 잘못이 경한 점, 피해학생과 화해가 이루어진 점 등을 고려함.

라. 가해학생 조치 및 피해학생 보호

가해학생에 대한 조치는 지역위원회의 판단 결과가 나올 때까지 법률 제17조에 따른 가해학생 조치를 유보해야 한다. 다만, 가해학생에 대한 조치 실행을 유보하는 것과 이를 학생부에 기재하는 것은 별개의 문제이므로 가해학생에 대한 조치 결과는 학생부에 기재 후, 재심 결과에 따라 처리해야 한다.

피해학생에 대한 보호조치는 결과가 나올 때까지 해당 가해학생을 대안교육 위탁기관에 위탁하는 등의 철저한 보호조치를 해야 할 것이다.

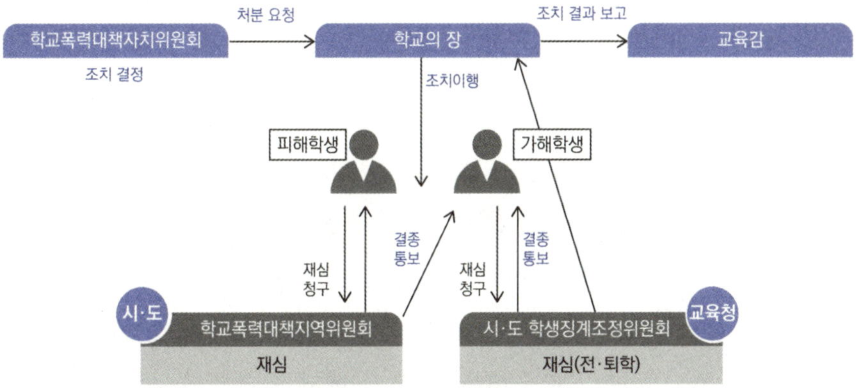

[그림 7-3] 재심 진행 과정

자료: 교육부(2014). 학교폭력 사안처리 가이드북. p.71.

3. 행정 심판

행정 심판이란 행정청의 위법·부당한 처분 그밖에 공권력의 행사·불행사 등으로 권리나 이익을 침해받은 국민이 행정기관에 제기하는 권리구제 절차를 말한다. 행정 심판은 법원의 행정소송에 비하여 비용이 무료이고, 절차가 간편하며, 신속하게 처리된다.

가. 행정 심판의 조건 및 기한

일반적으로 행정 심판은 국민들이 행정청의 위법·부당한 처분이나 부작위로 인하여 피해를 입은 경우에는 행정심판을 제기할 수 있다. 이 때 처분이란 행정청의 공법상 행위로서 법규에 의하여 국민에게 특정한 권리를 설정하여 주거나 의무의 부담을 명하는 것과 국민의 권리의무에 직접적으로 관계되는 행정행위를 말하고, 부작위란 행정청이 당사자의 신청에 대하여 상당한 기간 내에 일정한 처분을 하여야 할 법률상 의무가 있음에도 불구하고 이를 하지 아니 하는 것을 말한다.

지역위원회의 결정에 이의가 있는 학교폭력 피해학생은 통보를 받은 날부터 60일 이내에 행정심판을 제기할 수 있다(학폭법 제17조의 2 제4항).

시・도학생조치조정위원회의 심사결정에 이의가 있는 학교폭력 가해학생은 통보를 받은 날부터 60일 이내에 행정심판을 제기할 수 있다(초・중등교육법 제18조의 2 제3항).

나. 행정 심판 기관

지역위원회 결정에 대한 이의는 중앙행정심판위원회로 제기한다.시・도학생조치조정위원회의 결정에 대한 이의는 해당 교육청 행정심판위원회로 제기한다. 행정심판 청구, 안내, 상담, 정보 등 자세한 사항은 국민권익위원회 소속 중앙행정심판위원회(www.simpan.go.kr 대표전화 110)에서 확인할 수 있다.

다. 행정심판 절차

행정심판 절차는 심판청구서, 집행정지 신청서 등을 청구인 또는 대리인이 온라인으로 제출하거나 위원회에 직접 제출하면 된다.

온라인 행정심판은 처분청의 업무환경이 뒷받침되는 사건에 대하여 시행하고 있으며, 범위를 지속적으로 확대할 계획으로 있다. 온라인으로 행정심판을 청구하기 위해서는 허브포털 웹사이트에 회원으로 가입하여야 된다.

행정심판청구서는 중앙행정심판위원회(http://www.simpan.go.kr)사이트의 행정심판 관련서식란에서 다운받아 작성하거나 처분청이나 위원회의 민원실에서 교부받아 작성하면 된다. 작성된 행정심판청구서는 1부를 복사하여 처분청이나 위원회로 방문 또는 우편으로 제출하면 된다.

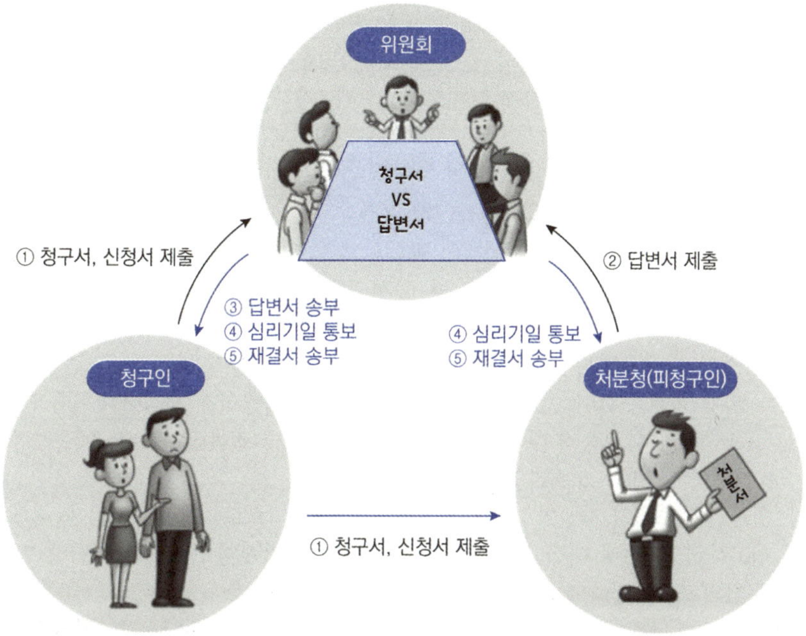

[그림 7-4] 행정심판 절차

자료: 중앙행정심판위원회(http://www.simpan.go.kr)

라. 행정심판 재결서 예시

○○교육청행정심판위원회

재결서

사건 행심 201○-○○
청 구 인 김○○(○○초 4학년)외 1
피청구인 ○○초등학교장

주문

청구인의 이 사건 청구를 기각한다.

청구취지

피청구인이 201○.○.○○. 청구인 김○○에게 한 피해학생 및 신고·고발 학생에 대한 접촉, 협박 및 보복행위 금지, 출석정지, 전학 명령 처분을 취소한다.라는 재결을 구함.

이유

1. 기초사실
  가. ○○초등학교 4학년 김○○은 올해 3월부터 현재까지 매일 교실 및 운동장, 급식실

등에서 다른 친구들과 함께 친구 몇 명을 지속적으로 괴롭히고 왕따를 시키는 행동을 반복하며 학급 운영 및 수업 진행 등 모든 면에 불만이 있는 듯한 행동을 하여왔다.

나. 담임 교사등이 열의를 가지고 지도하였으나, 청구인은 태도를 고치지 않았고 교사의 지도를 따르지 않았다. 또한 다른 청구인이자 김○○의 어머니는 잘못을 인정하지 않고, 오히려 사건 합리화하여 부당한 간섭을 하여 영어전담교사 교체, 담임교사(기간제)의 사퇴 등의 결과를 초래하였다.

다. 김○○학생의 급우 27명중 15명의 학부모가 강력한 조치를 원하는 탄원서를 제출하였으며, 피해학생 중 일부 학생들은 무서워서 등교를 거부하는 사태가 벌어졌다. 관련교사들은 더 이상 청구인을 교육적으로 지도할 수 없으며, 해당 어머니의 지속적인 간섭과 괴롭힘(담임 및 학교장에게 퇴근 후 통화, 문자 등을 함)을 견디기 힘들어 하였다. 학교는 201○.○.○○. 학교폭력대책자치위원회를 개최하여 청구인인 김○○ 학생에게 학교폭력 대책에 관한 법률 상의 제2호(접촉금지), 제6호(출석정지), 제8호(전학)를 병과 조치하였다.

라. 청구인은 오히려 자신이 피해학생임을 주장하며 역으로 7명의 학생을 가해학생으로 신고하였고, 이에 다라 201○.○.○○. 개최된 자치위원회에서 가해학생 7명 모두 '무혐의'조치하였다.

2. 당사자들의 주장

가. 청구인의 주장

(1) 피청구인은 학교폭력에 대한 조사를 제대로 하지 않았으며 청구인 김○○이 오히려 피해학생임에도 불구하고 가해학생으로 잘못 판단하여 제2호(접촉금지) 및 제6호(출석정지)의 조치를 하였다.

(2) 청구인은 전학을 가야할 정도의 학교폭력 행위를 하지 않았으며 오히려 청구인에게 폭력을 가한 학생들에게는 '혐의없음' 처분을 한 것은 부당하다.

(3) 피청구인은 청구인이 학교폭력을 언제, 어떻게, 누구에게 행사했는지 구체적으로 알려주지 않고 학교폭력대책 자취위원회를 개최하였고 그 후 피해학생의 수가 수시로 바뀌는 등 사실관계가 부정확하였다.

나. 피청구인의 주장

(1) 청구인의 주장은 일반적인 억지 주장에 불고한 것으로, 학교에서는 이 사건에 관하여 적법절차에 따라 철저하게 사실관계를 조사하고 학교폭력대책자치위원회의 충분한 심의를 거쳐, 청구인의 학교폭력 가해사실을 확인하였다.

(2) 청구인 및 그 학부모의 태도 등에 비추어 반성의 태도나 개선의 의지 및 개선 가능성을 찾기 어려울 뿐만 아니라 오히려 공격적인 성향이 더 커지고 있는 점, 피해학생 및 같은 반 다른 학생들의 두려움과 불안정에 따른 수업분위기의 혼란 및 등교거부 사태 등 제반 사정을 고려하여 청구인에게 실효성 있는 다른 적절한 대책을 찾기 어려워 할 수 없이 '전학'처분을 하였다.

3. 판단

(1) 청구인 김○○ 학생은 수업 시간에 자세가 올바르지 않았고, 선생님들의 지도에 따

르지 않은 점이 기록을 통하여 나타나고 있다.

(2) 청구인 김○○ 학생이 주도하여 다른 학생들을 괴롭히고, 폭력을 행사한 점이 인정된다.

(3) 학교의 폭력대책 자치위원회 개최 및 사실확인은 적법한 절차를 거쳐서 이루어진 것으로 판단된다.

(4) 청구인 학생으로 인하여 일부의 학생이 등교를 거부하는 등 학교생활에 위협을 느끼고 적응하지 못하는 점을 감안하면 학교의 청구인 김○○ 학생에 대한 전학조치는 타당한 것으로 판단된다.

4. 결론

그렇다면 청구인의 이 사건 청구는 이유 없으므로 주문과 같이 재결한다.

201○. ○○. ○○

○○시교육청행정심판위원회

자료: 교육부(2014). 학교폭력 사안처리 가이드북. pp.79-80.

마. 재심 및 행정심판 방법

재심 및 행정 심판 방법은 [그림 7-5]와 같이 가해학생의 재심은 시・도교육청에 설치된 학생징계조정위원회에서 이루어지고, 재심에이의가 있을 경우 시・도교육청에 설치된 행정심판위원회에 행정 심판을 요청하면 된다.

피해학생의 재심은 시・도청에 설치된 학교폭력대책지역위원회에 재심을 요청하고, 재심에 이의가 있을 경우 국가권익위원회에 설치된 중앙행정심판위원회에 행정 심판을 요청하면 된다.

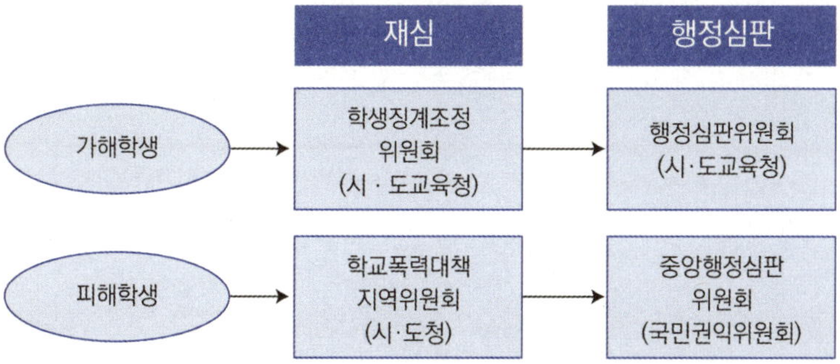

[그림 7-5] 재심 및 행정심판 방법

자료: 교육과학기술부(2012). 학교폭력 사안처리 가이드북. p.159.

참고문헌

경기도교육청(2012). 학교폭력 예방 및 대처 종합매뉴얼. 경기도교육청장학자료제9호.

교육부(2014). 학교폭력 사안처리 가이드북.

교육과학기술부(2012). 학교폭력 사안처리 Q & A.

교육과학기술부(2012). 학교폭력 사안처리 가이드북.

문용린 외(2008). 학교폭력 예방과 상담. 학지사.

문재현 외(2012). 학교폭력 어떻게 만들어지는가. 살림터.

제8장 사법처리절차와 통고제도

학습목표

1. 학교폭력이 일어났을 때 사법처리 절차를 설명할 수 있습니다.
2. 통고제도의 개념, 장점, 절차 등을 설명할 수 있습니다.

1. 사법처리절차

학교폭력이 발생한 경우에, 학교폭력 예방법에 따라 자치위원회에서 가해학생 및 피해학생에게 취하는 조치와 별도로 학교폭력 사안에 대하여 사법적 조치를 취할 수 있다. 즉, 가해학생은 학교폭력 예방법에 의한 선도·교육 조치를 받은 경우에도, 형법 또는 소년법에 따라 형사상의 처벌의 대상이 될 수 있다.

또한 피해학생은 가해학생에 대한 자치위원회의 요청에 따른 학교장의 조치 또는 형사상의 처벌과는 별도로, 가해학생의 폭력행위로 인하여 발생한 손해에 대한 배상을 가해학생 및 그 보호자, 학교장 및 교사 등을 상대로 청구할 수 있다.

가. 고소 사안

학교폭력과 관련하여 피해자나 그 법정 대리인이 수사 기관에 범죄 사실을 신고하여 법적 처리를 구하게 되는 것이 고소이다. 고소를 할 수 있는 경우는 피해학생 및 보호자, 피해자 고소 없이 형사사법처리, 교사나 학교장 등이 고발할 수 있는 경우이다.

1) 피해학생 및 보호자가 고소

학교폭력 사안은 대체로 모두 고소가 가능하나, 따돌림은 폭행 및 협박이 반드시 수반되어야 한다.

고소는 서면(고소장)을 수사기관에 제출하거나, 직접 수사기관에 출석하여 구두로 할 수도 있다. 고소장은 일정한 형식만 갖추면 본인이 직접 작성하여 제출하거나, 변호사 혹은 법무사 등 법정대리인을 통해 고소장을 작성할 수도 있다.

2) 피해자의 고소 없이도 형사사법처리

학교폭력으로 인해 피해학생이 사망, 사람의 신체를 상해하여 생명의 위험을 발생하게 하거나, 불구, 불치 또는 난치의 질병에 이르게 한 중상해의 경우에는 피해자의 고소 없이도 바로 형사사법처리가 된다.

3) 교사, 학교장 등이 고발할 수 있는 사안

학교폭력 유형 중 고소권자가 고소를 하여야만 공소를 제기할 수 있는 범죄인 친고죄[1] 혹은 피해학생의 의사에 관계없이 공소를 제기할 수 있으나, 피해학생의 명시한 의사에 반하여 처벌할 수 없는 범죄인 반의사불벌죄[2], 단순 따돌림의 경우를 제외하고 교사, 학교장 등은 학교폭력에 대해 고발이 가능하다.

고발은 가해자나 피해자가 아닌 제3자가 어떤 범죄 사실을 경찰서나 검찰청에 신고하여 수사나 기소를 요구하는 것을 말하며, 단순한 피해신고는 고발이 될 수 없다.

고발은 서면 또는 구두로써 검사 또는 사법경찰관에게 하며, 직접 경찰서에 출

1) 고소권자가 고소를 하여야만 공소를 제기할 수 있는 범죄를 말한다. 강간죄, 준강간죄, 강제추행, 준강제추행, 모욕죄 등이 친고죄에 해당한다. 그러나 만 19세 미만(만 19세에 도달하는 해의 1월 1일을 맞이한 자는 제외)의 자에 대한 강간, 강제추행 등은 친고죄가 아니다. 누구든지 아동 · 청소년대상 성범죄의 발생 사실을 알게 된 때에는 수사기관에 신고할 수 있고, 초 · 중등학교의 장과 그 종사자는 즉시 수사기관에 신고하여야 한다.

2) 피해학생의 의사에 관계없이 공소를 제기할 수 있으나, 피해학생이 가해학생의 처벌을 원하지 않는다는 의사를 표시하면 처벌할 수 없는 범죄를 말한다. 폭행, 협박, 명예훼손, 과실치상 등이 반의사불벌죄에 해당한다. 그러나 단체 또는 다중의 위력을 보이거나 위험한 물건을 이용한 폭행 및 협박, 중과실치사상은 반의사불벌죄가 아니다.

두가 어려운 경우에는 우편, 인터넷 등으로 제출할 수 있다. 고발장도 고소장의 형식을 갖추어 제출한다.

2. 소년사건 처리절차

가. 소년사건 처리절차

소년보호 사건처리과정은 [그림 8-1]과 같다. 촉법소년과 우범소년은 경찰에서 선도하거나 직접 관할법원 소년부에 송치를 한다.

검찰에서는 벌금 이하의 형에 해당하는 범죄 등의 법원 소년부 송치하고, 형사법원에서는 벌금 이하의 형에 해당하는 범죄 등의 법원 소년부 송치한다.

보호자·학교 또는 복리시설의 장은 범죄소년·촉법소년·우범소년을 발견하였을 경우에는 법원 소년부에 통고한다.

가해학생이 받는 처우는 크게 형사처벌과 보호처분으로 구분될 수 있다.

형사처벌은 형사기소에 의해 형사법정에서 재판을 받는 경우 부과되는 처분으로 벌금, 징역, 금고, 구류, 과료 등이 있다.

보호처분은 법원 소년부 판사가 소년보호사건을 심리한 결과, 소년의 성행 및 환경개선을 위하여 국가가 적극적으로 보호할 필요가 있다고 인정될 때 내리는 처분으로 [그림 8-1]과 같이 1호부터 10호까지 있으며, 형사처분은 범죄경력조회를 하면 기록이 남는 것과는 달리 보호처분은 기록이 남지 않으므로 소년의 장래에 부정적인 영향을 미치지 않는다.

소년사법처리 대상으로는 만 14세가 되지 아니한 자의 행위는 형사처벌을 할 수 없고, 만 10세이상인 자에게는 보호처분을 할 수 있다. 만 10세미만인 자에게는 형사처벌은 물론 보호처분도 할 수 없다.

〈표 8-1〉 소년사법처리 대상

10세 미만	10세 이상~14세 미만(촉법소년)	14세 이상(범죄소년)
보호처분 불가	보호처분 가능	
형사처벌 불가		형사처벌 가능

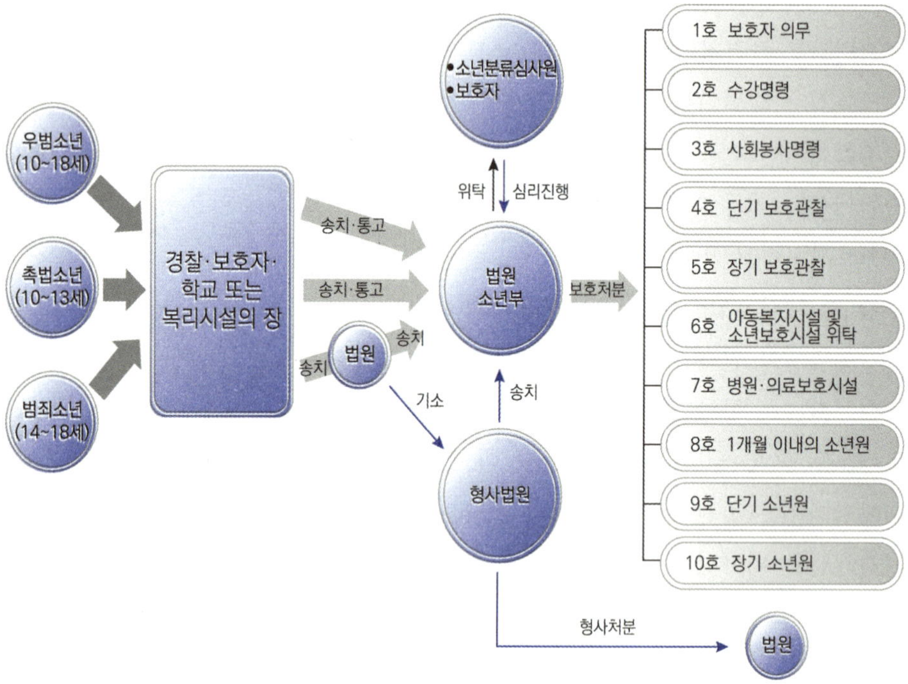

[그림 8-1] 소년보호 사건처리과정

나. 주체별 소년사건 처리절차

경찰, 검찰, 법원의 소년사건 처리절차는 [그림 8-2], 〈표 8-1〉, 사건 처리절차에서 사용되는 법률용어에 대한 정의는 〈표 8-2〉와 같다.

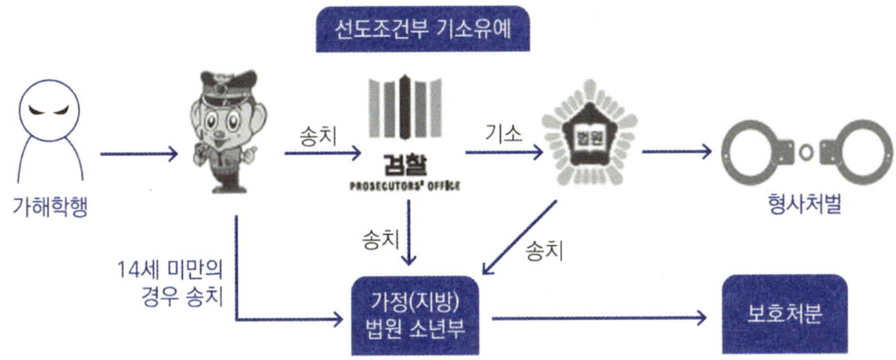

[그림 8-2] 소년사법처리절차

자료: 교육부(2014). 학교폭력 사안처리 가이드북. p.83.

〈표 8-1〉 주체별 소년사건 처리과정

<table>
<tr><th>주체</th><th>처리 내용</th></tr>
<tr><td>경찰의 처리</td><td>
• 촉법소년 · 우범소년의 경우에는 검사를 거치지 않고 직접 소년법원에 보내야 한다.
• 범죄소년의 경우에는 원칙적으로 검찰청으로 사건을 송치하게 된다.
• 경찰이 조사 또는 심리한 결과 사건이 경미한 경우에는 훈방조치를 할 수 있다.
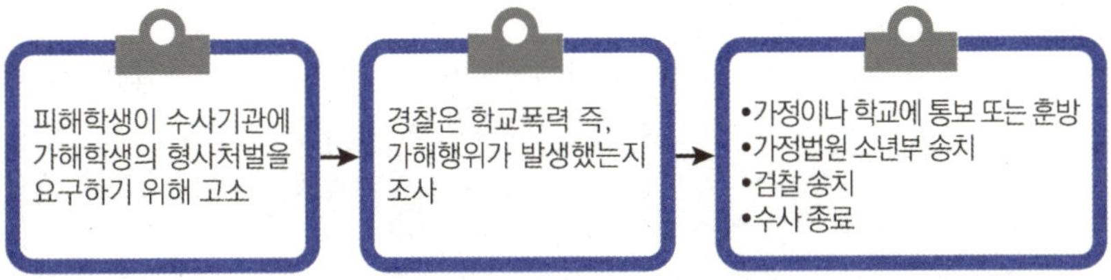

</td></tr>
<tr><td>검찰의 처리</td><td>
• 경찰로부터 사안을 송치받은 검사는 학교폭력사안을 조사한다.
• 친고죄 또는 반의사불벌죄에 해당하는 사안인 경우 피해학생이 고소를 취하하거나 처벌을 원하지 않으면 가해학생을 처벌할 수 없으므로 불기소처분으로 수사를 종료한다. 단. 상습적이거나 흉기 등 위험한 물건을 휴대하거나 2인 이상이 가해한 특수 폭행, 협박 및 19세미만의 자(만 19세에 도달하는 해의 1월 1일을 맞이한 자는 제외)에 대한 강간, 강체 추행 등은 종료될 수 없다.
• 사안 조사 후 검사는 불기소, 기소유예, 조건부 기소유예, 형사기소 혹은 소년법원 송치처분을 결정한다.
</td></tr>
</table>

주체	처리 내용
법원의 처리	• 만 14세 이상의 가해학생에 대해 금고이상의 형에 해당하는 범죄 사실이 발견된 경우 그 동기와 죄질이 형사처분을 할 필요가 있다고 인정되는 경우에는 법원에서 형사재판을 통해 처벌받게 된다. • 법원은 조사 또는 심리한 결과 보호처분에 해당할 사유가 있다고 판단되는 경우 소년법원으로 송치하여 소년보호 사건으로 처리한다. • 학교폭력의 유형이 친고죄 또는 반의사불벌죄에 해당되는 경우에 제1심 판결 선고 전까지 피해학생이 고소를 취하하거나 처벌을 원하지 않으면 가해학생을 처벌할 수 없으므로 재판을 공소기각으로 종결한다. 단, 상습적이거나 흉기 등 위험한 물건을 휴대하거나 2인 이상이 가해한 특수 폭행, 협박 및 19세미만의 자(만 19세에 도달하는 해의 1월 1일을 맞이한 자는 제외)에 대한 강간, 강제 추행은 제외된다.

〈표 8-2〉 법률 용어 정의

용어	정의
훈방 처분	범죄 사실이 경미하기 때문에 보호자에게 인계하는 것을 말한다. 사법기관에서 특별한 조치 없이 보호자에게 인계하는 것으로 사법절차상의 처분으로 볼 수 없다.
불기소	범죄에 대한 혐의가 없거나, 범죄의 혐의가 인정되더라도 친고죄에 있어서 고소가 없거나 반의사불벌죄에 있어서 처벌을 희망하지 않는 의사표시가 있는 때 또는 공소시효가 지난 경우 등에는 기소를 하지 않고 불기소처분을 하게 된다.
기소 유예	범죄행위에 대해 혐의가 인정되고 소송조건도 충족되었으나 행위자의 연령, 성행, 지능과 환경, 범행의 동기, 수단과 결과, 범행 후의 정황 등을 참작하여 공소를 제기하지 않는 것을 말한다. 학교폭력의 경우 학교폭력에 대한 범죄성은 인정되지만 여러 가지 사정을 참작하여 기소를 유예한다는 의미이다. 기소유예는 학교폭력 자체에 대한 혐의가 부정되는 것은 아니다. 기소유예는 검사의 의사결정을 내용으로 하는 검사의 처분이다. 따라서 검사는 언제든지 기소유예를 취소하고 공소를 제기할 수 있다. 기소유예처분은 형사절차상의 처분이다.
조건부 기소 유예	소년법 제49조의 3에 조건부 기소유예에 대해 규정하고 있다. 이에 따르면 검사는 소년에 대해 ① 범죄예방자원봉사원의 선도, ② 소년의 선도·교육과 관련된 단체·시설에서의 상담·교육·활동을 조건으로 기소를 유예할 수 있다. 조건부 기소유예는 단순히 기소를 유예하는 것이 아니라 조건을 부과하여 조건을 실행할 것을 명할 수 있다.

▶ **가해학생이 요구할 수 있는 권리: 국선변호인선임권, 확인거부권**

만 19세 미만인 미성년자는 반드시 변호사 선임을 해야 하는데 경제적 여건이 안 되는 경우 국선변호인의 선임을 요구하여 무료변호를 받을 수 있다. 또한 범죄사실에 대하여 불리한 확인은 거부할 수 있다.

▶ **피해학생이 요구할 수 있는 권리: 피해학생 등의 확인권, 가해학생으로부터의 신변보호 요청**

피해학생 또는 그 법정대리인은 재판시 증인신문의 방식으로 확인할 수 있다. 또한 강간·강제추행 등의 성폭력범죄와 약취·유인죄 등에 해당하는 학교폭력인 경우 신변안전조치를 받을 수 있다.

3. 민사적 해결

가. 민사처리 절차

학교폭력이 발생한 경우 치료비 등 손해배상을 요구하기 위해 형사절차와는 별도로 민사소송을 제기하면 민사절차가 시작된다. 민사소송을 통해서 피해학생은 가해학생을 대상으로 병원비 등의 금전적 피해뿐 아니라 정신적 피해에 대한 손해배상도 요구할 수 있다.

따라서, 모든 학교폭력 사안에 대해서 민사처리가 가능하고, 민사처리는 민사조정절차와 민사소송절차에 의해 행할 수 있다.

1) 민사조정 절차

민사조정절차는 소송절차에 비해 신속하게 진행되고, 비용도 1/5로 비교적 저렴하게 든다. 각 지방법원 종합민원실에 민사조정신청서 양식이 비치되어 있다. 조정신청서를 작성할 수 없는 경우에는 법원 직원에게 구두로 신청할 수 있다. 조정결과 당사자 사이에 합의가 성립된 경우에 합의된 사항을 조서에 기재하게 되면, 확정판결과 동일한 효력을 지니게 된다.

2) 민사소송 절차

민사소송은 피해학생측이 가해학생측에 대하여 손해배상을 청구하는 소장을 제출하면서 시작된다. 민사절차에서는 형사절차와 달리 국선변호인제도가 없다. 따라서 본인의 비용으로 변호인을 선임하거나, 변호인을 선임할 경제적 여력이 없는 경우에는 개인이 소송의 당사자가 되어 소송을 진행하여야 한다. 변호사 선임 없이 소송을 진행하는 경우, 무료법률상담소 또는 법률구조공단으로부터 소송서류의 작성 및 소송절차의 진행에 대한 도움을 받을 수 있다.

민사처리절차에 대한 자세한 사항은 대법원 홈페이지 전자민원센터(http://help.scourt.go.kr/nm/main/index.html)에서 확인이 가능하다.

나. 손해배상의 범위

손해배상의 범위에는 재산 이외의 손해, 즉 정신적 손해에 대한 부분도 포함되며, 명예훼손에 대해서는 명예회복을 위한 처분도 가능하다. 다만, 정신적 손해의 경우 학교폭력과 정신적 손해의 인과관계가 인정되어야 한다.

학교폭력 사안에 대한 민사상 손해배상청구를 하기 위해서는 학교폭력으로 인하여 치료비 등 손해가 발생한 경우에, 그에 대한 민사상의 손해배상청구가 가능하다. 모든 학교폭력 사안에 대하여 민사처리가 가능하며, 민사소송에 의한 손해배상청구는 '치료비'와 '정신적 손해'에 대한 배상청구로 이루어진다.

다. 민사책임의 주체

민사책임의 주체는 크게 가해학생 및 보호자, 교사, 학교를 설치·운영하는 지방자치단체로 나눌 수 있다.

1) 가해학생 및 보호자의 책임

민법 제750조의 의해 고의 또는 과실로 인한 위법행위로 타인에게 손해를 가한 자는 그 손해를 배상할 책임이 있다. 하지만 민법 제753조에 의해 미성년자가 타인에게 손해를 가한 경우에는 그 행위의 책임을 변식할 지능이 없는 때에는 배상

책임이 없다.

또한, 민법 제 755조에 의해 무능력자에게 책임없는 경우에는 이를 감독할 법정 의무가 있는 자가 그 무능력자의 제3자에게 가한 손해라 배상할 책임이 있다. 즉 보통 학교폭력의 경우 가해학생의 부모가 피해학생에게 손해를 배상할 책임이 있다.

2) 교사의 책임

교사의 경우에는 그 지도·감독 하에 있는 학생의 가해행위로 인하여 발생한 손해를 배상할 책임을 지게 된다. 그러나 교사가 자신의 지도·감독 하에 있는 학생의 가해행위에 대하여 항상 손해배상책임을 지는것은 아니다. 가해행위가 발생한 사안이 '학교에서의 교육활동 및 이와 밀접한 생활관계인 경우'(교육활동과 밀접불가분의 관계가 있는지 여부)이고 교사가 '학교폭력이 발생할 것을 알았거나 알 수 있는 경우'(예견가능성)에 한하여 책임을 부담하는데, 이러한 두 가지 요건을 모두 충족하였다고 하더라도 교사가 상황에 적합한 예방 조치를 하는 등 결과를 방지하기 위한 노력을 충분히 한 경우라면 법적인 책임을 지지 않는다.

3) 학교를 설치·운영하는 지방자치단체의 책임

국·공립학교에서 발생한 학교폭력 사건의 경우에, 교사 이외에도 학교를 설치·운영하는 국가 또는 지방자치단체가 피해학생에 대한 배상책임을 부담한다. 학교폭력 사건의 발생에 대하여 교사에게 경과실만 있는 경우에는 교사 개인은 손해배상책임을 부담하지 않고, 지방자치단체가 배상책임을 부담하게 된다. 반면에 교사에게 고의 또는 중과실이 있는 경우에는 교사 개인도 지방자치단체와 함께 불법행위로 인한 손해배상책임을 지게 된다. 여기에서 교사의 중과실이라 함은 교사에게 통상 요구되는 정도의 상당한 주의를 하지 않더라도 약간의 주의만 기울였다면 손쉽게 위법, 유해한 결과를 예견할 수 있는 경우임에도 이를 간과하는 경우로, 고의에 가까울 정도로 현저한 주의를 하지 않은 상태를 의미하는 것이다.

라. 배상명령제도

교내분쟁조정 과정에서 해결이 어려운 경우 마지막에는 소송으로 이어지게 되는데 이 때 소송 촉진 등에 관한 특례법에 의해 피해학생이 형사재판과정에서 간단한 방법으로 민사적인 손해배상명령까지 받아낼 수 있는 제도이다.

1) 배상명령신청을 할 수 있는 손해배상의 범위

당사자 간 손해배상액이 합의된 경우 이외에는 범죄 행위로 인하여 발생한 직접적인 물적 손해 및 치료비 · 위자료 손해만이 인정된다.

2) 배상명령 절차 및 효과

사건을 심사하는 법원에 배상명령신청서를 제출하거나 피해학생이 증인으로 법정에 출석할 때 법정에서 말로써 배상명령신청을 할 수 있다.

– 배상명령이 쓰인 유죄판결문은 민사판결문과 같은 효력을 가지게 되어 강제집행도 할 수 있으나, 일단 배상명령이 있었다면 이를 다시 신청하거나 인정된 금액 범위 내에서 민사소송을 제기할 수는 없다. 배상명령에 불만이 있으면 유죄 판결에 대하여 상소[3]하거나 상소제기 없이 배상 명령에 대하여만 즉시 항고[4]할 수 있다.

4. 통고 제도

학교폭력이 일어났을 때 학교의 장이 가해학생을 수사기관을 거치지 않고 법원에 바로 접수하여 사건처리를 할 수 있는 통고제도가 마련되어 있다.

가. 통고의 의의

통고란 범죄소년(죄를 범한 소년, 14세 이상 19세 미만), 촉법소년(형벌 법령에 저촉되는 행위를 한 소년, 10세 이상 14세 미만), 우범소년(각 사항[5]에 해당되는

3) 하급 법원의 판결을 받아들이지 않고 상급 법원에 재심을 요구하는 일
4) 법원의 결정이나 명령에 대하여 당사자 또는 제삼자가 불복해서 상급 법원에 상소하는 일
5) 각 사항은 다음과 같다. ① 집단적으로 몰려다니며 주위 사람들에게 불안감을 조성하는 성벽이 있는 것, ② 정당한 이유 없이 가출하는 것, ③ 술을 마시고 소란을 피우거나 유해환경에 접하는 성벽이 있는 것

사유가 있고, 형벌 법령에 저촉되는 행위를 할 우려가 있는 10세 이상인 소년)에 해당하는 소년을 발견한 보호자 또는 학교·사회복리시설·보호관찰소(보호관찰지소를 포함한다)의 장이 비행소년을 경찰서, 검찰청 등의 수사기관을 거치지 않고 직접 사건을 관한 소년부에 알리는 행위이다(소년법 제4조 제3항).

학교폭력 등으로 인해 비행소년이 경찰서, 검찰청에 신고 또는 고발될 경우 직접 수사를 받게 되는 심리적·신체적 부담 등을 가지게 되므로 법원에 통고하여 바로 소년보호 사건으로 처리를 함으로써 소년이나 학교의 부담을 줄일 수 있다.

통고제도가 필요한 이유는 다음과 같다.

첫째, 통고제도는 소년 문제의 초기 단계에서 간편하고 신속하게 보호자 및 학교의 감독과 교육, 법원의 적절한 개입을 통해 소년 문제를 해결할 수 있는 제도이다.

둘째, 통고제도에 의할 경우 소년에게 수사기관의 수사를 받게 하는 부담을 주지 않고, 또한 범죄경력조회나 수사자료표에 기재되는 등의 불이익을 입지 않을 수 있어 향후 범죄자로 낙인찍히는 것을 예방할 수 있다.

셋째, 통고를 할 경우 심리학, 사회복지학, 아동복지학 등을 전공한 전문소년조사관에 의해 온화하고 편안한 분위기 속에서 조사를 받을 수 있고, 전문가의 도움이 필요한 경우 법원에서 마련한 전문가 진단이나 심리상담조사제도, 화해권고위원 제도 등의 전문가 집단의 효과적인 도움을 제공받을 수 있다.

나. 통고의 방식

소년법 제4조 제3항에 따라 서면 또는 구술로 통고할 수 있으며(소년심판규칙 제6조 제1항), 소년과 보호자의 성명, 생년월일, 직업, 주거, 등록기준지, 통고자의 성명, 통고하게 된 사유 및 소년의 처우에 관한 의견을 명시하여야 한다(소년심판규칙 제6조 제2항).

구술의 통고가 있을 때에는 소년부 법원서기관, 법원사무관, 법원 주사 또는 법원주사보는 이를 조서에 기재하고 서명날인하여야 한다(소년심판규칙 제6조 제3항).

다. 통고된 사건의 법원 처리 과정

통고된 사건의 법원 처리 과정은 크게 [그림 8-3]과 같이 사건수리 → 조사 →

심리개시결정 → 심리 → 보호처분결정으로 정리할 수 있다.

첫째, 학교장 등으로부터 통고를 받으면 소년보호사건으로 접수된다(사건수리).

둘째, 생활환경, 비행내용 등 소년에 대한 보호의 필요성에 관한 자료를 수집하고 분석하는 것으로 조사는 전문조사관, 정신과의사 등 전문가가 담당한다(조사).

셋째, 소년부판사는 조사관의 조사보고 등을 검토하여 심리개시결정을 하고 그 사유의 요지 등을 소년과 보호자에게 통지한다(심리개시결정).

넷째, 소년은 법원에서 정한 심리기일에 보호자와 함께 출석하여 비공개로 재판을 받는다(심리).

다섯째, 소년부판사가 소년법 제32조가 정한 10가지 보호처분 중에서 소년에 맞는 처분을 선택하여 보호처분 결정을 한다(보호처분결정).

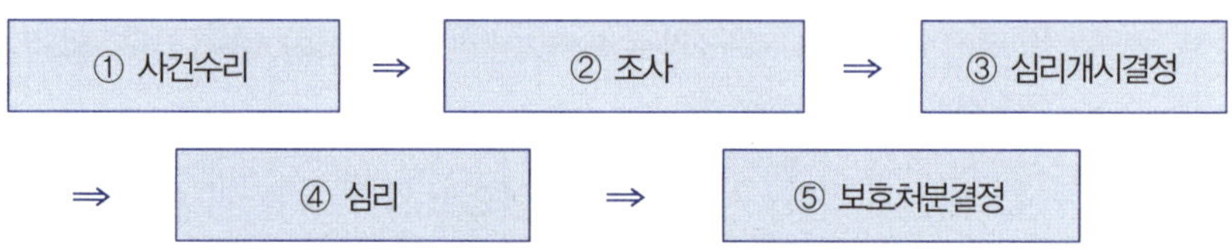

[그림 8-3] 통고된 사건의 법원 처리 과정

자료: 교육과학기술부(2012). 학교폭력사안처리 가이드북. p.121.

참고문헌

경기도교육청(2012). 학교폭력 예방 및 대처 종합매뉴얼. 경기도교육청장학자료제9호.

교육부(2014). 학교폭력 사안처리 가이드북.

교육과학기술부(2012). 학교폭력사안처리 Q & A.

교육과학기술부(2012). 학교폭력사안처리 가이드북.

김용수(2013). 학교폭력 사건에서 학교장 통고 제도 활용의 문제점과 개선방안. 변호사 제45집.

문용린 외(2008). 학교폭력 예방과 상담. 학지사.

문재현 외(2012). 학교폭력 어떻게 만들어지는가. 살림터.

제9장 교사의 민 · 형사상 책임

학습목표

1. 학교폭력이 일어났을 때 교사의 민사상 책임을 설명할 수 있습니다.
2. 학교폭력이 일어났을 때 교사의 형사상 책임을 설명할 수 있습니다.

1. 교사의 민사상 책임

학교폭력이 일어났을 때 학교차원에서 많은 노력을 함에도 불구하고 사안이 해결되지 못하고 가해학생이 형법, 민법, 소년법 등의 사법처리가 적용될 수도 있다.

가. 교사의 보호 · 감독의무

교육관계법령에는 직접적으로 학교장 또는 교사의 학생 보호나 감독에 관한 의무를 규정하고 있지는 않지만, 〈표 9-1〉과 같이 초 · 중등교육법 제20조 1항~4항에 학생을 교육하는 것을 교장, 교감, 수석교사, 교사의 임무로 규정하고 있다.

〈표 9-1〉 교직원의 임무

법률 조항	내용
초 · 중등 교육법 제20조 (교직원의 임무)	① 교장은 교무를 통할하고, 소속 교직원을 지도 · 감독하며, 학생을 교육한다. ② 교감은 교장을 보좌하여 교무를 관리하고 학생을 교육하며, 교장이 부득이한 사유로 직무를 수행할 수 없는 때에는 그 직무를 대행한다. 다

법률 조항	내용
	만, 교감이 없는 학교에서는 교장이 미리 지명한 교사(수석교사를 포함한다)가 교장의 직무를 대행한다. ③ 수석교사는 교사의 교수 · 연구 활동을 지원하며, 학생을 교육한다. ④ 교사는 법령에서 정하는 바에 따라 학생을 교육한다.

나. 교사의 손해배상책임

위에서 언급한 초 · 중등 교육법 제20조에 의거하여 교사가 교육활동 중에 보호 · 감독의무를 소홀하여 학생에게 인적 · 물적 손해가 발생한 경우 그에 대한 손해를 교사 개인이 배상하여야 한다. 다만 가해학생에게 책임능력이 있는지에 따라 손해배상책임을 인정하는 근거는 달라진다.

책임능력은 형법상 책임 비난의 논리적 전제로서 규범에 따라 행위할 수 있는 능력으로 미성년자가 어느 정도의 연령에서 책임능력이 있는가에 대해서는 일률적으로 판단하지 않고 구체적 사안과 관련하여 판단하고 있다. 법원은 대체로 12세까지는 책임능력을 부인하고, 15세 이상인 미성년자에게는 책임능력을 인정하나 13~4세인 자에 대하여는 경우에 따라 구체적으로 판단하고 있다.

책임능력과 관련하여 일반적으로 교사의 손해배상을 하는 경우는 다음의 2가지 경우이다.

첫째, 교사가 12세 이하의 책임능력 없는 학생들을 지도 · 담당하는 경우이다. 이 경우는 민법 제755조 제2항의 대리감독자로서의 지위에 있게 되어, 그 지도 · 감독 하에 있는 학생의 가해행위에 관하여 감독의무를 게을리 하지 않았음을 입증하지 못하는 한 가해행위로 인한 손해를 배상할 책임을 지게 된다.

둘째, 가해학생이 책임능력이 있는 경우이다. 교사는 민법 제755조 제2항에 의한 책임을 지지는 않지만 교사로서 그 지도 · 감독 하에 있는 학생에 대한 보호감독의무로 인해 민법 제750조의 일반불법행위자로서의 손해배상책임을 부담하게 된다.

〈표 9-2〉 책임능력과 관련된 법률조항

법률 조항	내용
민법 제750조 (불법행위의 내용)	고의 또는 과실로 인한 위법행위로 타인에게 손해를 가한 자는 그 손해를 배상할 책임이 있다.
민법 제755조 (책임무능력자의 감독자의 책임)	① 전2조의 규정에 의하여 무능력자에게 책임 없는 경우에는 이를 감독할 법정의무 있는 자가 그 무능력자의 제삼자에게 가한 손해를 배상할 책임이 있다. 그러나 감독의무를 해태하지 아니한 때에는 그러하지 아니하다. ② 감독의무자에 가름하여 무능력자를 감독하는 자도 전항의 책임이 있다.

다. 보호·감독의무 위반여부에 대한 판단기준

학교폭력이 발생했을 경우 교사의 보호·감독의무 위반에 대한 판단기준은 [그림 9-1]과 같이 학교에서 교육활동 및 밀접한 생활관계 여부, 예견가능성 여부, 상황에 적합한 예방조치 여부를 판단하여야 한다.

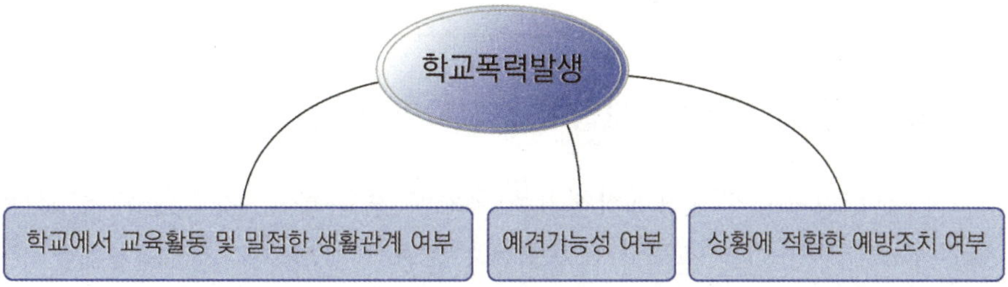

[그림 9-1] 보호·감독의무 위반여부 판단기준

1) 교육활동과 관련된 생활관계

일반적으로 교사의 교육활동은 교실 및 특별실, 운동장 등 정규수업시간, 현장체험학습 등의 야외활동의 직접적인 교육활동시간, 쉬는 시간, 점심시간, 청소시간, 등·하교시간 등은 교육활동 시간과 밀접한 생활관계에 해당하는 경우라고 할 수 있다.

학교에서의 폭력사건에 대해 교사가 책임을 질 수 있지만 방과후나 공휴일 학원에서 발생한 폭력사건, 방과 후 저녁시간에 집 근처에서 발생한 폭력에 대해서는 교사의 교육활동과 관련이 없기 때문에 책임을 묻기 어렵다.

2) 교사의 예견가능성

교사의 예견가능성은 학교폭력이 발생할 것을 알았거나, 알 수 있어야하는 것을 말한다. 예를 들면, 쉬는 시간이나 점심 시간에 학생들 간에 돌발적, 우연적으로 학교폭력이 일어났을 경우 교육활동과 관련이 있지만 교사의 예견가능성이 없기 때문에 교사에게 책임을 묻기 어렵다.

3) 상황에 적합한 예방조치 여부

교육활동과 관련된 생활관계이고 교사의 예견가능성이 모두 있다고 하더라도 반드시 교사가 전적으로 책임을 지지 않는 경우도 있다. 상황에 맞는 적절한 예방조치를 하는 등 피해를 방지하기 위한 충분한 조치를 한 경우에는 법적인 책임을 지지 않는다.

라. 국 · 공립학교 교사, 사립학교 교사의 책임

국 · 공립학교 교사의 손해배상책임은 국가배상법 제2조[1]가 적용되어 교사의 고의나 중대과실에 의해 손해가 발생하였을 경우만 교사에게 손해배상책임이 주어진다. 이 때 국가나 지방자치단체도 배상책임이 교사와 함께 주어진다. 교사의

1) 국가배상법 제2조 (배상책임)

① 국가나 지방자치단체는 공무원 또는 공무를 위탁받은 사인(이하 "공무원"이라 한다)이 직무를 집행하면서 고의 또는 과실로 법령을 위반하여 타인에게 손해를 입히거나, 「자동차손해배상 보장법」에 따라 손해배상의 책임이 있을 때에는 이 법에 따라 그 손해를 배상하여야 한다. 다만, 군인 · 군무원 · 경찰공무원 또는 향토예비군대원이 전투 · 훈련 등 직무 집행과 관련하여 전사(戰死) · 순직(殉職)하거나 공상(公傷)을 입은 경우에 본인이나 그 유족이 다른 법령에 따라 재해보상금 · 유족연금 · 상이연금 등의 보상을 지급받을 수 있을 때에는 이 법 및 「민법」에 따른 손해배상을 청구할 수 없다. [개정 2009.10.21]

② 제1항 본문의 경우에 공무원에게 고의 또는 중대한 과실이 있으면 국가나 지방자치단체는 그 공무원에게 구상(求償)할 수 있다.

[전문개정 2008.3.14]

경과실의 경우에는 교사 개인은 손해배상책임을 지지 않고, 국가나 지방자치단체가 배상책임이 주어진다.

사립학교 교사는 학교폭력사고가 발생하였을 경우 중과실, 경과실 모두 손해배상책임을 져야 한다. 이러한 점에서 국가배상법의 적용을 받는 국·공립학교의 교사에 비하여 상대적으로 불리한 지위에 있게 된다.

▶ 사례: 가해학생에게 책임능력이 없는 경우

초등학교에서 피해학생, 가해학생 모두 12세 전후의 6학년학생 사이에 발생한 사건이었다. 피해학생은 가해학생들로부타 수개월 동안 이유 없이 폭행 등 괴롭힘을 당한 후 '외상 후 스트레스 장애' 등의 증상에 괴로워하다가 자살을 하게 되었다. 가해학생들로부터의 괴롭힘은 주로 교사의 감독이 소홀하기 쉬운 쉬는 시간에 이루어졌다.

이 때 담임교사는 가해학생의 폭행사실이 적발된 이후에 피해학생 부모의 격리요청을 거절하고 가해학생들에게 반성문을 제출받고 피해학생에게 특별교우관계의 학생을 붙여주었으며, 가해학생들의 부모들로부터 치료비 부담과 재발방지 약속만을 받는 조치를 취하였다.

대법원에서는 학교에서 일상적으로 발생할 수 있다고 하는 것이 예측되거나 예측가능성이 있는 경우 교장이나 교사는 보호·감독의무 위반에 책임을 진다고 판결하였다. 따라서 이 사건에서 가해학생들의 책임능력을 부정하고, 교사와 가해학생들의 부모 및 피고들 사이에 공동불법행위에 의한 손해배상책임이 있음을 인정하였다.

자료: 이슬밭(2012). 학교폭력의 피해에 대한 교사의 법적 책임, Ewha Law Review, 2(2), 73-74.

▶ 사례: 가해학생에게 책임능력이 있는 경우

중학교에서 피해학생이 가해학생인 같은 반 친구 1, 2, 3으로부터 3월부터 따돌림을 당하다가 9월에 자신의 필통이 분실되자 1, 2학생을 추궁하였으나 오해임이 밝혀졌고, 그 후 피해학생이 가해학생 1, 2에게 사과를 하였으나 받아주지 않아 가해학생과 피해학생 사이에 관계가 더욱 악화되었다. 결국 피해학생은 자신이 살던 아파트에서 투신하여 자살하였다.

담임교사는 가해학생 1, 2, 3이 피해학생을 따돌리고 있다는 사실을 알았으나 대수롭게 여기지 않고 별다른 조치를 취하지 않았다. 자살의 직접적인 계기가 된 필통분실사건에 대해 알지도 못하였고, 담임교사가 피해학생과의 상담은 주로 학업에 관한 것이었고, 교우관계에 대해 파악을 하지 못했다.

대법원에서는 사고가 학교생활에서 통상 발생할 수 있다고 하는 것이 예측되거나 또는 예측가능성이 있는 경우에 한하여 교장이나 교사는 보호감독의무 위반에 대한 책임을 진다고 되어 있어, 공무원의 직무상 불법행위로 인한 피해에 대하여 담이교사의 소속 지방자치단체에 대한 손해배상책임을 인정한 것이다.

자료: 이슬발(2012). 학교폭력의 피해에 대한 교사의 법적 책임, Ewha Law Review, 2(2), 74-75.

▶ **사례: 가해학생에게 책임능력이 있는 경우**

중학교에서 피해학생이 가해학생인 같은 반 친구 1, 2, 3으로부터 3월부터 따돌림을 당하다가 9월에 자신의 필통이 분실되자 1, 2학생을 추궁하였으나 오해임이 밝혀졌고, 그 후 피해학생이 가해학생 1, 2에게 사과를 하였으나 받아주지 않아 가해학생과 피해학생 사이에 관계가 더욱 악화되었다. 결국 피해학생은 자신이 살던 아파트에서 투신하여 자살하였다.

담임교사는 가해학생 1, 2, 3이 피해학생을 따돌리고 있다는 사실을 알았으나 대수롭게 여기지 않고 별다른 조치를 취하지 않았다. 자살의 직접적인 계기가 된 필통분실 사건에 대해 알지도 못하였고, 담임교사가 피해학생과의 상담은 주로 학업에 관한 것이었고, 교우관계에 대해 파악을 하지 못했다.

대법원에서는 사고가 학교생활에서 통상 발생할 수 있다고 하는 것이 예측되거나 또는 예측가능성이 있는 경우에 한하여 교장이나 교사는 보호감독의무 위반에 대한 책임을 진다고 되어 있어, 공무원의 직무상 불법행위로 인한 피해에 대하여 담이교사의 소속 지방자치단체에 대한 손해배상책임을 인정한 것이다.

자료: 이슬발(2012). 학교폭력의 피해에 대한 교사의 법적 책임, Ewha Law Review, 2(2), 74-75.

▶ **사례: 집단 괴롭힘을 당한 학생**

고등학생인 영수는 심장병 환자입니다. 영수 어머니는 학교에 찾아가 선생님께 건강상태를 말하며 특별배려를 요청하였고, 학교에서는 영수를 요양호자 명단에 올려 체육시간 등에서 특별배려를 했습니다. 그러던 중 같은 반 친구 3명이 영수가 몸이 약하고 친구들과 잘 어울리지 않는다며 1년 동안 집단적으로 폭행, 협박, 놀림 등을 행했습니다. 이 사건에 대해 가해자 부모, 담임교사 그리고 서울시에 소송을 제기했습니다.

영수는 특별한 보호가 필요하다는 것을 모든 교사들이 알고 있었고, 아직 나이가 어리고 장난기가 심한 학생들로부터 영수가 위해를 받을 수 있다는 것을 충분히 예상할 수 있습니다. 게다가 영수 어머니는 담임교사에게 영수가 집단 괴롭힘을 당한다는 사실을 이야기했으므로, 담임교사는 적어도 더 이상의 집단 괴롭힘을 막기 위해 영수와도 자주 상담하고, 취약한 장소를 수시로 돌아보면서 항상 주의를 하며 감독해야 합니다. 또한 가해 학생들에게 훈계를 한 후에 혹시 이에 대한 보복성 폭행이 없는지 유의하면서 학급 반장 등에게 보고체계를 만드는 등의 조치를 취해야 하며, 교장과 다른 교사들에게 이 사실을 알리고 대책을 함께 상의하며 적절한 사후조치나 감독 등 특별 관리를 요청하여 다른 교사들로 하여금 영수에 대한 세심한 배려와 주의를 부탁했어야 합니다. 그러나 담임교사는 그러지 못했으므로 보호·감독의무 위반의 책임을 져야 합니다.

여기서 한 가지 의문이 생길 수 있습니다. 왜 교사가 잘못했는데 서울시에도 소송을 제기했을까요? 이는 공립학교 교사는 지방자치단체에 소속된 공무원이기 때문입니다. 공무원이 직무를 수행하던 중 보호감독의무를 위반하여 학생에게 손해를 입혔다면 국가배상법 제2조 제1항에 의하여 지방자치단체가 손해배상책임을 지게 되는 것입니다.

자료: 오세혁(2015). 학교폭력 발생시 학교, 교사, 학부모의 올바른 대처방안. p.22.

▶ 사례: 학교 내 학생 간 폭행 사건

고등학교 3학년인 준이는 집안사정으로 학교를 1년간 자퇴했다가 복학했습니다. 복학 첫날 오전 8:50경 1층 복도에서 우연히 마주친 제명에게 "기분 나쁘게 쳐다본다."는 이유로 화장실로 불려가서 대걸레 등으로 구타를 당하게 되었습니다. 이 사고로 상해를 입고 불안과 우울 증세를 보여 정상적인 학교생활을 할 수 없는 상태에 도달하자 교장, 담임교사, 서울시를 상대로 소송을 제기했습니다.

학교의 교장이나 교사는 학생을 보호·감독하는 의무를 집니다. 하지만 이런 의무는 학생의 법정감독의무자, 즉 학부모 등을 대신하여 감독하여야 하는 것입니다. 따라서 학교 내에서의 학생의 모든 생활관계에 미치는 것이 아니라 학교에서의 교육활동 및 이와 불가분의 관계가 있는 생활관계에 한합니다. 또 그 의무 범위 내라고 하더라도 사고가 학교 내에서 발생할 수 있다는 것이 예측 가능성이 있는 경우에 한해서 교장이나 교사는 보호·감독의무를 집니다. 이 사건은 정규 수업이 시작되기 전에 화장실에서 발생했고, 그 시간에 전교직원이 참석하는 교직원 회의가 열리고 있었습니다. 또 준이는 새로 복학한 친구로서 제명이와 모르는 사이였음을 인정할 수 있고, 제명이는 특별한 사고를 일으킨 적이 없는 학생이었으므로 학교에서는 이 사건은 사전에 예측할 수 있었다고 보기 어려웠습니다. 따라서 이 사건은 학교와 교사의 책임이 없는 것으로 판결이 내려졌습니다.

자료: 오세혁(2015). 학교폭력 발생시 학교, 교사, 학부모의 올바른 대처방안. p.23.

▶ 사례: 미성년자의 폭행사건

중학교 1학년인 천석이가 같은 학년의 친구 5명에게 집단폭행을 당했습니다. 이로 인해 천석이는 신체 상해를 입었고, 천석이의 부모는 가해 학생의 못된 버릇을 반드시 고치고야 말겠다면서 법에 호소할 생각을 가지고 있습니다. 그런데 문제는 가해 학생의 나이가 전부 만 12, 13세로 형사미성년자로서 형사처벌을 받지 않는다는 것입니다.

이 사례는 형사미성년자의 폭행사건의 경우도 법적인 책임을 묻는지의 문제를 다루고 있습니다. 가해학생은 만 14세에 도달하지 않은 형사미성년자이므로 당연히 형사상의 처벌이 불가능합니다. 또 가해학생의 학부모나 교사도 역시 천석이에 대한 폭행을 지시하거나 사주하지 않았으므로 처벌받지 않습니다. 하지만 민사상의 손해배상은 별개의 문제입니다. 민법상 미성년자가 사람을 폭행하거나 물건을 부순 경우, 본인은 배상할 능력이 없으므로, 법정감독의무자가 감독 의무를 다하였다는 것을 입증하지 못하면 손해 배상 책임을 져야 합니다. 즉, 감독자인 담임교사의 경우도 손해배상의 대상이 될 수 있다는 말입니다. 실제로 가해 학생과 부모, 교사, 교육청 등은 피해 학생에게 배상금을 물어주어야 한다는 판결이 나온 바 있습니다.

자료: 오세혁(2015). 학교폭력 발생시 학교, 교사, 학부모의 올바른 대처방안. p.24.

▶ 사례: 학교폭력으로 입은 피해 보상 받으려면

Q: 학교폭력 피해자의 엄마입니다. 초등학교 고학년이 되면서 아이의 성격이 변했다고만 생각했는데, 알고 보니 이미 상당 기간 동안 학교 친구들에게 괴롭힘을 당하고 있었습니다. 졸업식을 하루 앞두고 상처투성이로 들어온 아이를 보고 나서야 이 사실을 알게 되었어요. 친구들에게 맞아 코뼈가 골절되는 등 전치 8주의 상처를 입은 상태입니다. 가해자 부모들은 자신들의 아이도 맞았다며, 책임은 없다고 합니다. 다만, 저희 아이가 더 많이 다친 만큼 치료비는 지원해 주겠다고 하더라고요. 학교는 졸업한 이상 이 문제에 자신들이 나서기 곤란하다며, 양쪽이 원만히 합의하라고 한 발짝 물러선 상황입니다. 제 아이의 몸에 입은 상처도 문제지만, 마음에 입었을 상처가 너무 클 것 같아요.

A: 이번 사고의 경우, 가해 학생들이 만 14세 미만이므로 소년법이 우선 적용돼 민형사상 책임을 직접 물을 수는 없습니다. 하지만 자녀의 감독자인 부모들이 대신 책임을 부담하도록 법에서 규정하고 있습니다. 또한, 졸업을 이미 한 상태라고 할지라도 이미 오래전부터 아이는 학교 폭력을 당해왔고, 사고가 발생한 날도 졸업 이전에 발생한 사고인 만큼 '민법' 제755조에 의거 학생들을 관리해야 할 책임이 있는 학교에 책임을 물으실 수 있을 것으로 보입니다.

의뢰인의 사례처럼 만약 이들이 만 14세 미만이라면, 소년법이 우선 적용돼 민형사상 책임을 직접 물을 수 없다. 대신 이들의 감독자로서 책임을 부담하게 되는 가해자의 부모에게 책임을 묻게 된다. 하지만, 만 14세 이상일 경우에는 형법이 적용돼 성인과 마찬가지로 형벌이 확정될 수도 있다. 특히 2명 이상 집단으로 폭행해서 상처를 입힌 경우에는 폭력행위 등 처벌에 관한 법률 제2조에 따라 처벌될 수 있다.

교원도 책임을 부담할 가능성이 있다. 법원은 민법 제755조에 따라 교장 또는 교사는 학교에서 부모를 대신하여 학생들을 감독하고 관리하여야 할 책임이 있다고 보고 있다. 따라서 학교 내에서 수업시간 중에 이번 사고가 발생했다면, 교장 또는 교사의 직무상 의무소홀로 판단할 수 있다. 다만, 휴식시간에 지속적 따돌림과 폭행이 일어났을 때도, 피해 학생과 부모가 학교에 가해 학생에 대한 조치를 지속해서 요구하였다면 이에 따른 상응한 조치가 이루어지지 아니한 것으로 판단해, 그 책임을 물을 수 있다. 또한, 손해의 발생이 재학 중에 일어났다면 해당 학생들의 졸업 여부는 중요하지 않다.

자료: 윤재원(2016). 학교폭력으로 입은 피해 보상 받으려면, Chosun.com 톡(Talk) 까놓고 보는 법(法,). 2016.03.03.기사.

이처럼 학교폭력과 관련된 학교 및 교사에 대한 사건에 대한 판례를 살펴보면 학교폭력에 대한 예측 가능성이 있는 부분에 대해서는 교사들이 미리 조치를 하는 것이 가장 중요하다는 것을 알 수 있다. 즉 예방교육과 예방상담 등의 조치를 충분히 하고, 근거를 남겨둔다면 법적인 책임 문제에서 안전할 수 있다.

마. 민사소송과 관련된 쟁점

민사소송과 관련된 쟁점은 다음과 같다.

첫째, 민법상 손해에는 ① 적극적인 손해(치료비, 개호비 등), ② 소극적인 손해(일실수익), ③ 정신적인 손해(위자료) 3부분이 있다.

둘째, 신체감정문제로 소극적 손해인 일실수익과 관련하여 그 장애가 어느 정도인지를 산정하기 위하여 육체적, 정신적인 신체 감정절차를 거쳐야 하는 경우가 있다. 즉, 학교폭력으로 인한 손해를 법원에서 배상받기 위하여서는 피해 당한 정도를 나타내는 구체적인 증거가 필요한 데, 이것이 신체감정이라는 절차이다.

셋째, 민법 제766조의 손해배상청구권의 소멸시효를 알아야 한다.불법행위로 인한 손해배상의 청구권은 피해자나 그 법정대리인이 그 손해 및 가해자를 안 날로부터 3년간 이를 행사하지 아니하면 시효로 인하여 소멸한다. 불법행위를 한 날로부터 10년을 경과한 때에도 전항과 같다.

넷째, 손해배상 청구권은, 피해자나 그 법정대리인이 그 손해 및 가해자를 안 날로부터 3년간, 불법행위를 한 날로부터 10년을 경과한 때 소멸한다.

학교 폭력의 피해 학생들은 자신의 피해사실을 숨기고 이를 주위에 알리거나 말하지 않는 경향이 있다. 가해학생들로부터의 보복의 두려움 및 주위에 알리는 경우 지속되는 왕따에 대한 두려움 때문이다. 불법행위를 한 날로부터 10년간은 제척기간이므로 나중에 따로 진행하는 것이 아니라 불법행위 한 날로부터 진행한다.

다섯째, 법정대리인 문제이다. 일반적인 민사소송 제기에 있어서 가해자, 피해자가 대부분 미성년자이므로, 원고 피고 양당사자에게 법정대리인인 부모가 있어야 하는 것이 원칙이다. 법정대리인을 전혀 모르는 경우 미성년자는 민법상 무능력자이므로 소송제기를 하거나 응소할 수 없는 것이 원칙이다.

여섯째, 과실상계(過失相計)란 대한민국 민법의 법리로 채무불이행이나 불법행위로 인하여 손해가 발생하였을 때, 피해자의 과실이 손해의 발생 또는 손해의 확대에 기여한 경우 손해의 공평분담을 위하여 피해자와 손해배상금을 산정할 때 피해자의 과실을 참작하는 것을 말한다(민법 제396조, 민법 제763조). 과실 상쇄라고도 한다.

관련 판례를 살펴보면 실제로 다소 소심하고 내성적인 성격을 가진 피해학생에 대한 가해학생들의 집단 따돌림 사건에서, 법원은 "학교는 다른 어느 조직보다 약자에 대한 보호와 배려가 절실히 요구되는 곳이기에 피해자의 소심하고 내성적인 성격과 다소 대인기피적인 증세가 있다고 하더라도 손해배상액 산정에 참작하여 책임을 제한 할 수는 없다"고 판단한 판례가 있다.(대전고등법원 2002나5345, 2002나 5352 손해배상(기))

2. 교사의 형사상 책임

국 · 공립학교 교사의 경우 공무원으로서의 지위를 가지므로 사립학교 교사와는 달리 직무유기죄의 주체가 되어 형사책임에 관한 논의의 대상이 된다.

가. 직무유기죄의 성립여부

공무원이 직무에 관한 의식적인 방임 내지 포기 등 정당한 이유 없이 직무를 수행하지 않는 경우에는 직무유기죄[2]가 성립한다. 구체적으로 직무를 수행해야 할 의무가 있음에도 불구하고, 그 위반의 정도가 심하여 국가의 기능을 저해하며 국민에게 피해를 야기시킬 가능성이 있는 경우에 처벌하게 된다.

직무유기죄가 성립하기 위해서는 주관적으로 직무를 버린다는 인식과 객관적으로 직무 또는 직장을 벗어나는 행위가 있어야 한다. 그러므로 단순히 직무수행과 관련하여 태만(怠慢)·분망(奔忙)·착각(錯覺) 기타 일신상 또는 객관적인 사정으로 말미암아 부당한 결과를 초래한 것에 불과한 경우에는 직무유기죄는 성립되지 않는다.

교육공무원은 공무원으로서 성실의무, 법규준수의무, 복종의무를 가지며, 직무전념의무(국가공무원법 제58조, 제64조, 지방공무원법 제50조, 제56조)를 부담한다. 교사의 의무는 교육기본법에서 교사의 일반적 의무로 학생에 대한 지도의무, 정치적 중립의 의무를 규정하고 있으며, 초·중등 교육법에서는 법령에 따라 교육할 것을 요구하고 있다.

따라서, 학교폭력으로 인한 피해가 발생하였을 경우 담당교사가 학교폭력 피해학생의 신고를 무시하고 의도적으로 책임을 회피하지 않는 한 소극적이라도 일정한 조치를 취하였다면 직무유기죄가 성립하기 어렵다.

▶ 사례: 교사의 직무유기죄 성립여부

서울 양천경찰서는 지난 2011년 11월 발생한 서울 양천구의 모 중학교 여학생(당시 14세) 자살사건(학교폭력에 시달리다 '나만 죽으면 된다'는 문구와 가해학생의 이름이 적힌 메모지를 남기고 아파트에서 투신자살한 사건)과 관련해 당시 "담임교사는 학교폭력 발생사실을 알고도 학교폭력대책자치위원회를 열지 않았고 자살한 학생의 부모가

2) 직무유기죄(職務遺棄罪)는 공무원이 정당한 이유 없이 그 직무수행을 거부하거나 그 직무를 유기하는 죄이다. 1년 이하의 징역이나 금고 또는 3년 이하의 자격정지에 처한다(대한민국 형법 제122조). 모든 공무원은 '법령을 준수하여 성실히 직무를 수행하여야 한다(국공 56조, 지공 48조)'. 그리고 공무원이 이러한 직무에 위배되는 일을 하였을 때에는 파면(罷免)·감봉(減俸)·견책(譴責)의 징계처분을 받게 되는 것이나(국공 78조), 형법은 더 나아가 이에 대하여 형사상 책임까지도 물을 수 있게 한 것이다.

교장을 5차례나 찾아가 면담했는데도 적절한 조치를 취하지 않았다"고 판단해 담임교사를 직무유기혐의로 불구속 입건하였다.

경찰의 불구속입건 이유는 교사가 학교폭력이 일어나는 것을 사전에 인지하고도 적극적으로 대처하지 않은 경우, 즉 학교폭력대책자치위원회도 개최하지 않았고, 학부모의 요청에도 적절한 조치를 취하지 않았다는 이유로 경각심을 일깨우는 차원에서라도 직무유기혐의로 사법처리해야 한다는 입장이었다.

직무유기죄는 구체적으로 그 직무를 수행하여야 할 작위의무가 있는데도 불구하고 이러한 직무를 버린다는 인식하에 그 작위의무를 수행하지 아니함으로써 성립하는 것이고, 또 그 직무를 유기한 때라 함은 공무원이 법령, 내규 등에 의한 추상적인 충근의무를 태만히 하는 일체의 경우를 이르는 것이 아니고, 직장의 무단이탈, 직무의 의식적인 포기 등과 같이 그것이 국가의 기능을 저해하며 국민에게 피해를 야기시킬 가능성이 있는 경우를 말하는 것이므로, 병가중인 자의 경우 구체적인 작위의무 내지 국가기능의 저해에 대한 구체적인 위험성이 있다고 할 수 없어 직무유기죄의 주체로 될 수는 없다.

자료: 2012.2.14.자 서울신문

나. 방조죄의 성립여부

방조란 교사가 가해자의 학교폭력 범죄를 알면서도 이를 방치함으로써 법률적으로 그 행위가 용이하도록 도와주는 행위를 한 것으로 판단되는 경우를 말한다. 이 경우 교사는 학교폭력법에 규정된 학교폭력 중 해당 범죄에 관하여 형법상 방조죄가 성립하여 처벌될 수 있다.

다. 형사소송과 관련된 쟁점

형사소송과 관련된 쟁점을 정리하면 다음과 같이 정리할 수 있다(서울특별시교육청, 2009).

첫째, 우선 학교폭력사건은 대부분 폭력과 관련되어 있어서, 폭행, 상해 등의 혐의로 수사기관에 형사고소하는 경우가 많다. 가해학생들이 학교에 다니고 있는 미성년자인 경우가 대부분이므로 일반 형사사건으로 처벌하는 것이 교화·교육상 적절하지 못하다고 판단하는 경우, 일반적인 형사절차에 의한 형사처벌이 아니라 소년보호사건으로 진행될 수 있다는 것을 미리 인지하고, 관련 법규정을 알고 있어야 한다.

둘째, 소년법의 주요 내용과 주요 법률 조항을 교사가 잘 알고 있어야 한다.

〈표 9-3〉 소년법의 주요 내용

주요 내용
• 소년법 적용 연령 '10세 이상 19세 미만' • 사회봉사명령·수강명령도 독립된 보호처분으로 그 활용범위가 확대됨 • 소년에 대한 보호처분도 쇼크구금(1개월 이내 소년원 송치), 소년원 대안교육, 청소년단체 상담·교육, 보호자 교육, 외출제한명령제도 등 다양한 방안이 있음 • 소년범 인권보장 강화를 위해 국선보조인제도가 있음

〈표 9-4〉 소년법의 주요 내용

법률 조항	내용
소년법 제2조 (소년 및 보호자)	이 법에서 "소년"이란 19세 미만인 자를 말하며, "보호자"란 법률상 감호교육(감호교육)을 할 의무가 있는 자 또는 현재 감호하는 자를 말한다.
제4조 (보호의 대상과 송치 및 통고)	① 다음 각 호의 어느 하나에 해당하는 소년은 소년부의 보호사건으로 심리한다. 1. 죄를 범한 소년 2. 형벌 법령에 저촉되는 행위를 한 10세 이상 14세 미만인 소년 3. 다음 각 목에 해당하는 사유가 있고 그의 성격이나 환경에 비추어 앞으로 형벌 법령에 저촉되는 행위를 할 우려가 있는 10세 이상인 소년 가. 집단적으로 몰려다니며 주위 사람들에게 불안감을 조성하는 성벽(성벽)이 있는 것 나. 정당한 이유 없이 가출하는 것 다. 술을 마시고 소란을 피우거나 유해환경에 접하는 성벽이 있는 것
제32조 (보호처분의 결정)	① 소년부 판사는 심리 결과 보호처분을 할 필요가 있다고 인정하면 결정으로써 다음 각 호의 어느 하나에 해당하는 처분을 하여야 한다. 1. 보호자 또는 보호자를 대신하여 소년을 보호할 수 있는 자에게 감호 위탁 2. 수강명령 3. 사회봉사명령 4. 보호관찰관의 단기(단기) 보호관찰 5. 보호관찰관의 장기(장기) 보호관찰 6. 「아동복지법」에 따른 아동복지시설이나 그 밖의 소년보호시설에 감호 위탁 7. 병원, 요양소 또는 「보호소년 등의 처우에 관한 법률」에 따른 소년의료보호시설에 위탁 8. 1개월 이내의 소년원 송치 9. 단기 소년원 송치 10. 장기 소년원 송치

참고문헌

경기도교육청(2012). 학교폭력 예방 및 대처 종합매뉴얼. 경기도교육청장학자료제9호.

교육과학기술부(2012). 학교폭력사안처리 Q & A.

교육부(2014). 학교폭력사안처리 가이드북.

문용린 외(2008). 학교폭력 예방과 상담. 학지사.

문재현 외(2012). 학교폭력 어떻게 만들어지는가. 살림터.

서울특별시교육청(2009). 학교폭력 책임교사 연수자료집.

이슬발(2012). 학교폭력의 피해에 대한 교사의 법적 책임. Ewha Law Review, 2(2), 69-88.

윤재원(2016). 학교폭력으로 입은 피해 보상 받으려면, Chosun.com 톡(Talk) 까놓고 보는 법(法,). 2016.03.03.기사.

제3부

상담 및 특별교육 프로그램 운영하기

제10장 특별교육 프로그램 운영

학습목표

1. 특별교육 운영의 목적, 법적 근거, 대상 등을 설명할 수 있습니다.
2. 대상별로 특별교육 프로그램의 운영 예시를 이해할 수 있습니다.

1. 특별교육의 운영

학교폭력이 일어났을 때 사안을 조사한 후 가해학생과 가해학생 학부모에 대한 특별교육 프로그램을 운영하도록 되어 있다.

가. 목적

특별교육 프로그램 운영의 목적은 학교폭력 가해학생에 대한 원활하고 신속·적정한 조치 및 교육을 통해 학교 적응력을 높이고 가고 싶은 학교, 안전한 학교 문화를 조성하는 데 있다. 또한 학교폭력 가해행동이 보호자에게도 책임이 있음을 인식시키고 보호자의 특별교육을 통해 자녀를 탐색하고 신뢰감을 형성하여 학교폭력 재발을 최소화하는 데 있다.

나. 법적 근거

특별교육 프로그램 운영의 법적 근거는 〈표 10-1〉과 같이 학교폭력법에 명시되어 있다.

〈표 10-1〉 특별교육 실시에 관한 법적 근거

법률조항	내용
학폭법 제10조 학교폭력대책 지역위원회의 기능	③ 교육감은 지역위원회의 의견을 들어 제16조 제1항 제1호부터 제3호까지나 제17조 제1항 제5호에 따른 상담·치료 및 교육을 담당할 상담·치료·교육 기관을 지정하여야 한다.
학폭법 제17조 가해학생에 대한 조치	① 자치위원회는 피해학생의 보호와 가해학생의 선도·교육을 위하여 가해학생에 대하여 다음 각 호의 어느 하나에 해당하는 조치(수 개의 조치를 병과하는 경우를 포함한다)를 할 것을 학교의 장에게 요청하여야 하며, …중략… 5. 학내외 전문가에 의한 특별 교육이수 또는 심리치료 ③ 제1항 제2호부터 제4호까지 및 제6호부터 제8호까지의 처분을 받은 가해학생은 교육감이 정한 기관에서 특별교육을 이수하거나 심리치료를 받아야 하며, 그 기간은 자치위원회에서 정한다. ⑨ 자치위원회는 가해학생이 특별교육을 이수할 경우 해당 학생의 보호자도 함께 교육을 받게 하여야 한다.

2. 특별교육 대상

가. 학교폭력 가해학생

학교폭력대책자치위원회에서 부과하는 「학교폭력 예방 및 대책에 관한 법률」 제17조 제1항 제2호~제4호, 제6호~제8호에 명시된피해학생 및 신고·고발학생에 대한 접촉, 협박 및 보복행위의 금지, 학교에서의 봉사, 사회봉사, 출석정지, 학급교체, 전학 조치에 해당되는 학교폭력 가해학생은 교육감이 정한 기관에서 특별교육(병과)을 반드시 이수하여야 한다.

나. 학교폭력 가해학생 학부모

1) 특별교육 대상

학교폭력 가해학생 보호자가 특별교육을 이수해야 하는 경우는 다음과 같다.

첫째, 가해학생이 학교폭력 예방 및 대책에 관한 법률 제17조제1항 제2호~제8호 조치를 받은 경우

둘째, 보호자가 불응 시, 학교장은 특별교육 명단을 교육감에게 통보하고 교육감이 별도의 특별교육을 실시한다.

셋째, 교육감이 실시하는 특별교육에도 불구하고 보호자가 통보를 받은 날로부터 3개월이 되는 날까지 특별교육에 불응할 경우, 학교장은 3개월의 다음날 동 보호자 명단을 시·도교육감에게 통보하고, 시·도교육감은 학교장의 통보를 받은 15일 이내에 동 보호자에게 시·도교육감이 실시하는 특별교육에 1개월 이내에 참여토록 서면으로 안내하였지만, 미이수시 과태료 300만원 이하 부과할 수 있다.

2) 교육 원칙

특별교육 원칙은 다음과 같다.

첫째, 기관 특성·폭력사안의 유형 등을 고려하여 다양한 교육프로그램을 마련하여야 한다.

둘째, 보호자들의 특별교육 참가율 제고를 위하여 주말, 야간교육 개설을 권장한다.

3) 교육 내용

특별교육 내용으로는 학교폭력 전반적 이해를 통한 예방 및 대처 방안, 가해행위를 하는 학생의 심리상태 파악, 바람직한 학부모상 등 자녀 이해교육법을 실시한다.

이상의 내용을 종합하면 〈표 10-2〉와 같다. 특별교육 기간(시간, 횟수)은 학교폭력대책자치위원회에서 결정한다.

〈표 10-2〉 가해 학생 및 가해 학생 학부모 특별교육 내용

가해학생 조치 〈학교폭력 예방 및 대책에 관한 법률 제17조 제1항〉	특별 교육 발생 여부		학부모 특별 교육 (권장 시간)	교육 내용
	학생	학부모		
서면사과(1호), 퇴학(9호)	×	×	×	
접촉·협박 및 보복행위의 금지(2호) 학교에서의 봉사(3호) 학급교체(7호)	○	○	2시간 내외	-학교폭력 교육 -인성 교육 -자녀 교육 -부모 교육 -인권 교육 -체험프로그램 -심리·상담프로그램 -기타 학교폭력 예방에 도움이 되는 교육
사회봉사(4호)	○	○	3시간 내외	
학내·외 전문가에 의한 특별교육이수 및 심리치료(5호)	×	○	3시간 내외	
출석정지(6호) 전학(8호)	○	○	4시간 내외	

학부모는 여건에 따라 교육감 지정 기관에서 교육을 이수한 후, 이수증을 학교로 제출하여야 하며, 자치위원회는 해당 학부모에게 특별교육 이수 명령서를 서면으로 반드시 통보해야 한다. 해당 학부모는 이수 명령서를 지참하여 특별교육기관에 제출하고, 특별교육실시 후, 특별교육기관은 해당 학부모에게 이수증 발급을 발급하여야 한다.

학부모 특별교육 실시 과정은 [그림 10-1]과 같다.

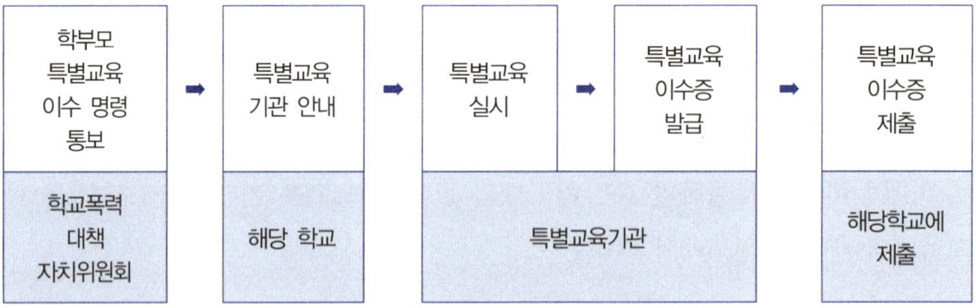

[그림 10-1] 학부모 특별교육 과정

4) 교육 방법

학교폭력 가해학생에 대한 조치는 조치라고 하지 않고 "보호처분"이라고 한다. 법률적으로 보호처분은 가정법원이나 지방법원의 소년부가 소년에게 선고할 수 있는 처분을 말하지만, 학교폭력과 관련된 보호처분은 가해학생을 치유하고 회복시키려는 교육적 의도가 담겨있다. 특별교육 프로그램은 가해학생의 행동특성과 정서적 특성을 고려해 선택되어야 하며, 성찰과 회복이 이루어지도록 잘 설계하고, 피해학생과의 화해 프로그램도 포함되어야 한다.

특별교육은 교육자체로 끝나는 것이 아니라 지속적으로 관심을 갖고 학생의 긍정적인 변화를 목표로 하여 SNS 등의 방법을 적절히 활용해 추수지도가 꾸준히 이루어져야 한다.

3. 특별교육 기관

가. 지정 절차

학교폭력 가해학생 및 가해학생 학부모 특별교육 기관 지정은 크게 [그림 10-2]와 같이 3단계로 진행이 된다.

신청서 접수 ➡ 심 사 ➡ 지 정

[그림 10-2] 특별교육 기관 선정 절차

나. 기관 유형

학교폭력 가해학생 및 가해학생 학부모 특별교육 기관 유형은 〈표 10-2〉와 같이 학교 내, 교육지원청, 위탁 기관, Cys-Net[1], 종교 관련기관, 지역 전문기관 등이 있다.

1) 지역사회 청소년통합지원체계(CYS-Net: Community Youth Safety-Net)는 100만 위기 청소년들의 심리적, 경제적, 학업적, 대인 관계적 어려움들을 해결할 수 있도록 지원하는 지역사회 네트워크로, 위기청소년에게 적합한 맞춤형 서비스를 원스톱으로 지원한다.

〈표 10-2〉 특별교육 기관 유형

구분	기관명
학교 내	Wee 클래스, 상담실 등
교육지원청	Wee 센터, 학교폭력전문상담사 등
위탁 기관	대안학교, 대안교육센터 등
Cys - Net	청소년상담지원센터, 지역 청소년지원센터 등
종교 관련기관	사찰, 교회, 성당 등
지역 전문기관	청소년폭력예방재단, YWCA, 가정지원센터 등

1) 학교

시·도 교육감이 시설, 인력, 프로그램 등을 종합적으로 고려하여 단위학교를 특별교육 이수기관으로 지정한 경우 단위학교 내에서 특별교육 프로그램을 운영할 수 있다. 이 경우 단위학교에서 학생의 상황을 비교적 정확하게 파악하고 있고 학생이 다른 기관으로 가지 않아도 된다는 장점이 있다. 그러나 특별교육 이수 프로그램을 별도로 작성하여 활용해야 하므로 상담전문 인력이 배치되지 않은 경우 생활부의 업무가 가중된다는 단점이 있다.

2) Wee 센터

지역교육지원청에 설치된 Wee 센터를 특별교육 이수기관으로 지정하여 Wee 센터에서 특별교육을 실시할 수 있다. 대부분의 시·도교육청이 Wee 센터를 활용하여 가해학생 특별교육을 실시하고 있다. 그러나 위기학생 상담, 정서행동 선별검사 학생 상담 등의 업무로 업무가 가중되어 특별교육이 조기에 실시되지 못할 경우도 있다.

특별교육의 실시는 시·도 교육청마다 그 방법을 다양화하여 운영하고 있다. 예를 들면, 일부 시·도의 경우는 출석정지 이상의 중대 조치를 받은 학생의 경우만 Wee 센터에서 실시하고 다른 학생들의 경우는 단위 학교나 외부위탁기관에서 실시하는 경우도 있다.

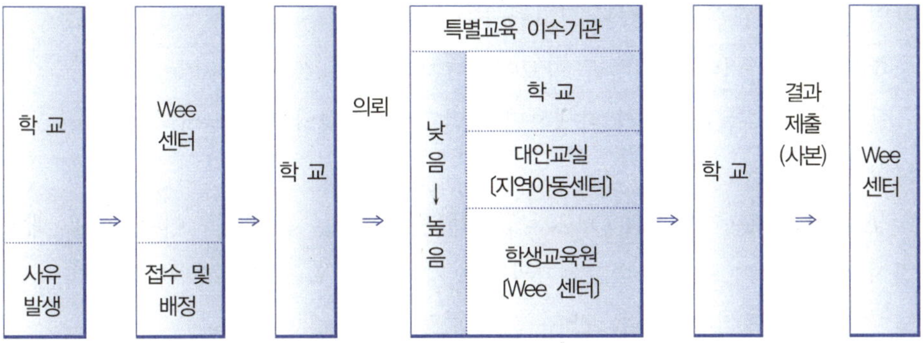

[그림 10-3] Wee 센터 특별교육 운영 절차

자료: 교육과학기술부(2012). 학교폭력사안처리 가이드북. p.122.

Wee센터 특별교육 운영 절차는 다음과 같다. 첫째, 학교에서 특별교육 사유가 발생하면 대상자의 명단을 Wee 센터로 송부한다.

둘째, Wee 센터에서는 학교폭력 사안의 경중에 따라 특별교육이수 기관을 정해 그 결과를 이를 다시 학교에 통보한다.

3) 외부 위탁기관

지역의 상담센터나 의료기관, 중단기 위탁기관 등을 특별교육 이수기관으로 지정하여 활용할 수 있다. 외부기관을 활용하는 경우 학생에 대한 충분한 정보를 제공하고 학생에 대한 결과를 통보받아 처리하는 절차를 반드시 준수하여야 하며 해당 기관에 대한 만족도 평가 등을 통해 위탁기관의 교육내용에 대해서도 지속적인 관리가 필요하다.

특별교육 이수 기관의 경우는 단기 대안학교, 장기 대안학교, 의료기관, 지역아동센터 등 시·도마다 실정에 따라 다르게 운영하고 있다. 시·도교육청에서는 시·도의 실정이나 여건을 고려하여 적절한 방법으로 운영하되, 특별교육이 가지는 본래의 의도나 목적을 충분히 고려하여 실시하여야 한다.

이들 특별교육 기관은 특별교육 운영을 위한 전문인력 및 장소 확보 여부, 특별교육 목적 및 내용의 적합성 등의 심사를 거쳐 기준 충족 시, 교육감 승인 후 특별교육기관으로 지정된다.

각 시·도교육청 교육지원청에 설치된 학교폭력 One-Stop 지원센터에서 총괄

운영하는 경우 그 교육절차는 [그림 10-4]와 같다.

첫째, 학교폭력이 발생하면 학교에서 1차 상담을 실시한다.

둘째, 특별교육 대상자가 발생하면 지역교육지원청의 One-Stop 지원센터로 해당학생의 명단을 송부한다.

셋째, 지역교육지원청의 One-Stop 지원센터에서는 특별교육 이수기관을 배정하여 해당학생이 외부 특별교육기관으로 지정된 곳(Wee 센터, 위탁교육기관, 의료기관 등)에서 특별교육을 받을 수 있도록 안내한다.

넷째, 외부 특별교육기관에서는 특별교육이 끝나면 해당 학생의 결과를 통보하여야 한다.

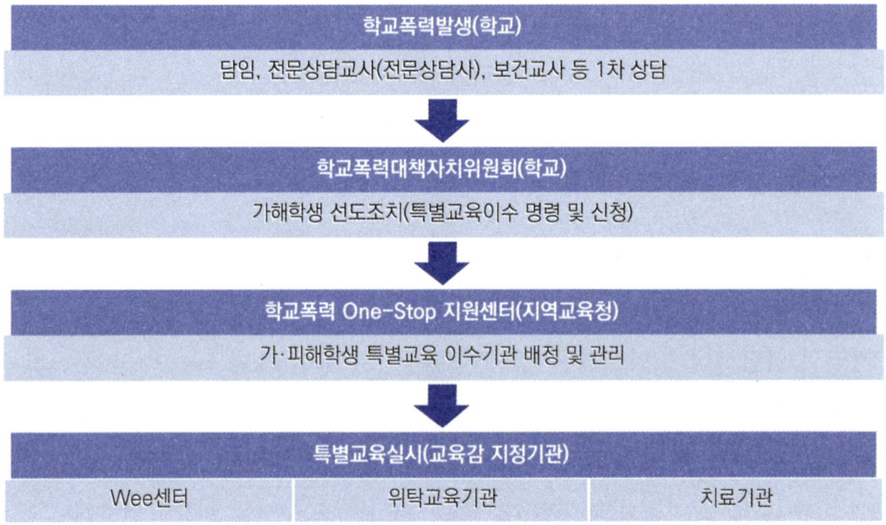

[그림 10-4] 학교 특별교육 운영 절차

자료: 교육과학기술부(2012). 학교폭력사안처리 가이드북. p.123.

이상의 내용을 종합하여 학교폭력 가해학생 및 가해학생 학부모 특별교육 프로그램 추진 체계로 나타내면 [그림 10-5]와 같다.

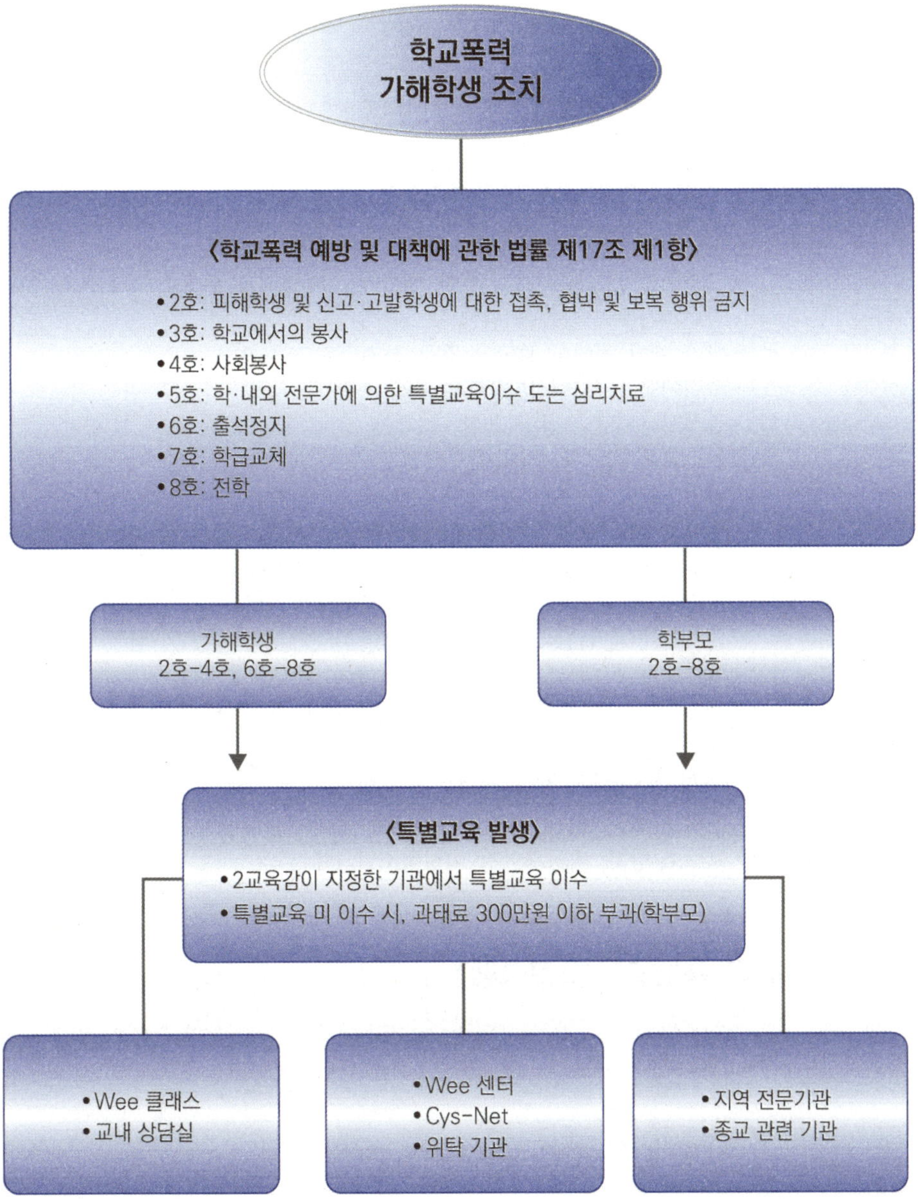

[그림 10-5] 학교폭력 가해학생 및 가해학생 학부모 특별교육 추진체계

자료: 전라북도교육청(2012). 학교폭력 가해학생 및 학부모 특별교육 추진계획. p.3.

4. 특별교육 프로그램

가. 교내 특별교육 프로그램

프로그램명	프로그램 내용
자기주도 학습	• 학교폭력 예방퀴즈: 사전교육 후 실시 • 교과담임의 협조로 과제 부여: 생활지도, 진로지도 주제로 교재 별도 준비 • 금연자기주도 학습을 위한 포스터 만들기 • 왕따 예방 동영상 보고 소감문 쓰기 • 폭력예방 분야 영상: 방과후 옥상 / 짱 등 • 감성영상보고 소감문 쓰기 • 진로교육자료 활용하기 • 일일성찰일기 • 비디오 테라피(좋은 영화감상하기) • 감상학습지 작성하기 • 10대 욕에 중독되다(KBS 다큐) 보고 소감문 쓰기
경찰서, 법원 견학	• 경찰서 견학 (112지령실 등) (30분) • 지구대(파출소)방문 (60분): 관내설명 및 장비 • 장구 소개 / 치안올레길 탐방 / 순찰차량 탑승 순찰 / 도보순찰 / 방범용 CCTV 비상벨 안내 등 −형사소년단독 재판 월 1회 공개방청
구치소, 교도서 견학	• 구치소 방문: 해당 구치소 총무과에 문의 • 교도소 방문: 지방경찰청 여성청소년과에 문의

나. Wee센터 특별교육 프로그램

1) 학생 특별교육 프로그램

(1) 대구남부교육지원청 Wee센터 프로그램

〈표 10-1〉 프로그램 일정

요일 시간	월	화	수	목	금
09:00-10:00	오리엔테이션	자원봉사활동 (함께가요, 사랑으로)	미술치료 집단상담	자존감 증진 집단상담	진로탐색 집단상담
10:00-11:00	심리검사				
11:00-12:00	학생 개인면담	소감 나눔			정리의 시간

자료: 대구광역시남부교육지원청(2014). Wee센터 운영계획서

〈표 10-2〉 프로그램 구성

영역	개요
OT	규칙준수 사항 주지, 상담 및 서약서 작성
심리검사	심리검사(MMPI, SCT, 홀랜드 등 학생 특성에 맞는 검사 실시)
개인상담	개인상담을 통한 수용경험 및 사회적지지 획득
자원봉사활동	지역사회의 자원봉사 활동기관과 연계하여 프로그램 실시
미술치료 집단상담	매체를 활용한 미술치료 활동을 통해 자신의 감정상태를 알고, 진솔한 감정표현과 건강한 교우관계 형성 지지
자존감 향상 집단상담	친밀감 형성과 참여동기를 높이기 위한 장단점 찾기와 다양한 만들기 활동을 통한 유능성 증진활동 실시
진로탐색 집단상담	자신의 소망과 가치를 탐색하고 미래를 설계하는 경험을 통한 자기주도적 진로계획 추진
정리의 시간	자신의 변화된 사고 및 행동 다짐의 시간, 전체 설문지, 소감문 작성 및 나눔

(2) 용인교육지원청 Wee센터 프로그램

• Wee센터 자체 방침

① 흡연, 폭력, 절도, 교복 미착용, 슬리퍼 신고 등교, 첫날 30분 이상 지각, 지각 누적시간 60분 초과, 교육태도 태만 등과 같은 규정 위반 시 퇴소 처리
② 복장: 교복착용 필수, 슬리퍼 신고 등교 금지(갈아 신는 것은 가능)
③ 개인이 도시락 지참(중식제공하지 않음)
④ 중식은 제공하지 않으나 그 외 교육에 필요한 경비는 Wee센터에서 지원
⑤ 교육 효율성 제고를 위해 해당학교, 가정, 유관기관과 연계지도
⑥ 집단교육, 개인상담, 다양한 체험프로그램으로 진행
⑦ 인성교육 및 진로지도 프로그램에 중점을 둔 교육

❍ 학생특별교육 1안: Wee센터 자체 교육/일반적 인성교육 위주

〈표 10-3〉 학생 특별교육 프로그램 예시

일차	교육방향	오전 (09:30~12:00)	오후 (13:00~15:00)	장소
1	친숙해지기 자기이해	OT / Spot	My Life Story	Wee센터
2	자기이해	My People Story	처벌과 순종	Wee센터
3	스트레스 해소 & 감정표현	스포츠 스테킹	미술치료1	Wee센터
4	사회적응행동 추구 자기이해 & 타인이해	보편적 윤리지향	성격이해	Wee센터
5	감정의 조절과 표출 마무리	미술치료2	마무리 / 수료식	Wee센터

❍ 학생특별교육 2안: Wee센터-경찰서 연계 교육 / 문제행동유형별 접근

〈표 10-4〉 학생 특별교육 프로그램 예시

일차	교육방향	오전 (09:30~12:00)	오후 (13:00~15:00)	장소
1	친숙해지기 자기이해	OT / Spot	My Life Story	Wee센터
2	자기이해	My People Story	처벌과 순종	Wee센터
3	스트레스 해소 & 감정표현	스포츠 스태킹	미술치료1	Wee센터
4	문제행동유형별 교육	08:00~12:30 경찰과의 대화, 유치장 견학 등 ※ 시간, 요일, 프로그램 변동 가능		경찰서
5	감정의 조절과 표출 마무리	미술치료2	마무리 / 수료식	Wee센터

2) 보호자 특별교육 프로그램

(1) 대구남부교육지원청 Wee센터 프로그램 일정 및 구성

〈표 10-5〉 대구남부교육지원청 Wee센터 보호자 특별교육 프로그램 예시

요일	차시	시간	교육내용
월요일	1차시	09:00 - 09:50	1. 학교폭력에 관한 이해교육
	2차시	10:00 - 10:50	2. 가족관계 구조 이해
	3차시	11:00 - 11:50	3. 효율적인 의사소통 훈련
화요일	4차시	09:00 - 09:50	4. 긍정적인 유산 물려주기
	5차시	10:00 - 11:00	5. 적극적 부모 역할 및 소감문 작성

(2) 용인교육지원청 Wee센터 프로그램 일정 및 구성

- 교육인원: 20명 이내
- 실시주기: 5월부터 격월 실시(연간일정 참고)
- 교육이수시간 (09:00~14:00, 점심시간 없이 진행)

〈표 10-6〉 용인교육지원청 Wee센터 보호자 특별교육 프로그램 구성 예시

<table>
<tr><th>가해학생에 대한 조치</th><th>교육이수시간</th><th>특별교육 실시 기관</th><th>비고</th></tr>
<tr><td>보복행위 금지(2호),
학교봉사(3호),
사회봉사(4호)</td><td>4시간 이내</td><td rowspan="2">단위학교
특별교육프로그램 운영
(사안에 따라
경기도교육감지정
특별교육이수기관도 가능)</td><td rowspan="2">학부모(보호자)
·학생 동반
교육 가능</td></tr>
<tr><td>출석정지(6호),
학급교체(7호), 전학(8호)</td><td>5시간 이상</td></tr>
<tr><td>특별교육 이수 또는
심리치료(5호)</td><td>5시간 이상</td><td>경기도교육감지정
특별교육이수기관</td><td></td></tr>
</table>

※ 보호자 특별교육을 이행하지 않을 경우 과태료(300만원 이하) 발생

❍ 보호자 특별교육: 부모로서의 자기이해, 자녀양육방법 등

〈표 10-7〉 용인교육지원청 Wee센터 보호자 특별교육 프로그램 내용 예시

시 간	교육내용
09:00~09:30	자기소개, 아이스브레이킹
09:30~11:30	나 이해하기 & 부모로서의 나 점검하기
11:30~12:30	자녀의 자존감을 높여주는 방법
12:30~13:30	자존감 높여주기 연습
13:30~14:00	소감 나누기 & 정리

다. 외부 연계 프로그램

외부연계 프로그램 운영은 연계기관과의 사전 정보교환이 매우 중요하다. 단위 학교에서는 사전에 연계 프로그램 운영 기관을 방문하여 교통편을 확인하고, 센터 담당자와 상견례를 통해 공감대를 형성해두는 것이 필요하다.

학생이 교육 중일 때에도 격려 방문하여 학교가 자신을 배려하고 있으며 서로 긴밀하게 협조하고 있음을 느끼도록 해야 한다. 사후에는 평가 결과에 대해 공유하며 향후 지도 방안을 공동 모색한다. 외부 기관에서도 향후 가정방문 상담이나 전화 방문 상담을 진행할 것이다. 내외부의 긴밀한 연계만이 특별교육 성공의 비율을 높인다.

1) 과학체험 및 CYS-Net(지역청소년상담복지센터-정신보건) 연계 프로그램 예시

〈표 10-1〉 지역청소년상담복지센터-정신보건 연계 프로그램 예시

회기		주제	개입목표	내용
원예치료	1회기	OT 및 문장식걸이 만들기	• 프로그램 소개 • 원예치료 도구 다루기 • 문장식 걸이 완성	• 인사 나누기 • 원예치료에 대한 설명(압화 및 도구) • 문장식 걸이 완성
	2회기	부채만들기	• 부채 완성	• 부채위에 압화를 배열하고, 풀로 고정 • 다리미를 이용하여 고정 후 부채 완성

회기		주제	개입목표	내용
	3회기	목걸이 만들기	• 목걸이 완성	• 압화를 조각으로 나누고 막은 목걸이 바탕이 배열 및 고정
	4회기	내사진 액자 만들기	• 도움 없이 압화 다루기 • 액자 완성	• 사진크기의 액자 만들기 • 액자 완성 후 설명하기
정신 건강 교육	1회기	정신건강이란?	• 정신건강에 대한 정확한 의미를 안다.	• 플래쉬를 활용한 정신건강의 의미 전달 • 신체건강과 정신건강
	2회기	감정과 관계	• 적절한 감정표현의 중요성을 안다.	• 감정카드를 이용한 상대방의 감정 살피기 • 친구들과의 사이에서 자신의 감정은 어떤지 이야기 나누기 • 친구의 감정을 확인하고 적절히 대응하기
	3회기	ADHD에 대한 이해	• 자신의 질환애 대해 이해한다. • 치료 및 관리의 중요성을 안다.	• ADHD의 증상 및 치료에 대한 플래쉬를 통한 교육 • 자신의 모습과 닮은 부분에 대해 이야기 나누기
경상남도 과학교육원		–대상: 학교폭력 가해학생, 학교부적응 및 학업중단위기 학생으로 특별교육이수 프로그램에 참가하는 학생 –시기: 매월 2, 4주 수요일(공휴일은 미실시) –장소: 경상남도과학교육원 과학관 및 특별실(경남 진주시 진성면 소개)		

자료: 경상남도교육청(2016). 2016학년도 특별교육운영계획. p.17.

2) (사)푸른꿈청소년상담원 특별교육 프로그램

5일 교육과정을 기본으로 하며, 중학생 대상 특별교육은 월 1회 실시하고 있다. 교육 첫날 첫 시간은 교육에 대한 개요 설명, 부모면접 및 상담을 실시하며, 교육 시작 시 학생들에게 집단프로그램 동의서 받고, 교육 진행 중에도 집단 구성원들의 개별상담 실시한다. 교육 진행 중 필요시 부모 상담을 연계하여 실시한다.

〈표 10-2〉 교육프로그램 예시

<table>
<tr><th>시간</th><th>첫째날</th><th>둘째날</th><th>셋째날</th><th>넷째날</th><th>다섯째날</th></tr>
<tr><td>9:00~</td><td rowspan="2">기관소개
오리엔테이션</td><td>일정소개</td><td>일정소개</td><td>일정소개</td><td>일정소개</td></tr>
<tr><td>09:30~
10:30</td><td rowspan="2">심리검사
[MBTI]

심리검사를
통한 타인이해</td><td>학교폭력
예방교육</td><td rowspan="2">미술치료</td><td rowspan="2">집단상담
"나의 미래"</td></tr>
<tr><td>10:40~
12:00</td><td>기초조사표
서약서
자기소개</td><td>학교폭력의
실태
(경찰과의 만남)</td></tr>
<tr><td>12:00~
13:00</td><td>점심식사</td><td>점심식사</td><td>점심식사</td><td>점심식사</td><td>점심식사</td></tr>
<tr><td>13:00~
14:30</td><td rowspan="2">자기이해</td><td rowspan="2">성교육</td><td rowspan="2">금주교육
금연교육</td><td>인성교육</td><td rowspan="2">나의다짐</td></tr>
<tr><td>14:30~
15:00</td><td>사회봉사</td></tr>
<tr><td>15:00~
16:00</td><td>일일평가</td><td>일일평가</td><td>일일평가</td><td>일일평가</td><td>일일평가
총평가</td></tr>
</table>

자료: 경기도용인교육지원청(2014). 2014학년도 단기위탁(특별교육이수)기관 운영계획. p.8.

참고문헌

경기도교육청(2012). 학교폭력 예방 및 대처 종합매뉴얼. 경기도교육청장학자료제9호.

경기도용인교육지원청(2014). 2014학년도 단기위탁(특별교육이수)기관 운영계획.

경상남도교육청(2016). 2016학년도 특별교육운영계획.

교육과학기술부(2012). 학교폭력사안처리 Q & A.

교육부(2014). 학교폭력사안처리 가이드북.

대구광역시남부교육지원청(2014). Wee센터 운영계획서.

문용린 외(2008). 학교폭력 예방과 상담. 학지사.

문재현 외(2012). 학교폭력 어떻게 만들어지는가. 살림터.

전라북도교육청(2012). 학교폭력 가해학생 및 학부모 특별교육 추진계획.

제11장 가해학생 상담 프로그램 운영

학습목표

1. 학교폭력 상담의 개념, 목적, 목표, 특징 등을 이해할 수 있습니다.
2. 학교폭력 상담의 절차 및 유의사항을 설명할 수 있습니다.
3. 학교폭력 가해학생 상담절차 및 프로그램을 이해할 수 있습니다.

1. 학교폭력 상담의 개요

학교폭력이 일어났을 때 사안을 조사한 후 가해학생과 가해학생 학부모에 대한 특별교육 프로그램을 운영하도록 되어 있다.

가. 학교폭력 상담의 개념

학교폭력 상담은 상담시기에 따라 상담 전 예방상담, 학교폭력 위기상황 발생 후 위기상담, 이후의 추수상담의 3가지 단계로 구분된다. 일반적으로 학교폭력 상담이라하면 대부분 학교폭력 위기상황 발생 후 위기상담을 의미하며, 현재 발생한 폭력상황의 해결을 위한 개입과 장기적 재발방지의 측면에서 원인이 되는 요인을 상담・지원해주는 전반적인 위기 개입이 이루어져야한다(문용린 외, 2008).

나. 학교폭력 상담의 목적 및 목표

학교폭력 상담의 최우선적 목적은 단순한 사건처리가 아닌 근본적인 해결방안을 모색하는 것이다. 또한 각 개인이 처한 위기상황을 극복하고 학교 및 일상생활에 적응하는 것 뿐만 아니라 나아가 건강한 대인관계와 사회성 발달을 통해 궁극적으로 건강하고 건전한 사회구성원으로 성장하도록 지원하는 것이다.

1) 내담자의 정서적 지지와 경청 및 공감
2) 문제해결을 위한 정보제공 및 자문
3) 위기상황에 대한 응급대처
4) 현실적 범위에서 갈등해결 유도
5) 법적, 의료적, 기타 전문 서비스 연계 지원
6) 피해, 가해학생의 심리상담 및 교육

다. 학교폭력 상담의 특징

학교폭력 상담의 특징은 다음과 같다.

첫째, 학교폭력 상담의 대상자는 학교폭력 피해학생, 가해학생, 학부모, 학교관계자가 대상이며, 사회복지사, 청소년상담가 등이 개입될 수도 있다.

둘째, 학교폭력 상담의 방향은 학생의 보호를 최우선으로 하여야 하며, 나아가 건강한 학교적응과 성장을 도울 수 있는 방향으로 진행되어야 한다.

셋째, 학교폭력 상담은 초기상담이나 사건해결도 중요하지만, 피・가해학생 치료 및 상담, 학교폭력관련 예방교육, 연계조치 등 이후의 내담자에 대한 사후조치가 중요하다.

넷째, 학교폭력 상담은 피・가해학생을 격리시키거나 가해자를 처벌하는 것으로 문제를 해결할 수도 있지만, 학생들의 관계회복과 보복 등의 재발가능성 때문에 근본적인 문제해결을 위한 접근이 필요하다.

2. 학교폭력 상담 절차 및 유의사항

가. 학교폭력 상담의 절차

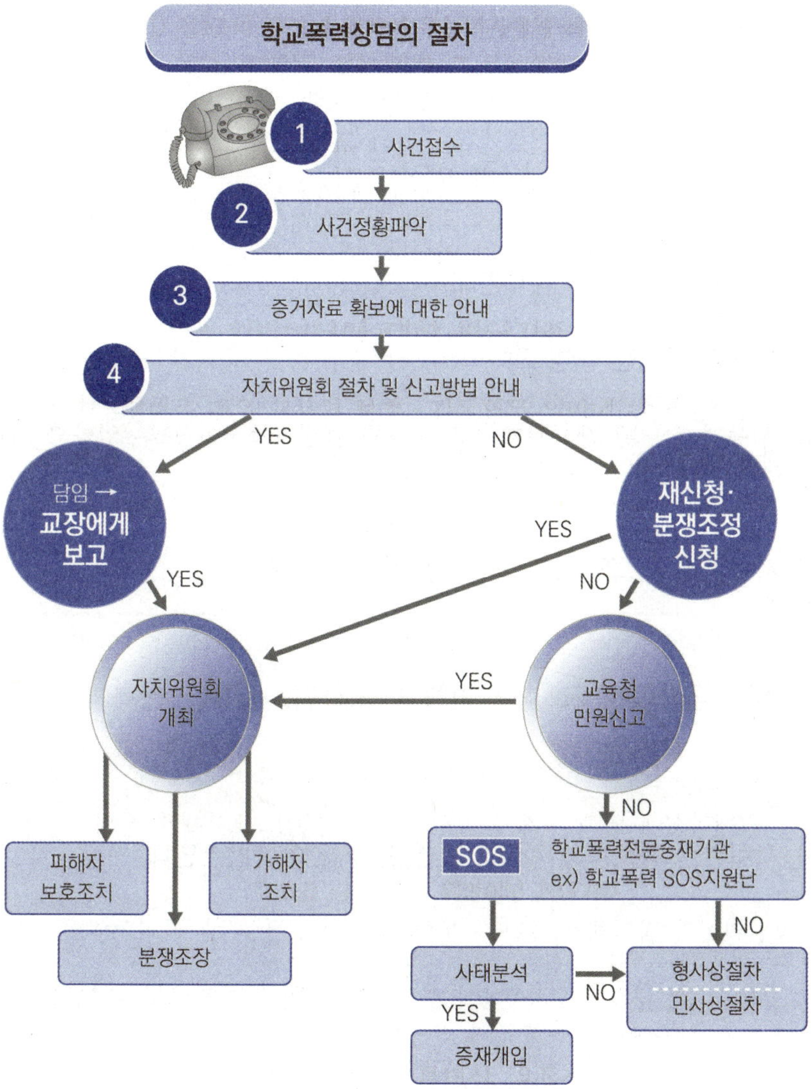

[그림 11-1] 학교폭력 상담의 절차

자료: 문용린(2007). 학교폭력 상담매뉴얼. 서울대학교 교육연구소. p.146.

1) 학교폭력 사건접수

사이버, 전화, 면접상담을 통해 사건을 접수한다.

2) 사건정황 파악

의뢰자 인적사항, 피·가해학생의 인적사항, 사건상황 파악(폭력유형, 피·가해학생의 수 및 관계, 피해상황, 사건기간, 사건장소, 피해시간, 사건발단, 상황기술), 사건 후 진행상황, 의뢰인의 요구

3) 증거자료 확보에 대한 안내

증거자료의 필요성 안내, 증거자료 확보유무 확인, 증거자료 확보의 종류(사진, 일기, 진술서, 주변의 증언 및 진술서, 녹취록, 사이버 폭력에 있어서 증거자료 저장에 대한 내용 등) 및 방법 안내

4) 자치위원회 절차 및 신고방법 안내

사소한 장난이나 단순 사건의 경우 담임 조치를 통해 해결하고, 학교폭력 발생 시 법적으로 신고가 의무화 되어 있고, 담임교사를 통해 학교장에게 신고할 수 있도록 안내

5) 자치위원회를 통해 해결되지 않는 사건에 대한 안내

자치위원회의 결정에 만족하지 못할 경우 재심을 통해 자치위원회 개최 요구, 사건 신고 후 담임이 학교장에게 보고하지 않거나 학교장이 자치위원회의 개최를 거부하는 경우에 교육청 학교폭력 담당부서에 민원을 신청, 교육청 민원신고에도 불구하고 사건의 적적한 개입이 이루어지지 않을 경우 학교폭력전문 중재기관인 학교폭력SOS지원단, 청소년폭력예방재단 등에 '중재개입'을 신청하도록 안내

6) 사건 종료 후 피 · 가해학생에 대한 추수상담

피 · 가해학생에 대한 지속적인 심리상담을 통해 심리 · 정서적 지원 실시

나. 학교폭력 상담의 유의사항

학교폭력 상담자는 학교폭력 상담의 현상에서 유의사항을 반드시 염두해 두고 상담에 임하여야 한다.

1) 학교폭력 상담은 내담자의 감정을 위로하고 지지하고 공감하는 것이 전제되어야 한다.
2) 첫 상담 시 상담자는 객관적으로 학교폭력 사건에 대한 상황을 파악하고, 관련 정보를 최대한 구체적으로 수집해야 한다.
3) 상담자가 적극적으로 개입하되 상담자의 목표를 내담자에게 강요하지 않아야 한다.
4) 내담자의 욕구를 정확히 파악하고 어떤 상담서비스를 제공할 것인지 결정하여야 한다.
5) 학교폭력 상담은 내담자의 욕구를 중요하게 여기고 존중하여야 하며, 현실적인 한계를 명확히 규정하고 제시하여야 한다.
6) 학교폭력에 대한 개념, 법적 · 의료적 · 절차적 지식을 숙지하고 있어야 한다.
7) 학교폭력 사건을 해결하는데 필요한 관련분야의 제도적 절차를 알고, 내담자에게 맞는 정보를 자신감 있게 제공할 수 있어야 한다.
8) 내담자로 하여금 학교폭력법에 따라 처리 과정을 공식적으로 진행하도록 한다.
9) 사건의 왜곡 및 오해를 방지하기 위해서 사건을 표면화하고 적극적으로 대응하도록 한다.
10) 위기 개입까지 가지 않고 정보제공 상담으로 상담이 끝날 수 있다는 것을 명심하고 임한다.
11) 상담시간은 60시간을 넘지 않도록 진행한다.
12) 중재자가 문제를 해결해 주는 것은 아니지만 최선을 다해 문제를 해결하기 위해 노력할 것과 최선을 다하는 태도로 신뢰감을 준다.

3. 학교폭력 상담 지원

가. 상담지원 기관

학교폭력 피해자 또는 가해자는 학교 및 학교폭력 관련 단체를 통해 상담을 받을 수 있다.

117학교 여성폭력피해자 긴급지원센터(http://www.117.go.kr, ☎117), 청소년폭력예방재단(http://www.jikim.net/, ☎1588-9128) 및 헬프콜 청소년전화 1388(http://1388.kyci.or.kr/, ☎1388)를 통해 상담을 받을 수 있고, 국번 없이 24시간 전화가 가능하며, 위기(가능) 청소년에 대해 상담뿐만 아니라 일시 쉼터를 제공하기도 한다.

나. 상담실 설치 · 운영

상담실은 인터넷 이용시설, 전화 등 상담에 필요한 시설 및 장비, 상담을 받는 사람의 사생활 노출 방지를 위한 칸막이 및 방음시설시설 및 장비를 갖추어 상담활동이 편리한 장소에 설치해야 한다(「학교폭력 예방 및 대책에 관한 법률」 제14조제1항 및 「학교폭력 예방 및 대책에 관한 법률 시행령」 제10조).

다. 학교폭력 전문기관

학교폭력의 피해학생과 가해학생은 상담과 예방 교육을 〈표 11-1〉과 같은 기관에서 받을 수 있다.

〈표 11-1〉 학교폭력 전문기관

구 분	기관명	사이트
상담 및 예방교육기관	한국청소년상담원	http://www.kyci.or.kr/
	청소년폭력예방재단	http://www.jikim.net/
	자녀안심하고 학교보내기 운동 국민재단	http://www.1318love.net/
	청소년종합지원센터	http://www.1388.or.kr/
	방배유스센터	http://www.bb1318.com/
	학교폭력 상담 전문 왕따닷컴	http://www.wangtta.com/default.asp
	한국자살예방협회	http://www.suicideprevention.or.kr/
	밝은 청소년 지원센터	http://www.eduko.org/

구 분	기관명	사이트
	십대들의 쪽지	http://www.teen4u.co.kr/
	아름다운 학교	http://www.school1004.net/
	금란교실	http://keumnan.gen.go.kr/
가해학생 교육기관	대안교육종합센터	http://www.daeancenter.or.kr/

4. 학생상담

가. 가해학생 단계별 상담치료전략

가해학생 단계별 상담치료 전략은 〈표 11-2〉와 같이 크게 초기단계 → 중기단계 → 후기단계의 3단계로 나눌 수 있다.

〈표 11-2〉 가해학생 단계별 상담치료전략

단계	전략	세부전략
초기 단계	사건의 정황파악	• 가해학생 인적사항 파악하기 학교폭력(가해학생) 사안 발생 시 파악해야할 사항 • 사건의 객관적인 정보 수집하기
	사안처리	• 자치위원회 및 전문기관연계를 통한 사안처리
	초기면접	• 심리 진단 및 평가(공격성 척도지, 반항성 장애 진단검사 등)
중기 단계	개인상담	• 가해학생에 대한 심리치료 • 개인상담 프로그램 : 분노조절 상담치료기법 : 의사소통 상담치료기법
	학부모상담	• 학부모 상담
	관련전문 기관연계	• 특별교육 이수 및 예방교육 • 의료적 서비스 지원(병원 및 정신과)연계 치료 • 중재전문기관 연계 • 형사 및 민사소송과 관련한 기관 연계
후기 단계	사후관리	• 사후관리 프로그램 • 학교폭력 위기개입의 평가
	다면적 통합지원	• 학교차원/가정차원/지역사회차원의 지원

자료: 교육과학기술부(2012). 학교폭력사안처리 가이드북. p.133.

나. 폭력 및 공격 경향성 평가척도 종류

폭력 및 공격 경향성 평가척도들은 공격성, 충동성, 비행 경향, 도덕적 이탈 등을 측정하는 것으로 학교장면에서 집단적으로 실시하여 간단히 그 경향성을 추정해 보는 데 활용될 수 있다(문용린 외, 2008).

〈표 11-3〉 폭력 및 공격 경향성 평가척도 종류

평가지 종류	평가항목
공격성 척도	• 능동적인 공격성을 측정하는 하위척도만을 발췌하여 구성한 질문지 ① 폭행: 육체적 폭력행위 ② 간접적 공격성: 악의 있는 험담이나 짓궂은 장난 ③ 언어적 공격성: 언어를 사용한 위협
파두아 질문지 -행동통제 실패	• 강박질문의 하위척도로서 폭력을 가하거나 반사회적 충동 및 행동통제 상실에 대한 두려움 문항 • 강박적 충동 및 행동 통제 상실에 대한 염려를 반영하는 것으로 외현적인 공격성과는 차이가 있음
공격성 측정문항 (교사평정용)	• 초등학생의 공격성 정도를 평가하는 데 많이 활용
반항성 장애 진단검사	• 한국임상심리학회에서 제작한 아동 및 청소년 정신건강 진담검사 내용의 일부를 포함함 • 분노표출, 반항심, 남 탓하기, 괴롭힘, 무시 및 거부 등
K-SADA-PL 선별 -품행장애	• 2003년 대한 소아청소년 정신의학회에서 발행한 한국판 선별면담 목록의 일부로 구성함 • 품행장애 DSM-IV기준에 의거하여 거짓말, 무단결석, 신체적 싸움 일으킴, 다른 사람 협박·위협함, 비공격적 도둑질의 5개 영역을 0점부터 3점까지로 평가
반두라 도덕적 이탈질문지	• 폭력행위와 관련될 수 있는 양심과 도덕적 이탈 경향을 측정하는 데 활용

자료: 문용린 외(2008). 학교폭력 위기개입의 이론과 실제. 학지사.

다. 학교폭력 가해학생 개인상담 절차

학교폭력 가해학생을 대상으로 하는 개인 상담 절차는 [그림 11-2]와 같이 상담시작 단계 → 가해학생의 욕구 파악단계 → 문제 해결방안 탐색단계 → 가해학생 심리치료 단계 → 상담 종결 및 연계 단계의 5단계로 진행될 수 있다.

단계	내용
① 상담시작 단계	• 내담자에게 신뢰감과 안정감을 줌으로써 라포를 형성하고, 희망적인 상담을 설정한다. • 위기상황에 있는 학생의 경우, 최우선적으로 안전을 확인한다. (※신체적 외상 및 정신적 충격에 대한 안정조치 여부를 확인한다.)
② 가해학생의 욕구 파악 단계	• 내담자의 상담 및 해결에 대한 욕구 파악한다. • 가해 학생의 욕구를 우선순위로 구체적으로 파악한다. • 상담(치료)사는 내담자 해결방법에 대한 합리성 및 욕구에 대한 현실성 평가한다.
③ 문제 해결방안 탐색 단계	• 내담자에 맞는 적절한 해결 방안을 함께 모색한다. • 가해학생 당사자의 대처태도 및 요령 조언해 준다. • 가해학생 측과 학교 등 대처방법 조언해 준다.
④ 가해학생 심리치료 단계	• 가해학생에 대한 심리치료 개입 목표를 설정한다. • 심리치료 목표 설정 시 변수를 파악한다. • 가해학생에게 적합한 프로그램을 진행한다.
⑤ 상담 종결 및 연계 단계	• 상담내용을 요약 정리한다. • 연속상담 여부 및 추가 정보를 제공한다. (예: 전문기관 및 프로그램 연계 등)

[그림 11-2] 학교폭력 가해학생 개인상담 절차

자료: 교육과학기술부(2012). 학교폭력사안처리 가이드북. p.134.

가해학생과의 상담과정을 정리하면 먼저 가해 당사자로서 상담요청을 한 사실에 대한 용기를 칭찬하고 지지한다. 그런 다음 사건상황과 가해학생이 상담을 통해 어떠한 도움을 받기를 원하는지 객관적으로 파악한다. 마지막으로 사건을 해결하기 위해 주변의 도움이 있음을 알리고 함께 해결하도록 한다.

라. 가해학생에 대한 심리치료

가해학생에 대한 심리치료는 그 목적과 과정, 도구들을 사용하는 원리에 의해 다양하게 접근할 수 있다. 미래지향적인 심리치료의 목적은 학생들이 치료 후에도 스스로 적응해 가도록 하는 것이다.

현실 세계에서 심리치료의 성공은 학생의 생활적응태도와 사회적 지지망의 강도에 따라 몇 가지 결정적 변수들이 결과에 영향을 줄 수 있으므로 상담사는 사전에 변수를 확인하는 것이 좋다.

바. 적용가능한 상담기법

학교폭력 가해학생을 위한 상담기법은 여러 가지가 있으며, 그 중에서 분노조절 상담기법, 의사소통 상담기법을 소개하고자 한다. 분노조절 상담기법은 행동통제를 유지하기, 의사소통 상담기법은 관계 증진하기가 그 목적이다(김춘경 역, 2007).

〈표 11-4〉 적용가능한 상담기법 예시

기 법		내 용
분노조절 상담기법		① 당신이 화가 났다는 것을 인식하라. ② 당신의 감정을 받아들여라. ③ 멈추고 반응을 누그러뜨리고 이완하라. ④ 당신이 분노를 표현하는 방법에 대해 생각하라. ⑤ 분노표현에 대해 준비하라. ⑥ 분노가 생기는 문제를 해결하라. ⑦ 문제해결을 계획하라. ⑧ 결과를 평가하라. ⑨ 대안을 모색하라. ⑩ 모욕 대신 성공을 상상하라. ⑪ 최고의 방법을 선택하라. 당신의 감정에 이름을 붙여라. ⑫ 유용한 방식으로 분노를 표현하라.
의사소통 상담기법	직접 말하라	• 당신의 동반자에게 당신이 무엇을 원하는지 말하라. (예: “너랑 같이 축구경기 구경을 가고 싶어.”)
	필요와 희망을 구분하라	• 필요(needs)는 관계가 존재하기 위한 최소한의 조건이다. • 희망(wants)은 관계를 증진시키기 위한 것이다.
	적극적으로 주의 깊게 경청하라	• 비난받을 걱정 없이 감정과 희망, 꿈을 공유하는 관계를 유지하라.
	공정하게 싸워라	• 나-메시지를 사용해서 당신의 감정을 표현하고, ‘내 생각은’ ‘내 느낌은’ 과 같이 자신의 주장을 말하는 법을 배워라.
	성격이 아닌 행동에 초점을 맞추어라	• 문제가 되는 행동을 구체적으로 설명하라.

기 법		내 용
	감정의 축척을 피하라	• 상처받은 감정과 적개심을 폭발할 정도까지 축적하지 말라. 지금 일어나고 있는 중요한 문제에 대해서만 다루라. 지금-여기에 머물러라. 쌍방 모두가 이기게 하라. 지속적인 관계에는 매일 매일의 관리와 적절한 조정이 필요하다.

사. 가해학생 상담 시 주의사항

1) 피해학생이 다른 학생에게 폭력을 당했다고 주장할 경우에도 피해학생의 말만 듣고 가해 학생이라고 단정짓지 말고, 객관적으로 확인하는 절차를 가져야 한다.
2) 가해학생으로 확인되었을 경우 먼저 왜 폭력을 가했는지 이들이 폭력이라는 방법을 선택하게 된 심리내적·외적 요인들을 면밀히 탐색하며 듣고, 가해학생이 가지고 있는 인식부분에 대해 우선 이해해주는 공감도 필요하다.
3) 사실을 은폐하거나 축소하는 것보다 있는 그대로 인정하고 자신의 잘못에 대해 책임을 지는 것이 미치는 긍정적인 측면을 강조하여 이해하도록 한다.
4) 가해자의 태도에 따라 사건이 쉽게 해결되는 경우가 많으므로 자신의 잘못을 인정하고 사과하는 태도의 중요함을 강조한다.
5) 가해학생에 따른 적절한 위기상담(분노 및 감정·조절·훈련)개입 필요하다.
6) 가해학생은 잘못을 뉘우치지 못하고 사건을 숨기려고 하거나 인정하지 않는 경우가 많기 때문에 태도는 지지적이면서 부드럽되 단호하고 직접적으로 가해학생이 저지른 행동과 그 결과에 대해 알려준다.
7) 폭력성의 근본적 원인을 탐색하고 특성상 내재된 분노가 많은 가해학생의 경우 분노표출과 분노조절에 초점을 맞추는 등 가해행동의 원인 해결에 포커스를 두고 상담을 진행한다.

아. 가해학생 대상 효과적인 상담 개입 예시

가해학생을 대상으로 하는 효과적인 상담 개입 예시는 〈표 11-5〉와 같다.

〈표 11-5〉 가해학생 대상 효과적인 상담 개입 예시

단 계	개입 전략	심리반응
인식단계	공감적 인식	• 미안함 －이럴 생각이 아니었는데 －나는 왜 화를 참지 못할까? －많이 다치지는 않았을까?
초기개입 단계	해결 의지	• 시인하기 －사실은 내가 그랬어요. －괴롭힐 생각은 아니었는데…… －내가 화를 참지 못한게 문제야.
중재단계	공론화	• 반성하고 알리기 －다른 방법으로 해결했어야 했는데…… －내가 왜 그랬을까? －상대방의 입장에서 생각해 봄
학습단계	대안행동 학습	• 사과하기 －내가 괴롭혀서 많이 힘들었지 －미안해 －다시는 이런 일 없도록 할게
실행단계	진정성	• 책임지기 －이번 일에 대한 책임은 본인에게 있음을 인식 －행동에 따른 처벌에 순종
잠복단계	신가치 창출	• 성장 가능성 탐색 －폭력은 정당화 될 수 없는 행동 －타인을 생각하고, 배려하는 행동 －또래관계에서 친구들의 중재자 역할 －성장의 기회로 전환

자료: 조정실 · 차명호(2010). 폭력 없는 평화로운 학교 만들기. 학지사. pp.125-126

자. 상담 프로그램 예시

1) 중학생용 집단상담 프로그램

청소년폭력예방재단(2009)의 프로그램을 기초로 학교폭력 가해 청소년의 심리적 특성인 공격성, 충동성, 적개심, 분노, 낮은 공감능력, 지배욕구 등을 고려하여 가해 청소년의 심리적 특성을 긍정적으로 변화시킬 수 있도록 프로그램을 수정하였다.

〈표 11-6〉 중학생용 집단상담 프로그램 예시

회기	주제	내용	시간	수정 · 보완 내용
1	반갑다 친구야!	• 오리엔테이션 • 자기소개 • 나의 화내기 유형 알아보기 • 우리들의 약속	90분	서로 친밀감을 형성하고 자신의 화내는 유형을 알 수 있도록 내용을 수정하였음
2	나 이해하기	• 화날 때 신체변화 • 자기 진술문 • 이완훈련 • MBTI로 알아보는 나	90분	기존 프로그램 내용을 그대로 사용하였음
3	나를 사랑하기	• 나에 대한 집중분석 • 행동 전에 생각 먼저하기	90분	행동의 원인과 결과를 생각해 보고 자기통제감을 높일 수 있도록 내용을 수정하였음
4	너와 나는 친구	• 유형별 친구 이름 적어보기 • 우정관계 지수? • 활동지	90분	폭력 피해자의 상황을 이해하고 피해자의 느낌을 공감할 수 있도록 내용을 수정하였음
5	나에게는 어떤 친구들이	• 내가 본 나 • 네가 본 나	90분	자신에 대한 새로운 지각을 형성하여 자기중심적인 관점에서 벗어날 수 있도록 내용을 수정하였음
6	참된 용기	• 생각이라는 블랙박스 • 내가 화를 내는 이유? • 홍수 vs 화 • 블랙박스를 열어라	90분	기존 프로그램 내용을 그대로 사용하였음
7	내 마음을 들어줘	• 합리적 생각의 전환 • 효과적인 대화를 위한 지침	90분	긍정적인 문제해결방법을 습득할 수 있도록 내용을 수정하였음
8	또래 관계형성	• 듣기 싫은 이야기 • 듣고 싶은 이야기	90분	부정적인 정서가 아닌 긍정적인 정서를 가질 수 있도록 내용을 수정하였음
9	용서와 화해	• 용서와 화해 • 사슬풀기	90분	폭력행동에 대한 책임감을 함양할 수 있도록 내용을 수정하였음

회기	주제	내용	시간	수정·보완 내용
10	폭력은 이제 그만	• 나를 사랑하기 • 버리고 싶은 나 • 되고 싶은 나 • 내가 소중하게 생각하는 것	90분	자신에 대한 새로운 관점을 형성할 수 있도록 내용을 수정하였음
11	서로 소통하기	• 대화의 기술 • 의사소통의 일방통행 쌍방통행	90분	기존 프로그램 내용을 그대로 사용하였음
12	우린 친구사이	• 내 삶의 주인은 나 • 미래여행 떠나기 • 환상의 타임머신 • 소감나누기 및 정리하기	90분	의지와 책임감을 강화시킬 수 있도록 내용을 수정하였음

자료: 김지영·정정숙(2011). 중학생들의 학교폭력 가해행동 재발방지를 위한 집단상담 프로그램의 효과. 청소년학연구, 18(8), p.149.

2) 고등학생용 집단상담 프로그램

전체프로그램은 12회기로 구성하였다. 회기별 시간은 학생들의 집중력을 고려하고 학교장면의 적용가능성을 높일 수 있는 1회기 당 50분으로 구성하였다. 프로그램은 각 회기별로 도입, 전개, 정리의 3단계로 구성하였다. 도입 단계에서는 지난 회기 활동을 간단히 정리하여 본 회기의 주제와 활동내용을 안내한다. 이때 회기의 주제와 활동내용과 관련된 동영상이나 게임, 퀴즈로 흥미를 유발하도록 구성하였다. 전개 단계에서는 모든 집단원이 상담에 적극적으로 참여하고 흥미를 지속시킬 수 있도록 3개의 모둠으로 나누어 수용적인 분위기를 유지할 수 있도록 하였다. 이를 위해 사전에 모둠장을 선발하고 사전교육을 통해 모둠에서의 집단활동이 적극적으로 유지될 수 있도록 하였다. 마지막으로 정리단계에서는 활동에 대한 느낌을 나누고 집단 상담을 통해 알게 된 것을 학교생활에 적용할 수 있도록 서로 격려하였다.

〈표 11-7〉 고등학생용 집단상담 프로그램 예시

영역	회기	프로그램 제목	회기별 목표	활동내용
사전회기	1	오리엔테이션	프로그램의 목적과 성격을 이해하고, 집단원간에 신뢰감 쌓기	• 프로그램 소개하기 • 집단원 소개하기 • 별칭 짓기 • 나는 어떤 사람인가 발표하기
공격성	2	분노상황 이해하기	화가 났을 때 참고 다시 긍정적인 생각으로 돌아오는 능력 갖기	• 분노 경험일지 보면서 발표 • 화가 났을 때의 신체적·행동적 변화 알기 • 자신의 분노 패턴 발견하기
	3	타인 이해하기	다른 사람의 감정을 이해하기	• 나의 시각 너의 생각 • 나의 말 전달하기 • 성벽 뚫기 게임
충동성	4	한번 더 생각하기	앞뒤 생각을 한 후 행동하기	• 친밀감 형성하기 • 긍정적인 대처하기 • 합리적인 결정
	5	내안의 수많은 자아들	한 가지 일을 마무리한 후 다른 일을 시작하기	• 짝지어 접촉하기 • 내안의 수많은 자아들 • 돌출자아 인터뷰 하기 • 합리적 의사결정 과정 실습하기
	6	그대로 멈춰라	복잡한 일도 싫증을 내지 않고 끝까지 한다.	• 지식채널 e〈시작행동백서〉 동영상 시청 • R and R 게임 • 주의력 향상 훈련 게임 • 자기교시 훈련
폭력사용에 대한 태도	7	한번 더 생각했더라면	말보다 주먹이 앞서는 경우 문제가 무엇인지 알기	• 내 친구 멋있게 꾸미기 • 과잉행동과 폭력행동 설명하기 • 폭력에 관한 역할극 해보기 • 폭력 행동의 결과와 대안적 행동 찾기
	8	폭력의 진실	사회 질서 유지를 위해 폭력이 필요한 경우가 있는지 알고 문제점 파악하기	• 원뿔 돌기기 • 폭력에 대해서 알기 카드 제시 활동 • 폭력 진실 게임
자아 존중감	9	미래 설계하기	자신의 미래가 어떻게 될까 생각해 보기	• 감정표현하고 맞추기 • 네 꿈을 펼쳐라

영역	회기	프로그램 제목	회기별 목표	활동내용
				• 미래 설계하기
	10	나는 할 수 있다.	자신이 얼마나 가치 있는 사람인지 알기	• '별 볼일 없던 외톨이 대성공' 동여상 시청 • 자랑스러운 나 • 자랑스러운 너 • 자성예언
	11	난 누구일까?	자신의 성격 유형에 대해 알기	• 칭찬 주고 받기 게임하기 • 성격 유형 검사하기 • 자기 탐색을 위한 모둠 토론하기
종결회기	12	새로운 출발 Go Go!	프로그램을 마무리하고 학교폭력성향 행동을 보이지 않도록 실천 의지 다짐하기	• 손님 모셔오기 • 타임 캡슐 만들기 • 달라진 점 찾기 • 나에게 상장 주기

자료: 박금녀 외(2014). 특성화고등학교 학생의 학교폭력성향 감소를 위한 집단상담 프로그램 개발. 상담학연구, 15(1), p.467.

5. 가해학생 학부모 상담

가. 가해학생 학부모 상담과정

문용린(2007)의 가해학생 학부모와의 상담과정을 정리하면 다음과 같다.

첫째, 가해 부모로서의 정서적 불안과 갈등에 대하여 정서적인 공감대를 형성하고 충분히 지지하도록 한다.

둘째, 사건상황을 정확하고 구체적으로 파악한다.

셋째, 사건해결을 위해 내담자가 필요로 하는 도움이 무엇인지를 파악한다.

넷째, 중립적이고 객관적인 태도로 필요로 하는 정보를 제공하고 상담자가 보기에 가해 측에서 도움이 될 정보를 제공한다.

다섯째, 사건처리절차와 예상되는 결과를 알려준다.

나. 가해학생 학부모 상담시 유의사항

1) 상담자는 가해학생 학부모의 심정을 잘 듣고, 공감하고, 치료동맹관계를 잘 맺어 나가는 것이 중요하다.
2) 상담자는 가해학생 학부모가 피해 학부모의 입장이 되어, 서로가 공감할 수 있도록 도와주어야 하며, 가해학생 학부모가 자녀에 대해 보호자이지 책임자가 아님을 분명하게 인식시킨다.
3) 가해부모로서 심적 부담감과 불안감이 안정되면 자녀의 가해행동에 대한 책임을 분명히 밝히고 가해행위에 대한 적절한 보상과 반성의 자세의 중요성을 알린다.
4) 가능하면 피해학생 부모와의 충돌 없이 대화와 협의를 통해 원만한 해결책을 찾을 수 있도록 한다.
5) 신체폭행의 경우 학교폭력 피해로 인한 치료비를 지급할 수 있도록 유도한다.
6) 향후 치료비 및 정신적 피해 보상금 등의 합의금 문제가 발생할 경우 합의금 수준에 대한 정도 등을 함께 논의하면서 현실적으로 가능한 수준을 제시한다.
7) 가해학생 학부모와의 상담은 조심스러우면서도 단호하게 문제의 해결을 위한 위기상담과 자녀양육을 위한 부모교육상담이 함께 이루어져야 한다.

다. 가해학생 학부모의 효과적인 상담개입 예시

가해학생을 대상으로 하는 효과적인 상담 개입 예시는 〈표 11-5〉와 같다.

〈표 11-6〉 가해학생 학부모 대상 효과적인 상담 개입 예시

단 계	개입 전략	심리반응
인식단계	공감적 인식	• 수용하기 –우리아이가 그랬을 수도 있어 –우리아이가 거짓말을 할 수도 있지 –놀랍고 당황스럽지만 수용함
초기개입 단계	해결 의지	• 사실 확인하기 –무슨 일이 있었는지 솔직하게 말해 주겠니? –그때 누구와 함께 있었니? 넌 어떻게 했니? –주변 친구와 선생님께 사실 확인하기
중재단계	공론화	• 잘못 인정하기 –그 아이는 얼마나 힘들었을까? –우리아이가 심했어. –우리아이에게 내가 모르는 모습이 있었구나! –자녀의 잘못을 인정함 –자녀에게 관심 갖지 못한 것에 대한 반성
학습단계	대안행동학습	• 해결 지향적 행동 –자녀와 사건에 대한 이야기를 나눔 –교사의 허락 하에 피해학생 부모와 만남 –자녀와 함께 피해학생에게 사과하기 –재발방지를 약속하기
실행단계	진정성	• 화해와 피해 지원 –재발방지를 위해 학교 내 처벌을 받음 –자녀와 대화시간을 늘임 –자녀의 학교생활, 친구관계에 관심을 기울임 –피해학생의 심리정서적 회복과 치료를 위한 지원
잠복단계	신가치 창출	• 성장과 관계 회복 –자녀의 반성을 돕는 자발적 봉사를 유도 –전문가를 찾아 장기적 심리치료 및 상담 받음 –자녀의 성장을 위한 책임, 관용 자세 습득 기회 제공

자료: 조정실 · 차명호(2010). 폭력 없는 평화로운 학교 만들기. 학지사. pp.140-141.

참고문헌

경기도교육청(2012). 학교폭력 예방 및 대처 종합매뉴얼. 경기도교육청장학자료제9호.

김지영 · 정정숙(2011). 중학생들의 학교폭력 가해행동 재발방지를 위한 집단상담 프로그램의 효과. 청소년학연구, 18(8), 141-159.

교육과학기술부(2008). 학교폭력예방및대책에관한법률및 시행령 전부개정안 설명회 자료집. 교과부생활지도팀.

교육과학기술부(2012). 학교폭력사안처리 Q & A.

교육부(2014). 학교폭력사안처리 가이드북.

김춘경 역(2007). 상담기법 '우리자신, 다른사람, 우리가족, 우리환경과의 관계증진을 위하여'. Rosemary A. Thompson(저). 서울: 학지사.

문용린 외(2006). 학교폭력예방과 상담. 학지사

문용린 외(2008). 학교폭력 예방과 상담. 학지사.

문용린 외(2008). 학교폭력 위기개입 이론과 실제. 학지사.

문용린(2007). 학교폭력 상담매뉴얼. 서울대학교 교육연구소.

문재현 외(2012). 학교폭력 어떻게 만들어지는가. 살림터.

박금녀 외(2014). 특성화고등학교 학생의 학교폭력성향 감소를 위한 집단상담 프로그램 개발. 상담학연구, 15(1), 459-477.

조정실. 차명호(2010). 폭력 없는 평화로운 학교 만들기. 학지사.

제12장 피해학생 상담 프로그램 운영

학습목표

1. 학교폭력 피해학생을 대할 때 요령, 상담절차, 상담전략기법 등을 이해할 수 있습니다.
2. 학교폭력 피해학생 상담을 위해 학부모상담, 전문기관 연계, 상담 프로그램을 이해할 있습니다.

1. 피해학생 학교폭력 상담

가. 피해학생을 대할 때

학교폭력 상담을 위해 피해학생을 대할 때는 허용적인 분위기 즉 래포(rapport)를 최우선적으로 형성하는 것이 중요하다. 피해학생을 대할 때의 구체적인 방법을 제시하면 다음과 같다.

첫째, 당당하게 자신의 마음과 의견을 주장할 수 있도록 지지함으로써 피해사실을 말한 용기 있는 행동을 칭찬하여야 한다.

둘째, 희망적인 위로와 신체적, 정서적 안전을 최우선으로 하여 잘잘못 따지지 말고, 아픔, 상처에 깊이 공감함으로서 정서적인 공감대를 형성하여야 한다.

셋째, 신체적, 정신적 피해가 어느 정도 인지, 어떤 도움이 필요한지 구체적으로 파악함으로써 피해상황을 정확하고 구체적으로 파악하고, 감정적으로 대하기보다 상황 파악에 주력하여야 한다.

넷째, 보복 및 사건 재발을 방지에 도움이 되어야 하며, 해결과정을 학생과 상의함으로써 학생의 의사를 충분히 존중할 것을 말하여야 한다.

다섯째, 부모가 해 주기를 원하는 바를 물어보고, 적극적인 대처가 필요함을 자세하게 설명해야 한다.

2. 학생 상담

가. 학교폭력 피해자 개인상담 절차

학교폭력 피해학생을 대상으로 하는 개인 상담 절차는 [그림 12-1]과 같이 상담시작 단계 → 피해학생의 욕구 파악단계 → 문제 해결방안 탐색단계 → 피해학생 심리치료 단계 → 상담 종결 및 연계 단계의 5단계로 진행될 수 있다.

단계	내용
① 상담시작 단계	• 내담자에게 신뢰감과 안정감을 줌으로써 라포를 형성하고, 희망적인 상담을 설정한다. • 위기상황에 있는 학생의 경우, 최우선적으로 안전을 확인한다. (※신체적 외상 및 정신적 충격에 대한 안정조치 여부를 확인한다.)
② 피해학생의 욕구 파악단계	• 피해 학생의 욕구를 우선순위로 구체적으로 파악한다. • 상담(치료)사는 내담자 해결방법에 대한 합리성 및 욕구에 대한 현실성 평가한다.
③ 문제 해결방안 탐색 단계	• 내담자에 맞는 적절한 해결 방안을 함께 모색한다. • 피해자 당사자의 대처태도 및 요령을 조언해 준다. • 피해자 측과 학교 등 대처방법을 조언해 준다. • 피해자의 신변보호를 위한 방법을 조언해 준다.
④ 피해학생 심리치료 단계	• 피해자 학생에 대한 심리치료 개입 목표 설정한다. • 심리치료 목표 설정 시 변수를 파악한다. • 피해자에게 적합한 프로그램을 진행한다.
⑤ 상담 종결 및 연계 단계	• 상담내용의 요약 및 정리한다. • 연속상담 여부 및 추가 정보를 제공한다. (예: 전문기관 및 프로그램 연계 등)

[그림 12-1] 학교폭력 피해학생 개인상담 절차

자료: 교육과학기술부(2012). 학교폭력사안처리 가이드북. p.141.

나. 학교폭력 피해학생 상담과정

문용린 외(2008)는 학교폭력 피해학생을 대상으로 하는 구체적인 상담과정을 다음과 같이 제시하였다.

첫째, 피해 사실에 대해 상담을 요청한 것에 적극적 칭찬을 하고, 정서적 지지를 통한 정서적 공감대를 형성하도록 한다.

둘째, 피해상황에 대한 구체적인 사실을 정확하게 파악하고, 피해학생의 신체적, 정신적 피해 정도에 따른 필요한 도움을 구체적으로 파악하도록 한다.

셋째, 보복에 대한 두려움이 큰 경우 사건에 대한 적극적인 대처가 보복 및 사건재발을 방지하는데 도움이 되는 것을 알리고, 상담자와 함께 문제를 해결하도록 지지한다.

넷째, 피해 상황을 파악한 후 피해를 언제, 어디서, 어떻게, 왜 당했는지 피해의 원인을 탐색한다.

다섯째, 가해학생으로부터 보호에 대한 확신을 주고, 향후 다시 학교폭력을 당하지 않도록 피해학생이 취할 수 있는 방법들을 자세하게 안내한다.

여섯째, 교사나 부모에게 알리고 주변의 도움을 요청하는 것이 사건해결의 열쇠임을 안내한다. 예를 들어 사건발생 일시, 장소, 사건의 기간, 가해자의 집단여부, 가해자의 특징, 사건발달의 원인, 주변 증인의 존재유무 등을 말할 수 있도록 하여야 한다.

일곱째, 주변의 도움을 요청할 때 피해사실에 대한 증거자료를 충분히 준비하도록 안내한다. 예를 들어, 사이버상의 폭력은 자료를 캡처하여나 사진을 찍어놓고, 외상이 있는 경우 사진을 찍어서 자료를 남긴다. 금품갈취의 경우 주변의 증인을 확보하고, 만약 증거자료가 없다면 일기형식의 진술문이나 주변의 진술(진술서 또는 녹취)를 확보하도록 한다.

다. 학교폭력 피해학생 단계별 상담치료 전략

가해학생 단계별 상담치료 전략은 〈표 12-1〉과 같이 크게 초기단계 → 중기단계 → 후기단계의 3단계로 나눌 수 있다.

〈표 12-1〉 피해학생 단계별 상담치료전략

단계	전략	세부전략
초기단계	사건의 정황파악	• 피해학생 인적사항 파악하기 • 사건의 객관적인 정보 수집하기
	사안처리	• 자치위원회 및 전문기관을 통한 사안처리
	초기면접	• 심리검사 및 진단, 평가, 피해가능성 평가척도지
중기단계	개인상담	• 피해학생에 대한 심리치료, 피해자의 신변보호 • 상담 및 치료프로그램 진행 –인지정서행동 상담치료기법 예시 –현실치료 상담치료기법 예시 –인간중심 상담치료기법 예시
	학부모 상담	• 학부모 상담
	관련기관연계	• 의료적 서비스(병원 및 정신과) 연계 • 중재전문기관 연계 • 형사 및 민사소송과 관련한 자문기관 연계
종결단계	사후관리	• 사후관리 프로그램 연계 • 학교폭력 위기개입의 평가
	다면적 통합지원	• 학교차원/가정차원/지역사회차원의 지원

자료: 교육과학기술부(2012). 학교폭력사안처리 가이드북. p.140.

라. 피해가능성 평가척도지 종류

학교폭력 피해가능성 평가척도지는 여러 종류가 있으나, 대표적인 것으로 학교 따돌림 평가척도, 아동·청소년용 외상후 스트레스 장애척도, 다면적 인성검사(MMPI) 등을 활용할 수 있다.

〈표 12-2〉 피해가능성 평가척도지 종류

평가지 종류	평가항목
학교 따돌림 평가척도	• 능동적인 공격성을 측정하는 하위척도만을 발췌하여 구성한 질문지 ① 폭행: 육체적 폭력행위 ② 간접적 공격성: 악의 있는 험담이나 짓궂은 장난 ③ 언어적 공격성: 언어를 사용한 위협

평가지 종류	평가항목
아동 · 청소년용 외상후 스트레스 장애척도	• 강박질문의 하위척도로서 폭력을 가하거나 반사회적 충동 및 행동통제 상실에 대한 두려움 문항 • 강박적 충동 및 행동 통제 상실에 대한 염려를 반영하는 것으로 외현적인 공격성과는 차이가 있음
다면적 인성검사(MMPI)	• 초등학생의 공격성 정도를 평가하는 데 많이 활용

자료: 교육과학기술부(2012). 학교폭력사안처리 가이드북. p.141.

마. 적용가능한 상담기법

학교폭력 피해학생에 대한 대표적인 상담기법으로는 현실치료 상담, 자아존중감 증진 훈련 상담 등이 있다. 현실치료 상담기법의 목적은 내담자와 상담자 사이의 협동적 노력으로 함께 개념화한다. 자아존중감 증진 훈련 상담기법의 목적은 부정적인 신념은 긍정적인 행동의 걸림돌이며, 자신의 부정적인 사고에 의해 많이 제한을 받기도 한다(김춘경 역, 2007).

〈표 12-3〉 적용가능한 상담기법 예시

기법	내용
현실 치료 상담 기법	① 상담자는 내담자에게 지지를 줄 수 있는 관계를 만들라. ② 내담자의 과거를 강조하지 말고 지금 일어나고 있는 일을 파악하라. ③ 내담자가 행동을 평가하는 법을 배우도록 도와라. 내담자가 자신이 말하고 있는 것이 정말로 자신을 돕고 있는지 아닌지를 깨닫도록 도와라. ④ 내담자의 행동평가가 끝나면 더 도움이 된다고 판단되는 대안 행동을 탐색하라. ⑤ 행동을 계획하는 데 참여하라. ⑥ 내담자는 계획을 수행하는 데 책임을 질 것을 배우도록 독려한다. ⑦ 벌 주지 않고도 엄격하라. 더 긍정적인 동기부여를 위해, 내담자가 수행하지 않은 것에 대해 처벌하는 일 없이 수행할 것을 가르쳐라.
자기 존중감 증진 훈련	① '나는'이라는 단어로 말을 시작하라. ② 확언에 당신의 이름을 포함시켜라. ③ '훌륭한, 최고의, 대단한'과 같은 긍정적인 어감의 말을 포함하라. ④ 현재 시제로 서술하라. ⑤ 짧게 말하라. ⑥ 확언 내에서 당신의 힘을 모아라. ⑦ 행동적 언어를 선택하라.

기법	내용
	⑧ 긍정적 언어를 선택하라. ⑨ 행동을 동기화시키는 느낌 단어를 포함하라. ⑩ 확언을 구성하고 나면 눈을 감고 그 확언을 여러 번(적어도 세 번) 반복하고, 그것이 창조한 내면의 사진을 확인하라. 그 사진이 당신이 바라는 결과와 일치한다면 당신의 확언은 좋은 것이다.

3. 학부모 상담

가. 학교폭력 피해 학부모 상담 절차

학교폭력 피해학생을 대상으로 하는 학부모 상담 절차는 〈표 12-4〉와 같이 인식 단계 → 초기 개입 단계 → 중재 단계 → 학습 단계 → 실행 단계 → 잠복 단계의 6단계로 나눌 수 있다.

〈표 12-4〉 피해학생 학부모의 효과적 개입 모델 예시

단계	개입전략	심리반응
인식단계	공감적 인식	• 정서적 지지 -얼마나 힘들었나요 -당신을 도와주지 못해 미안하군요 -이제 걱정하지 마세요! -더 이상 이런 일이 없도록 도와드리겠습니다
초기개입 단계	해결 의지	• 보호와 알림 -학교에 폭력사건을 알림 -자녀의 보호를 위해 도움을 요청함 -교사와 어떻게 해결할지 상의
중재단계	공론화	• 적극적 대처 -당신의 자녀를 도와줄 수 있는 사람은 누구일까요? -가해학생으로부터 보호를 요구 -증거자료를 확보
학습단계	대안행동 학습	• 자존감 회복 -이번 일로 자녀가 성장하는데 큰 힘이 될 겁니다

단계	개입전략	심리반응
		-힘든 문제였지만 배우는 기회로 삼기 -가해학생과 부모에게 사과와 재발방지를 약속받기
실행단계	진정성	• 새로운 시도 -자녀의 양육법을 개선 -자녀와 대화시간을 늘임 -자녀에게 먼저 부모의 변화된 모습을 보이기 -자녀의 건강한 학교생활을 위해 교사에게 도움요청
잠복단계	신가치 창출	• 성장 가능성 탐색 -어떤 문제에 부딪혀도 잘 해결할 수 있습니다. -부모가 자녀의 힘든 문제를 지원할 수 있음을 알림 -소중한 가족의 사랑을 확인 -자녀의 적성과 진로를 탐색해 가기

자료: 조정실・차명호(2010). 폭력없는 평화로운 학교만들기. 학지사. pp.131-132.

나. 상담 과정

문용린 외(2008)는 학교폭력 피해학생 학부모를 대상으로 하는 구체적인 상담 과정을 다음과 같이 제시하였다.

첫째, 피해상황에 대한 학부모의 정서적인 놀람과 분노의 감정을 충분히 지지함으로써 공감대를 형성할 수 있도록 한다.

둘째, 사건 상황과 사건 이후의 상황을 정확하게 파악하고 피해자의 상황, 가해자의 상황, 학교 측의 태도 및 조치 등에 대해 정확하게 이해하도록 한다.

셋째, 피해자가 원하는 도움이 무엇인지 구체적으로 파악한다.

넷째, 사건해결을 위한 방법을 탐색하고 관련 정보를 제공한다. 특히, 학교폭력대책자치위원회에 대하여 안내하고 학교에 공식적으로 사건해결의 도움을 요청하도록 한다.

다. 피해 학부모 상담시 주의사항

학교폭력 피해학생 학부모 상담시 주의사항은 다음과 같다.

첫째, 가해 측과 학교 측을 대할 경우 감정적으로 대하지 않도록 하고, 감정적으로 대할 경우 생기는 불이익에 대해 충분히 주지시킨다.

둘째, 따돌림이 피해의 원인인 경우에는 따돌림 발생 원인에 대하여 상담자와 충분히 대화를 한다.

셋째, 성격적인 부분이 피해의 원인인 경우에는 부모의 양육태도, 가정의 분위기 등이 학생의 성격과 정서적인 부분에 미치는 영향을 알려주고, 근본적인 문제해결을 위해 부모와 가족의 적극적인 관심과 도움이 필요함을 설득시킨다.

넷째, 피해학생이 학교폭력의 원인을 제공했거나, 피해원인이 피해학생의 부모에게 있다는 식의 책임이 거론되면 피해학생 부모는 사실을 인정하기 보다 분노감과 억울함을 상담자에게 투사할 수 있음을 특별히 유의한다.

다섯째, 사건해결을 위해 피해 사실에 대한 증거자료를 충분히 확보하도록 안내한다.

여섯째, 피해 측의 요구사항이 가해학생의 처벌보다는 피해학생의 학교적응을 위한 것이 되도록 유도한다.

일곱째, 피해자의 욕구가 가해자 처벌 및 치료비와 합의금의 문제일 경우 현실적으로 가능한 수준을 제시하고 한계를 수용할 수 있도록 설득한다.

여덟째, 이성적으로 진행해 나가기 어렵다고 판단되는 피해학생의 부모의 경우에는 심리적인 부분에 대해 안정을 취할 수 있도록 전문적인 상담이나 치료 전문가에게 직접적으로 연결해 주는 것이 중요하다.

아홉째, 피해자 부모가 가해자를 아는 경우에는 우선 가해자의 신분을 확인하고 우발적이고 피해가 경미한 경우에는 원인을 찾아 가해자를 직접 만나 잘못을 깨닫게 하고 화해를 유도할 수 있다. 그러나, 고의적인 폭행의 경우에는 학교에 즉기 알리고 학교 담당 교사가 참석한 자리에서 공개적인 사과를 받고 재발방지를 위한 각서를 받도록 하는 것이 좋다. 피해자 부모가 가해자를 모를 경우에는 피해를 당한 장소를 학교와 경찰에 신고를 하고, 가능한 한 피해 장소를 피해서 다닐 수 있도록 학생에게 주의를 준다.

열번째, 완전히 가해자의 잘못일 경우 치료비 100% 유도 및 가해자와 피해자 양자 잘못일 경우 70:30 정도로 치료비 합의를 유도할 수 있다. 또한 정신적 손상이 커서 외상 후 스트레스성 장애 징후가 있거나 예상될 때 정신과 병원 진단서를 유도한다.

4. 관련 전문기관 연계

가. 피해학생 심리치료

피해학생에 대한 전문적인 심리치료는 외부 전문기관(예: Wee센터, CYS-Net, 정신보건센터, 청소년비행예방센터 등)에 연계하여 진행할 수 있다.

나. 성폭력 사안

성폭력 사안의 경우는 지역 성폭력피해 원스톱 지원센터, 해바라기 센터 등과 연계한다.

다. 의료복지 서비스

학교폭력으로 인한 신체적 부상은 의료 및 치료 서비스를 지원하도록 도움을 준다. 필요시에는 정서적 · 정신적 피해에 따른 정신과적 치료(심리 및 약물치료 등)를 추가적으로 알려준다.

라. 중재전문기관 연계

학교폭력 사안 발생시 학교 및 학교 내 Wee클래스, 지역 내 Wee센터에서는 가 · 피해자 학생에 대한 상담, 학부모상담, 특별교육 등의 서비스를 받을 수 있으나 사안처리 과정에서 전문적인 서비스개입이 요구될 때에는 청소년폭력예방재단 '학교폭력 SOS지원단'의 도움을 받도록 한다.

마. 관련 전문기관 연계 절차

학교폭력 피해학생에 대한 교육적 조치사항으로 관련 전문기관에 연계할 경우 그 절차는 [그림 12-2]와 같이 크게 6단계로 요약할 수 있다.

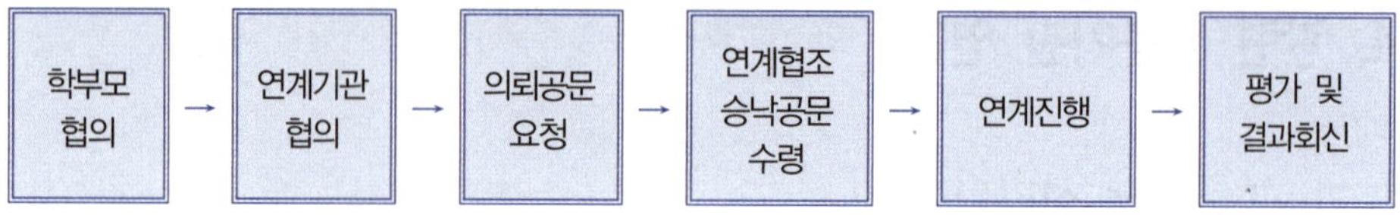

[그림 12-2] 관련 전문기관 연계 절차

바. 학교폭력 피해자 지원기관 운영 예시

1) 주요 기능

학교폭력 피해자를 지원 기관의 주요기능은 쉼터, 상담, 치유프로그램 개발 및 운영, 학부모교육 등 〈표 12-5〉와 같다.

〈표 12-5〉 학교폭력 피해자 지원기관의 주요기능

연번	기능	세부 내용
1	학교폭력 피해학생 쉼터	학교 피해학생의 보호
2	학교폭력 피해학생·학부모 상담	학교폭력 피해발생 시 대응방안 등에 관한 상담 제공 및 피해가족 간 상담 진행
3	피해학생 및 학부모 치유프로그램 개발·운영	피해학생 및 학부모 대상 힐링캠프 등 치유프로그램 운영 (집단상담, 연극치료, 미술치료, 음악치료, 숲치료 등)
4	피해학생 치유프로그램 모델 개발·보급	피해학생 상황별 치유프로그램을 개발·운영하고, 효과성이 검증된 우수프로그램을 Wee센터·학교 등에 보급
5	피해학생 학부모 교육	학교폭력 피해학생 학부모 대상 학교폭력 사안 발생 후 추가 피해를 방지하기 위한 학부모의 역할을 교육하고, 피해학부모의 심리적인 안정감 제공
6	피해·가해 학부모간의 화해 및 중재 역할	원만한 화해와 중재를 유도하여 민원 또는 소송으로 발전하지 않도록 중재
7	학교폭력근절을 위한 정책제안	학교폭력 피해자의 의견 등 현장의 목소리를 수합·바람직한 정책대안 제시

자료: 교육과학기술부(2012). 학교폭력 피해학생·학부모 교육·치유 지원 강화 방안. p.9.

2) 인력 배치

- **기관장 1명, 상담교사 4명(일반상담 2, 피해부모상담 2) 예술치료 전문가 4명, 프로그램 운영요원 2명, 그 외 의료진·법률지원 전문가 등**

3) 치유프로그램 구성

치유 프로그램은 연극치유, 난타, 집단상담, 벽화그리기 등 다양한 체험활동과 상담 중심으로 〈표 12-6〉과 같이 이루어진다.

〈표 12-6〉 치유 프로그램 구성 예시

프로그램	내용
연극치유	자기이해, 타인이해, 잠재능력 표출 기회 제공
난타	감정표현, 스트레스해소
집단상담	대인관계 기술습득, 또래와의 소통과 이해로 우울감, 공포감 극복
벽화그리기	협동작업, 성취감향상
숲치유	자연과의 교감, 명상의 시간
미술치유	자기표현능력 향상, 심리적 안정
춤치유	억압된 감정해소, 자기애 발견, 자아 존중감 향상
음악치유	음악을 통한 자아형성, 연주와 명상 등으로 자기조절 능력 배양
부모교육	자녀와의 대화법, 자녀 이해하기, 올바른 학부모의 자세

자료: 교육과학기술부(2012). 학교폭력 피해학생·학부모 교육·치유 지원 강화 방안. p.10.

사. 학교폭력 피해학생 집단상담 프로그램

교육과학기술부(2012)에서 학교폭력 피해학생 집단상담 프로그램 매뉴얼에 소개된 내용을 제시하면 다음의 〈표 12-7〉과 같다.

〈표 12-7〉 학교폭력 피해학생 집단상담 프로그램 예시

<table>
<tr><th>회기</th><th colspan="2">프로그램명</th><th>내용</th></tr>
<tr><td>1</td><td colspan="2">방가 방가~!</td><td>• 프로그램 소개
• 집단규칙 정하기
• 친사회적 게임</td></tr>
<tr><td>2</td><td colspan="2">나를 돌아봐!</td><td>• 이구동성 게임
• 꼴라쥬로 나의 성장과정 탐색하기
• 꼴라쥬로 나의 관계도 나타내기
• 007 도움의 피자</td></tr>
<tr><td>3</td><td colspan="2">느끼는 대로</td><td>• 방긋 스마일^^ 가위바위보!로 팀 나누기
• 감정 알아맞히기 스피드 게임
• 나의 감정 느껴보기
• 타인의 감정 느껴보기</td></tr>
<tr><td>4</td><td colspan="2">스트레스 팍팍~!</td><td>• 나의 기분 체크하기
• 학교폭력 역할극 워밍업
• 역할극 준비하기
• 역할극 발표하기
• 찰흙 던지기
• 스트레스 팍팍!</td></tr>
<tr><td>5</td><td colspan="2">지피지기 백전백승!</td><td>• 그림 완성하기
• 학교폭력 예방교육
• 가해자, 피해자 요인찾기
• 나의 학교폭력 사례 요인 탐색하기</td></tr>
<tr><td>6</td><td rowspan="3">의사소통훈련</td><td>이제 잘
들어보자!</td><td>• 끼리끼리 모여~!
• 듣고 그리기
• 상대방의 의도 파악하기
• 듣기 연습하기</td></tr>
<tr><td>7</td><td>지대루
말해볼까?</td><td>• 넘겨넘겨!
• 워밍업 게임
• 공감적 이해하기와 활용
• 나 전달법 이해와 활용</td></tr>
<tr><td>8</td><td>밝게!
자신있게!</td><td>• 으라차차!
• 긍정 vs 부정
• 자기표현의 활용
• 가해학생에게 자기 표현하기</td></tr>
</table>

<table>
<tr><th>회기</th><th colspan="2">프로그램명</th><th>내용</th></tr>
<tr><td>9</td><td rowspan="3">분노조절훈련</td><td>분노야 놀자!
(1)</td><td>• 나의 기분 체크하기
• 분노 감정을 표현하는 동영상 제시하기
• 나의 분노 패턴 발견하기</td></tr>
<tr><td>10</td><td>분노야 놀자!
(2)</td><td>• 인간 별 만들기
• 분노경험 일지 발표하기
• 분노 조절 연습하기</td></tr>
<tr><td>11</td><td>새로운 눈으로
보자</td><td>• 신문지 오리기
• 새로운 눈으로 보자! Ⅰ
• 새로운 눈으로 보자! Ⅱ</td></tr>
</table>

자료: 청소년폭력예방재단(2011). 학교폭력 예방 집단상담 프로그램 매뉴얼.

참고문헌

교육과학기술부(2012). 학교폭력사안처리 Q & A.

교육과학기술부(2012). 학교폭력사안처리 가이드북.

교육과학기술부(2012). 학교폭력 피해학생·학부모 교육·치유 지원 강화 방안.

김춘경 역(2007). 상담기법 '우리자신, 다른사람, 우리가족, 우리환경과의 관계증진을 위하여'. Rosemary A. Thompson(저). 서울: 학지사.

문용린 외(2006). 학교폭력 예방과 상담. 학지사

문용린 외(2008). 학교폭력 예방과 상담. 학지사.

문용린 외(2008). 학교폭력 위기개입 이론과 실제. 학지사.

문용린(2007). 학교폭력 상담매뉴얼. 서울대학교 교육연구소.

문재현 외(2012). 학교폭력 어떻게 만들어지는가. 살림터.

조정실. 차명호(2010). 폭력 없는 평화로운 학교 만들기. 학지사.

청소년폭력예방재단(2011). 학교폭력 예방 집단상담 프로그램 매뉴얼.

제4부 학교폭력 예방 및 대처하기

제13장 학교폭력 예방 프로그램 운영

학습목표

1. 우리나라의 대표적인 학교폭력 예방 프로그램의 내용을 이해할 수 있습니다.
2. 외국의 대표적인 학교폭력 예방 프로그램의 내용을 이해할 수 있습니다.

1. 국 · 내외 학교폭력 예방 프로그램

학교폭력이 일어났을 때 학생들이 프로그램을 통하여 자신과 타인을 이해하고 자신의 삶을 긍정적으로 설계함으로써 학교폭력이 일어나지 않도록 예방하는 것이 학교폭력 예방 프로그램 개발의 목적이다.

국내 · 외에 개발된 학교폭력 예방 프로그램의 사례를 살펴봄으로써 학교폭력 예방을 위한 실천 활동에 도움을 주고자 한다.

가. 우리나라 학교폭력 예방 프로그램

우리나라의 대표적인 학교폭력 예방 프로그램은 〈표 13-1〉과 같이 KEDI, 시우보우, 무지개, 내가 바로 지킴이, 헬핑, 작은 힘으로 시작해봐 등이 있다.

〈표 13-1〉 우리나라 학교폭력 예방 프로그램

예방 프로그램 명	핵심 구성요소	대상	회기	개발기관
학교폭력 예방 프로그램	공감, 관점채택, 친사회적 문제해결 및 의사소통기술, 또래중재 기술과 행동, 학교폭력 예방을 돕는 학교환경 구성	초등학교 4~6학년	4차시	한국교육개발원 (2007)
시우보우 프로그램	이타행동, 대인관계, 의사소통, 인권과 평화의식, 폭력문화, 집단따돌림 등 학교폭력	초, 중, 고	학교급별 10편, 편당 7~10분	서울대 발달심리 연구실 (2006)
무지개 프로그램	마음의 힘, 관심과 사랑, 친구상담, 학교갈등 통찰, 희망가꾸기	초, 중, 고	10회기	청소년보호 위원회 (2002)
내가 바로 지킴이	학교폭력인식, 예방나무, 무비오케, 예방교육 강의 등	초, 중, 고	60분	청소년폭력 예방재단
헬핑프로그램	학교폭력 인식, 방관자와 중재자 역할, 학교폭력 법률과 대처요령	초, 중	8회기	서울대 발달심리 연구실 (2005)
작은 힘으로 시작해봐!	폭력개념, 폭력트라이앵글, 대처 행동 이해	초	40분	사회정신건강 연구소(2005)
폭력은 부메랑	선택, 자신의 삶을 만들어갈 수 있는 자유와 책임능력, 자기결정을 중시	초, 중, 고	6회기	법무부 (2012)
어울림 프로그램	공감, 의사소통, 갈등해결, 자기존중, 감정조절, 학교폭력 인식·대처	초, 중, 고	10-12 차시	교육부 (2013)

1) KEDI 학교폭력 예방 프로그램

한국교육개발원(KEDI)에서 개발한 학교폭력 예방프로그램은 초등학교 학생들에게서 쉽게 발생할 수 있는 집단따돌림(왕따), 언어폭력, 신체폭력, 금품갈취 등의 학교폭력 사례 프로그램을 개발하였다.

공감과 관점채택능력, 사회적 정보처리, 또래중재와 갈등해결, 안전하고 즐거운 학교 만들기에 관한 내용으로 구성되어 있다.

〈표 13-2〉 KEDI 학교폭력 예방 프로그램 구성

회기	주제	회기명	핵심내용
1	공감	입장 바꿔 생각해 봐!	공감하고 배려하는 마음 갖기
2	대인관계	나라면 어떻게?	긍정적인 갈등해결 방법 이해
3	또래 중재	우리 반의 평화는 내 손으로!	또래 중재자 역할과 또래 중재 방법
4	학교 환경	행복하고 즐거운 학교	학교폭력을 예방하는 학교 환경 개선 방법

2) 시우보우(서울대학교 발달심리연구실)

시우보우 프로그램은 시우보우(視友保友)-'친구를 보고 친구를 지키자'라는 뜻으로 초·중·고 학생들을 대상으로 동영상 자료를 활용하여 인성 교육, 폭력에 대한 인식, 학교폭력 대처양식을 학습시키기 위해 개발되었다.

학생의 발달수준과 인지, 정서, 행동의 세 차원을 고려하여 제작되었고, 학생의 흥미와 동기를 유발할 수 있도록 7~10분 정도의 동영상 자료를 중심으로 제작되었다. 따라서, 동영상 자료 중심이기 때문에 학습자가 수동적이고, 활동중심이 아니라는 점과 예방을 목적으로 개발되었기 때문에 가해 학생의 선도나 피해 학생의 치유를 위해 활용하는 데에는 미흡하다는 점이다.

〈표 13-3〉 시우보우 프로그램 회기별 내용 구성

회기	단계	주제	회기명	핵심내용
1	기본인성 함양	이타행동	"내가 바로 그 사람이야"	내가 먼저 도와주기
2		대인관계	"나와 조금 다를 뿐이야"	다름을 인정하기
3		의사소통	"이렇게 말해요"	효과적인 의사소통 기술
4		인권과 평화의식	"우리에게 인권이 있어요"	인권에 대한 개념
5	폭력인식	폭력문화	"나도 폭력에 중독되고 있다"	폭력매체의 부정적 영향
6	학교폭력 대처	집단 따돌림	"내가 먼저 시작할 수 있어요"	집단따돌림의 원인과 대처요령
7		언어적 폭력	"말도 상처가 돼요"	언어폭력 대처요령
8		신체적 폭력	"아프게 하지 말아요"	신체적 폭력의 위험성
9		금품갈취	부끄러운 일	금품갈취의 유형과 대처요령
10		사이버 폭력	내가 사이버 폭력을?	사이버폭력의 유형과 대처요령

3) 무지개 프로그램(청소년폭력예방재단)

무지개 프로그램은 초・중・고 학생을 대상으로 학교와 청소년 기관에서 활용할 수 있도록 개발된 피해 학생 치유 및 재활 프로그램이다. 이 프로그램은 모형 개발의 성격이 강해 학교 현장이나 청소년 기관에서 직접적으로 활용하는데는 제한적이고, 학생들의 흥미와 관심을 불러일으키기에는 활동이 다소 부족한 점이 있다(박효정 외, 2007).

〈표 13-4〉 무지개 프로그램 구성

활동 주	수업(10명내외/90분)	과제
1	• 오리엔테이션 – MI 실시 및 채점 – 별칭 짓기	• 마음의 힘 깨우기(R/V): – 호연지기 – 활동지 작성
2	• 관심과 사랑나누기(A) – 마음의 문 열기 • 마음의 힘 키우기(R/V) – 호연지기 토론	• 마음의 힘 깨우기(R/V) – 고난극복 – 활동지 작성
3	• 마음의 힘 깨우기 – 구족화 그리기(A) – 고난극복 토론(R/V)	• 마음의 힘 깨우기(A) – 어려운 사람에게 용기를 – 편지가 카드 쓰기
4	• 친구상담 연습하기(SPC): – 채팅상담, 만화완성하기 – 게시판 리플 달기 – 게임하기	• 관심과 사랑나누기(R/V) – 우정・사랑 – 활동지 작성
5	• 관심과 사랑나누기 – 믿음의 원(A) – 우정・사랑 토론(R/V)	• 학교갈등 통찰하기(R/V) – 학교갈등 – 활동지 작성
6	• 친구상담 연습하기(SPC) – 채팅상담, 만화완성하기 – 게시판 리플 달기 – 게임하기	• 학교갈등 통찰하기(A) – 고통 받는 친구들
7	• 선배체험 나누기(E) – 체험 듣기 – 고백 쪽지(A)	• 학교갈등 통찰하기(A) – 나만의 스트레스 해결법

주 \ 활동	수업(10명내외/90분)	과제
8	• 친구상담 연습하기(SPC) −채팅상담, 만화완성하기 −게시판 리플 달기 −게임하기	• 희망 가꾸기(A) −내가 존경하는 인물(찾고꾸미기)
9	• 희망 가꾸기(A) −명함 만들기 −희망나무 가꾸기 −존경하는 인물	• 희망 가꾸기(A) −MI 활동 계획서 작성하기
10	• 희망 가꾸기(A) −MI 활동 계획서 발표 −상장 만들고 나눠 주기 −평가하기	•

* A: 활동, E: 체험하기, R: 읽기, V: 비디오보기, SPC: 친구상담연습하기

4) 내가 바로 지킴이(청소년폭력예방재단)

'내가 바로 지킴이' 프로그램은 학생들이 학교폭력에 대해 바로 이해하고 폭력 예방을 위한 자기 역할을 인식하며, 친구 간에 긍정적 역할 수행을 지도함으로서 학교폭력상황을 예방하는 교육프로그램이다.

초등학교 저학년용, 고학년용, 중·고등학교용으로 개발되었고, 모둠활동을 통해 학교폭력의 개념과 대처방법을 이해하도록 되었으며, 특히, 중·고등학생용은 역할극을 통해 피해자와 가해자의 입장을 이해할 수 있도록 활동 내용이 구성되어 있다.

〈표 13-5〉 초등학교 저학년용 프로그램

제 목	내 용	목 표
이게 뭐야	• 청소년폭력예방재단 및 강사를 소개하고 〈내가 바로 지킴이〉 프로그램 내용 및 목표를 소개합니다. • 전체 인원을 조(모둠)별로 나누어 잘하는 모둠에 스티커를 상으로 주어 동기 부여 등을 통해 프로그램에 대한 기대감을 줍니다.	소개 및 관계 형성
학교폭력 O·X퀴즈	• 유형별 학교폭력 상황 그림을 준비하여 그림에 나타난 상황을 보며 자신의 경험 말하기를 유도하고 상황을 맞춘 팀에게 스티커를 줍니다.	학교폭력의 개념 정리

제 목	내 용	목 표
이럴 땐 이렇게 베스트 5	• 유형별 학교폭력 방안을 5위까지 순위를 부여하여 판을 만듭니다. • 손 인형을 가지고 가해자가 피해자에게 학교폭력을 하는 상황을 연출하여 그에 대한 대처방법을 이야기하고 그 답안이 순위에 있는 경우 답이 적힌 경우 예방 나무에 그 답을 붙이고 스티커를 줍니다.	예방법과 대처 방법 제시
예방나무 만들기	• 예방나무 준비 및 대처방안이 적힌 사과를 준비합니다. • 손 인형을 가지고 학교폭력상황을 연출한 후 그에 대한 대처방안을 이야기하여 준비한 답안을 맞출 경우 그 답이 적힌 사과를 예방나무에 붙이고 스티커를 줍니다.	예방법과 대처 방법 제시
으랏차차!!	• 학교폭력 예방은 혼자 하는 것이 아니라 함께 해야 하는 것임을 알게 하는 활동입니다. • 여러 명이 함께 손과 발을 맞대고 바닥에서 일어납니다.	예방을 위한 협동심과 책임감 배양

〈표 13-6〉 초등학교 고학년용 프로그램

제 목	내 용	목 표
이게 뭐야	• 청소년폭력예방재단 및 강사를 소개하고 〈내가 바로 지킴이〉 프로그램 내용 및 목표를 소개합니다. • 전체 인원을 조(모둠)별로 나누어 잘하는 모둠에 스티커를 상으로 주어 동기 부여 등을 통해 프로그램에 대한 기대감을 줍니다.	소개 및 관계 형성
수사대 활동	• 수사대가 되어 스스로 학교폭력의 개념을 알아봅니다. • 조(모둠)별로 종이를 나누어 주어 자신들이 경험하거나 생각하는 학교폭력에 대해 토의, 그림이나 글로 표현하면서 폭력의 개념을 정리합니다.	학교폭력의 올바른 이해 및 위험성 제고
빙고 게임	• 빙고게임을 통해 학교폭력 예방 및 대처방법에 대해 익힙니다. • 빙고용지 9칸을 만들어 모둠별 토의한 학교폭력 예방 및 대처방법을 쓰게 하고 하나씩 발표하면서 내용을 하나씩 지워나가 먼저 지운 모둠에게 준비한 상품을 줍니다.	예방법과 대처 방법 제시
예방나무 만들기	• 예방나무 준비 및 대처방안이 적힌 사과를 준비합니다. • 빙고게임을 통해 나온 9가지 예방 및 대처방법을 사과에 적도록 하여 예방나무에 붙입니다.	예방법과 대처 방법 제시
으랏차차!!	• 학교폭력 예방은 혼자 하는 것이 아니라 함께 해야 하는 것임을 알게 하는 활동입니다. • 여러 명이 함께 손과 발을 맞대고 바닥에서 일어납니다.	예방을 위한 협동심과 책임감 배양

〈표 13-7〉 중 · 고등학교용 프로그램

제 목	내 용	목 표
이게 뭐야	• 청소년폭력예방재단 및 강사를 소개하고 〈내가 바로 지킴이〉 프로그램 내용 및 목표를 소개합니다. • 전체 인원을 조(모둠)별로 나누어 잘하는 조(모둠)에 스티커를 상으로 주어 동기 부여 등을 통해 프로그램에 대한 기대감을 줍니다.	소개 및 관계 형성
무비오케	• 학교폭력 관련 영상물 등을 감상합니다. • 모둠끼리 모여 학교폭력에 대한 느낌 점을 토론하고 몸으로 표현하여 발표합니다.	학교폭력 상황의 간접경험과 대안행동 모색
이럴 땐 이렇게 (역할극)	• 역할극을 통해 상대방의 입장을 이해하고 학교폭력 예방의 대안을 모색합니다. • 학교폭력을 종류별로 나누어 보고, 각 조(모둠)별로 상의해서 한 가지 주제를 선택한 후 역할극을 구성하고 발표합니다.	학교폭력 상황의 간접경험과 대안행동 모색
학교폭력 예방 가요제	• 좋아하는 노래를 정하여 학교폭력 예방과 대처방안이 들어가는 가사로 개사하여 부르는 활동입니다. • 모둠별로 정한 노래를 개사하여 학교폭력 예방 및 대처방안 가요 콘테스트를 열고 시상합니다.	학교폭력 상황의 간접경험과 대안행동 모색
이것이 학교폭력이다 (예방교육강의)	• 파워포인트 자료 등을 통해 학교폭력의 올바른 이해 및 위험성을 인식시키고 대처방법을 알려줍니다. • 학교폭력의 정확한 정의, 위험성, 법적 처벌, 대처방법 등에 대해 정리합니다.	학교폭력의 올바른 이해 및 위험성 재고 및 예방을 위함
으랏차차!!	• 학교폭력 예방은 혼자 하는 것이 아니라 함께 해야 하는 것임을 알게 하는 활동입니다. • 여러 명이 함께 손과 발을 맞대고 바닥에서 일어납니다.	예방을 위한 협동심과 책임감 배양

5) 헬핑 프로그램(서울대학교 발달심리연구실)

헬핑(HELP-ing: Help Encourage yourself as a Leader of Peace - ing!) 프로그램은 8회기 이하의 기간 동안 학급 전체를 주 대상으로 하는 프로그램으로서 폭력의 부정적 결과와 대처방안에 대해 정확한 인식 능력을 도모하는 사회 인지 능력 향상 프로그램으로 제작된 프로그램이다.

우리나라의 교육 여건을 반영하여 비교적 단기간에 일반 학생을 대상으로 교실에서 실시될 수 있도록 하였으며 초등용(한 회기당 40분)과 중등용(한 회기당 45분) 각 8·4·2·1 회기용으로 구성되어 학교 현장에 따라 선택하여 사용할 수 있게 되어 있다.

프로그램 CD에는 각 회기별 시청각 자료, 학생용 워크북(헬핑책), 교사용 매뉴얼이 포함되어 있으며 특정한 교육을 받지 않은 일반 교사들도 교사용 매뉴얼을 바탕으로 프로그램을 진행할 수 있게 하였다.

〈표 13-8〉 헬핑 프로그램 회기별 목표와 구성

내용 \ 학교급		초등학교	중학교
1회기	내용	**'전쟁과 테러'와 왕따에 대한 공통점 인식**	**'전쟁과 테러'와 학교폭력에 대한 공통점 인식**
	방법	학교폭력 사진 슬라이드와 목소리 녹음	학교폭력 실제 동영상
2회기	내용	**학교폭력의 부정적 결과 인식**	**학교폭력에 대한 정확한 인식과 부정적 결과 인식**
	방법	애니메이션과 한의사 인터뷰	피해자 동영상과 양의사의 의학적 설명
3회기	내용	**왕따 상황에서 방관자 역할에 대한 인식**	**학교폭력 상황에서 방관 행동의 문제점 인식**
	방법	애니메이션과 일화 소개	역사적 사례 소개와 피해자 인터뷰
4회기	내용	**갈등상황에서 중재자의 필요성 인식**	**본인의 갈등대처유형에 대인 인식과 대안탐색**
	방법	애니메이션과 중재 단계 연습	갈등대처유형에 대한 유형 찾기와 피해자 인터뷰
5회기	내용	**학교폭력 법률 인식**	**학교폭력 법률 인식**
	방법	애니메이션과 학교폭력법에 관한 설명	학교폭력의 구체적인 해결과정 알아보기와 경찰 인터뷰
6회기	내용	**학교폭력 대처요령-적고 알리기**	**학교폭력 대처요령-적고 알리기**
	방법	금품갈취 상황을 보고 모니터링 하기	실제 괴롭힘 동영상 보고 모니터링 하기
7회기	내용	**학교폭력 대처요령-재치로 해결하기**	**학교폭력 대처요령-동조**
	방법	집단 활동을 통해 상황별 언어대처요령 연습	동조에 관한 실험 동영상
8회기	내용	**나와의 약속과 8회기 정리**	**나와의 약속과 8회기 정리**
	방법	집단 활동을 통한 8회기 강조점 정리	집단 활동을 통해 이타적 행동을 위한 자기 효능감 증진

6) 작은 힘으로 시작해 봐!(사회정신건강연구소)

청소년 폭력에 대해서 학교나 상담자들이 참고할 수 있는 프로그램으로 지난 수년 간 현장에서 느낀 점들을 바탕으로 초등학생을 대상으로 6~8명 정도로 구성된 모둠 5~6개가 지단상담 방식으로 총 8회기에 걸쳐 수행되는 학교폭력 예방 프로그램이다. 교육의 효과는 빠를수록 좋다는 진리에 따라서 중학생을 경험으로 한 연구를 초등학생에게 적합하도록 차등을 두어 변화 개발하였다.

〈표 13-9〉 작은 힘으로 시작해 봐! 프로그램

구분		차시	단원명	목 표
도입(응집력형성)		1	평화열차 7979!!	• 프로그램 소개 및 동기화
전개	폭력 개념 이해	2	폭력에 대한 진실 혹은 거짓!	• 학교폭력의 개념 및 정의 이해
		3	폭력! 그것이 알고 싶다~	• 학교폭력의 범위 및 종류 이해
		4	학교에서 생긴 일	• 학교폭력의 피해 및 심각성 인식
	입장별 이해	5	폭력 트라이앵글	• 피해자/가해자/방관자 입장 이해 및 공감
	대처 행동 (Tip)	6	Stop 법칙을 소개합니다~	• Stop 법칙 이해 및 연습
		7	평화는 힘이 세다	• 수호천사 역할 이해 및 학급규칙 수립
정리		8	수호천사로 임명합니다!	• 수호천사 임명식 및 프로그램 평가

7) 폭력은 부메랑(법무부)

본 프로그램은 1회(2교시)에 90분 씩 5회기(10교시) 분량으로 5일 과정의 대안 교육에 최적화되어있으며, 도입(1회기), 전개(3회기), 마무리(1회기) 세부분으로 구성되었다.

〈표 13-10〉 회기별 주제 및 목표

회기	주제	활 동	목 표
1	나 이런 사람이야~!	• 프로그램 및 운영자 소개 • 서약서 및 나의 목표와 다짐 • 나를 소개합니다! • 내가 생각하는 학교폭력이란?	• 학교폭력 예방 프로그램과 운영자에 대한 소개 • '나의 목표와 다짐'을 작성한다. • 자기소개를 하여 서로간의 친밀감을 형성한다. • 학교폭력에 대한 생각을 알아본다.
2	학교폭력이 뭐야?	• 알쏭달쏭~ 학교폭력 퀴즈! • 학교폭력! 그 놈의 정체! • 불편한 진실! 학교폭력!	• 학교폭력과 관련된 퀴즈를 풀어본다. • 학교폭력의 정의와 유형을 알아본다. • 학교폭력의 심각성을 알고, 학교폭력이 부끄러운 행동임을 깨닫는다.
3	학교폭력의 후유증	• 학교폭력 퍼즐 맞추기 • 학교폭력의 후유증 (피해자, 가해자) • 학교폭력! 심해지면 병이 됩니다! • 학교폭력 이후의 법적절차	• 학교폭력의 사례를 통해 학교폭력의 후유증이 남기는 상처가 매우 심각함을 알 수 있다. • 학교폭력이 심각해지면 병이 될 수 있음을 깨닫는다. • 학교폭력 이후의 법적절차에 대해 알아본다.
4	달라지고 싶어요!	• 선택과 책임의 주체는 바로 '나!' • 혁진이 사례 다시보기 • 피해자에게 편지쓰기 • 학교폭력 대처방법	• 자신의 선택에 따라 다른 결과와 책임이 오게 된다는 것을 알 수 있다. • 학교폭력 가해자의 사례를 다시 살펴보고 대안행동을 찾아본다. • 피해자에게 진심으로 사과하며 편지를 쓴다. • 학교폭력 대처방법을 알아본다.
5	그린대로 되리라!	• 학교폭력 대처방법 퍼즐 맞추기 • 프로그램 정리 • 가정과 학교에서 예상되는 어려움 극복하는 방법 찾기 • 변화된 나! 미래의 나! • 나와의 약속!	• 그동안 배운 내용을 정리한다. • 가정과 학교에서 예상되는 어려움을 극복하는 방법을 찾아본다. • 변화된 나, 미래의 나를 그려보고 자신과의 약속을 통해 학교폭력 없이 건강한 나를 선택한다.

8) 어울림 프로그램(교육부)

어울림 프로그램은 학생의 사회성, 정서, 학교폭력 예방 인식 및 대처역량 등을 함양하기 위한 6대 핵심 구성요소를 모듈형태로 구성되어 있으며, 대상별로 교원(생활지도, 상담교사 등),, 학생(가・피해학생, 선도학생 등), 학부모 등 의견이 반영된 프로그램 내용이 구성되어 있다.

특히, 역할극, 음악・미술활동, 놀이 및 게임, 집단상담, 감정코칭 등 다양한 체험활동 중심으로 구성되어 있다.

〈표 13-10〉 어울림 프로그램의 주요 내용

핵심구성요소 (모듈)	세부 내용	달성 목표
① 공감・배려	타인이해, 타인조망수용능력, 관점채택능력 배려행동 증진	사회성
② 의사소통/ 대인관계기술	경청 및 자기주장 훈련, 대화의 중요성 및 의사소통 기술 획득	
③ 갈등해결/ 문제해결능력	또래중재 기술과 행동요령 또래관계에서의 갈등상황 대처 방법 또래관계 형성 및 유지 방법	
④ 자기이해 및 자기존중감	긍정적인 자기 수용과 미래상 형성	정서
⑤ 감정조절	미해결된 부정적 감정 인식 및 표현 공격성, 충동성, 분노조절 우울, 불안감, 무력감 조절	
⑥ 학교폭력 인식 및 대처	학교폭력 행동유형 및 학교폭력에 대한 심각성 인식, 학교폭력 상황에서 가해자, 피해자, 방관자 입장에 따른 적절한 대처방법 탐색	학교폭력 예방 역량

나. 외국의 학교폭력 예방 프로그램

외국의 대표적인 학교폭력 예방 프로그램은 〈표 13-11〉과 같이 미국의 Second Step, PATHS, RCCP, 핀란드의 Kiva Koulu, 오스트레일리아 FSP 등이 있다.

〈표 13-11〉 외국의 학교폭력 예방 프로그램

예방 프로그램 명	핵심 구성요소	대상	회기	개발기관
Second Step	공감과 의사소통, 학교폭력 예방, 감정조절, 문제해결능력, 약물남용 예방	6~8학년	13~15차시	USA
Kiva Koulu	학교폭력 상황에서 방관자의 능동적 행동, 예방·중재·모니터링	1~4학년 7학년	20시간	Finland University of Turku(2009)
Resolving Conflict Creatively Program (RCCP)	능동적 경청, 자기주장, 정서경험, 관점채택, 협동, 협상, 문제해결, 갈등분석 등	유치원생~고등학생	51회기	RCCP National Center, New York, USA(1985)
Promoting Alternative Thinking Strategies (PATHS)	문제해결능력, 자기통제, 정서조절 등	초등학생	119회기	Center for the Study and Prevention of Violence, Univ. of Colorado, USA(1998)
Friendly Schools & Families (FSF)	긍정적 사회기술 학습, 학급규칙, 학부모 참여와 연계, 학교풍토와 환경	초등학생	5수준 3단위, 단위별 3~5회기	Child Health Promotion Research Unit, Australia (1999)

자료: 교육부(2013). 학교폭력 예방 교원연수자료집.

1) Second step

미국 일리노이대에서 개발한 'Second step' 프로그램은 사회·정서적 학습이론을 배경으로 4세에서 14세까지의 아동을 대상으로 하는 교실기반 사회성 발달 프로그램이다. '공감과 의사소통', '감정조절', '문제해결능력', '약물남용 예방' 등 각 연령대에 따라 다르게 구성된 커리큘럼으로 학생들의 학교 적응력 향상을 돕는다.

일리노이대가 2008년 수행한 연구 결과에 따르면 학교폭력 예방 프로그램은 '부모교육', '운동장 감독교사의 증가', '가정-학교 간 의사소통', '효과적인 학급경영', '교육과정과의 융합' 등이 포함돼 있을수록 감소 효과가 큰 것으로 나타났다

(한국교육개발원, 2013).

2) Kiva Koulu

핀란드에게 개발한 Kiva Koulu 프로그램은 토의 수업, 영상물, 게임, 소그룹 활동 등 학생들이 폭력에 적극적으로 대응할 수 있도록 체계적으로 구성되어 있으며, 학교폭력 예방에 있어 방관자 역할을 강조하는 프로그램이다. 2006년 핀란드 정부가 투르크 대학과 계약을 체결하고 개발하기 시작해 현재는 90% 이상의 핀란드 학교가 이 프로그램을 사용하고 있다.

키바 프로그램을 운영하는 모든 학교는 최소 세 명의 교직원을 학교 키바 팀에 합류시키고 있다. 쉬는 시간에는 감독을 맡은 교직원들이 '키바 유니폼(조끼)'를 착용하고 순찰을 돌며 사전 예방 활동을 한다.

키바 프로그램은 교사들에게 '학교폭력을 절대 허용하지 않는다'는 공통의 인식을 공유하도록 사전 교육을 실시하며, 폭력 상황 발생 시 단계별 프로세스를 상세히 안내하는 '교사 지침 매뉴얼'도 제공하고 있어 어떤 상황에서도 동일한 관점으로 접근할 수 있다는 장점이 있다(한국교육개발원, 2013).

3) RCCP

미국에서 1985년 개발한 RCCP(Resoving Conflict Creatively Program) 프로그램은 초등학교 교사와 학생들에게 비폭력적인 방법으로 갈등을 해결하고, 폭력적인 상황에 개입하는 것을 예방하며, 미국의 다인종사회, 다계층사회의 갈등을 해결하기 위하여 간문화적 이해를 촉진하기 위하여 고안된 프로그램이다. 능동적 경청, 자기주장 훈련, 정서적 경험, 관점채택, 협동, 협상, 문제해결, 갈등분석, 편견의 억제 등이 프로그램의 내용에 포함되어 있다.

4) PATHS

미국에서 1998년에 개발한 PATHS(Promoting Alternative Thinking Strategies) 프로그램은 유치원~초등학교 5학년 학생을 대상으로 문제해결기술, 자기통제, 정서적 조절기술 등 친사회적 행동기술을 가르치기 위해 고안된 프로그램이다.

5) FSF

호주에서 1999년에 개발한 FSF(Friendly Schools and Families) 프로그램은 학교정책, 학교 분위기, 학생 관리 및 지원, 학급 관리, 학생 가족과 학교의 연계, 물리적 학교 환경 등 6가지로 구성되어 있으며, 학교 뿐 아니라 학급 차원에서 교사가 활용할 수 있도록 교재와 포스터 등을 제공하여 학생, 학부모와 가정, 학교와 지역사회가 체계적으로 변화할 수 있도록 하고 있다.

참고문헌

강성수(2012). 학교폭력 예방 프로그램: 폭력은 부메랑. 법무부: 안산청소년비행예방센터.
교육과학기술부(2012). 학교폭력사안처리 Q & A.
교육부(2014). 학교폭력사안처리 가이드북.
교육부(2013). 학교폭력 예방 교원연수자료집.
박효정 외(2007). 학교폭력 예방 프로그램 개발 연구. 한국교육개발원연구보고 RR 2007-9-2.
삼성생명공익재단(2006). 작은 힘으로 시작해 봐!, 교육과학사.
한국교육개발원(2013). 학교폭력 예방 프로그램 개발과 적용. 국제학술대회자료집.

제14장 학교폭력 대처모형

학습목표

1. 학교폭력 대처모형 중에서 학교폭력 대책을 위한 지원체제 모형을 이해할 수 있습니다.
2. 학교폭력 대처모형 중에서 학교평화모형과 REST(Recognition, Exploration, Screen, Teaching) 대응법을 이해할 수 있습니다.

1. 학교폭력 대처모형

학교폭력이 발생했을 때 대처할 수 있는 우리나라의 대표적인 학교폭력 대처모형인 한국교육개발원(2006)에서 제안한 '학교폭력 대책을 위한 지원체제 모형'과 조정실 · 차명호(2010)의 '학교평화모형', 조정실 · 차명호(2010)의 REST(Recognition, Exploration, Screen, Teaching) 대응법을 중심으로 소개하고자 한다.

가. 학교폭력 대처를 위한 지원체제 모형

학교폭력 대처를 위한 지원체제 모형은 학교폭력 예방 및 대책 5개년 기본계획의 내용과 함께 교육청 중심 운영 사례와 ONE-STOP 지원센터나 위기청소년 지원센터(CYS-Net) 같은 기관 중심 운영 사례에 대한 분석 내용이 포함되어, 우리나라에서 시도된 다양한 모형들의 내용을 포괄하고 있는 장점이 있는 모형이다(송재홍 외, 2012).

1) 기본 방향

학교폭력 예방 및 근절의 시너지 효과를 제고하기 위하여 학교 폭력 대처를 위한 지원체제 구축의 기본방향을 다음과 같이 설정하였다(박효정 외, 2006).

첫째, 학교폭력 예방 및 대처를 주관하는 부처는 교육부가 담당한다. 현재 국가 수준의 학교폭력 관련 부처는 교육부, 국가 청소년위원회, 법무부, 여성가족부, 경찰청, 검찰청, 정보통신부, 보건복지부 등 8개 부처에 업무가 산재되어 있어 업무의 효율성을 기하기 위해서는 통합될 필요가 있으며, 교육부 내에 학교폭력대책팀이 유관 부처와의 연계와 협조 하에 학교폭력 예방 및 근절을 위한 대책 수립·시행, 예산확보·지원 등의 업무를 담당하도록 하고 있다.

둘째, 시·도 교육청(지역 교육청)에 '학교폭력대책위원회'와 학교폭력 전담 장학사를 두어 학교폭력 업무만을 전담하도록 한다.

학교 수준에서의 '학교폭력대책자치위원회'와 같이 시·도 교육청(지역 교육청)수준의 '학교폭력대책위원회'가 설치되어야 하며, 학교폭력 전담 장학사가 해당 교육청의 학교폭력 업무를 전담하며, 학교폭력대책위원회 위원장은 교육감이 맡도록 한다.

셋째, 대응목표(예방, 대처)수준에 따라 지원체제의 중심 기관을 달리한다.

학교와 시·도 교육청(또는 지역 교육청)은 상호 협력 관계를 유지하면서 예방과 대처의 대응목표에 따라 제1수준의 중심은 단위 학교 '학교폭력대책자치위원회'가 되며, 제2수준의 중심은 시·도 교육청(지역 교육청)의 '학교폭력대책위원회'가 된다.

넷째, 실질적으로 가동하는 지원체제를 구축한다.

학교폭력 사안이 발생했을 경우 학교폭력 가·피해 학생, 학부모, 교사가 학교폭력 지원체제에 자문을 구하고, 유관기관의 학교폭력 전문가와의 연계와 협조를 통해 신속하게 대응할 수 있도록 지속적인 지원 서비스가 제공될 수 있도록 하여야 한다.

다섯째, 지역적 특성을 반영한 지원체제를 구축·운영한다.

학교폭력이 발생하는 지역의 차이도 크고, 도움을 받을 수 있는 유관기관 인프라도 지역마다 차이가 있으므로 지역의 학교폭력 유관 자원의 실태와 특성을 반영하여 구축하여야 한다.

여섯째, 학교폭력 사안 처리의 효율성을 위해 시·도 교육청에 학교폭력 관련 예산의 집행 권한을 부여한다.

예산의 방만한 운영을 방지하고, 일의 효율성을 증진시키기 위하여, 시·도 교육청(지역 교육청)에 학교폭력 지원체제 운영에 대한 예산 집행 권한을 집중시킨다.

2) 지원 체제 구축 모형

학교폭력 대처를 위한 지원 체제 구축 모형은 [그림 14−1]과 같이 학교 중심의 제1수준 중심 기관과 교육청 중 중심의 제2수준 중심 기관으로 구성이 되며, 이들은 서로 상호 협조 관계를 유지한다.

제1수준의 중심 기관인 학교의 학교폭력대책자치위원회는 학교폭력을 예방하고 대처하는데 필요한 예산 및 인적 구성, 사업의 개발 및 시행에 관한 책임을 담당한다.

제2수준의 중심 기관인 시・도 교육청 및 지역 교육청 내 학교폭력대책위원회가 책임을 맡고, 학교폭력 예방 및 대처를 위해 필요한 인적・물적 자원을 지원해 줄 뿐 아니라 학교가 학교폭력 관련 업무를 수행하는 데 있어서 겪는 다양한 문제와 어려움을 해결해 주어야 한다. 또한, 학교폭력에 관한 국가적 정책이나 사업을 개발하고 이러한 정책과 사업이 일선 학교에 잘 수행될 수 있도록 제반 여건을 마련해 주는데 중심적인 역할을 담당하게 된다.

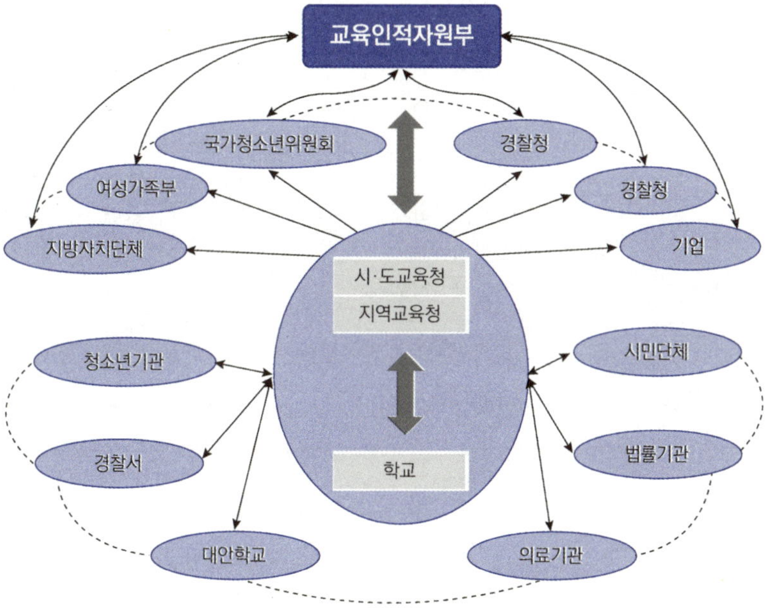

[그림 14−1] 학교폭력 대처를 위한 지원체제 모형

자료: 박효정 외(2006). 학교폭력 대처를 위한 지원체제 구축 연구. 한국교육개발원 연구보고 RR2006-8-1. p.213.

학교폭력 대처를 위한 학교와 교육청의 구성 및 역할은 〈표 14-1〉과 같다. 이때 시·도 및 지역 교육청의 역할이 중요한 만큼, 교육부를 비롯한 관련 국가 기관이 마련하는 일련의 국책 사업과 예산은 시·도 및 지역 교육청을 통해 일선 학교에 전달될 수 있도록 재구조화될 필요가 있다. 시·도 및 지역 교육청은 예산이나 국책 사업을 지원하는 유관 국가 기관에 대해 결과를 알리는 송환 체제를 유지하여야 하며, 유관 국가 기관은 교육부와의 협의를 통해 예산이나 국책사업을 조정할 필요가 있다.

〈표 14-1〉 학교폭력 대처를 위한 학교와 교육청의 구성 및 역할

수준	중심 기구	구성	역할
제1수준: 학교	학교폭력대책 자치위원회	• 위원장(학교장) • 교사(책임,상담,양호) • 청소년전문가 • 시민단체, 자원봉사 • 경찰, 검찰, 변호사 • 의사 • 지자체 공무원	• 예방교육 계획수립 및 시행 • 학교폭력 관련 예산 확보 및 집행 인력확보 • 교육청 학교폭력센터 의뢰 여부 결정 • 학교폭력 사건 처리 －가해 학생 선도 －피해 학생 치료 －분쟁 조정 －학교폭력 발생 학교의 교사 및 학생지도
제2수준: 교육청	학교폭력 대책자치 위원회	• 위원장(교육감) • 장학관, 장학사 • 청소년점눈가 • 시민단체, 자원봉사 • 경찰, 검찰 전문가 • 의사 • 지자체공무원	• 예방교육 계획수립 및 시행 • 학교폭력 관련 예산 확보 및 학굣원 • 교육청 관할 학교 예방 교육 및 학교폭력 사건 처리에 관한 지도 감독 • 학교에서 의뢰된 학교폭력 사안 처리 －가해 학생 선도 －피해 학생 치료 －분쟁 조정 －학교폭력 발생 학교의 교사 및 학생 지도

자료: 박효정 외(2006). 학교폭력 대처를 위한 지원체제 구축 연구. 한국교육개발원 연구보고 RR2006-8-1. p.214.

3) 운영

학교폭력 대처를 위해서는 [그림 14-2]와 같이 학교를 중심으로 이루어지는 제1수준(1~2단계)과 교육청을 중심으로 이루어지는 제2수준(3~8단계)이 함께 운영되어야 한다.

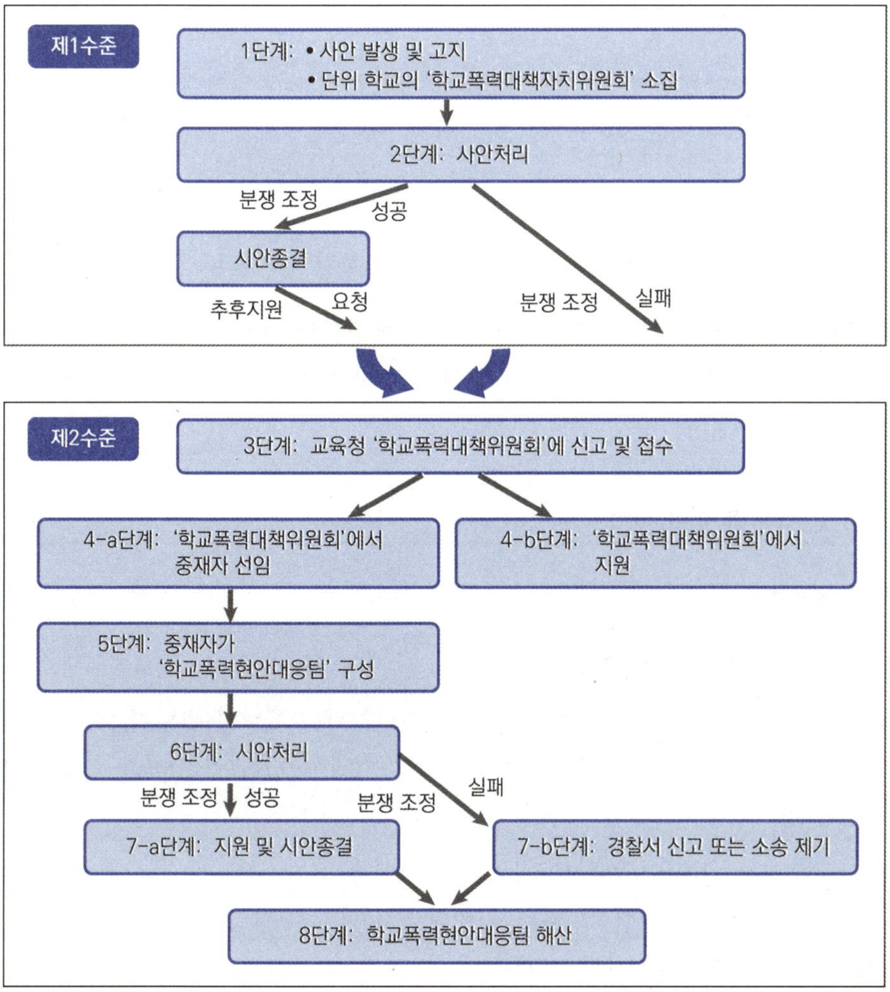

[그림 14-2] 학교폭력 대처를 위한 지원체게 업무 흐름도

자료: 박효정 외(2006). 학교폭력 대처를 위한 지원체제 구축 연구. 한국교육개발원 연구보고 RR2006-8-1. p.218.

(1) 제1수준의 운영 방안

① 1단계

'학교폭력예방및대책에관한법률' 제2조에서 규정하고 있는 학교폭력 사안이 발생하면 '학교폭력예방및대책에관한법률' 제18조에 근거하여 학교나 부모에게 알리도록 한다.

이와 같이 학교폭력 사안이 발생하면 1차적으로 학교폭력대책자치위원회가 소집되고, 학교폭력대책자치위원회에서는 '학교폭력예방및대책에관한법률'에 명시된 대로 학교폭력 예방 및 대처를 위한 교교 내 상설기구로서의 역할을 수행하게 된다.

② 2단계

학교의 학교폭력대책자치위원회가 사안을 해결하여 가・피해 학생이 합의하고, 가해 학생에 대한 징계 및 선도, 피해 학생에 대한 치료 및 보호가 이루어지면서 사건이 종결된다.

(2) 제2수준의 운영 방안

③ 3단계

2단계에서 학교폭력대책자치위원회에서 중재에 실패하거나, 학교폭력대책자치위원회 위원장이 사안처리를 학교 내에서 처리하기 어렵다고 판단한 경우 위원장은 시・도 교육청 또는 지역 교육청의 학교폭력대책위원회에 신고를 한다(4-a단계로 진행).

제1수준에서 사건이 종결되었지만 가・피해 학생의 추후 지원을 위해 교육청 차원의 학교폭력대책위원회로부터 지원이 필요할 경우에도 시・도 교육청 또는 지역 교육청의 학교폭력대책위원회에 신고를 한다(4-b단계로 진행).

④ 4단계

㉮ 4-a단계

교육청의 학교폭력대책위원회에 학교의 신고가 접수되면 학교폭력대책위원회 학교폭력담당 장학사가 교육청에서 검증된 인력풀에 등록되어 있는 청소년 상담기관 또는 NGO의 학교폭력 담당자를 '학교폭력현안대응팀'의 팀장(중재자)로 선임을 한다.

이때 선임된 팀장(중재자)는 학교의 학교폭력대책자치위원회 위원이 아닌 제3의 인물로 객관적으로 사안을 중재할 수 있는 인물이어야 하며, 학교폭력 사안의 중재 경험이 있거나 관련 기관의 학교폭력 예방전문가과정을 이수한 자 등이어야 한다.

㉯ 4-b단계

학교폭력대책자치위원회의 중재로 사건이 종결되었지만 가·피해 학생의 경제적 여건이나 학교와 연계되어 있는 청소년 기관의 인적·물적 자원의 한계로 인해 가해 학생의 상담이나 선도 또는 피해 학생의 치유가 어려울 경우, 단위 학교의 학교폭력대책자치위원회가 교육청의 학교폭력대책위원회에 지원을 요청할 경우에 해당되는 지원을 해준다.

⑤ 5단계

선임된 중재자는 학교와 연계지원을 받고 있는 법률 지원 기관, 의료 기간 등을 우선 연계 대상으로 하고, 없을 경우에는 근거에 있는 기관을 대상으로 '학교폭력현안대응팀'을 구성한다. 또한 '학교폭력현안대응팀'은 학교폭력 사안별 또는 사안 진행과정에 따라 구성원을 다르게 구성할 수도 있다.

예를 들면, 1차적으로 중재자, 청소년 상담 기관 담당자, 해당 학교 교사, 경찰 등으로 구성할 수도 있고, 소집 회차가 거듭되면서 1차 구성원 외에 법률 지원 기관, 의료 지원 기관 전문가를 추가로 구성할 수 있다.

⑥ 6단계

'학교폭력현안대응팀'은 발생한 사안에 대하여 조사를 하고 중재를 위해 노력한다.

⑦ 7단계

㉮ 7-a단계

'학교폭력현안대응팀'이 중재에 성공했을 경우, 가해자에게 각서, 공개사과문 등을 작성하게 하고, 피해자에 대한 보상 기준을 제시하여 가해자가 보상하도록 한다. 이 때 치료비 산정 등에 대한 자문을 위해 지원체제 내 의료 기관의 지원을 받을 수 있다. 가해 학생이 치료비 전액을 지급할 능력이 없을 경우, '학교폭력현안대응팀'의 의료비지급심사위원회(가칭)에서 심사하여 학교폭력 관련 보험금이 지급되도록 지원할 수 있다.

㉯ 7-b단계

제2수준의 '학교폭력현안대응팀'이 중재에 실패하게 되면 피해자는 경찰서에 신고를 하거나 소송을 제기하게 된다.

⑧ 8단계

'학교폭력현앙대응팀'의 중재로 분쟁이 조정되고, 사안이 종결되거나 피해자가 소송 제기 또는 경찰에 신고를 할 경우 '학교폭력현안대응팀'은 해산한다.

나. 학교평화 모형

1) 기본 방향

학교평화모형은 학교폭력의 발생 초기대응전략을 강조하는 모형이다(조정실 · 차명호, 2010). 기본적인 접근 방안은 다음과 같이 요약할 수 있다.

첫째, 과정 모형으로 구성되어 있다. 학교폭력 당사자가 일련의 심리적 과정, 을 거친다고 보고, 이 과정에서 어떻게 개입을 하느냐에 따라 상황이 악화되기도 하고 새로운 경험으로 승화될 수도 있다는 관점을 채택하고 있다.

둘째, 학교폭력에 대한 생태학적 관점을 채택하고 있다. 학교폭력을 피해 및 가해 학생과 그 가족, 학급 및 학교, 나아가 지역사회에도 영향을 미치는 문제라고 보고, 학교폭력 문제를 효과적으로 다루기 위해서는 모든 관계자의 행동과 맥락을 고려한 개입 방법을 이해할 것을 강조한다.

셋째, 피해 비용을 최소화하고 성장 기회로 전환하는 방법론을 채택하고 있다. 다수의 학교폭력 사건이 비효과적인 개입으로 인해 법정 다툼이나 사회적 문제로 이어지고 피해자에게 심각한 심리적 문제를 유발하는 상황에 대한 대안을 모색한다.

넷째, 학교폭력 사건의 과정에 따라 관련자들의 대안행동을 제시한다. 시간 경과에 따라 피해자, 가해자, 학부모, 교사, 상담전문가 등이 서로 다른 입장을 취하게 되는데, 이에 따른 효과적인 개입 전략 및 기술을 도출한다.

2) 모형

학교평화모형은 학교폭력 사건이 일어난 즉시 개입해 들어가는 것을 강조하고 있고, 그 초기단계의 대응전략에 초점을 둔 모형이다.

학교평화 모형에서는 다음의 〈표 14-2〉와 같은 상황을 학교폭력 발생 초기로 정의하고 있다.

〈표 14-2〉 **학교폭력 발생 초기**

학교폭력 발생 초기 단계의 정의
• 시간적 범위로 부모나 교사가 발견하여 신고한 후 대략 5일 이내 • 폭력 사건 발생 후 문제 해결 범위가 교내에 국한되어 있으며 양측 부모가 협의 및 협상을 통하여 문제를 해결해 보고자 시도하는 단계 • 사건의 통제권을 교사가 가지고 문제 해결이 가능한 단계 • 법적으로 명시된 학교폭력자치위원회에서 중재 조정이 이루어지는 단계

위에 제시된 학교폭력 초기단계에 인식단계(perception stage), 초기개입단계(early engaged stage), 중재단계(arbitration stage), 학습단계(creative stage), 실행단계(execution stage), 잠복단계(shadow stage)의 절차를 따라 개입한다. 각 단계의 영문 머리글자를 조합하여 학교평화 모형(PEACE-School model)이라고 명명한다.

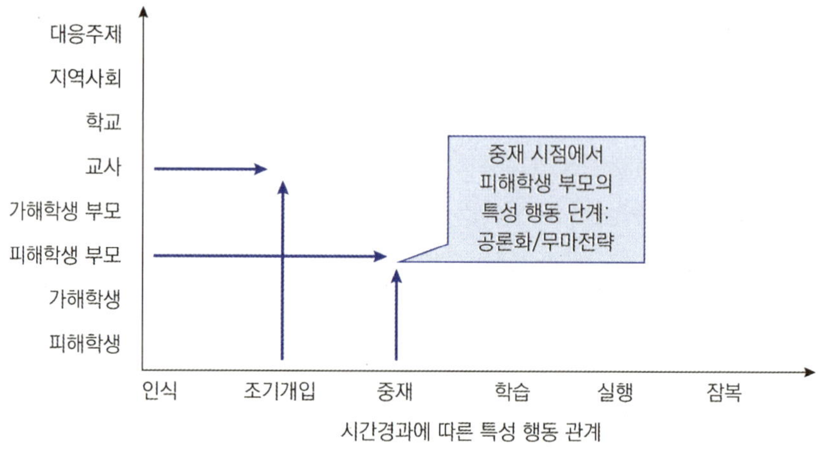

[그림 14-3] 학교평화 모형

자료: 조정실·차명호(2010). 폭력없는 평화로운 학교 만들기: 학교폭력, 화해로 이끄는 절차와 대처 기술 가이드북. 서울: 학지사. p.111.

각 단계는 선순환 과정과 악순환 과정으로 나눌 수 있는데, 선순환 과정은 학생, 학부모, 교사, 학급, 학교, 지역사회의 성장과 발전을 촉진하며, 악순환 과정은 지속적인 심리적 문제를 일으키고 사건을 더욱 악화시켜 사회문제를 불러 일으킬 수 있다.

(1) 인식단계(P: perception stage)

학교폭력이 발생한 즉시 개입해 들어가야 한다. 상황에 대한 판단(판단적 인식)보다는 인간적 공감대 형성(공감적 인식)이 중요하다.

(2) 초기개입단계(E: early engaged stage)

문제의 원인을 찾는 데 치중하는 회피반응전략이 아니 상호 지지와 믿음을 바탕으로 문제의 해결책을 찾는 해결의지전략으로 개입해야 한다.

(3) 중재단계(A: arvitration stage)

공론화의 개입이 필요하다. 폭력사건의 의미를 축소하고 개인의 문제로 귀인시키는 무마반응을 주의해야 한다.

(4) 학습단계(C: creative stage)

문제를 해결하는 방안을 인식하고 새로운 방법의 효과성에 대해 고민하며 더 나은 방법을 찾으려는 대안행동학습반응이 요구된다.

자신의 힘으로 폭력사건에 대응할 수 없다고 체념해버리는 폭력수용반응을 주의해야 한다.

(5) 실행단계(E: execution stage)

서로의 마음을 이해하고 폭력에 따른 심리적 상처를 치료하는 진정성 반응을 사용해야 한다. 현재 상황을 과정하고 부풀려 더 큰 부적응적 행동을 보이는 과장반응을 주의해야 한다.

(6) 잠복단계(S: shadow stage)

피해자는 관용의 자세를 가해자는 책임감을 학습하는 신가치 창출을 이루어내도록 한다. 반대로 후유증반응이 나타나면 모두에게 심리적 상처를 남기고, 가족의 붕괴와 교사의 권위 상실을 초래할 수 있다.

3) 운영

학교평화 모형에서는 〈표 14-3〉과 같이 개입해야 할 대상에 따라 피해학생 모형, 가해학생 모형, 피해학생 부모 모형, 가해학생 부모 모형, 교사 모형, 주변 친구 모형, 피해학생 주변 친인척 모형, 지역사회 모형 등 8개의 서로 다른 전략을 제공해 주고 있다.

또, 8개 모형에서 각 단계별로 어떤 목표와 내용으로 개입해야하는지를 제시하고 있다.

〈표 14-3〉 각 모형별 효과적 심리적 반응과 개입전략

단계 \ 모형	피해 학생 모형	가해 학생 모형	피해 학생 부모 모형	가해 학생 부모 모형	교사 모형	주변 친구 모형	피해 학생 주변 친인척 모형	지역 사회 모형
인식 단계	감정 표현 하기	미안함	정서적 지지	수용 하기	공감 · 위로	말리기	공감 하기	안타 까움
초기 개입 단계	능동적 행동 표현 하기	시인 하기	보호와 알림	사실 확인 하기	해결 의지 표명	알리기	이성적 행동	동일시
중재 단계	개방 하기	반성 하고 알리기	적극적 대처	잘못 인정 하기	공론화	폭력의 심각성 바로 알기	사실 조사	도움 주기
학습 단계	자존감 유지	사과 하기	자존감 회복	해결 지향적 행동	화해와 중재	피해 학생 감싸 주기	사건 해결	폭력 예방
실행 단계	문제해 결능력 향상	책임 지기	새로운 시도	화해와 피해 지원	사과와 용서의 교실 구축	화해와 중재 역할 하기	정서적 지지	폭력 감소
잠복 단계	성장 동력 회복	성장 가능성 탐색	성장 가능성 탐색	성장과 관계 회복	교사의 명예 회복	우리는 소중한 친구	가족애 · 형제애 확인	지역 사회 안정화

다. REST(Recognition, Exploration, Screen, Teaching) 대응법

학교폭력 문제 행동 관련 단서들이 보이더라도 피해 학생이 직접적으로 문제를 토로하거나 특정 문제 사건으로 드러나서 전개되지 않는 경우가 많다. 따라서 교사나 부모가 이를 감지했을 경우 어떻게 사전 대처를 하고 이를 예방하고 다루어 나갈 것인가가 중요한 과제가 된다. 학교폭력 사전 감지 및 사전 대처 · 예방 기법으로 REST(Recognition, Exploration, Screen, Teaching) 대응법을 살펴보면 다음과 같다(조정실, 차명호, 2010).

1) 인식(Recognition) 단계

어떤 현상이 일어나고 있는가를 교사와 학부모가 인식하는 단계로서 학교 및 가정, 또래 관계 등에서 어떠한 일이 일어나고 있으며, 어떤 단서 행동을 보이는가를 인식할 필요가 있다. 이를 위해서는 앞에서 살펴 본 바와 같이 조사나 관찰 등을 통해서 학교폭력 단서를 파악할 필요가 있으며 이를 위해 교사나 부모는 가해 및 피해 학생의 단서를 의식하고 있어야 한다.

2) 탐색(Exploration) 단계

단서 행동을 세밀하게 탐색하는 단계로 단서행동이 더욱 심각해지거나 빈번해지는 현상이나 징후행동의 양과 빈도가 증가하는 정도를 탐색할 필요가 있다. 교사나 학부모가 학교폭력의 단서를 발견한 후에 어떻게 대처하는 것이 보복이나 제 3자를 통한 괴롭힘 등과 같은 문제의 확대 없이 해결할 수 있는 지 주의를 기울일 필요가 있다. 이를 위해 특정 행동이 어떻게 변화되어 가는 지를 주의 깊게 살펴볼 필요가 있다. 탐색 단계에서 교사나 학부모가 주의해야 할 사항으로는 눈치 채지않게 관망하기, 주변 친구에게 캐묻지 않기, 사실 확인을 위해 바로 가해자, 피해자, 교사의 삼자대면을 하지 않기, 피해 학생을 보호하고 폭력을 절대 용인하지 않겠다는 단호한 해결의지를 보여 주며 학생들에게 신뢰를 심어주기 등이 있다.

3) 스크린(Screen) 단계

사태가 심각한 상황으로 발생하기 전 단서를 중심으로 사전대응을 하는 단계로 단서행동의 변화하는 양상을 따라 학교와 가정에서 수용되는 행동과 수용되지 않는 행동을 구분하고 특정행동에 대한 입장을 전달하고 이에 대한 대안행동을 제공할 필요가 있다. 이 단계에서 교사는 학생들에게 대칭적인 방법 즉 학생들의 힘에 의한 저항이나 반항 행위에 권위나 성적 등을 앞세워 대응하는 방법의 사용을 지양하고 비대칭적인 방법, 즉 수용적인 태도를 통해 학생들과 신뢰관계를 구축하는 것이 중요하다. 교사의 구체적인 대응방법으로 신뢰형성과 문제해결 의사 표시하기, 초기 괴롭힘 발견시 명확한 대처와 사실 조사하기, 피해학생에게 신뢰감 심어주고 신변 보호하기, 반 전체를 대상으로 학교폭력에 관한 교육하기 등을 들 수 있다. 또한 집단 따돌림 행동이 발생 했을 시에는 반 아이들이 눈치채지 않게 관망하며 무기명 설문 등을 통하여 따돌림 사실을 확인할 필요가 있다. 집단 따돌림 단서와 사실을 발견했을 때 교사는 이 사실을 가해-피해 학생의 부모에게 알리고 특히 명백한 가해 학생과 가해 학생의 부모님에게는 재발 방지 각서를 작성하게 하여 가해 학생은 심리적 부담과 책임을 갖고 행동하며 부모는 자녀에 대한 철저한 관리 감독을 하게 할 필요가 있다. 더불어 집단따돌림으로 인해 피해의 심각성과 그것이 학급이나 개개인의 삶에 미치는 파괴적 결과에 대해서 반 전체 학생 대상으로 교육을 실시하여 사전에 큰 사건을 예방하고 학교폭력 대처 능력을 향상시킬 필요가 있다. 한편, 피해단서를 발견한 학부모의 경우 자녀의 불안과 두려움을 이해하고, 자녀와 대화하며 피해 사실에 대한 부인할 경우 이를 일단 수용하며, 이러한 폭력 문제에 대한 부모의 적극적 문제해결 위지를 보여주고, 피해 사실이 분명할 경우 교사에게 아려서 더 이상의 피해가 발생하지 않도록 개입을 요청하고, 자녀와 가족이 공유하는 시간(자녀의 관심 활동 지원, 함께 여가활동이나 여행하기등)을 통해 가족이 지지나 지원자가 된다는 믿음을 갖게 할 필요가 있다.

라. 예방적 교육(Teaching) 단계

학교나 가정에서 공개적으로 폭력 행동에 대해 교육을 시키는 단계로 폭력에 대한 관점과 바람직한 수용행동을 육성하고 책임지는 자세를 가르칠 필요가 있다.

학교폭력 예방 교육을 통하여 폭력은 어떤 이유로든 나쁘고, 폭력행동은 다른 학생이 행복권을 파괴하는 행위임을 인식하고, 폭력 행동을 하지 않겠다는 다짐을 하는 책임지는 행동 각서를 반 학생들에게 작성하게 할 수 있다. 또한 학생들 사이에서 나와 다른 것이나 나름 특이한 행동, 약점 등(잘난 척, 예쁜 척 하는 행동, 말이나 행동이 느리거나 어눌하거나 취약성이 있는 것 같은 모습 등)을 무시, 배척하고 나쁘게 보며 오해하는 태도가 학교폭력이나 따돌림의 주요 이유가 되는 점에 비추어 볼 때 나와 다른 것이 틀린 것이나 무조건 나쁜 것이 아니며 나와 다른 것을 수용하고 존중하고 인정하며 다른 사람과 원만한 관계를 맺고 지혜롭게 유지하는 방법을 갖도록 조력할 필요가 있다. 이를 위해 자신에 대한 이해를 하도록 하고 자신과 남은 무엇이 다르고 어떤 점이 비슷한지, 남과 같기 때문에 생기는 장단점은 무엇인지, 남과 다르기 때문에 갖게 되는 장단점은 무엇인지, 어떻게 서로 다른 점을 인정하고 수용하면서 좋은 관계를 만들어 나가는 지 등에 대한 심리교육, 집단 상담, 지도 등을 통해 건강한 자아와 건강한 관계, 건강한 학급 공동체를 만들어 나가도록 조력할 필요가 있다.

참고문헌

교육과학기술부(2012). 학교폭력사안처리 Q & A.

교육부(2014). 학교폭력사안처리 가이드북.

교육부(2013). 학교폭력 예방 교원연수자료집.

박효정 외(2006). 학교폭력 대책을 위한 지원체제 구축 연구. 한국교육개발원 연구보고 RR 2006-8-1.

박효정 외(2007). 학교폭력 예방 프로그램 개발 연구. 한국교육개발원 연구보고 RR 2007-9-2.

송재홍 외(2012). 교대용 맞춤형 학교폭력의 예방 및 대책 교재개발. 한국연구재단.

조정실 · 차명호(2010). 폭력없는 평화로운 학교 만들기: 학교폭력, 화해로 이끄는 절차와 대처기술 가이드북. 서울: 학지사.

제15장

학교폭력 대처방안

학습목표

1. 학교폭력 발생시 학생, 보호자의 대처 방안을 이해할 수 있습니다.
2. 학교폭력 발생시 교사의 대처 방안을 이해하고 적용할 수 있습니다.

1. 학교폭력 발생 시 담당자 역할

학교폭력 발생시 담임교사, 학교폭력전담기구, 학교장, 학교폭력대책자치위원회의 역할은 〈표 15-1〉과 같다.

〈표 15-1〉 학교폭력 발생 시 담당자 역할

담임교사	1) 사안 인지 시 가해학생과 피해학생을 즉시 격리하고, 신고한 학생이 있는 경우 신변 보호 조치를 신속하게 실시 2) 인지한 모든 학교폭력은 교장 또는 교감이나'학교폭력 전담기구'에 반드시 보고하여야 함 ※ 성폭행은 반드시 수사기관에 신고 3) 전담기구 또는 교장의 요청이 있을 경우 사건에 대한 조사 를 할 수 있으며, 이 결과는 전담기구 및 교장 등과 공유(사건 개요, 가해자와 피해자 확인 등) 4) 해당 학부모와 면대면 또는 전화 등으로 상담할 경우에는 사실만을 전달하거나 확인할 뿐, 가해자에 대한 징계 수위나 피해자에 대한 보호 조치 수준을 말해서는 아니 되며, 면담결과는 전담기구와 공유함
학교폭력전담기구	1) 접수한 사안에 대해서 즉시 교장 및 가해학생과 피해학생 보호자에게 통보 -책임교사: 사안 조사 총괄, 조사 결과를 학교장 및 자치위원회에 보고 -보건교사: 피해 및 가해자의 신체적 정신적 피해상황 파악, 필요시 전문기관에 의뢰

	-전문상담교사: 피해 및 가해자 대상 상담실시 2) 피해학생과 가해학생 즉시 격리, 신고·고발한 학생도 가해학생으로부터 보복행위를 당하지 않도록 조치, 가해학생이 피해학생과 접촉하지 못하도록 사건처리 기간 단축 및 신분노출 최대한 방지 ※ 성폭행은 반드시 수사기관에 신고 -가해학생의 선도가 긴급한 경우, 교장에게 긴급 조치의 필요성에 대해 보고 3) 사건 조사 및 결과를 교장과 자치위원회 위원장에게 보고 4) 학교폭력대책자치위원회 개최 준비 ※ 위원회 운영 보조는 자치위원회 간사가 담당 ※ 준비물: 사건개요 작성, 위원들에게 안건 및 시간과 장소 통보, 위원 참석등록부, 가해자 측과 피해자 측의 각기 다른 대기 장소 등
학교장	1) 가해학생의 선도가 긴급한 경우, 가해학생에 대한 조치를 취한 후 자치위원회에 즉시 보고하여 추인 받음 2) 필요시 경찰에 대해 일정기간 피해자 동행 보호 및 가해자 감독 요청 3) 필요시 자치위원회 개최 전에 가해학생에 대한 출석정지 조치 [자치위원회개최 전 가해학생에 대한 출석정지 조치를 할 수 있는 경우] 1. 2명 이상의 학생이 고의적·지속적으로 폭력을 행사한 경우 2. 학교폭력을 행사하여 전치 2주 이상의 상해를 입힌 경우 3. 학교폭력에 대한 신고, 진술, 자료제공 등에 대한 보복을 목적으로 폭력을 행사한 경우 4. 학교의 장이 피해학생을 가해학생으로부터 긴급하게 보호할 필요가 있다고 판단하는 경우 ※ 출석정지 조치를 하려는 경우에는 해당 학생 또는 보호자의 의견을 들어야 함. 다만, 교장이 해당 학생 또는 보호자의 의견을 들으려 하였으나 이에 따르지 아니한 경우에는 그러하지 아니함. 4) 학교폭력대책자치위원회 개최 요청 5) 학교폭력대책자치위원회의 심의결과를 가해자와 피해자 및 그 보호자에게 통보하고, 조치를 이행함 ※ 피해학생에 대해서는 그 보호자의 동의를 받아 7일 이내에 해당 조치를 하고 이를 자치위원회에 보고 ※ 가해학생에 대해서는 그 보호자의 동의와 관계없이 14일 이내에 해당 조치를 해야 함 ※ 가해학생과 그 보호자가 조치를 거부하거나 회피하는 경우 초·중등교육법 제18조에 따라 징계해야 함 6) 교육감에게 학교폭력 사건 및 해당 사건에 대한 조치 결과 보고
학교폭력대책자치위원회	1) 재적위원 과반수의 출석으로 개의하고, 출석위원 과반수의 찬성으로 의결 2) 가해학생 및 피해학생과 그 보호자들에게 의견진술의 기회 부여 3) 피해학생의 보호, 가해학생에 대한 선도 및 징계 조치 심의, 심의된 사항을 학교장에 요청 4) 가해학생 및 피해학생간에 발생한 분쟁조정

2. 학생의 대처방안

학생이 학교폭력에 대처하기 위해서는 폭력의 위험을 빨리 감지하고 신속히 대처하는 방안을 익혀두어야 한다. 실제로 학교폭력이 일어난 경우에도 지혜롭게 대처한다면 그 피해를 줄일 수 있다(한국청소년상담원, 2009).

첫째, 절대 맞서 싸우지 않는다. 당장 이길 수 있다 할지라도 폭력을 행사하면 더 큰 싸움을 불러올 수 있고, 근본적인 해결이 될 수 없기 때문이다.

둘째, 일단 그 자리를 피한다. 폭력상황을 피한다고 해도 비겁하거나 자존심이 상하는 것은 아니다. 우선 그 상황을 피하고 재빨리 경찰서나 큰 가게 등 안전한 곳으로 피한 후 보호자, 어른 등에게 도움을 요청한다.

셋째, 다른 사람에게 도움을 요청한다. 항상 폭력 위험에 처했을 때 혼자 고민하지 말고 교사, 부모, 경찰이나 전문 상담기관 등에 알려서 도움을 받아야 한다.

넷째, 혼자 다니지 않고, 등·하교 방법을 바꾼다. 지속적인 괴롭힘이 있는 경우에는 등·하고 방법을 바꾸고 친구나 부모 등과 함께 다닌다. 필요시 청소년폭력예방재단에 경호(무료지원)을 요청할 수 있다.

다섯째, 폭력상황에 처한 친구를 그냥 지나치지 않는다. 친구가 폭력상황에 처해 있을 때는 주변 사람이나 관련 기관에 알려서 도움을 받을 수 있도록 한다.

3. 보호자의 대처방안

자녀가 학교폭력의 피해를 입었을 경우 가정에서 보호자가 자녀의 이야기를 적극적으로 들어주고, 아픈 마음을 공감해 주며, 지혜롭게 대처해 나가는 것 역시 학교폭력의 피해를 줄이는 방법이다(한국청소년상담원, 2009).

가. 아이 마음 다루어주기

첫째, 힘든 마음을 달래주고, 부모에게 털어놓은 것에 대한 지지를 보낸다.

둘째, 잘잘못을 따지지 않고, 비판 없이 수용하고 적극적으로 공감하고 지지한다.

셋째, 문제 해결을 위해 부모가 어떻게 해주기를 바라는지 적극적으로 자녀의 말에 경청한다.

넷째, 필요한 대책을 세우기 위해 단계적으로 접근할 것이며, 끝까지 지켜줄 것을 약속한다.

나. 피해 상황에 대해 구체적으로 파악하기

첫째, 언제부터, 얼마나 자주, 어떻게 피해를 당했는지에 대한 피해사실 기록을 구체적으로 남기고, 객관적인 증거를 수집하여야 한다.

둘째, 다른 유사사건이 또 있는지의 유무를 확인한다.

셋째, 주변의 이야기를 주의 깊게 들어보고, 해결을 위하여 자녀가 원하는 문제해결 방법을 먼저 파악한다.

넷째, 자녀가 심한 신체적 고통이나 정서적 혼란을 경험할 경우 응급조치를 취하는 것이 우선이다.

다섯째, 자녀가 노출을 강하게 꺼리는 경우를 제외하고는 일단 학교에 알려 학교폭력자치위원회 개최를 요구하여 공식적으로 해결할 수 있도록 하고, 경찰에 신고 및 법적소송을 제기할 수 있다. 이 때 가급적 기록한 내용을 갖고 가거나 근거로 하여 신고한다.

4. 교사의 대처방안

가. 학교폭력 상황에서의 교사의 태도

학교폭력 상황에서의 교사의 태도는 상당히 중요하다. 교사가 취해야할 태도를 살펴보면 다음과 같다.

첫째, 학교폭력을 발견 또는 주지하였을 때 당황하지 말고, 침착하게 대처하여야 한다. 교사는 학교 내·외에서 학생들에 의한 폭력이 발생하였을 때 일반적으로 매우 당황하게 된다. 즉, 학교폭력 장면을 직접 목격하거나 이를 주지하게 되었을 때 당혹감과 함께 분노를 느끼며, 자신의 교육 행위에 대한 학생들의 도전으로 인식되어지기도 한다. 따라서 교사는 학생들의 폭력행위를 정확하게 진단하거나 합리적으로 대처하기 전에 먼저 큰 소리로 화를 내게 되며 제2의 폭력을 행사하는 경우도 종종 있다.

둘째, 교사의 감정적 대처와 편견은 더 큰 피해를 초래할 수 있다. 교사의 심한 꾸중과 체벌, 폭력 등은 결국 가해 및 피해 학생들에게 더욱 심각한 갈등과 불화를 야기시키며, 학생과 교사간의 반목을 조장하게 된다. 폭력에 대한 교사의 부적절한 개입과 편견적인 태도 그리고 감정적인 대처는 학생들에게 더 큰 불화와 갈등을 조장하게 된다는 점을 명심할 필요가 있다. 따라서 교사는 모든 학생들의 이야기와 불평불만의 소리를 주의 깊게 경청해야 하며, 편견이나 고정관념은 과감히 버려야 한다.

셋째, 관련 주체의 상호 협력적인 대처와 지도방법이 요구된다. 학교폭력이 발생하였을 때, 담임교사(피해, 가해 학생의)와 상담교사, 학교 당국 그리고 학부모가 상호 협력하여 이에 합리적으로 대처할 수 있는 방안을 모색해야 한다. 그러나 교사의 적극적인 관심과 합리적인 태도야말로 가해 및 피해학생과 학부모들을 중재하고 문제를 합리적으로 해결하는데 가장 중요한 요인이라는 점을 명심할 필요가 있다. 교사는 폭력 장면과 상황, 가해자 및 피해자의 특성, 성별과 연령 등의 다양한 요인들을 고려하여 최적의 대책을 마련할 수 있어야 한다.

넷째, 자신감을 가지고 학교폭력에 대처하여야 한다. 교사가 어떤 형태의 폭력 장면이든 이를 목격 또는 주지하였을 때 이에 당황하지 말고 또 다른 교육적 과제가 주어 졌을 뿐이라고 생각하고, 이러한 문제를 합리적으로 지도할 수 있다는 자신감을 갖는 것이 무엇보다 중요하다.

학교폭력이 발생했을 경우 교사의 역할이 가장 중요하다. 교육부(2012) '학교폭력사안처리 가이드북'에 제시된 내용을 요약·정리하면 다음과 같다.

나. 초기대응의 중요성

학교폭력 사안이 최초로 발생하였을 때, 교사는 가해학생의 입장보다는 피해학생의 입장에서 피해학생을 보호하기 위해 적극적으로 대응하고 피해학생이 가해학생에게 보복당하지 않도록 피해학생에게 지속적인 관심과 따뜻한 배려를 제공함으로써 민원 발생을 최소화해야 한다.

다. 가해사실의 인지 및 가해학생의 관리

가해사실이 경미하여 훈계정도의 조치만 하였다고 하더라도 가해학생이 그런 사실을 보호자나 교사에게 알렸다고 하여 피해학생을 전보다 더 심하게 괴롭힐 수 있다. 학교폭력 피해학생이 자살을 하거나 사건이 커지는 경우에 있어서 교사의 사후조치가 미비하였던 경우가 많이 있다. 폭력사실을 알게 된 교사는 교장이나 다른 교사와 상의하여 가해학생들에 대하여는 적절한 사후조치나 감독 등 특별히 관리를 하여야 한다.

라. 피해학생에 대한 다양한 관찰 및 탐색

더 이상의 가해행위를 방지하기 위하여 피해학생에 대해 보복성 폭행이 없는지 다양한 방법으로 학생의 상황 등을 확인하여야 한다. 예를 들면 등·하교 시간 때나 쉬는 시간에 복도에서 만나게 되면 간단하게 물어보는 것도 좋은 방법이 될 수 있다. 또한 피해학생이 자신의 현 상황을 쉽게 알릴 수 있고 교사와의 대화 상황을 보는 다른 학생들에게 교사가 피해학생에 대해 많은 관심을 가지고 있다는 것을 알리는 효과도 있다.

교사의 주관적 판단에 기초하여 폭력 장면과 폭력의 심각성 정도가 확인되고 나면, 담임교사 또는 상담교사는 폭력행동을 구체적으로 탐색해 들어가야 한다.

학생은 폭력을 행사하고도 이를 폭력으로 인정하지 않는 경우가 있는데 이 때에는 약탈이나 위협, 밀치는 행위 등을 해 놓고 피해 학생의 고통과는 무관하게 자신은 폭력을 행사하지 않았다고 말하는 경우이다. 이 때 교사는 〈표 15-2〉와 같이 연속적인 질문을 부과함으로써 이들이 폭력에 개입되어 있음을 인정하도록 해 줄 필요가 있다.

〈표 15-2〉 폭력 행위 탐색 질문의 예

폭력 행위 탐색 질문
① 신체적으로 어떤 사람에게 상해를 가할 수 있다는 것에 대해 생각해 보았니?
② 어떤 사람을 때렸는가? (뺨을 치거나, 차거나, 밀치거나, 떠밀거나, 상처를 입혔는가?)
③ 무기(도구)를 가지고 어떤 사람을 위협했니?
④ 상대방을 밀치거나 물건을 훼손하고 있을 때 화가 나 있었니?

〈표 15-2〉의 탐색적 질문에 대해 긍정적인 반응이 있을 경우, 구체적인 탐색적 질문을 부과할 필요가 있다. 〈표 15-3〉에 제시된 질문들을 통해 폭력의 발생 배경을 탐색함은 물론이고, 가해자 및 피해자의 잘못된 신념과 행동을 지도하고 상담한다.

〈표 15-3〉 폭력 행위의 구체적인 탐색을 위한 질문의 예

폭력 행위 탐색 질문
① 폭력의 결과 다른 사람들에게 상처를 주었는가?
② 폭력에서 무기를 사용한 적이 있는가?
③ 어떤 맥락 또는 장면에서 폭력이 발생하였는가?
④ 자신의 경솔함에 대해 당신(내담자)은 어떻게 생각하는가?
⑤ 이러한 사건이 일어날 때, 당신은 어떤 느낌/감정이었는가?
⑥ 사건 동안 당신은 약물이나 알코올을 사용하고 있었는가?
⑦ 약물이나 알코올이 그 밖의 다른 사건을 촉진시켰는가?
⑧ 당신은 망상이나 환각과 같은 정신병의 증상을 경험하고 있는가?
⑧ 당신은 가장 최근에 약물(알코올)치료를 받은 적이 있는가? 그(여)는 약물치료를 받고 있었는가? 그 밖의 사건에 대해서는?
⑨ 가장 최근의 폭력에서 희생자 또는 표적은 누구였는가? 그 밖의 다른 사건에 대해서는?
⑪ 희생자와 당신은 어떤 관계인가?
⑫ 폭력의 목적/의미는 무엇인가?
⑬ 당신은 어떤 유형의 폭력에 개입했다고 보는가? (표2 참조)
⑭ 상대방이 폭력을 행사한다고 생각했을 때, 어떤 단서를 통해 그렇게 판단하였는가?
⑮ 당신에게 폭력과 밀접하게 관련되는 사건이 있었는가?
⑯ 최초로 폭력을 사용한 적은 언제부터인가?
⑰ 최초 폭력행동 이후 지금까지 얼마나 자주 폭력을 사용해 왔는가?
⑱ 당신은 폭력 피해를 당한 적이 있는가?
⑲ 언제부터, 얼마나 자주 폭력 피해를 경험했는가?
⑳ 당신은 앞으로 폭력을 하지 않기 위해 어떤 행동을 제안할 것인가?

마. 학생들과의 연락망 구축

교실의 상황을 알려줄 수 있는 연락망을 만들어 두는 것이 중요하다. 연락망은 학생(주로 이 경우 학급반장이 하게 됨) 중 한 명이 교실에서 문제되는 상황이 발생한 경우 이를 교사에게 알리고 수시로 교실에서 일어나는 학생들의 상황을 알려줄 수 있도록 하는 것을 말한다.

바. 다른 학생의 피해여부 확인

학교폭력이나 성폭력 사건을 접하게 되면 교사는 해당사건에 온 관심을 기울이게 된다. 우발적인 폭력이 아닌 집단 따돌림, 상습적 폭행 등의 경우 가해학생이 한 학생만을 괴롭히지 않았을 경우가 많이 있다. 따라서 가해학생 등을 고려하여 이러한 사건이 다른 학생에게도 일어났을 가능성이 높은 경우 일반 학생들을 대상으로 간단한 방식으로라도 유사 사건이 있는지 조사할 필요가 있다.

사. 서로 간에 싸움이 일어났을 때

학생들 서로간의 싸움에 대해서는 발견이나 인지 즉시 이들의 격한 감정을 순화하도록 지도한 뒤, 문제의 원인을 한 사람씩 말하도록 한다. 각자의 이야기를 충분히 듣도록 하되, 말을 중간에 차단하는 일이 없도록 주의한다. 안정된 분위기에서 각자의 입장과 욕구불만을 충분하게 이야기하는 과정에서 스스로의 잘못과 상대방에 대한 오해를 찾아내고, 반성하도록 한다. 상호간의 갈등을 해소하도록 도와주기 위하여 6가지 갈등 해소 전략을 활용할 수 있다.

1) 1단계

갈등해결을 위한 기본적인 법칙을 설정한다. 예를 들어 서로를 존중하도록 하고, 어떠한 경우에도 욕을 하지 않으며, 각자의 이야기를 끝까지 듣고 난 뒤 자신의 의견을 말하도록 하는 등의 몇 가지 원칙을 정한다.

2) 2단계

서로의 입장을 이해하도록 한다. 지금 현재 욕구불만이 무엇인지, 갈등의 요인이 무엇인지, 그 문제에 대해 어떻게 느끼는지를 솔직하게 말하도록 한다. 여기서 중요한 것은 상대의 성격이 아니라 당면한 문제 또는 갈등이라는 것을 기억해야 한다.

3) 3단계

당면한 문제해결을 위해 일정한 시간을 정해 놓고 각자의 견해를 말하도록 한다. 이 때 주의해야 할 것은 상대방의 의견이 맞지 않거나 오해가 있다고 하더라도 절대로 비판을 하지 않도록 지도한다.

4) 4단계

하나 또는 그 이상의 해결방법에 대해 합의를 도출하도록 한다. 이 단계에서는 여러 해결방법 중에서 폭력 당사자들은 자기가 가장 선호하는 해결책을 선택한 후 토론한다. 이 과정에서 때에 따라 협상이 필요하기도 하지만, 합치되는 점을 발견한다.

5) 5단계

합의사항을 문서로 기록하고 보관한다. 기억의 왜곡 등으로 인해 문제가 발생할 수 있기 때문에 기록해 두는 것이 좋다.

6) 6단계

서로 간에 합의 사항이 잘 지켜지는지에 대해 점검할 수 있도록 다음의 만남 시간을 정해 둔다.

아. 교사의 적극적인 대응 자세

첫째, 학교폭력을 발견 또는 주지하였을 때 당황하지 말고, 침착하게 대처하여야 한다.

둘째, 교사의 감정적 대처와 편견은 더 큰 피해를 초래할 수 있다. 교사는 모든 학생들의 이야기와 불평불만의 소리를 주의 깊게 경청해야 하며, 편견이나 고정관념은 과감히 버려야 한다.

셋째, 관련 주체의 상호 협력적인 대처와 지도방법이 요구된다. 교사는 폭력 장면과 상황, 가해자 및 피해자의 특성, 성별과 연령 등의 다양한 요인들을 고려하여 최적의 대책을 마련할 수 있어야 한다.

넷째, 자신감을 가지고 학교폭력에 대처하여야 한다. 교사가 어떤 형태의 폭력 장면이든 이를 목격 또는 주지하였을 때 이에 당황하지 말고 또 다른 교육적 과제가 주어 졌을 뿐이라고 생각하고, 이러한 문제를 합리적으로 지도할 수 있다는 자신감을 갖는 것이 무엇보다 중요하다.

5. 학교폭력의 지속적 · 포용적 대처방안

학교폭력문제에 대한 단속과 처벌위주의 단편적인 접근으로는 학생들을 선도하기보다는 오히려 범법학생들을 양산하는 우를 범할 가능성이 많다. 따라서 이러한 그리하여 점차 선도 · 예방프로그램을 중심으로 하는 학교폭력의 지속적 · 종합적 · 적극적 · 포용적인 대처방안이 모색되고 제시되었는데, 그 새로운 대처방안을 요약하여 나타내면 [그림 15-1]과 같다.

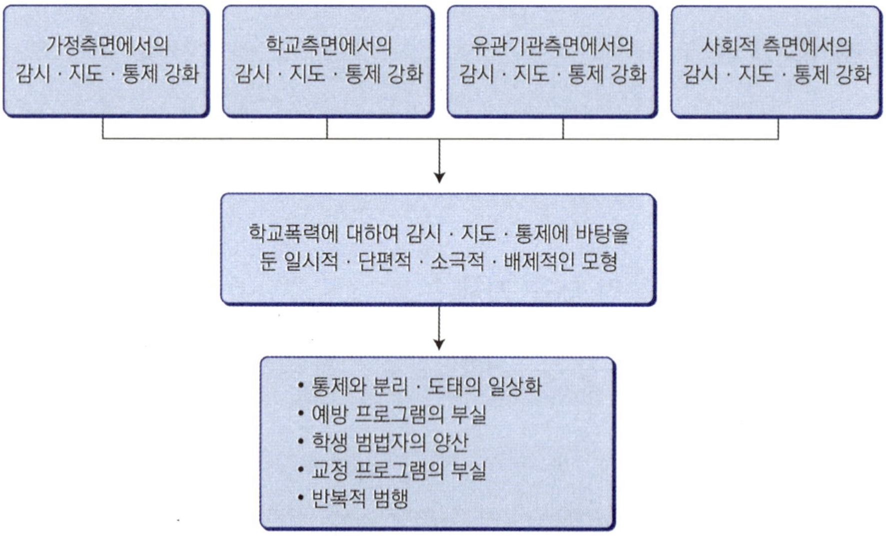

[그림 15-1] 학교폭력의 지속적 · 종합적 · 적극적 · 포용적인 대처방안

자료: 이장현(2002). 학교폭력의 최근 동향과 대처 방안. 청소년보호지도연구, 제1집, 105-106.

첫째, 학교폭력피해의 예방대책은 가해자 중심의 가해자를 줄이려는 정책에서 피해자 중심의 피해자를 줄이려는 보호·예방정책으로 전환되어야 한다.

둘째, 학교폭력문제에 대한 단속과 처벌위주의 단편적인 접근보다는 선도·예방을 중심으로 하는 교정(치료·교육)프로그램을 개발·보급하고 이에 관련된 시설을 설립·확충하여야 한다.

셋째, 학교폭력문제를 근본적으로 해결하기 위해서는 심리학적·사회학적·교육적·행정적·법률적인 차원에서 체계적으로 근본적인 문제점을 진단하고, 종합적이고 지속적인 대책이 요구된다.

넷째, 학교-가정-NGO-사회-정부간의 협력체제를 구축하여야 한다.

참고문헌

교육과학기술부 · 청소년폭력예방재단(2012). 학교폭력 사안처리 가이드북.

교육과학기술부(2012). 학교폭력사안처리 Q & A.

교육부(2014). 학교폭력사안처리 가이드북.

문용린 외(2008). 학교폭력 예방과 상담. 학지사.

문재현 외(2012). 학교폭력 어떻게 만들어지는가. 살림터.

이광현(2002). 학교폭력의 최근동향과 대처방안. 청소년보호지도연구. 1, 91-111.

이장현(2002). 학교폭력의 최근 동향과 대처 방안. 청소년보호지도연구, 제1집, 91-111.

한국청소년상담원(2009). 학교폭력: 학부모개입 지침서 5. 신일문화사.

제5부 성폭력 사안처리하기

제16장

성폭력의 개념 및 유형

학습목표

1. 성폭력의 일반적인 개념과 법률상 개념을 이해할 수 있습니다.
2. 성폭력의 행위유형별, 대상별, 관계별, 법률상으로 분류한 유형을 이해할 수 있습니다.

1. 성폭력의 개념

가. 일반적인 성폭력의 개념

성폭력이란 일반적으로 힘의 차이(물리적인 힘, 연령, 성별, 사회적 지위, 경제력 차이 등)를 이용하여 폭행, 협박, 유인 등을 통해 상대방의 성적자기결정권을 침해하는 모든 성적행위를 의미한다. 성폭력은 성적 접촉 유형에 따라, 성적 행위의 강제성 여부에 따라, 대상의 특성에 따라, 성적 행위로 인한 피해 유형에 따라 다양하게 정의될 수 있다.

법률에서는 주로 강간, 강제추행 등을 의미하며, 일반적으로 강간이나 강제추행은 폭행이나 협박이 수반된 성적행위이나, 13세 미만의 아동이나 장애인의 경우에는 폭행이나 협박이 없었어도 성폭력으로 처벌이 된다. 최근에는 상대방의 의사를 무시한 채 행위를 한 경우 폭행이 수반되지 않아도 성폭력으로 처벌되고 있으며(이현혜, 2013 재인용), 신체적 접촉 외 음란 전화, 음란한 눈빛 등 언어적 · 정신적 폭력도 성폭력에 포함된다. 또한 성폭력에 대한 막연한 불안감, 공포, 그리고 그것으로 인한 행동제약이 가해진 경우도 간접적인 성폭력이다(조중신,

2014).

즉 성폭력은 상대방의 의사에 반하여 가해자의 일방적인 성적행위로 인해 개인의 성적자기결정권이 침해되는 것으로 피해자의 저항 여부에 상관없이 피해자는 보호되어야 한다.

성폭력이란 성희롱이나 성추행, 성폭행 등을 모두 포괄하는 개념으로 개인의 '성적 자기결정권[1]'을 침해하는 행위로 상대방의 의사에 반하여 성을 매개로 하여 동의 없이 일어나는 모든 폭력 또는 가해 행위(신체적 · 심리적 · 언어적 · 사회적 고통을 야기라는 행위)를 뜻한다.

아동성폭력이란 '아동에게 가해지는 성폭력'으로 넓게 보면 법상 미성년자인 20세 미만의 아동과 청소년에 대한 강간, 추행 등의 성폭력이라고 할 수 있고, 좁게 보면 13세 미만의 아동에 대한 성적인 행위라고 할 수 있다.

나. 법률상의 성폭력의 개념

성폭력은 학교폭력이 되기도 하지만, 성폭력 관련행위 그 자체로 형법 및 형사특별법상 범죄가 되기도 한다. 〈표 16-1〉은 「아동 · 청소년의 성보호에 관한 법률」 제2조 제2항, 「성폭력범죄의 처벌 등에 관한 특례법」 등에 명시된 성폭력 범죄에 대한 개념이다.

따라서 성폭력 사안에 대해서는 우선「아동 · 청소년의 성보호에 관한 법률」등 성폭력 관련 법률을 적용하여 수사기관의 수사를 통해 엄정하게 대처하되, 「학교폭력예방 및 대책에 관한 법률」제2조의 학교폭력의 종류에서 성폭력을 배제한 것이 아니라는 점을 고려, 학교내외에서 학생을 대상으로 발생한 성폭력 사안은 모두 포함되며, 성폭력이 아닌 학교폭력에 대한 균형 있는 조치가 필요하다.

1) 사람은 성행동을 할 수 있는 존재이고, 성적 욕망과 쾌락을 추구하는 존재이기도 하지만 성행동을 하지 않는 선택과 거부할 수 있는 자율성, 원하지 않는 성행동에 대해 저항하거나 새로운 실천을 만들어 낼 수 있는 능력까지도 포함하는 성적 주체이다. 바로 이러한 권리를 '성적 자기결정권'이라고 한다. 다른 사람에 의해 강요받거나 지배받지 않으면서 자신의 의지나 판단에 의해 자율적이며 책임감 있게 자신의 성적인 행동을 결정하고 선택하는 권리를 말한다.

〈표 16-1〉 성폭력에 대한 법적 근거

<table>
<tr><td rowspan="2">신고의무</td><td>성폭력방지 및 피해자보호 등에 관한 법률
제9조(신고의무) 19세 미만의 미성년자를 보호하거나 교육 또는 치료하는 시설의 장 및 관련 종사자는 자기의 보호·지원을 받는 자가 성범죄 피해자인 사실을 알게 된 때에는 즉시 수사기관에 신고하여야 한다.
제49조(과태료) 위의 어느 하나에 해당하는 기관·시설 또는 단체의 장과 그 종사자가 직무상 아동·청소년대상 성범죄 발생사실을 알고 수사기관에 신고하지 아니하거나 거짓으로 신고한 경우에는 300만 원 이하의 과태료를 부과한다.</td></tr>
<tr><td>아동·청소년의 성보호에 관한 법률
제22조(아동·청소년대상 성범죄의 신고) 다음 어느 하나에 해당하는 기관·시설 또는 단체의 장과 그 종사자는 직무상 아동·청소년대상 성범죄의 발생 사실을 알게 된 때에는 즉시 수사기관에 신고하여야 한다.
- 유치원, 학교, 의료기관, 아동복지시설, 장애인복지시설, 보육시설, 학원 및 교습소, 성매매피해자등을 위한 지원시설 및 성매매피해상담소, 한부모가족복지시설, 가정폭력피해자 보호시설, 성폭력피해자보호시설, 청소년상담 및 긴급구조 등의 기관, 청소년지원 등의 기관, 청소년활동시설, 청소년쉼터, 청소년보호센터와 청소년재활센터</td></tr>
<tr><td rowspan="2">비밀누설금지</td><td>아동·청소년의 성보호에 관한 법률
제19조(비밀누설 금지) ① 아동·청소년대상 성범죄의 수사 또는 재판을 담당하거나 이에 관여하는 공무원은 피해아동·청소년 또는 대상아동·청소년의 주소·성명·연령·학교 또는 직업·용모 등 그 아동·청소년을 특정할 수 있는 인적사항이나 사진 등 또는 그 아동·청소년의 사생활에 관한 비밀을 공개하거나 타인에게 누설하여서는 아니 된다.
② 기관·시설 또는 단체의 장이나 이를 보조하는 자 또는 그 직에 있었던 자는 직무상 알게 된 비밀을 타인에게 누설하여서는 아니 된다.
③ 누구든지 피해아동·청소년 및 대상아동·청소년의 주소·성명·연령·학교 또는 직업·용모 등 그 아동·청소년을 특정하여 파악할 수 있는 인적사항이나 사진 등을 신문 등 인쇄물에 싣거나 방송, 정보통신망을 통하여 공개하여서는 아니 된다.
④ 제1항부터 제3항까지를 위반한 자는 2년 이하의 징역 또는 1천만 원 이하의 벌금에 처한다.</td></tr>
<tr><td>성폭력범죄의 처벌 등에 관한 특례법
제22조(피해자의 신원과 사생활 비밀 누설 금지) ① 성폭력범죄의 수사 또는 재판을 담당하거나 이에 관여하는 공무원은 피해자의 주소, 성명, 나이, 직업, 용모, 그 밖에 피해자를 특정하여 파악할 수 있게 하는 인적사항과 사진 등을 공개하거나 다른 사람에게 누설하여서는 아니 된다.</td></tr>
</table>

구분	내용
피해자보호	성폭력범죄의 처벌 등에 관한 특례법 **제29조(신뢰관계에 있는 사람의 동석)** 법원은 성폭력 범죄의 피해자를 증인으로 신문하는 경우에 검사, 피해자 또는 법정대리인이 신청할 때에는 재판에 지장을 줄 우려가 있는 등 부득이한 경우가 아니면 피해자와 신뢰관계에 있는 사람을 동석하게 하여야 한다. 아동·청소년의 성보호에 관한 법률 **제25조(피해아동·청소년과 보호자의 상담 및 치료)** 국가는 피해아동·청소년과 그 보호자의 신체적·정신적 회복을 위하여 상담시설로 하여금 피해아동·청소년과 그 보호자에게 상담이나 치료프로그램을 제공하도록 요청할 수 있다.
가해자선도	아동·청소년의 성보호에 관한 법률 **제27조(소년부 송치)** ① 검사는 송치된 사건의 성질·동기 및 결과와 행위자의 성행 등을 고려하여 대상아동·청소년에게 「소년법」에 따른 보호처분을 하는 것이 상당하다고 인정하는 때에는 그 사건을 관할 법원 소년부에 송치할 수 있다. ② 검사는 제1항에 따른 소년부 송치 여부를 검토한 결과 소년부 송치가 적절하지 아니한 경우 대상아동·청소년에 대한 보호 또는 재활이 필요하다고 인정하는 때에는 대상 아동·청소년으로 하여금 필요한 교육과정이나 상담과정을 마치게 하여야 한다.
예방교육	성폭력방지 및 피해자보호 등에 관한 법률 **제5조(성폭력 예방교육)** 학교의 장은 성에 대한 건전한 가치관 함양과 성폭력 예방에 필요한 교육을 실시하여야 한다. **제6조(성폭력 추방 주간)** 성폭력에 대한 사회적 경각심을 높이고 성폭력을 예방하기 위하여 대통령령으로 정하는 바에 따라 1년 중 1주간을 성폭력 추방 주간으로 한다. 성폭력방지 및 피해자보호 등에 관한 법률 시행령 **제2조(성폭력 예방교육의 실시)** ① 관계 중앙행정기관의 장 및 특별시장·광역시장·도지사·특별자치도지사는 매년 청소년에 대한 성교육 및 성폭력 예방에 필요한 교육계획을 수립·시행하여야 한다. **제3조(성폭력 추방 주간)** 매년 11월 25일부터 12월 1일까지를 성폭력 추방 주간으로 하며, 국가나 지방자치단체는 성폭력 추방 주간을 기념하기 위하여 기념행사, 심포지엄의 개최, 대중매체를 통한 홍보 등의 행사를 실시한다.

아동·청소년 성폭력 범죄 처벌 규정	내용
	형법 **제302조(미성년자등에 대한 간음)** 미성년자 또는 심신미약자에 대하여 위계 또는 위력으로써 간음 또는 추행을 한 자는 5년 이하의 징역에 처한다. **제305조(미성년자에 대한 간음, 추행)** 13세 미만의 부녀를 간음하거나 13세 미만의 사람에게 추행을 한 자는 강간, 강제추행, 강간 등 상해·치상, 강간 등 살인·치사 처벌의 예에 의한다.
	성폭력범죄의 처벌 등에 관한 특례법 **제5조(친족관계에 의한 강간 등)** 4촌 이내의 혈족 및 인척(사실상의 관계에 의한 친족 포함)이 강간(7년 이상의 유기징역), 강제추행(5년 이상의 유기징역), 준 강간·준강제추행의 죄를 범한 경우 처벌한다. **제6조(장애인에 대한 간음 등)** 신체적인 또는 정신적인 장애로 항거불능인 상태에 있음을 이용하여 여성을 간음하거나 사람에 대하여 추행을 한 사람은 강간 또는 강제추행에서 정한 형으로 처벌한다. **제7조(13세 미만의 미성년자에 대한 강간, 강제추행 등)** 13세 미만의 여성에 대하여 강간(10년 이상의 유기징역), 손가락 등을 사용한 유사성행위(7년 이상의 유기징역), 강제추행(5년 이상의 유기징역 또는 벌금형), 준강간·준강제추행의 죄를 범한 경우 처벌한다
	아동·청소년의 성보호에 관한 법률 **제7조(아동·청소년에 대한 강간·강제추행 등)** 여자아동·청소년에 대하여 강간(5년 이상의 유기징역), 손가락 등을 사용한 유사성행위(3년 이상의 유기징역), 강제추행(1년 이상의 유기징역 또는 벌금형), 준 강간·준강제추행의 죄를 범한 경우 처벌한다. **제8조(아동·청소년이용음란물의 제작·배포 등)** ① 아동·청소년이용음란물을 제작·수입 또는 수출한 자는 5년 이상의 유기징역에 처한다. ② 영리를 목적으로 아동·청소년이용음란물을 판매·대여·배포하거나 이를 목적으로 소지·운반하거나 공연히 전시 또는 상영한 자는 7년 이하의 징역에 처한다. ③ 아동·청소년이용음란물을 배포하거나 공연히 전시 또는 상영한 자는 3년 이하의 징역 또는 2천만 원 이하의 벌금에 처한다. ④ 아동·청소년이용음란물을 소지한 자는 2천만 원 이하의 벌금에 처한다. ⑤ 아동·청소년이용음란물을 제작할 것이라는 정황을 알면서 아동·청소년을 아동·청소년이용음란물의 제작자에게 알선한 자는 1년 이상 10년 이하의 징역에 처한다. ⑥ 제1항의 미수범은 처벌한다. **제10조(아동·청소년의 성을 사는 행위 등)** ① 아동·청소년의 성을 사는 행위를 한 자는 5년 이하의 징역 또는 3천만 원 이하의 벌금에 처한다. ② 아동·청소년의 성을 사기 위하여 아동·청소년을 유인하거나 성을 팔도록 권유한 자는 1년 이하의 징역 또는 1천만원 이하의 벌금에 처한다

자료: 울산광역시교육청(2011). 아동·청소년 성폭력 대응 매뉴얼. pp.6-9.

성폭력 사안이라고 하더라도 학교폭력자치위원회를 개최하고 피해학생 보호 및 가해학생 선도·교육 조치를 해야 한다. 가해 학생의 비밀 보호 요구에도 불구 사안 자체가 축소·은폐되지 않도록 주의해야 한다.

성폭력 피해학생(또는 보호자)이 피해학생의 신변·사생활 보호를 위해 자치위원회 참석을 원하지 않는 경우, 피해학생(또는 보호자)이 자치위원회 참석을 하지 않을 수 있고, 서면진술로 대체할 수 있다. 다만, 피해학생(또는 보호자)가 자치위원회 참석을 원하지 않더라도, 자치위원회는 비공개로 가해학생에 대한 조치를 심의·의결 해야하고, 학생징계조정위원회 징계로 법률 제17조에 따른 가해학생에 대한 조치를 갈음할 수 없다.

다. 성폭력 관련 법률 용어

성폭력 관련해서 많이 사용되는 대표적인 법률용어는 〈표 16-2〉와 같다.

〈표 16-2〉 **성폭력 관련 법률 용어**

법률 용어	개념
강간	폭행·협박에 의하여 상대방의 반항을 곤란하게 하고 부녀를 간음하는 것을 말한다. 즉, 폭행·협박을 하여 성행위(삽입)를 강제로 하는 것을 말한다.
간음	비혼인관계에 있는 남녀의 성교행위를 말한다.
강제추행	폭행·협박을 하여 사람을 추행(성적수치심을 가지게 하는 일체의 행위)하는 것
성희롱	업무, 고용 기타 관계에서 업무 등과 관련하여 성적 언동 등으로 성적 굴욕감 또는 혐오감을 느끼게 하거나 성적 언동 기타 요구 등에 대한 불응을 이유로 고용상의 불이익을 주는 것을 말한다.
성학대	보호하거나 양육하는 대상(아동, 포로, 수용자)에 대한 성적 가혹 행위를 말한다.
위력	사람의 의사를 제압할 수 있는 유형적·무형적 힘을 말하며, 폭행·협박을 사용한 경우는 물론, 사회적·경제적 지위를 이용하여 의사를 제압할 수 있다.
위계	사전적 의미로의 위계는 연장자가 상급의 자리를 차지하는 것을 말하지만 통상 조직에서 상급에 있는 자가 하급에 있는 자에게 영향력을 행사하는 것을 말한다.

법률 용어	개념
친고죄	피해자의 고소가 있어야 공소를 제기할 수 있는 범죄를 말한다.
비친고죄	피해자의 고소 없이도, 즉 피해자의 의사와 관계없이 처벌할 수 있는 죄를 말한다. 친족관계에 의한 강간, 강제추행, 장애인에 의한 준 강간, 19세 미만의 미성년자에 대한 강간, 강제추행 등은 피해자의 고소가 없어도 처벌할 수 있다.
공소시효	어떤 범죄사건이 일정한 기간의 경과로 형벌권이 소멸하는 제도로서 확정 판결 전에 시간의 경과에 의하여 형벌권이 소멸하여 공소를 제기할 수 없게 된다.
성희롱	업무, 고용, 그 밖의 관계에서 국가기관·지방자치단체 또는 대통령령으로 정하는 공공단체(이하 "국가기관등"이라 한다)의 종사자, 사용자 또는 근로자가 다음 각 목의 어느 하나에 해당하는 행위를 하는 경우를 말한다. 가. 지위를 이용하거나 업무 등과 관련하여 성적 언동 또는 성적 요구등으로 상대방에게 성적 굴욕감이나 혐오감을 느기게 하는 행위 나. 상대방이 성적 언동 또는 요구에 대한 불응을 이유로 불이익을 주거나 그에 따르는 것을 조건으로 이익 공여의 의사표시를 하는 행위
성매매	"성매매"란 불특정인을 상대로 금품이나 그 밖의 재산상의 이익을 수수하거나 수수하기로 약속하고 다음 각 목의 어느 하나에 해당하는 행위를 하거나 그 상대방이 되는 것을 말한다.(가. 성교행위 나. 구강, 항문 등 신체의 일부 또는 도구를 이용한 유사 성교행위)

라. 성폭력 행위의 구분

성폭력 행위는 접촉 행위와 비접촉 행위로 나눌 수 있다. 접촉행위는 만지는 행위로 청소년의 생식기 등 몸을 만짐, 청소년의 질이나 항문에 손가락, 물건을 삽입하는 행위, 구강성교 및 성교 등이 해당된다. 비접촉 행위는 만지지 않는 행위로 청소년에게 성적인 말을 건냄, 청소년에게 음란물을 보여줌, 청소년을 대상으로 음란물을 촬영함 등이 해당된다.

2. 성폭력의 유형

성폭력의 유형은 교육부 외(2013)에서 분류한 행위유형별, 대상별, 관계별, 법률상 분류로 살펴보고자 한다.

가. 행위유형별 분류

성폭력 행위유형에는 [그림 16-1]과 같이 강간, 유사강간, 강제추행, 성희롱, 성학대, 스토킹, 통신매체이용 음란행위, 사이버 성폭력의 8가지 유형으로 나눌 수 있다.

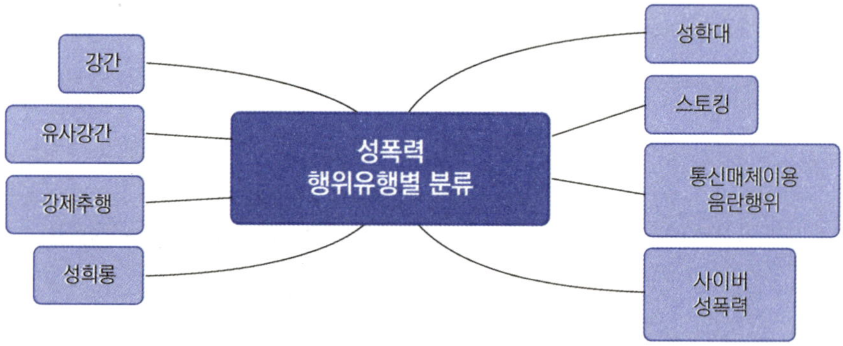

[그림 16-1] 성폭력 행위유형별 분류

1) 강간

강간은 폭행·협박에 의해 상대방의 반항을 곤란하게 하여 가해자가 자신의 성기를 피해자의 성기로 강제로 삽입시키는 행위로 처녀막의 손상이나 사정의 흔적이 없더라도 가해자의 성기가 소음순까지 닿는 경우도 강간으로 취급한다.

2) 유사강간

유사강간은 폭행 또는 협박으로 상대방에 대하여 구강, 항문 등 신체(성기는 제외한다)의 내부에 성기를 넣거나 성기, 항문에 손가락 등 신체(성기는 제외한다)의 일부 또는 도구를 넣는 행위이다.

3) 강제추행

강제추행은 폭행·협박에 의해 성교는 하지 않고 가슴, 엉덩이, 성기부위에 접촉하거나, 키스, 음란한 행위, 피해자나 가해자의 성기를 노출시키는 등 성적수치심을 가지게 하는 행위이다.

4) 성희롱

성희롱은 업무 또는 고용관계 기타 관계에서 성적 언동 등으로 성적 굴욕감 또는 혐오감을 느끼게 하거나 성적 언동 또는 그밖의 요구에 따르지 아니하였다는 것을 이유로 불이익을 주는 행위이다.

5) 성학대

성학대는 보호하거나 양육하는 대상인 청소년에 대한 성적 가혹행위이다.

6) 스토킹

스토킹은 상대방이 원하지 않는데도 계속 일방적으로 쫓아다니면서 괴롭히는 행위이다.

7) 통신매체이용 음란행위

통신매체이용 음란행위는 통신매체를 이용하여 음란한 내용이나 성적 언어로 모욕감을 주거나 불쾌감을 주는 행위이다.

8) 사이버성폭력

상대방이 분명히 거부의사를 밝혔음에도 불구하고 원치 않는 성적 메시지(글자 및 부호), 이미지(음향 및 영상물) 등을 일방적으로 전송하거나 상대방의 성적인 문제와 관련된 개인 신상에 관한 정보를 게시하여 상대방에게 심각한 정서적 피해(불쾌감, 수치심, 두려움)를 유발하는 일련의 행위를 사이버 성폭력이라고 할 수 있다. 성적 메시지를 보내거나 이미지를 전송하는 행위는 사이버 성희롱, 상대방의 성적인 문제와 관련된 개인 신상 정보를 게시하는 행위를 사이버 음란물 게시로 분류할 수 있다.

나. 대상별 분류

성폭력 대상별에는 [그림 16-2]와 같이 아동, 청소년, 장애인의 3가지 유형으로 나눌 수 있다.

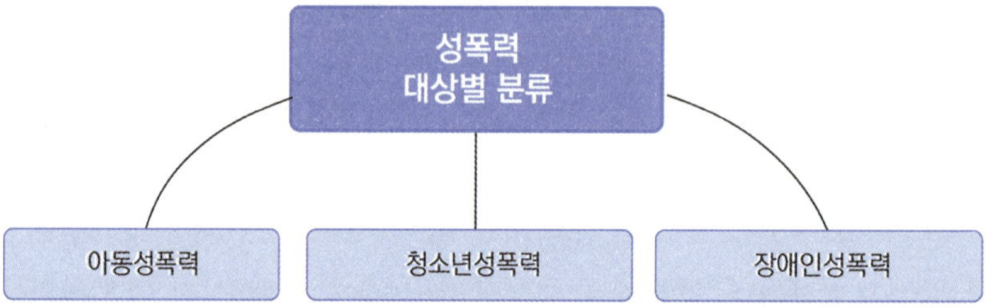

[그림 16-2] 성폭력 대상별 분류

1) 아동성폭력

아동성폭력은 13세 미만 미성년자를 대상으로 강간, 강제추행 등의 성폭력 행위이다. 아동성폭력이 청소년성폭력과 다른 점은 폭행 또는 협박이 필요하지 않고, 피해자의 동의가 있더라도 처벌된다는 것이다.

2) 청소년성폭력

청소년성폭력은 13세 이상 19세 미만 미성년자에 대한 강간, 강제추행 등의 성폭력 행위이다.

3) 장애인성폭력

장애인성폭력은 신체장애 · 정신장애를 가졌다는 이유로 강간, 강제추행, 성희롱 등으로 이루어지는 신체적, 언어적, 정신적 폭력이다.

다. 관계별 분류

성폭력 관계별 분류에는 [그림 16-3]과 같이 또래 성폭력, 낯선 사람에 의한 성폭력, 친족 성폭력, 데이트 성폭력의 4가지 유형으로 나눌 수 있다.

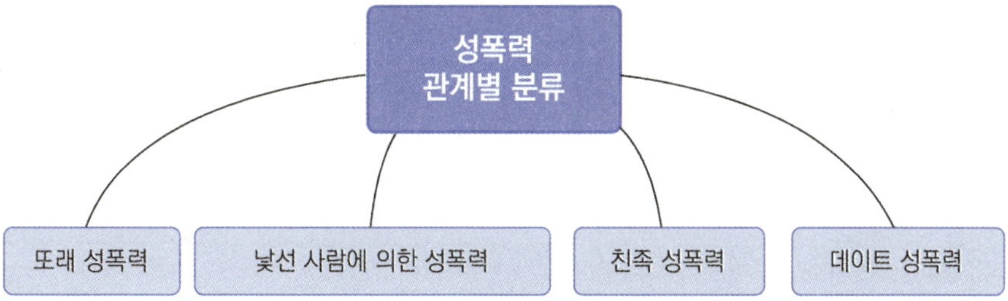

[그림 16-3] **성폭력 관계별 분류**

1) 또래성폭력

또래성폭력은 또래 친구들 사이에서 발생하는 성폭력 행위로 전혀 모르는 학생들끼리 발생하기도 하지만 보통 가까운 사이이거나 아는 사이에서 발생한다. 상대방의 외모를 가지고 성적으로 놀리거나, 치마를 들치거나, 화장실에서 몰래 훔쳐본다거나 상대방이 원치 않는 스킨십을 하는 경우와 통신기기 등을 이용한 촬영, 상대방에게 음란물을 보여주는 등의 행동 및 게임 중 벌칙으로 스킨십을 강요하는 등의 행동까지가 모두 또래 성폭력의 유형에 해당되는 모습들이다.

2) 낯선 사람에 의한 성폭력

낯선 사람에 의한 성폭력은 피해자와 아무런 혈연관계가 없는 이웃이나 모르는 사람에 의한 성폭력으로 특히 주의해야 할 것은 가해학생의 외모로 모든 것을 판단해서는 안 된다는 점이다. 평범하게 생겼거나 우리 주위에서 쉽게 볼 수 있는 인상을 가진 가해학생들이 다수 있기 때문이다. 또한 이 유형의 경우는 발생 장소가 가해자의 자택, 자주 다니는 길, 학교 근방, 놀이터 등 일상적으로 자주 오고가는 장소라는 점을 염두에 두어야 한다.

3) 친족 성폭력

친족 성폭력은 4촌 이내의 혈족 및 인척 뿐만 아니라 (사실상의) 친인척 관계에 의해 발생하는 성폭력이다. 특히 아동 성폭력의 경우 약 30% 가량이 바로 친족에 의한 성폭력인 것으로 조사된 바 있으며, '친족' 에 의해 발생했다는 특수성 때문에 숨기려고 하는 경우가 많아 실태 파악이 쉽지 않은 성폭력 유형이다.

또한 가해자와 일상생활을 함께 해야 하기 때문에 지속적으로 피해를 당할 위험이 있으며, 가해자는 의부나 친부, 남자형제 등인 경우가 많다. 이런 경우 남아선호사상이 강한 가족들 내에서는 성폭력 사실을 숨길 것을 강요하게 되는데 이로 인해 피해학생이 재차 고통을 받게 되기도 한다.

4) 데이트 성폭력

데이트 성폭력은 이성간의 데이트 중 상대방으로부터 강요나 조종에 의해 일어나는 성폭력으로 상대의 동의 없이 일어나는 성폭력이다.

라. 법률상 분류

법률명		
아동·청소년 성보호에 관한 법률상 성폭력 (제2조 제2호)	아동·청소년에 대한 강간 및 강제추행 등	제7조
	장애인인 아동청소년에 대한 간음 등	제8조
	강간 등 상해·치상/강간 등 살인·치사	제9, 10조
	아동청소년 이용음란물의 제작·배포 등	제11조
	아동청소년 매매행위	제12조
	아동청소년의 성을 사는 행위 등	제13조
	아동청소년에 대한 강요행위 등	제14조
	알선 영업행위 등	제15조
아동복지법	아동에게 음행을 시키거나 음행에 매개하는 행위 아동에게 성적 수치심을 주는 성희롱·성폭력 등 학대행위	제17조 제2,4호
성폭력범죄의 처벌 등에 관한 특례법상	특수강도강간 등	제3조
	특수강간 등	제4조

법률명		
아동·청소년 성보호에 관한 법률상 성폭력 (제2조 제2호)	아동·청소년에 대한 강간 및 강제추행 등	제7조
	장애인인 아동청소년에 대한 간음 등	제8조
	강간 등 상해·치상/강간 등 살인·치사	제9, 10조
	아동청소년 이용음란물의 제작·배포 등	제11조
	아동청소년 매매행위	제12조
	아동청소년의 성을 사는 행위 등	제13조
	아동청소년에 대한 강요행위 등	제14조
	알선 영업행위 등	제15조
	친족관계에 의한 강간 등	제5조
	장애인에 대한 강간·강제추행 등	제6조
	13세 미만 미성년자에 대한 강간·강제추행 등	제7조
	강간 등 상해·치상/강간 등 살인·치사	제8,9조
	업무상 위력 등에 의한 추행	제10조
	공중밀집장소에서의 추행	제11조
	성적 목적을 위한 공공장소 침입행위	제12조
	통신매체를 이용한 음란행위	제13조
	카메라 이용촬영	제14조
	제3조~제9조, 14조의 미수범	제15조
형법 제22장 성풍속에 관한 죄 제31장 약취, 유인 및 인신매매의 죄 제32장 강간과 추행의 죄 제38장 절도와 강도의 죄	음행매개/음화반포/음화제조/공연음란	제242~245조
	추행 등 목적 약취(略取), 유인(誘引)	제288조
	인신매매	제289조
	약취, 유인, 매매, 이송 등 상해·치상	제290조
	약취, 유인, 매매, 이송 등 살인·치사	제291조
	약취, 유인, 매매, 이송된 사람의 수수(授受)·치상	제292조
	강간, 유사강간, 강제추행	제297조 제297조의2 제298조
	강간 등 상해·치상, 강간 등 살인·치사	제301조 제301조의2

법률명		
아동·청소년 성보호에 관한 법률상 성폭력 (제2조 제2호)	아동·청소년에 대한 강간 및 강제추행 등	제7조
	장애인인 아동청소년에 대한 간음 등	제8조
	강간 등 상해·치상/강간 등 살인·치사	제9, 10조
	아동청소년 이용음란물의 제작·배포 등	제11조
	아동청소년 매매행위	제12조
	아동청소년의 성을 사는 행위 등	제13조
	아동청소년에 대한 강요행위 등	제14조
	알선 영업행위 등	제15조
	미성년자에 등에 대한 간음	제302조
	업무상 위력 등에 의한 간음	제303조
	미성년자에 대한 간음·추행	제305조
	강도강간	제339조

자료: 교육부 외(2013). 성폭력 사안처리 가이드. p.8.

참고문헌

교육과학기술부·청소년폭력예방재단(2012). 학교폭력 사안처리 가이드북.

교육과학기술부(2012). 학교폭력사안처리 Q & A.

교육부(2014). 학교폭력사안처리 가이드북.

교육부 외(2013). 성폭력 사안처리 가이드.

울산광역시교육청(2012). 안전한 학교를 만들기 위한 아동·청소년 성폭력 대응 매뉴얼. 울산교육 2011-19.

이현혜(2013). 성폭력의 이해. 사회복무요원 소양교육 교재. 병무청.

이현혜(2014). 대상별 성폭력의 이해. 성폭력 예방교육전문강사과정.한국양성평등교육진흥원.

조중신(2014). 성폭력 현황과 실태. 성폭력 예방교육 전문강사 전문과정 교재.

한국청소년상담원(2009). 학교폭력: 학부모개입 지침서 5. 신일문화사.

제17장 성폭력 사안처리

학습목표

1. 성폭력 사건 발생시 신고요령을 이해할 수 있습니다.
2. 성폭력 사안처리 과정을 이해하고 적용할 수 있습니다.

1. 성폭력 사건의 신고

가. 성폭력의 발생 징후

1) 성범죄에 노출된 어린이의 이상 징후

주로 10세 이하의 어린이(초등학생)에게서 나타나는 이상 징후는 다음과 같다.

① 조숙한 성지식을 나타내는 말들을 무심코 내뱉는다.
   예) '아저씨 고추에서 우유가 나왔다.' 라는 말을 함
② 명백하게 성적 묘사를 한 그림들을 그린다.
   예) 구강 성교하는 그림을 그리는 아동
③ 타인과의 성적인 상호관계를 표현한다.
   예) 자신보다 더 어린 아동을 대상으로 성적인 공격행위 및 또래와의 성행위, 나이든 사람에게 성적인 몸짓을 보임
④ 동물이나 장난감을 대상으로 하는 성적인 상호관계를 표현한다.
   예) 인형을 가지고 놀면서 이를 구강성교에 활용함

2) 성폭력 피해학생의 신체적, 심리·사회적, 행동적 징후

성폭력 피해학생이 일반적으로 갖는 신체적, 심리·사회적, 행동적 징후를 정리하면 〈표 17-1〉과 같다.

〈표 17-1〉 성폭력 피해학생의 신체적, 심리·사회적, 행동적 징후

징후	특징
신체적 징후	• 앉거나 걸어 다니는 것에 어려움을 보임 • 성병에 감염되었거나 임신 징후가 나타남 • 질이 긁혀 있거나 상처가 나 있음 • 처녀막이 손상됨 • 정액이 남아 있음 • 항문 주변의 멍이나 찰과상 등이 관찰됨 • 항문 내장이 짧아지고 뒤집힘 • 항문이 좁아지거나 괄약근이 손상됨
심리·사회적 징후	• 무표정, 무정서반응 • 자기 비난(혐오), 소외감, 고립, 타인에 대한 신뢰 부족, 낮은 자기존중감 • 다른 사람에게 알려지면 안된다는 강박관념 • 급성 불안, 분노, 적개심, 무력감, 우울, 신경과민 등 정서적 문제 • 특정 인물, 장소, 물건에 대한 두려움 • 대인관계 회피 • 2차 피해나 보복에 대한 공포 • 죄책감, 수치감으로 열등감, 자신감 결여 현상 • 집에만 머물고 야외 활동 기피 • 집중력이 떨어지고 학습 의욕 저하
행동적 징후	• 수면장애나 퇴행행동을 보임 • 자기 파괴적이거나 위험을 무릅쓴 행동을 함(자살시도 등) • 충동성, 산만함, 주의집중 장애 • 혼자 있기 싫어함 • 특정한 사람이나 성에 대한 두려움을 보임 • 방화를 저지르거나 동물에게 잔혹한 행동을 함 • 섭식장애가 있거나 비행, 가출, 범죄행위에 가담함 • 우울증을 앓거나 사회와 단절됨

2. 성폭력 사안처리

가. 성범죄 신고의무

성범죄 사안을 인지하였을 경우 <표 17-2>와 같이 아동·청소년의 성보호에 관한 법률과 성폭력 방지 및 피해자보호 등에 관한 법률에 의거하여 반드시 수사기관에 신고를 하여야 한다. 특히 법률상의 신고의무자는 피해자가 범죄의 신고를 원하지 않는다 하더라도 이와 무관하게 법률상의 신고 의무를 반드시 지켜야 한다.

<표 17-2> 성범죄 신고의무 관련 법률

법률조항	내용
「아동·청소년의 성보호에 관한 법률」 제34조 제2항	다음 각 호의 어느 하나에 해당하는 기관·시설 또는 단체의 장과 그 종사자는 직무상 아동·청소년대상 성범죄의 발생 사실을 알게 된 때에는 즉시 수사기관에 신고하여야 한다. 2. 「초·중등교육법」 제2조의 학교
「아동·청소년의 성보호에 관한 법률」 제67조 제4항	제34조 제2항 각호의 어느 하나에 해당하는 기관·시설 또는 단체의 장과 그 종사자가 직무상 아동·청소년대상 성범죄 사실을 알고 수사기관에 신고하지 아니하거나 거짓으로 신고한 경우 300만원 이하의 과태료를 부과한다.
아동·청소년의 성보호에 관한 법률」 제67조 제5항	제1항부터 제4항까지의 과태료는 교육부장관, 문화체육관광부장관, 보건복지부장관, 여성가족부장관, 국토교통부장관 또는 경찰청장이 부과·징수한다.
성폭력방지 및 피해자보호에 관한 법률 제9조	19세 미만의 미성년자(19세에 도달하는 해의 1월1일을 맞이한 미성년자는 제외한다)를 보호하거나 교육 또는 치료하는 시설의 장 및 관련 종사자는 자기의 보호·지원을 받는자가 「성폭력범죄의 처벌 등에 관한 특례법」 제3조부터 제9조까지, 「형법」 제301조 및 제301조의 2의 피해자인 사실을 알게 된 때는 즉시 수사기관에 신고하여야 한다.

나. 성폭력 피해 발생시 대응절차

성폭력 피해 발생시 대응절차는 크게 [그림 17-1]과 같이 사안인지 → 신고 및 보고 → 사안처리 방안모색 → 종결·추수지도의 4단계로 이루어지며, 구체적인 내용은 다음과 같다.

첫째, 사안인지 단계이다. 가해학생에 대한 법적 처벌이 필요한 사안, 교육청에 보고해야 할 중대 사안, 이웃 학교와 공동 대응이 필요한 사안 등을 인지하여야 한다.

둘째, 신고 및 보고 단계이다. 이 단계에서는 수사기관에 즉시신고하고, 책임자(교감, 교장)에게 보고를 하여야 한다. 사건을 숨기고 피해 무마를 시도하는 등 학교 내에서 임의로 사건을 해결하려 할 경우' 민·형사상 책임 등 외부의 제재뿐만 아니라 중징계와 행정처분(과태료)이 발생하며, 학교의 잘못된 대처로 수사 및 피해자 치료시기를 놓쳐 더 큰 문제로 확산되고 결국 학교와 교사가 법적 책임을 지고 거액의 손해배상을 하는 사례들이 발생하고 있다.

셋째, 사안처리 방안모색이다. 즉각적인 피해자 보호조치(가해학생과 피해학생 분리 등), 교육적 차원의 조치방법을 모색하고, 중대사안(강제추행 이상)시 즉시 수사기관에 신고하여야 한다(대상에 상관없이 법적인 신고의무 사항이므로 학교에서는 직접조사·처리 불가). 사건의 정황을 정확하게 파악 후 교육청에 사안보고하고, 집단화·광역화된 학생 성폭력 사안인 경우 공동 대응책을 모색해야 한다.

학생과 학생간 성폭력 사안의 경중에 따른 처리 방법으로 사안 유형이 지속적인 성적 놀림, 성추행 등 경미한 사안일 경우 학교폭력대책자치위원회의 심의를 거쳐야 하며, 강제추행 이상 중대한 사안일 경우 학교폭력대책자치위원회 심의 및 수사기관에 신고하여야 한다.

피해학생 중심의 사건 처리를 위하여 의료지원, 치유상담 등 세부지원 등 피해학생에 대한 지원과 상담 및 내부 또는 외부 '특별교육이수' 조치 등 가해학생에 대한 교육적인 조치, 차후 예방적 조치에 대한 대책이 마련되어야 한다.

피해학생의 안전 여부(지속적 성폭력이나 위험, 협박)를 파악하고 위험하다고 판단되는 경우 가해학생과 즉각적으로 분리(선 조치)하고 보호하여야 한다. 선 조치는 학교폭력 예방 및 대책에 관한 법률 제16조, 제17조에 의거하여 피해학생은 심리상담 및 조언, 일시 보호, 그 밖에 필요한 조치(동의 필요)가 있어야 하고, 그 밖에 필요한 조치로는 의료기관 인도, 수사기관의 조사, 법률 구조공단의 협조 등이 있다. 가해학생은 서면사과, 협박 및 접근금지, 교내 봉사(동의 불요)가 있다.

넷째, 종결 단계이다. 중대사안의 경우 사안처리 결과 교육청 보고하고 지속적인 관심과 관찰, 상담 등을 통해 추수지도를 시행하여야 한다.

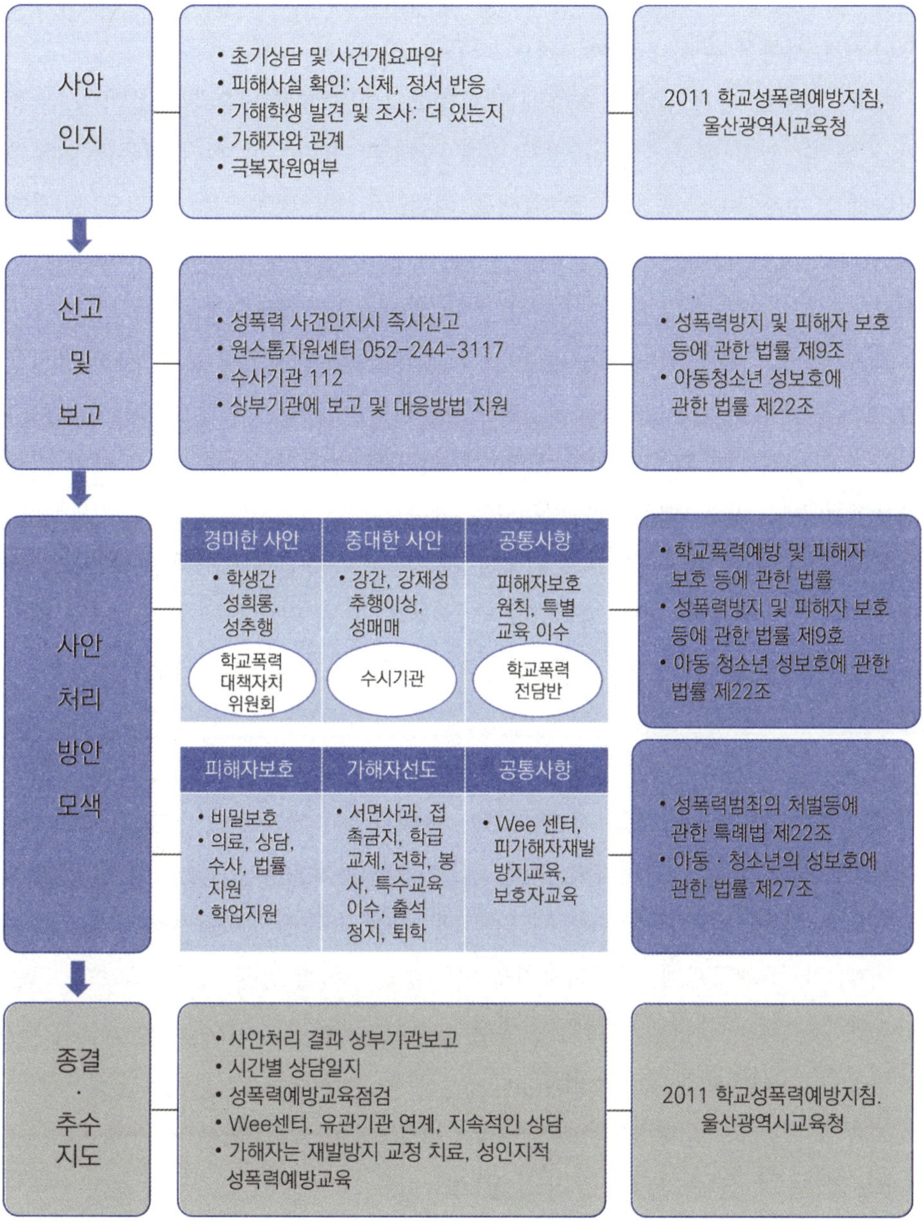

[그림 17-1] 성폭력 피해 발생시 대응절차

자료: 울산광역시교육청(2012). 안전한 학교를 만들기 위한 아동 · 청소년 성폭력 대응 매뉴얼. 울산교육 2011-19. p.11.

다. 성폭력 피해학생 응급조치

교육과학기술부(2012) '학교폭력처리 가이드북'에서 제시한 성폭력 피해학생 응급조치 사항을 순서대로 제시하면 다음과 같다.

첫째, 성폭력 사건의 발생 직후에는 피해학생의 신체에 남은 흔적들이 모두 증거가 될 수 있기 때문에 몸을 씻지 않은 상태로 가능한 한 빨리 성폭력 여부를 진단해줄 수 있는 의료기관으로 학생을 데리고 간다. 병원에 가게 되면, (1)정액채취(사건 발생 48시간 이내) → (2)성병검사 → (3)임신여부 검사 → (4)B형 간염 검사 → (5)파상풍 예방접종 → (6)질 파열 검사 등을 실시하게 된다.

둘째, 몸에 외상이 남아 있을 경우 사진 촬영을 하여 저장해 둔다. 사진 촬영을 할 때에는 가급적 얼굴과 같이 찍도록 하며, 피해 직후에는 외상이 보이지 않다가 시간이 지나서 발견되는 경우도 있으므로 멍이나 긁히거나 뜯긴 상처 등이 있을 경우에는 발견 되는 데로 촬영해두도록 한다.

피・가해내용은 객관적이고 중립적인 관점에서 육하원칙에 따라 기록(누가, 언제, 어디서, 피해정도, 피해 지속시간, 현재상태, 관계, 또 다른 가해자 및 피해자 여부, 피해사실을 아는 사람 여부, 긴급피신 여부, 신고 및 고소 여부 파악)하여야 한다.

셋째, 병원 진단이나 몸에 남은 상흔 외의 다른 증거물 예를 들면, 피해 당시 피해학생이 입었던 옷(겉옷, 속옷 포함), 가해학생이 가지고 있던 물건(흉기, 명함, 라이터, 사진 등), 가해자의 모발, 체모 등은 종이봉투에 보관하여 반드시 보존하도록 한다.

넷째, 가족, 친구관계 등 지지자원을 파악하고 성폭력 발생 사실을 보호자 또는 가족에게 반드시 통지해야 하여야 한다.

다섯째, 수사기관에 신고한다.

라. 성폭력 전문상담기관과의 연계

성폭력 사건의 발생 시 신속히 성폭력 전문상담기관과 연계하여 전문적인 상담 및 조치를 받도록 하여야 한다.

〈표 17-3〉 성폭력 전문 상담기관

기관명	전화번호	상담내용
여성긴급상담전화	1366	가정폭력, 성폭력, 성매매 등과 관련된 긴급 상담 및 긴급보호 (전국 16개 시 · 도에 설치)
학교폭력신고센터	117	성폭력, 성매매, 학교폭력, 성매매 피해 청소년에 대한 법률정보 및 상담 안내 (전국 16개 시 · 도에 설치)
ONE-STOP 지원센터		24시간 성폭력 피해자에 대한 증거채취, 응급의료지원 및 여성경찰관이 상주하여 수사지원, 무료 법률자문 제공
해바라기 여성 · 아동센터	1899-3075	성폭력, 가정폭력, 성매매 피해 아동 · 청소년을 대상으로 신체적 · 정신적 피해에 대한 ONE-STOP 서비스를 실시
성폭력상담소 (장애인성폭력상담소)		성폭력 피해 청소년을 대상으로 의료지원 연계, 상담법률지원 연계, 수사연계 지원

교육과학기술부(2012)에서 제시한 피해학생 상담 시 유의사항을 정리하면 다음과 같다.

첫째, 상담 시작 전 반드시 상담 내용에 대한 비밀이 보장된다는 점을 약속한다.

둘째, 상담 장소는 피해학생이 가장 안정감이 들 수 있는 장소로 한다.

셋째, 피해학생에게 성폭력 피해가 발생한 것은 학생의 잘못이 아님을 인식시키고 학생의 고통을 이해하고 지지해준다.

넷째, 피해학생이 상담에 응하기 어려워하는 경우 천천히 이야기할 수 있도록 충분한 시간적 여유를 준다.

다섯째, 피해내용을 객관적이고 중립적인 관점에서 기록하고 피해학생이 말로 하기 어려워 할 경우, 서면으로 작성할 수 있도록 한다.

여섯째, 피해학생의 안전(추가적 성폭력이나 위협)을 파악하고 위험하다고 판단되는 경우, 가해학생과 즉시 분리하여 보호조치를 취한다.

일곱째, 피해학생의 경우 성에 대한 왜곡된 인식이 생기거나 자신에 대한 비하가 이어질 수 있으므로 적절한 교육과 정보를 제공한다.

여덟째, 여성긴급전화 및 긴급지원센터 등과 연계하여 개입과정이나 주의사항, 긴급보호 등에 관한 정보를 얻는다.

아홉째, 성폭력 사건이 발생한 이후 피해학생은 사건해결 과정 중 심리적 충격인 2차적 피해를 입을 수 있기 때문에 이를 예방하기 위하여 세심한 주의와 배려가 필요하다. 이를테면 상담, 의료, 수사 과정 중에 성폭력에 대한 남성 중심적이고 왜곡된 성 의식으로 인해 피해학생의 학력이나 옷차림, 가정환경, 평소 행동 등에 대해 선입견을 갖고 사건에 접근하게 되면 피해학생에게는 오히려 성폭력 자체보다 더 큰 상처가 될 수 있다.

마. 성폭력 가해 · 피해 학생 조치

1) 피해학생 보호조치 마련

성폭력 사안이 발생하였을 경우 피해학생에 대해서는 최우선적으로 가해 학생과의 적극적인 분리 조치를 통해 심신안정, 신상정보 등에 대한 비밀유지, 피해자 인권 보호를 철저하게 하여야 한다.

피해 학생의 보호자와 협의하여 학교생활에 적응할 수 있도록 가능한 범위 내에서 최대한 보호하고, 피해 학생의 의사와 무관한 전학 강요 등 일방적인 조치는 하지 않아야 한다.

피해사실의 경중에 따라 피해 학생에 대한 상담, 전문기관과의 연계, 의료시설 등을 안내하며, 피해학생이 치료받는 기간은 출석으로 인정하여야 한다.

학생이 일시적으로 성매매의 대상이 되어 검사의 수강명령에 의한 교육과정 또는 상담과정을 이수할 경우 '특별교육이수'기간으로 간주하여 출석으로 인정한다.

가해학생과 피해 학생이 같은 학교에 재학 중인 경우 가해학생과 피해학생 분리조치를 최우선적으로 처리하고, 가해학생과 피해학생이 다른 학교에 재학 중인 경우 양 학교가 공동으로 해당 사건에 대한 대응책을 마련하고 사안을 처리하도록 한다.

〈표 17-4〉 피해학생에 대한 조치

제1호	심리상담 및 조언	성폭력으로 받은 정신적·심리적 충격으로부터 회복할 수 있도록 학교내 교사나 전문상담기관으로부터 상담 및 조언을 받도록 하는 조치
제2호	일시보호	지속적인 성폭력이나 보복의 우려가 있는 경우 일시적으로 보호시설이나 또는 학교상담실 등에서 보호를 받을 수 있도록 하기 위한 조치
제3호	치료 및 치료를 위한 요양	성폭력으로 인하여 생긴 신체적·정신적 상처의 치유를 위하여 일정기간 출석을 하지 아니하고 의료기관 등에서 치료를 받도록 하는 조치
제4호	학급교체	지속적인 성폭력 상황으로부터 벗어나도록 하기 위해서 또는 학교폭력으로 인해 생긴 정신적 상황에서 벗어나도록 하기 위해서 피해자를 동일학교 내의 다른 학급으로 소속을 옮겨주는 조치
제5호	그밖에 피해학생의 보호를 위하여 필요한 조치	치료 등을 위한 의료기관에의 인도, 수사기관의 조사 및 법원의 동행, 법률구조기관 등에 필요한 협조와 지원요청, 등하교길에서의 동반 등

성폭력 사건의 피해학생은 해당 사건이 발생한 후 등교를 거부하는 사례가 있다. 만약 이 때 피해학생에게 강제로 출석을 요구한다면 심리적 압박감과 동시에 피해가 더 커지는 사태가 발생할 수 있다. 이러한 경우에는 학폭법에 의하여 학교장의 인정을 받아 결석을 출석일수에 산입할 수 있다.

학교장은 피해학생에 대한 보호조치로 인하여 피해학생에게 성적 등을 평가함에 있어서 불이익을 주지 않도록 노력하여야 한다. 보호조치를 받았다는 사실 자체가 성적평가 등에서 불이익으로 작용하지 않아야 하며, 일시보호나 치료를 위한 요양 등으로 피해학생이 결석을 하게 되어 부득이하게 성적평가를 위한 시험에 응시하지 못한다면 학교 학업 성적관리규정에 따라 불이익이 없도록 조치하여야 한다.

2) 가해학생 선도

학교폭력대책자치위원회의 요청이 있는 때에는 학교의 장은 14일 이내에 가해학생에 대한 조치를 이행하여 가해학생을 신속하게 격리한다.

선도가 급한 경우에는 서면사과, 접촉보복행위금지, 학교봉사, 학내외전문가에 의한 특별교육 이수, 출석정지 조치들은 가해학생에게 먼저 부과한 후 자치위원회의 추인을 받으면 된다.

가해 학생은 '특별교육이수'로 징계조치할 경우 특별교육이수 기간 동안 출석 인정되며, 특별교육 이수신청은 학교에서 '특별교육이수'교육기관에 직접 신청한다.

사건의 조기해결에만 급급한 나머지 가해학생에 대해 전학을 보내는 것으로 끝나는 경우가 있다. 그러나 가해 학생에 대한 전학은 '학내외 전문가에 의한 특별교육이수 또는 심리치료' 후에 조치하는 것이 교육적 차원에서 올바른 조치이다. 퇴학처분(자퇴 포함) 학생에게는 재발방지교육 차원에서 보호자에게 '학내외 전문가에 의한 특별 교육이수 또는 심리치료'의 필요성을 알려주어 이를 통해 학생을 치유할 수 있도록 하는 노력이 필요하다. 고등학생은 초·중등교육법상 퇴학처분이 가능하나 의무교육대상자(초·중학생)는 퇴학이 불가하다.

3) 성폭력 사건을 목격한 학생 및 주변 학생에 대한 조치

성폭력 사건을 목격한 학생들은 우선적으로 안정시키고 성폭력 사실을 휴대전화나 인터넷 등을 통해 유포하는 행위를 금지시켜야 한다. 만약, 이를 어기게 된다면 처벌을 받을 수 있다는 점을 주지시킨다.

성폭력은 일종의 폭력이고 특히 매우 조심스러운 개인의 사생활에 관한 문제이므로 성폭력 피해 사실이 알려지게 될 경우, 피해학생이 더 큰 상처를 입게 된다는 점을 학생들에게 이해시켜야 한다.

피해사실을 들어 알게 된 학생과 피해자라고 찾아온 피해학생들에게 비밀이 보장되도록 개별상담하지 않고, 집단 상담을 실시한다.

〈표 17-5〉 비밀누설 금지에 대한 법률

법률조항	내용
「아동·청소년의 성보호에 관한 법률」 제31조 (비밀누설 금지)	② 제45조 및 제46조의 기관·시설 또는 단체으 장이나 이를 보조하는 자 또는 그 직에 있었던 자는 직무상 알게 된 비밀을 타인에게 누설하여서는 아니 된다. ③ 누구든지 피해아동·청소년 및 대상아동·청소년의 주소·성명·연령·학교 또는 직업·용모 등 그 아동·청소년을 특정하여 파악

법률조항	내용
	할 수 있는 인적사항이나 사진 등을 신문 등 인쇄물에 싣거나 「방송법」 제2조 제1호에 따른 방송(이하 "방송"이라 한다) 또는 「정보통신망 이용촉진 및 정보보호 등에 관한 법률」 제2조 제1항 제1호에 따른 정보통신망(이하 "정보통신망"이라 한다)을 통하여 공개하여서는 아니 된다. ④ 제1항부터 제3항까지를 위반한 자는 7년 이하의 징역 또는 5천만원 이하의 벌금에 처한다. 이 경우 징역형과 벌금형은 병과(倂科)할 수 있다.

3) 아동성폭력 범죄 처벌규정

아동성폭력 범죄 처벌규정은 형법, 성폭력범죄의 처벌 및 피해자보호에 관한 법률, 청소년 보호법에 구체적으로 명시되어 있다.

〈표 17-6〉 아동성폭력 범죄 처벌규정

법률조항	내용
형법 제302조	(미성년자등에 대한 간음죄): 20세 미만 미성년자나 장애 등으로 인한 심신 미약자를 속이거나 위협해서 성관계를 가질 경우 5년 이하의 징역형
형법 제 305조	(미성년자에 대한 간음·추행죄): 13세 미만의 어린이와 성적인 접촉을 할 경우 어린이의 동의 여부와 관계없이 무조건 강간이나 강제추행으로 처벌
성폭력범죄의 처벌 및 피해자보호 등에 관한 법률 제7조	(친족관계에 의한 강간 등): 4촌 이내의 혈족이나 2촌 이내의 인척에 대한 성폭력은 가중 처벌
성폭력범죄의 처벌 및 피해자보호 등에 관한 법률 제8조의 2	(13세 미만의 미성년자에 대한 강간, 강제추행 등): 13세 미만 아동에 대한 강간 및 강제추행의 경우 7년 이상, 손가락 등을 사용한 '유사 성 행위'를 할 경우 5년 이상의 유기징역형
청소년의 성보호에 관한 법률 제10조	(청소년의 성을 사는 행위): 3년 이하의 징역 혹은 2000만원 이하의 벌금형
청소년보호법 제26조의 2 및 제49조의 3[벌칙]	(청소년 유해행위의 금지): 영리를 목적으로 청소년으로 하여금 성적 접대행위, 음란행위 혹은 유흥접객행위를 하게 하거나 이성혼숙을 조장하거나 그 장소를 제공한 자는 10년 이하의 징역형

참고문헌

교육과학기술부(2012). 학교폭력사안처리 Q & A.

교육부(2014). 학교폭력사안처리 가이드북.

교육부 외(2014). 성폭력 사안처리 가이드.

울산광역시교육청(2012). 안전한 학교를 만들기 위한 아동·청소년 성폭력 대응 매뉴얼. 울산교육 2011-19.

이현혜(2013). 성폭력의 이해. 사회복무요원 소양교육 교재. 병무청.

이현혜(2014). 대상별 성폭력의 이해. 성폭력 예방교육전문강사과정.한국양성평등교육진흥원.

조중신(2014). 성폭력 현황과 실태. 성폭력 예방교육 전문강사 전문과정 교재.

한국청소년상담원(2009). 학교폭력: 학부모개입 지침서 5. 신일문화사.

제18장 성폭력 예방교육

학습목표

1. 성폭력 예방교육의 필요성과 방향을 이해할 수 있습니다.
2. 학교, 아동, 청소년을 대상으로 한 성폭력 예방교육의 방법을 이해하고 적용할 수 있습니다.

1. 성폭력 예방교육의 필요성

한국성폭력상담소(2015) 통계자료에 의하면 성폭력 가해자 중에 가장 큰 비중을 차지하는 집단은 〈표 18－1〉과 같이 다름 아닌 '아는 사람'이라는 충격적인 조사 결과가 나왔다.

〈표 18-1〉 피해연령별 피해자와 가해자와의 관계

단위: 건(%)

유형 / 계	아는 사람 1,110(85.0)												모르는 사람	미상	총계
	친족, 친/인척 187(14.3)		직장	친밀한 관계	인터넷	동네 사람	서비스 제공자	학교	유치원/학원	주변인의 지인	소개로 만난 사람	기타			
	친족	친/인척													
2015년	166 (12.7)	21 (1.6)	336 (25.7)	135 (10.3)	42 (3.2)	72 (5.5)	55 (4.2)	150 (11.5)	23 (1.8)	80 (6.1)	11 (0.8)	19 (1.5)	119 (9.0)	79 (6.0)	1,308 (100)
2014년	107 (7.4)	94 (6.5)	300 (20.7)	130 (9.0)	55 (3.8)	118 (8.1)	60 (4.1)	120 (8.3)	31 (2.1)	109 (7.5)	19 (1.3)	31 (2.1)	132 (9.1)	144 (10.0)	1,450 (100)
성인 (20세 이상)	31 (3.3)	7 (0.7)	327 (34.7)	114 (12.0)	26 (2.8)	45 (4.8)	47 (5.0)	88 (9.3)	4 (0.4)	70 (7.4)	11 (1.2)	16 (1.7)	98 (10.4)	59 (6.3)	943 (100.0)

유형 / 계	아는 사람 1,110(85.0)												모르는 사람	미상	총계
	친족, 친/인척 187(14.3)		직장	친밀한 관계	인터넷	동네 사람	서비스 제공자	학교	유치원/학원	주변인의 지인	소개로 만난 사람	기타			
	친족	친/인척													
청소년 (19세-14세)	42	6	6	19	14	16	6	45	10	7	0	3	10	7	191
	(22.0)	(3.1)	(3.1)	(10.0)	(7.3)	(8.4)	(3.1)	(23.6)	(5.2)	(3.7)	(0.0)	(1.6)	(5.2)	(3.7)	(100.0)
어린이 (13세-8세)	69	6	0	0	2	8	2	17	3	1	0	0	4	2	114
	(60.5)	(5.2)	(0.0)	(0.0)	(1.8)	(7.0)	(1.8)	(15.0)	(2.6)	(0.9)	(0.0)	(0.0)	(3.5)	(1.7)	(100.0)
유아 (7세 이하)	23	2	0	0	0	0	0	0	0	2	0	0	5	11	43
	(53.5)	(5.0)	(0.0)	(0.0)	(0.0)	(0.0)	(0.0)	(0.0)	(0.0)	(5.0)	(0.0)	(0.0)	(11.0)	(25.5)	(100.0)
미상	1	0	3	2	0	0	0	0	0	2	0	0	5	11	24
	(4.1)	(0.0)	(12.5)	(8.3)	(0.0)	(0.0)	(0.0)	(0.0)	(0.0)	(8.3)	(0.0)	(0.0)	(20.8)	(46.0)	(100.0)

자료: 한국성폭력상담소(2016). 2015년 성폭력 상담통계 및 상담 동향분석 보도자료. p.8.

한국성폭력상담소가 발표한 2015년 성폭력 상담통계 및 상담 동향분석 자료에 따르면 피해 연령별 피해자와 가해자와의 관계에서 아는 사람에 의한 피해가 85.0%로 나타났다.

발표된 자료에서 피해연령별 피해자와 가해자의 관계를 살펴보면, 성폭력은 '아는 사람'에 의한 피해가 1,110건(85.0%)으로 가장 많다.

피해 연령별로는 성인은 직장 내에서의 피해가 327건(34.7%)으로, 성인 피해의 약 1/3을 차지하는 높은 수치를 보여주었다. 청소년은 학교 및 학원 관계인으로부터의 피해가 총 55건(28.8%)으로 가장 높았고, 다음으로 친족 및 친・인척에 의한 피해가 총 48건(25.1%)으로 뒤를 이었다.

상담소측은 특히 피해자가 어린이와 유아인 경우 친족 및 친/인척에 의한 피해가 2014년 각각 52.4%, 44.4% 대에서 2015년 65.7%, 58.5%로 상승했다는 점이 두드러진다고 분석했다.

또한 '학교'와 '직장' 내 관계도 2014년도 각각 8.3%, 20.7%에서 2015년 11.5%, 25.7%로 상승하였으며 이에 반하여 '동네사람'과 '주변인의 지인' 관계인 경우 예년에 비하여 각각 46건(2.6%감소), 29건(1.4%감소) 감소하였다. 관계 미상의 건수는 총 24건으로 2014년에 비해 56건 줄어들었다.

또한 세상을 떠들석하게 했던 2004년 밀양 여중생 집단 성폭행 사건, 2008년 안선 조두순의 8세 어린이 성폭행 사건, 2010년 서울 김수철의 8세 어린이 성폭행 사건, 2014년 광주 여고생 성폭행 사건 등 매년 우리 나라에서 성폭행 사건이 끊이질 않고 이어지고 있다. 이는 성폭력 피해를 입은 피해학생은 장기와 생식기 등에 손상을 입어 대수술을 받은 후 배변 주머니를 착용하며 생활하고 있고, 정신적 충격을 겪는 등 피해학생에게 육체적 · 정신적으로 매우 큰 상처를 남기게 된다.

성폭력을 방지하기 위하여 그간 여러 차례 법령이 개정되어 왔고, 그 결과 현재에는 성인을 대상으로 한 성폭력 범죄보다 아동 및 청소년을 대상으로 한 성폭력 범죄에 대하여 더욱 엄중한 처벌을 내리고 있다.

그러나 피해를 입고도 피해 사실을 떳떳하게 알리는 것에 대해 어려워하거나 부담스러워 하는 인식이 있어 이에 대한 접근은 매우 조심스럽게 이루어져야 할 것이다. 또한 정신적으로 미성숙한 아동과 청소년들이 건전한 성의식을 갖도록 하고 성폭력을 예방하기 위하여 성폭력 예방교육은 매우 중요하게 다루어져야 할 교육 중 하나이며, 성폭력으로부터 자신을 지킬 수 있는 성숙한 인간으로 성장할 수 있도록 지도하는 것은 교사에게도 중요한 의무이다.

2. 성폭력 예방교육의 방향

아동과 청소년은 어떤 경우에도 보호받아야 하는 존재이다. 아동과 청소년이 성폭력으로부터 안전하게 보호하고 지역사회에 안전한 환경을 조성하기 위해서는 예방에 초점을 맞추어야 하며, 1차부터 3차까지의 예방단계가 모두 제대로 이뤄져야 한다(교육부, 2013).

〈표 18-1〉 아동 · 청소년 성폭력 예방교육 단계

단계 내용	1차 예방	2차 예방		3차 예방
목적	안전한 환경 조성	위험요인 감소와 보호요인 증대	조기발견과 조기차단	재발 방지
교육 내용	• 성인대상 성폭력 예방교육 • 성인대상위험사인(sign)에 대한 교육 • 상대방에 대한 존중 · 배려교육, 경계교육	• 성폭력 유발 요인이 될 수 있는 가정폭력, 방임, 빈곤 등의 문제 제거	• 길들이기 과정의 조기 발견 체계 구축 • 건강 모델 제시와 교육 • 피해청소년을 위한 환경의 지속성 유지 • 보호자의 보호기능 강화	• 엄격한 법의 집행 • 청소년에게 건강한 애착과 신뢰의 대상자 제공 • 정신적 외상의 최소화 • 피해자 치유프로그램 • 가해자 교정 · 치료 프로그램
교육대상	전 국민	위험청소년과 부모, 교사 등 보호자	피해청소년과 보호자, 미성년 가해자	피해청소년과 가족, 가해자와 가족

아동 · 청소년 성폭력 예방교육은 아동 · 청소년의 안전한 보호와 건강한 발달, 권리 존중을 바탕으로 하여야 하며, 아동 · 청소년 성폭력 예방교육은 청소년의 안전을 최우선으로 하여야 한다. 예방이 가장 중요하며, 아동 · 청소년에게 안전한 환경을 조성해줄 수 있도록 보호자를 비롯한 사회 구성원 모두의 인식변화가 필요하다.

아동 · 청소년 성폭력의 문제를, 위험한 물건을 만지면 안 된다고 말하거나 불장난이 위험하다고 이야기 하는 것과 같은 '안전문제'로 인식 한다면, 우리는 문제의 사실을 어떻게 받아들이고 다루어야 하는 지에 대해 관심을 가지고 준비를 하게 될 것이다. 이것이 아동 · 청소년 성폭력 예방교육의 시작이다.

3. 학교 성폭력 예방교육

가. 학교 성폭력 예방교육의 법적 근거

학교에서 성폭력 예방교육을 반드시 실시해야하는 법적 근거는 「성폭력 방지 및 피해자 보호 등에 관한 법률」제5조, 「성폭력 방지 및 피해자 보호 등에 관한 법률 시행령」 제2조에 명시되어 있다.

〈표 18-2〉 학교 성폭력 예방교육의 법적 근거

법률조항	내용
성폭력 방지 및 피해자 보호 등에 관한 법률 제5조 (성폭력 예방교육)	① 국가와 지방자치단체는 청소년을 건전하게 육성하기 위하여 청소년에 대한 성교육 및 성폭력 예방에 필요한 교육을 실시하여야 한다. ② 「유아교육법」 제7조에 따른 유치원의 장, 「영유아보육법」 제10조에 따른 보육시설의 장 및 「초·중등교육법」 제2조에 따른 각급 학교의 장은 대통령령으로 정하는 바에 따라 성에 대한 건전한 가치관 함양과 성폭력 예방에 필요한 교육을 실시하여야 한다. ③ 제2항에 따른 교육의 내용과 방법 등에 필요한 사항은 대통령령으로 정한다.
성폭력 방지 및 피해자 보호 등에 관한 법률 시행령 제2조 (성폭력 예방교육의 실시)	① 관계 중앙행정기관의 장 및 특별시장·광역시장·도지사·특별자치도지사(이하 "시·도지사"라 한다)는 「성폭력방지 및 피해자보호 등에 관한 법률」(이하 "법"이라 한다) 제5조제1항에 따라 매년 청소년에 대한 성교육 및 성폭력 예방에 필요한 교육계획을 수립·시행하여야 한다. ② 제1항에 따른 교육계획에는 다음 각 호의 사항이 포함되어야 한다. 1. 성교육 및 성폭력 예방교육의 대상 2. 성교육 및 성폭력 예방교육의 내용 및 방법 3. 그 밖에 성교육 및 성폭력 예방교육에 필요한 사항 ③ 「유아교육법」 제7조에 따른 유치원의 장, 「영유아보육법」 제10조에 따른 어린이집의 원장 및 「초·중등교육법」 제2조에 따른 학교(이하 "각급학교"라 한다)의 장이 법 제5조제2항에 따라 실시하는 성폭력 예방교육에는 다음 각 호의 사항이 포함되어야 한다. 이 경우 강의, 시청각교육, 인터넷 홈페이지를 이용한 교육 등 다양한 방법으로 성폭력 예방교육을 실시할 수 있다.

나. 학교급별 성폭력 예방교육 내용

성폭력 예방교육은 아동·청소년들의 안전한 보호와 건강한 발달, 권리 존중을 바탕으로 하여야 하며, 안전을 최우선으로 하여야 한다. 아동복지법 제28조 아동의 안전에 관한 교육 기준은 〈표 18-2〉와 같다.

〈표 18-2〉 아동복지법에서 제시한 교육기준(제28조 제1항)

구분		성폭력 및 아동학대 예방 교육
실시 주기(총 시간)		6개월에 1회 이상(연간 8시간 이상)
교육 내용	초등학교 취학 전	• 내 몸의 소중함 • 내 몸의 정확한 명칭 • 좋은 느낌과 싫은 느낌 • 성폭력 예방법과 대처법
	초등학교	• 성폭력을 포함한 아동학대 개념 • 성폭력의 위험상황 • 성폭력 예방법과 대처법 • 나와 타인의 권리 인식
	중·고등학교	• 학대 및 성폭력의 개념 • 위험상황에 따른 대처법 및 예방법 • 학대·성폭력 범죄 신고 요령 • 나와 타인의 권리 존중하기
교육 방법		• 전문가 또는 담당자 강의 • 장소·상황별 역할극 실시 • 시청각 교육 • 사례 분석

자료: 대전광역시교육청(2012). 성폭력예방 이렇게 합니다. 학교 성 폭력 예방 및 대응 매뉴얼. p.29.

다. 발달 단계에 맞는 성교육 내용

발달 단계에 맞는 성교육 내용을 살펴보면 다음과 같다.

첫째, 18개월 전후에는 신체 각 부위의 정확한 명칭을 가르친다.

둘째, 3~5세에는 자기 몸의 소중함을 가르치고, 성에 관한 질문이 있으면 적절히 대답한다.

셋째, 5~8세에는 집 밖에서의 안전에 대해 가르치고, 좋은 접촉, 나쁜 접촉 어떤 것인지 알게 하고 나쁜 느낌을 받았을 때 부모에게 이야기하도록 격려한다.

넷째, 8~12세에는 안전에 대해 강조하고, 특히 조심해야할 곳(PC방, 오락실, 상점가, 탈의실, 그 외 위험한 곳)을 가르친다. 그리고, 사춘기 신체변화, 바른 성 의식을 갖도록 한다.

다섯째, 13~18세에는 개인적인 안전과 위험한 장소들에 대해 다시 강조한다. 성적 자기 결정권, 성폭력, 데이트 할 때 주의점, 성병, 임신 등에 대해 가르친다.

4. 아동 성폭력 예방교육

가. 아동 성폭력 예방교육의 방향

아동 성폭력 예방교육은 아동의 발달수준에 맞게 교육을 하는 것이 대단히 중요하다. 저연령의 아동에게는 신체구조와 차이에 대해 솔직하고 자연스럽게 깨우쳐주며, 자신과 타인의 몸을 소중히 여기도록 가르친다. 만약 누군가(아동이 신뢰하는 어른일지라도) 자신의 몸을 만져서 혼란을 느낀다면 “기분이 나빴어요”, “무서웠어요”! 등 교사나 부모에게 언제라도 이야기하라고 알려주며, 반대로 다른 친구의 신체부위를 함부로 만지지 않도록 강조한다. 또 자신에게 일어난 일을 잘 표현할 수 있도록 다양한 의사소통방법을 익히게 한다(대전광역시교육청, 2012).

나. 아동 성폭력 예방교육의 목표

1) 좋은 느낌과 나쁜 느낌에 대해 알게 한다.
2) 생식기를 포함한 몸의 각 부분들의 이름을 알도록 하고 자기 몸의 주인은 자기 자신임을 알게 한다.
3) 어떤 일이든 부모님께 상의해야 함을 알려준다.
4) 어떤 사람에게 어떻게 적절한 도움을 받아야 하는지 알려준다.
5) 어른들에게도 거절할 수 있다는 것을 인식시킨다.
6) 성폭력을 당했을 때 자신(피해아동)의 잘못이 아님을 알게 한다.

다. 성폭력과 아동 특성의 이해

1) 아동은 애정표현과 성폭력 행동을 구분할 수 있는 능력이 부족하며 힘도 없다. 폭력을 당한 경우에도 외부에 도움을 요청할 수 있는 능력이나 기회가 상대적으로 제한되어 있다.
2) 아동은 모든 성인을 믿는다. 특별한 교육을 받지 않은 8세 이하 아동은 친절하게 행동하는 모든 성인을 믿는다. 심지어 아버지가 근친강간이나 가정폭력으로 감옥에 있다 할지라도 아동은 아버지를 유일한 보호자라고 생각한다.
3) 아동은 성인의 동기를 평가할 수 있는 능력이 부족하다. 아동을 괴롭히는 사람들은 아동에게 해서는 안 될 일을 강요하기 위해 강제, 속임수, 위협, 물질공세, 갈취 등 여러 가지 방법을 동원한다. 피아제의 도덕성 발달이론에 의하면 7세 이하의 아동은 다른 사람의 동기를 판단할 수 있는 능력이 없다. 따라서 아동은 어떤 행동을 평가할 때 그 사람의 동기나 의도가 아니라 외모나 태도 또는 나타난 행동의 결과로 선악을 판단한다.
4) 아동은 성인에게 순종하는 것이 좋은 것이라고 배운다. 이러한 규칙은 성인이 하는 일이나 요구가 잘못된 것이라고 생각하는 경우에도 마찬가지로 적용된다.
5) 아동은 자신의 신체에 대해 호기심이 많으나 성에 관한 지식은 부족하다. 아동에게 올바른 성교육을 시키지 않고 무관심 하면 성에 대한 무지로 인해 위험에 빠질 수 있다.
6) 아동은 성폭력이 잘못된 행동이란 것을 모른다. 용납되는 행동과 그렇지 않은 행동을 구분하는 것을 배우지 못하면 성폭력 행동도 정상적인 행동으로 생각할 수 있다. 그러나 본능적으로 자신의 몸이 누군가에 의해 함부로 다루어진다는 것을 알게 된다. 이러한 감정은 잠재되어 있다가 청소년기 성 관련 증상이나 품행문제 기분문제로 나타날 수 있다.
7) 아동은 성폭력을 애정표현이나 애정의 증거로 오해하기도 한다.
8) 아동은 자신의 고민이나 두려움을 표현할 수 있는 기회가 많지 않다.

라. 아동 성폭력 예방교육 시 주의할 점

1) 아동에게 성폭력의 위험성에 대하여 가르치고 예방교육을 한다는 것은 그리 쉬운 일이 아니며, 또한 피해자가 될 수 있는 아동에게만 너무 예방법을 강조하는 것 자체가 그리 바람직하지는 않다. 왜냐하면 아동에게 부모나 선생님들이 너무 '~에 가지마라', '~하면 큰일 난다'는 식의 교육을 하게 될 경우, 성폭력 사고를 당한 아동의 마음속에는 '내가 엄마 아빠 혹은 선생님의 말을 듣지 않아서 이렇게 된 거야', '나는 엄마 말을 듣지 않았으니까 벌 받는 게 당연해' 라는 식의 잘못된 죄책감을 가중시킬 수 있기 때문이다.
2) 부모나 선생님이 과도하게 "성폭력"이라는 주제에 대해서만 강조하여 주의시키거나 아동들의 관심을 끌기보다는 평소에 아동과 많은 시간을 보내면서, 일상생활 속에서 경험하고 느끼는 감정이나 생각하는 것 등에 대해 서로 이야기하는 시간을 갖는 것이 기본적으로 중요하다. 그래야만 아동이 쉽게 말 못할 고민이 생겼다든지 어려움이 생겼을 경우 혼자 속으로 고민하는 시간을 최소한으로 줄이면서 부모에게 털어놓을 수 있을 것이기 때문이다.
3) 아동의 행동이나 얼굴 표정, 감정 등에 대해서 부모나 선생님들이 항상 관심을 가지고 잘 살펴본다면 아동의 표정이 어두워지는 것이라든지 걱정거리가 생긴 것과 같이 그리고 평소와 다른 행동을 보이는 것 등에 대해 쉽게 감지해 낼 가능성이 높아진다. 즉 부모가 아동에 대한 관심을 항상 주의 깊게 유지하고 있다면 만일의 경우 성폭행과 같은 일이 부모가 모르는 사이에 여러 번 반복적으로 일어나는 안타까운 일들을 어느 정도는 방지 할 수 있을 것이다.
4) 아동에게 자신의 몸이 소중하다는 느낌을 가질 수 있도록 도와주며, 자신의 소중한 몸을 다른 사람들이 함부로 만지게 하지 말아야 한다고 가르쳐주어야한다. 또한 자신의 몸이 소중한 만큼 상대방의 몸도 소중하게 다루어야 함을 가르쳐야한다.
5) 성폭력 가해자의 경우 만일 아동들이 다른 사람에게 몰래 행해진 나쁜 일들에 대해 말했을 경우 잘못되고 무서운 일이 일어난다는 식의 위협적인 말들을 일삼는다. 따라서 부모나 교사들은 아동에게 혼란스럽지 않도록 잘 설명해주고 아동의 혼란스러움과 고통을 잘 감싸 주어야 한다. 가장 효과적인 것은 "네 잘못이 아니야"라는 말과 포옹이다.

마. 성폭력 예방을 위한 안전 계획

성폭력 예방을 위한 안전 계획은 적절한 경계 갖기, 안전한 자기 보호 방법 알기, 지역사회 안전지도 그리기, 위급할 때 도움요청 하기, 안전하게 활동하기의 5개 영역에 따른 구체적인 지도내용은 〈표 18-3〉과 같다.

〈표 18-3〉 성폭력 예방을 위한 안전계획

안전 지도 영역	안전 지도 내용
적절한 경계 갖기	• 낯선 사람의 선물을 받지 않는다. • 부모의 허락 없이 다른 사람을 따라가지 않는다. • 다른 사람이 주는 돈, 먹을 것, 게임기, 인형 등을 받지 않는다. • 낯선 사람에게 이름, 주소, 전화번호 등의 정보를 알려 주지 않는다. • 모르는 사람과 전화로 이야기 하지 않는다.
안전한 자기 보호 방법 알게 하기	• 아무리 급해도 누가 연락이 오면 부모에게 먼저 연락한다. • 연락망을 알아 둔다. • 도망갈 때는 사람들이 많이 이용하는 곳으로 간다(슈퍼마켓 등). • 방과 후에는 친구들과 함께 다닌다. • 학교 활동 시 담임교사의 지시에 따라 반 친구들과 함께 움직인다. • 어른에게도 거절할 수 있다는 것을 가르친다. • 위험한 상황에서는 최대한 틈을 이용해 벗어나도록 지도한다. • 도움이 필요한 경우 전화를 걸도록 지도한다. • 도움이 필요한 경우 어른에게 도움을 요청하도록 지도한다. • 낯선 사람의 호의나 부탁에는 '엄마에게 물어 보고요'라고 말한다. 친구가 낯선 사람을 따라 가려고 하면 '엄마에게 전화해 봐'라고 말하면서 시간을 번다.
지역사회 안전 지도 그리기	• 어떤 곳(학교, 학원, 문방구, 버스정류장 등)에서 집으로 가는 길을 정해둔다. • 귀가 통로 만들기 • 도움을 청할 수 있는 곳을 알아둔다(아동 안전지킴이 집).
위급할 때 도움 요청 하기	• 도움을 요청할 수 있는 곳을 알아둔다. • 비상연락망을 알아 둔다. • 공중전화를 이용하여 수신자 부담으로 연락하는 방법에 대해 알아 둔다. • 주위에 사람이 있으면 '도와주세요!'라고 소리친다.
안전하게 활동하기	• 낯선 곳에서는 혼자 다니지 않고 친구(어른)와 같이 다닌다. • 학교 외부 활동 시에 아동이 개별 활동 하지 않도록 지도한다.

자료: 대전광역시교육청(2012). 성폭력예방 이렇게 합니다. 학교 성폭력 예방 및 대응 매뉴얼. 재구성.

5. 청소년 성폭력 예방교육

가. 청소년 성폭력 예방교육의 주요 내용

1) 남녀 성 심리에 대해 서로 다르다는 것을 인식시킨다(성적자극요인 등).
2) 고정관념처럼 굳어버린 성역할을 다시 점검해 보고 남녀를 구분하지 않는 올바른 성의식을 갖도록 한다.
3) 성욕은 누구에게나 있는 자연스러운 것이며 자위행위도 이상한 것이 아님을 알게 한다.
4) 이성 교제 시 상대를 주체성 있는 인격체로 존중해주도록 한다.
5) 고민, 궁금증을 솔직하고 과학적인 지식으로 가감 없이 설명한다.
6) 바른 성지식을 갖도록 한다(성기 크기, 자위행위, 질외사정의 위험 등).
7) 성폭력 가해자와 피해자의 입장, 그 가족이 되어 생각해 보게 한다.
8) 광고, 음란물 등에서 여성을 성 상품화한 것을 조사해 오게 해서 객관적인 시각에서 볼 수 있도록 지도한다.
9) 신문, TV 뉴스 등에서 이슈가 된 시사문제를 가지고 토론해 본다.
10) 피임방법, 실패율 등 구체적으로 설명한다(10대 미혼모, 성희롱 사건).
11) 성폭력, 성매매에 대해 정확히 알려주고 대처방법을 알려준다.

나. 청소년 성폭력 예방교육의 목표

1) 자신이 성적 주체임을 알게 한다.
2) 성행위에도 기본적인 예절과 인격이 있음을 알게 한다.
3) 인권을 존중할 수 있는 교육을 한다.
4) 성관계시 알아두어야 할 임신, 출산, 피임, 성병에 대한 지식을 알려준다.
5) 성은 모든 생명의 근원임을 알게 한다.
6) 여성과 남성의 차이점이 생물학적 뿐만 아니라 정서적 차이가 있음을 알려준다.
7) sex, gender, sexuality에 대한 개념을 알려준다.
8) 성에 대한 잘못된 통념으로 인한 오해가 결과적으로 성폭력임을 알게 한다.

9) 성에는 일상적인 성, 도구화된 성, 관계적인 성이 공존하고 있음을 인식시킨다.
10) 포르노의 허구성을 알게 한다.

다. 청소년 성폭력 예방 수칙

1) 올바른 이성관을 갖는다.
2) 성폭력이 무엇인지를 안다.
3) 평소에도 자기 의사를 분명하게 말하는 습관을 기른다.
4) 밤에 어두운 곳에서 차에 타라고 할 때는 거절한다.
5) 모르는 사람의 차를 타지 않는다.
6) 내 몸의 주인은 나라는 사실을 명심한다.
7) 음란 비디오나 인터넷 음란 사이트를 보지 않는다.
8) 이성과 단 둘이서 방이나 인적이 드문 곳에 가지 않는다.
9) 낯선 사람이나 이성 친구를 집에 혼자 있을 때 집에 들이지 않는다.
10) 도와 줄 수 있는 사람이 있는 곳으로 빨리 도망가고 크게 소리친다.

6. 성폭력 예방교육 교재

초·중등학교의 성폭력 예방교육 시수는 2013년부터 성교육 시간을 현행 10시간에서 15시간으로 확대 실시하고 있으며, 학폭법 제15조에 따라 학교폭력 예방교육에 포함하여 성폭력 예방교육을 실시하고 있다.

보통 성폭력 예방교육은 성교육 중 하나의 주제로 다루고 있는데, 교과, 창의적 체험활동 등 학교 교육활동을 통해 학생의 인성 및 인권존중을 기본으로 하여 실시한다. 따라서 성교육을 구성하고자 할 때에는 성폭력 및 성매매 예방교육, 성지식, 양성평등교육, 아동 성학대 예방교육 등 성교육의 전 영역을 고르게 구성하여 실시하는 것이 좋다. 이를 위하여 각종 자료를 수집하고 분석하여 확보된 시수에 맞도록 재구성하여 교육할 수 있는데, 〈표 18-4〉에 제시된 성폭력 예방교육 지도를 위한 각종 매뉴얼 등의 지도안을 활용할 수 있을 것이다(교육부, 2012).

교사의 역할분담은 평상시, 학교 성교육 담당교사와 관련 교과(담임)교사의 역할을 분담하는 것이 좋다. 성교육 전문 연수과정 이수교사를 학교 성교육 담당교사로 우선 선정하되, 이를 반영하여 관련 교과교사의 역할을 정하는 것이 합리적이다.

〈표 18-4〉 성폭력 예방교육 관련 교재

성폭력 예방교육 교재	교재 특징
보건복지부 「교사용 성교육 매뉴얼」(2010)	• 대상: 유아, 초등학생, 중학생, 고등학생 • 구성: 보육교사를 위한 「유아 성교육 매뉴얼」, 초등학교 교사를 위한 「성교육 매뉴얼」, 중학교 교사를 위한 「성교육 매뉴얼」, 고등학교 교사를 위한 「성교육 매뉴얼」 전 4권
교육과학기술부 「중고등학생을 위한 성폭력 예방교육 지도서」(2012)	• 대상: 중·고등학교 학생, 중·고등학교 교사 • 구성: 중·고등학교 학생을 위한 「성폭력 예방 및 대처방안」, 중·고등학교 교사를 위한 「성폭력 예방교육 길라잡이」 전 2권
경기도 교육청 성폭력 예방 사이버 교육자료 「알면 쉽고 모르면 어려운 성폭력 예방」(2012)	• 대상: 중·고등학교 학생, 교직원, 보호자, 교육청 • 구성: 성폭력 예방 사이버 교육자료 중학생용, 성폭력 예방 사이버 교육자료 고등학생용 전2개
법무부 「나를 사랑하는 법」(2013)	• 대상: 초등학교 저학년, 초등학교 고학년, 보호자 및 교사 • 구성: 전 3권 세트(초등학교 저학년용, 고학년용, 보호자 및 교사용)

참고문헌

교육과학기술부(2012). 학교폭력사안처리 Q & A.

교육부(2014). 학교폭력사안처리 가이드북.

교육부 외(2014). 성폭력 사안처리 가이드.

대전광역시교육청(2012). 성폭력예방 이렇게 합니다. 학교 성폭력 예방 및 대응 매뉴얼.

울산광역시교육청(2012). 안전한 학교를 만들기 위한 아동·청소년 성폭력 대응 매뉴얼. 울산교육 2011-19.

이현혜(2013). 성폭력의 이해. 사회복무요원 소양교육 교재. 병무청.

이현혜(2014). 대상별 성폭력의 이해. 성폭력 예방교육전문강사과정.한국양성평등교육진흥원.

조중신(2014). 성폭력 현황과 실태. 성폭력 예방교육 전문강사 전문과정 교재.

한국성폭력상담소(2016). 2015년 성폭력 상담통계 및 상담 동향분석 보도자료.

한국청소년상담원(2009). 학교폭력: 학부모개입 지침서 5. 신일문화사.

제19장 또래 및 사이버 성폭력 사례

학습목표

1. 또래 성폭력 피해사례를 이해할 수 있습니다.
2. 사이버 성폭력 피해사례를 이해할 수 있습니다.

1. 학교 성폭력 실태조사 결과

전국의 학생 43,211명(초등학생 18,854명, 중학생 14,580명, 고등학생 9,777명), 교원 6,714명 온라인 설문에 참여(이대 학교폭력예방연구소, '15년)한 학교 성폭력 실태조사 결과 성폭력 피해 응답률은 초등(2.1%) 〉 고등(1.9%) 〉 중학교(1.4%) 순이고, 가해응답률은 고등(2.2%) 〉 중(1.7%) 〉 초등학교(1.6%) 순으로 나타나, 초등학교 단계부터 적극적인 성폭력 예방교육을 통해 성에 대한 올바른 가치관 형성을 할 수 있도록 방안이 필요하다(교육부, 2017).

가. 성폭력 피 · 가해 응답률

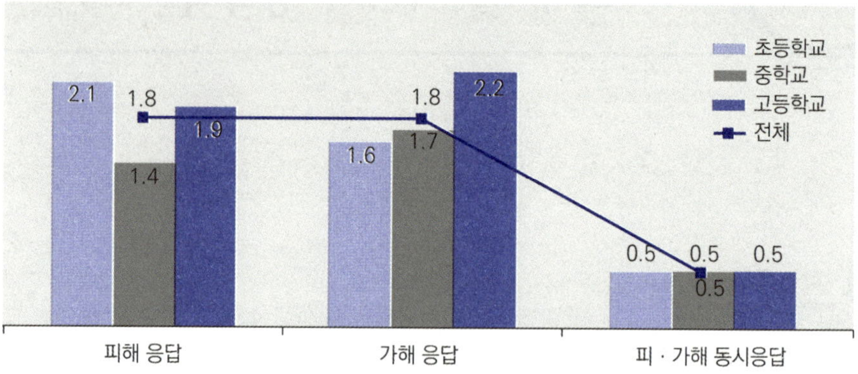

[그림 19-1] 성폭력 가 · 피해 응답률

자료: 교육부(2017). 학교내 학생대상 성폭력 예방대책 보도자료. p.2.

또 성폭력 발생 유형별 피해학생 현황을 살펴 볼 때 성희롱(55.3%), 성추행(28.3%), 사이버성폭력(14.1%) 순으로 발생되고 있어 "사소한 장난도 성폭력이 될 수 있다"는 인식 개선 교육을 강화할 수 있도록 하였다.

2. 성폭력 유형별 피해학생 현황

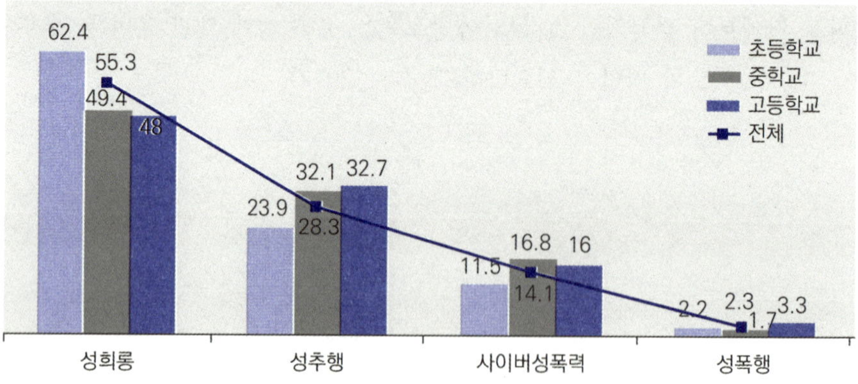

[그림 19-2] 성폭력 유형별 가해학생 현황

자료: 교육부(2017). 학교내 학생대상 성폭력 예방대책 보도자료. p.2.

성희롱 가해학생 현황 분석 결과 동학교 동학년 학생에게 피해(70.7%)를 당한 비율이 초등(73.5%) · 중등(73.8%) · 고등학생(60.5%) 공히 높게 나타나 또래 학생 간 성폭력 예방교육을 더욱 강화하고자 한다.

3. 성희롱 가해학생 현황

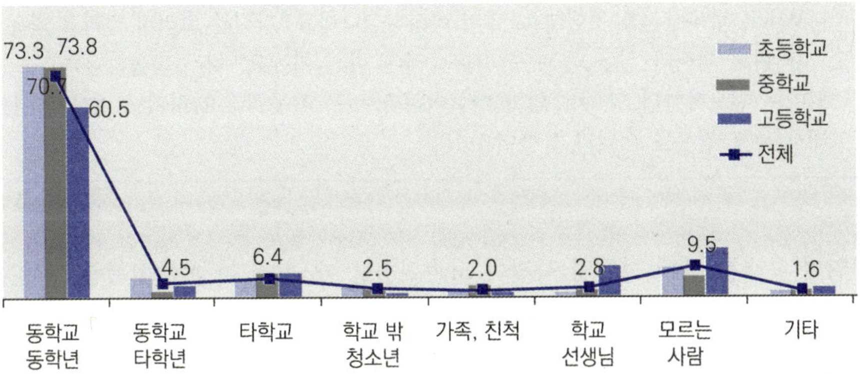

[그림 19-3] 성희롱 가해학생 현황

자료: 교육부(2017). 학교내 학생대상 성폭력 예방대책 보도자료. p.3.

4. 또래 성폭력 사례

또래 성폭력 사례는 가해자가 또래인 친족성폭력과 가해자가 또래인 비친족성폭력으로 나눌 수 있다.

가. 가해자가 또래인 친족성폭력 사례

이미정 외(2013)에서 연구한 성폭력 피해사례 연구에 따르면 가해자가 또래인 친족성폭력 사례는 가해자가 남자 형제나 사촌 오빠였고, 성폭력 유형은 성폭행이나 심한 성추행이 주를 이루었으며, 상당기간 반복되는 경우가 많았다. 또한 부모로부터 적절한 보호와 교육을 받지 못하고 있었고, 모든 사례가 그런 것은 아니지만 취약한 경제적 자원은 피해자들의 공통점으로 나타났다.

> 다음 날 아침에 말했는데 엄마는 우울증이 있었어요. 착란 증세가 있었어요. 그래서 아빠한테 말했더니 경상도가 보수적이잖아요. 아들 아들 하고…성폭행 당했다고 하니까 아침 댓바람부터 뭔 미친 소리 하냐고 욕을 하더라구요. 원래 가정폭력이 조금 있었어요.
>
> 아빠가요. 아빠가 많이 혼내세요. 오빠를..그런걸 아니까.. 그래도 초등학교 5학년 때도 알고나서 혼내셨어요. 오빠 몰래 저를 그쪽으로 보냈던거에요. 아빠가 그 이후로 저 떠나보내고 주무시지를 못했대요. 많이 속상하셨나봐요. 다시는 그러지 말라고 하는데 또 그러니까 아빠가 칼을 들고 죽이네 살리네 하신 거에요. 너무 속상하니까.
>
> 엄마는 친오빠한테 당해서..엄마 아들이니까 누구 잘못이라고 하기도 싫은 거에요. 그래서 누구 잘못도 아니라고 했어요.

위의 사례를 보면 성폭력 사건이 노출되었을 때 피해 아동의 성폭력 사실은 부정되거나 의미가 축소되거나 혹은 가족 내에서 해결하려는 경향을 보였다. 이것이 회복에 악영향을 미치기도 하고 피해자가 아동 청소년기에 피해 사실을 억압하다 고등학교 졸업 후 성인기에 심한 후유증을 경험하여 지원기관을 찾는 사례들이 발견되었다. 고소고발을 하는 경우가 많지 않는 것이 친족-또래 성폭력 특성이다.

친족-또래 피해자들은 학교적응의 어려움을 가진 경험이 많았으므로 피해 아동들을 대상으로 지원 기관의 인력확충, 상담 서비스 외에 기술 및 직업 교육 등의 서비스 확충이 필요하다.

나. 가해자가 또래인 비친족성폭력 사례

이미정 외(2013)에서 연구한 성폭력 피해사례 연구에 따르면 가해자가 또래인 비친족성폭력 사례는 다수의 가해자에 의한 집단 성폭행이 많았으며, 피해 특성은 술이나 약물, 동영상 등이 사건에 연루되는 공통적인 특징을 보였다. 즉, 술을 먹고 취한 상태거나 약물과 동영상 촬영도 함께 동반된 경우였다.

저는 얼마 전 친구들과 여행을 갔었어요. 제가 잠든 사이 친구들이 제 몸을 만지고 그 모습을 동영상으로 찍는 성추행을 당했습니다. 그 일로 저는 우울증 진단을 받아 약을 먹고 대인기피증으로 학교에 가지 못하고 있습니다. 사람들이 많은 곳에 가게 되면 깜짝 깜짝 놀라고 나를 향해 수군거리는 것 같아 참을 수가 없습니다. 저의 꿈은 교수가 되는 것인데 학교 가는 일 조차 너무 힘이 들고 수능시험도 볼 수 없는 지경이 되었습니다. 도대체 저의 인생이 왜 이렇게 되어버린 건가요?

'알모성' 경기도교육청 사이버자료(2012)

그러니까 18살 때 한번 성폭행 당한 적이 있었거든요. 윤간? 그걸 뭐라 그러지 여러 명이서 했었던 적이 한번 있어서. 그 때 처음이었었거든요. 한 번도 안 해보었던 성관계를. 그 때 술을 진짜 많이 먹고 한번 그런 일이 있었는데, 어..그때 당하고 나서 술이 취한 상태라서 잘 기억은 안 나는데, 집 가서 엄마한테 딱 말씀을 드렸어요.

고1 남학생들이 수학여행을 가서 밤에 게임을 하고 노는데 잠만 자는 친구가 있어 단체생활을 하면서 함께 하지 않는다고 바지를 내려 핸드폰으로 찍고 학교 홈피에 올리겠다고 함. 수학여행을 다녀 온 피해 남학생은 잠을 못 이루며 학교 홈피를 계속 확인하고 불안해 함.

피해 청소년들은 피해 전 피해자 지원기관을 인지하고 있는 경우가 거의 없었고, 대부분 사건 직후 어떻게 해야 할지 몰라 매우 당황하며 시행착오를 반복하다 뒤늦게 지원기관을 알게 되는 경우가 빈번하였다.

피해 청소년들이 사건 후 학교에 재적응 하는 것에 많은 어려움을 나타내고 있다. 스스로 위축되기도 하고, 사건에 직접 연루된 친구의 입을 통해 사건이 소문이 나 재적응이 어렵기도 했으며, 학교 복귀 후 학교폭력의 표적이 되는 등 학교적응이 쉽지 않았다. 피해자 지원기관이 학교와 연계하고 피해자 중심의 보호가 될 수 있도록 서비스를 확대하는 것이 필요하다 하겠다.

다음의 사례는 14세 이상의 남녀가 데이트를 할 때 자주 발생하는 데이트 성폭력의 사례이다. 주로 10-20대에 발생하며 피해자가 성폭력이라는 사실을 구별하기가 쉽지 않다. 주로 데이트 시 의사소통의 차이와 가해자가 주로 유인하여 발생하며 피해 당사자조차 강간으로 인식하는데 어려움이 많다.

중1 때 같은 반으로 단짝으로 지내던 남녀학생이 2학년이 되면서 다른 반이 되어 공식적으로 사귀자고 하고 이성교제를 시작함. 학교 내에서 공식 커플로 지내면서 친구들에게 "어디까지 진도 나갔냐?"는 말을 자주 들음. 4월쯤 노래방에서 키스를 하고 남학생이 핸드폰으로 찍어 친구들에게 보여주면서 우쭐해 함. 이후 남학생이 여학생을 자기 집으로 불러 강제로 성관계를 맺고 임신을 하게 됨. 남학생과 이야기하여 임신중절 수술을 함. 친구들에게 소문이 돌면서 여학생을 보는 시선이 달라지고 왕따가 되었다는 생각을 하면서 학교에 가기 싫어하여 결석을 자주 하게 됨.

따라서 상대방을 사랑하는 것과 성폭력은 다른 것이기 때문에 특히 여성은 거부 의사를 분영하게 하고, 성적 결정권은 자신에게 있다는 것을 명심하여야 한다.

최근 ㅅ시의 한 중학교에선 같은 반 남학생 7명이 여학생 8명에 대해 언어적으로 성희롱을 해 학교폭력대책자치위원회에 회부되는 일이 생겼다. 하지만 학폭위 심의 결과 피해 여학생 2명은 피해자인 동시에 가해자로도 인정돼 '서면사과' 처분을 받았다. 가해 남학생들이 심의 과정에서 자신들도 언어적 성희롱을 당했다고 주장하고 나서면서 사건이 복잡해진 것이다. ㄷ중의 학폭위 회의록을 보면, 가해학생들은 "평소 여학생들도 남학생들에게 심한 성적 농담을 했다"고 주장했다. 피해자이면서 가해자가 된 여학생의 학부모인 ㄱ씨는 "'○○ 따먹고 감방가겠다'는 등 저급한 성희롱이 지속적이고 집단적으로 이뤄졌는데도, 학교에서는 아이들한테 심각성을 알리기 보다 '친구끼리 주거니 받거니 한 것'이라며 '최대한 조용히 해결하자'고 한다"며 분통을 터뜨렸다.

학교 안에서 벌어지는 '또래 간 성폭력' 사건이 지난 4년 동안 3배 가량 폭증한 것으로 나타났다. 언어적 성희롱 등을 여전히 '친구끼리 장난' 정도로 치부하는 학교가 또래 간 성폭력 문제를 더 악화시키고 있다는 지적이 나온다.

31일 노회찬 정의당 의원실이 입수한 '2012년~2015년 성폭력 관련 학폭위 심의 현황' 자료를 보면, 2012년 642건이었던 성폭력 관련 심의 건수는 2015년 1842건으로 2.9배 늘었다. 학폭위 전체 심의건수가 2012년 2만4709건에서 2015년 1만9968건으로 줄어든 데 견주면 성폭력의 증가세가 두드러진다.

특히 가해학생이 받은 처분 결과를 보면, 2012년에는 가해학생이 받을 수 있는 9가지 유형의 처분 가운데 가장 높은 수위의 전학(15.2%)과 퇴학(2.2%) 처분이

17.4%에 달했지만 10.1%(전학 8.7% · 퇴학 1.4%)로 줄었다. 반면 가장 낮은 수위의 처분이라고 볼 수 있는 '서면사과'는 15.0%에서 24.0%로 늘었다.(출처: 교사클럽 이바지 http://cafe.daum.net/TCCI)

동성애 혐오 범죄에 학교 책임은 없었다(비마이너, 2017.03.03.기사)

2009년 11월 30일 월요일, 학교에 가지 않고 방황하던 ㄱ군(당시 고1, 15세)은 그날 밤 자신의 집 지하실에서 허리띠로 목을 매어 자살한다. 남고를 다녔던 ㄱ군은 목소리가 가늘고 여성스럽게 행동하며 동성애 성향을 보인다는 이유로 학교에서 지속적인 괴롭힘을 당해왔다. 같은 반 학생들은 '걸레년', '똥녀' 등의 욕설을 하며 몸을 조금만 스쳐도 '더듬었다'라며 불쾌해했다.

"춤출 때나 수업 중 두 손으로 볼을 가리거나 손가락을 베베 꼬는 등 귀여운 척할 때마다 욕설을 섞었다." "내가 엎드려 자고 있는데 몸을 더듬고 뒤에서 끌어안는 행위를 해서 뭐라 하고 싶었는데 참은 게 한두 번이 아니다. 난 남자인 걔가 그런 행동하는 게 너무 불결하고 싫었다." "계속 집적대고 찌르고 만지고 쪽지하고 혐오감을 느낄 정도로 무섭게 다가왔다." 사건 후 같은 반 학생들이 작성한 진술서의 내용이다.

ㄱ군은 학교에서 진행한 각종 검사에서 심한 우울증과 극심한 자살 충동, 불안 상태를 보인 것으로 드러났다. 그러나 담임교사는 이에 대해 부모에게 설명한 적이 없으며 별도의 조치도 취하지 않았다. 1심은 이 사건이 담임교사가 피해 학생에 대한 보호 · 감독 의무를 다하지 않아 발생한 것이라 보고 학교 설치 · 경영자인 부산광역시 또한 담임교사의 사용자로서 손해 배상할 의무가 있다고 판결했다. 그러나 올해 7월 대법원은 학교 책임을 인정한 원심판결을 파기하고 부산고등법원에 환송했다. 사회 통념상 허용될 수 없는 악질, 중대한 집단괴롭힘이라고 보기 어렵다는 이유다.

이상과 같이 또래 간에 많이 발생하는 성폭력의 유형은 〈표 19-1〉과 같다.

〈표 19-1〉 대표적인 또래 성폭력 유형

• 말 타기하며 엉덩이 때리기
• 상대방의 외모를 비유해서 성적으로 놀리는 것(변태, 섹시가이, 가슴크기)
• 치마 들추기, 화장실에서 몰래 훔쳐보기
• 신체변화(생리, 몽정, 몸무게, 가슴 크기, 생리대 등)로 놀리기
• 기습뽀뽀, 포옹, 뒤에서 껴안기, 무릎에 앉기
• 신체 만지기(엉덩이, 허벅지, 가슴, 성기 등)
• 동의 없이 핸드폰으로 사진 찍어 친구들에게 보여주거나 인터넷에 올리기
• 음란물(사진, 잡지, 동영상, 야설)을 보여주거나 성행동 흉내내기 등
• 게임벌칙으로 스킨십 강요 또는 이성교제 중인 친구들에게 스킨십 강요(특히 D-day)

자료: 교육과학기술부(2012). 중·고등학생을 위한 성폭력 예방교육 길라잡이. p.48.

교육과학기술부(2012)에서 제시한 또래 성폭력에 대처하는 방법은 다음과 같다.

첫째, 성적의사결정권을 가져야 한다. 성적의사결정권은 앞에서도 언급한 바와 같이 '내 몸의 주인은 나'로서 내가 원하는 것을 당당하게 주장하고, 내가 원하지 않는 성 접촉을 거절하거나 거부할 수 있으며, 자신의 행동에 대한 판단과 결정을 할 수 있는 주체로서 그에 따른 결과에 대해 책임을 지는 모든 것을 말한다.

내가 성적인 의사결정의 힘이 약할 때에는 그 결과는 자신도 모르는 사이에 원하지 않는 성폭력, 임신, 낙태 등의 피해자 또는 가해자가 될 수 있다. 성적 자기결정권에 반하는 행동을 성폭력이라고 하며 나의 성적 자기결정권이 중요한 만큼 타인의 성적 자기결정권을 지키는 것 또한 중요하다.

둘째, 성폭력 감수성을 키워야 한다. 또래 또는 데이트 성폭력시 애매모호한 접촉이나 가벼운 성희롱적인 상황에서도 성폭력 상황임을 직감하고 반응을 한다면 성폭력 감수성이 높다고 할 수 있다. 장안이나 친밀감의 표시로 진행되는 성폭력적 상황도 그냥 넘어가거나 모른 체 하기보다 그 상황에 있는 사람에게 힘을 실어줄 수 있는 태도와 반응을 갖는 것이 필요하다.

셋째, 또래에서 지켜야 할 예절을 지켜야 한다. 늦은 시각에 불러낸다거나 원하지 않는데 자꾸 몸을 만지려 할 때는 싫다고 분명히 말해야 한다. 또한 몸가짐과 옷차림을 단정히 하여 신체에 대해 놀리는 행동은 비겁한 행동임을 알고 내 몸과 마찬가지로 친구들의 몸도 아주 소중하다는 것을 인식하고, 성기와 항문, 가슴을 두고 장난치면 절대로 안된다.

5. 사이버 성폭력 사례

가. 사이버 성폭력의 개념과 유형

사이버 성폭력은 상대가 거부 의사를 밝혔음에도 불구하고 합리적 이유 없이 상대가 원치 않는 성적 메시지(글이나 부호)나 이미지(음향이나 영상물)등을 일방적으로 보내서 상대에게 심각한 정서적 피해(불쾌감, 수치심, 두려움)을 유발하는 일련의 행위를 말한다(교육과학기술부, 2012).

사이버 성폭력의 유형은 〈표 19-2〉와 같이 사이버 성희롱, 사이버 스토킹, 사이버 성매매, 언어 성폭력, 영상 및 음향 성폭력 등이 가장 보편적인 형태이다.

〈표 19-2〉 사이버 성폭력의 유형

유형	개념
사이버 성희롱	• 사이버 상에서 음란한 대화를 강요하거나 성적 수치심을 주는 대화로 상대방에게 정신적 피해를 주는 행위 • E-mail로 특정인 또는 불특정다수인에게 음란, 폭력적인 내용의 글이나 영상물을 발송하는 행위
사이버 스토킹	• 특정인에게 E-mail. 정보통신망을 이용하여 지속적으로 접근하거나 성적 괴롭힘을 하는 행위
사이버 성매매	• PC통신망, 스마트폰 대화방 등을 이용하여 원조교제를 유도하거나 알선 중재하는 행위
언어 성폭력	• 성관련 욕설을 한다거나 상대방의 동의 없이 오프라인에서의 성관계를 강요하는 행위
영상 및 음향 성폭력	• 성적 수치심을 유발시키는 영상 및 음향을 전달하는 행위

나. 사이버 성폭력의 특징

대전광역시교육청(2012)에서 제시한 사이버 성폭력이 갖는 일반적인 특징은 다음과 같다.

첫째, 현실 세계의 성폭력과 마찬가지로 피해자에게 가해지는 성적 자기결정권의 침해이고 자유롭고 편안한 환경에서 통신활동을 할 권리를 침해하는 범죄이다.

둘째, 익명성으로 인해 증거확보가 어려울 뿐만 아니라, 게시된 정보가 빠른 시간 내에 많은 사람에게 알려지기 때문에 그 피해정도가 매우 심각하다.

셋째, 현실공간으로 이어져서 위협적인 메시지를 전달하거나 물리적 폭력을 행사하게 되는 경우도 드물지 않다.

넷째, 발신자가 수신자가 되는 쌍방향성 특징이 있어 많은 가해자가 발생할 수 있다.

다. 사이버 성폭력 사례

사이버 성폭력의 사례를 통해 일반적인 형태는 다음과 같다.

첫째, 채팅방, 게시판 상, 혹은 메일이나 스마트폰 등을 통하여 원치 않는 대화 요청이나 성적 표현을 하거나 메시지를 전달하는 행위이다.(성적 표현 : 사이버 섹스 요구, 성적 비하 표현, 음담패설, 욕설)

둘째, 온라인상에서 성과 관련한 문제로 타인의 사적인 정보나 개인 신상을 공개하는 행위이다.

셋째, 문란한 합성사진이나 동영상을 올리는 행위이다.

넷째, 온라인상에서의 지속적인 스토킹을 하는 행위이다.

다섯째, 현실 공간에서 만나자고 위협하거나 실제 성관계를 요구하며 접근하는 행위이다.

여섯째, 전자우편이나 스마트폰 등으로 성에 관한 원치 않는 전자우편이나 쪽지를 발송하거나 원하지 않는 음란물판매를 강요하는 행위이다.

어제 저녁에 채팅을 하는데 어떤 남자와 대화를 했어요. 그 남자는 여자냐, 핸드폰 화상 되느냐고 물어 된다고 했더니 핸드폰에서 OO톡에서 선물을 주었어요. 처음엔 선물도 받고해서 가벼운 것부터 시작해서 나중엔 제 몸을 보고 싶다면서 보여 달라고 했어요. 저도 처음엔 호기심에 시키는 대로 했는데 조금씩 더 야한 포즈를 하라고 했어요. 저는 못한다고 했더니 선물 받아놓고 안한다고 사진을 인터넷에 올리고 그 사진을 선생님께 메일로 보낸다고 협박을 하면서 만나자고 해요. 만나면 사진도 삭제해 주고 원하는 것을 사주겠다고 하는데.....

친구들과 음란물을 돌려봤다. 사실이 아닌 것은 알지만 성충동이 생겼다. 성경험이 있는 친구들이 자랑을 하였다. 아직도 안 해 봤냐는 소리에 자존심이 상했다. 여자 친구가 있지만 아직은 지켜주고 싶다. 인터넷으로 만나면 들키지 않는다는 소리를 들어 친구들과 인터넷으로 조건만남을 알아보았다. 친구들과 돈을 모아 성매매를 해 보기로 하였다. 그 여자를 만나 모텔로 가서 성매매를 했다. 며칠 후 경찰서에서 연락이 왔다.

박모(16.고2)군 등 10명은 인터넷을 이용해 윤락알선을 미끼로 성인남자들로부터 900만원을 받아 가로챈 사기 혐의로 약식 기소 됐다. 박모군 등은 비밀대화방을 만든 후 인터넷 채팅사이트에 '아가씨 있습니다. 쪽지주세요'라는 문구를 올려 성인남자 90여명으로부터 윤락알선 대가로 1인당 10만원씩 모두 900만원을 받아 가로챈 혐의다. 박모군 등은 단속을 피하기 위해 2~3건의 흥정 쪽지가 도착하면 대화방을 폐쇄한 뒤 '쪽지대화'를 통해 윤락조건 등을 제시한 후 알선료를 입금 받고 연락을 끊는 수법을 사용하였다. 대부분 평범한 중산층 가정의 자녀들인 이들은, 피해자들이 성매매에 대하여서는 신고하지 못한다는 약점을 이용, 범행을 저질렀으며, 번 돈을 대부분 게임비 등 유흥비로 사용하였다고 한다.

너 남자친구있어?
*** 헙
업냐?
*** 어처구니없군. 왜 반말해요
너 걸레냐? 아님 아다냐? 아님 손걸레냐?
*** 반말하지마시죠.
@@@ 같은년이
*** 방제봐요 방제 제대로보고 들어와요
난 중딩이다.. 나랑 빠구리 한번 뜰까? 내가 화끈하게 해줄께.. 잘쑤셔줄께? 싫어?
*** 나가요 나가
싫은데,.. 한번하자니까? 너 한번두 못해봤지?

2013. 12.27 OO중학교 A군이 친구B와 같은 학교 재학중인 피해학생 C를 성희롱했다고 신고되었다. 성희롱 내용은 B가 A의 휴대폰을 빌려 C에게 음란사이트를 보내고, 수치스러운 언급을 하였고, A는 옆에서 동조 방관한 것이었다.

2014. 1.7 학교폭력대책자치위원회에서 B에게는 '전학'조치를, A에게는 '특별교육 이수 5일' 조치 결정되어 2014. 1.17 피해학생 C의 모가 재심 청구를 하자, 시도학교폭력대책지역위원회에서 '전학'조치를 병과하였다. A는 자신이 직접한 행위가 아닌데 '전학'조치는 가혹하다며 행정심판을 청구하였다.

행정심판위원회의에서는 행정심판청구서, 답변서, 진술서, 사실확인서, 자치위원회 회의록, 자치위원회 결과통보서, 재심청구서, 학교의견서, 시도학교폭력대책지역위원회 회의록, 재심결정서 등을 검토한 결과 청구인 A가 B에게 휴대폰을 빌려주고 음란사이트를 알려주어 최초의 원인 제공자라는 점, 또 B가 C에게 음란 문자를 보낼때 옆에 같이 있으면서 말리지 않았던 점, 피해학생 C가 받은 사진, 문자 내용을 볼 때 청구인의 가해행위 정도가 결코 가볍다고 볼 수 없는 점, 피해학생의 정신적 충격과 모욕감·수치심이 컸으리라 보이고, 향후 청구인과 마주칠 때 심리적 부담감이 가중될 것으로 보이는 점, '전학'조치가 피해학생의 보호와 가해학생의 선도 필요성이라는 관점에서 볼 때 청구인에게 과도한 처분이라고 보기 어려운 점 등을 종합적으로 고려할 때 이 사건 처분은 위법·부당하다고 할 수 없다는 판단을 내렸다.

관계법령은 학교폭력 예방 및 대책에 관한 법률 제9조, 제17조, 제17조의2, 동법 시행령 제19조, 제24조이며, 사이버 성폭력의 경우, 가해학생에게는 장난일지 몰라도, 피해학생에게는 엄청난 충격이다. 단순한 육체적 싸움 행위보다 오히려 이러한 사이버 폭력에 대해서 더욱더 큰 징계조치가 내려진다는 점에 유의해야 할 것이다. [출처] PK행정사무소 작성자 행정심판달인

라. 사이버 성매매

성매매처벌법에 따르면 성매매란 불특정인을 상대로 금품과 그 밖의 재산상의 이익을 수수·약속하고, 성교 및 구강·항문 등 신체의 일부 또는 도구를 이용한 (유사) 성교행위로 정의한다.

따라서 다음의 행위는 처벌을 받는다.

첫째, 선불금 등의 금품이나 재산상의 이익을 제공·약속하고 하는 성교나 유사 성교행위

둘째, 성매매를 알선·권유·유인하거나 또는 강요하고, 장소를 제공하거나 대상자를 모집·이동·은닉하는 업주, 포주 등의 성매매 알선 행위

셋째, 성교행위 등 음란한 내용을 표현하는 사진·영상물 등의 촬영 대상으로 삼거나 이를 알선하는 행위

넷째, 청소년의 몸과 성적행위를 얻기 위해 돈뿐만 아니라 음식, 잠자리, 재화 등을 제공하는 행위

> 친구들과 음란물을 돌려봤다. 사실이 아닌 것은 알지만 성충동이 생겼다. 성경험이 있는 친구들이 자랑을 하였다. 아직도 안 해 봤냐는 소리에 자존심이 상했다. 여자 친구가 있지만 아직은 지켜주고 싶다. 인터넷으로 만나면 들키지 않는다는 소리를 들어 친구들과 인터넷으로 조건만남을 알아보았다. 친구들과 돈을 모아 성매매를 해 보기로 하였다. 그 여자를 만나 모텔로 가서 성매매를 했다. 며칠 후 경찰서에서 연락이 왔다.

성매매처벌은 〈표 19-3〉과 같이 1년 이하의 징역 또는 300만원 이하의 벌금 및 구류, 학생대상 성매매는 매매여부와 상관없이 제안만 해도 처벌, 사회봉사나 수강명령 등 보호처분이 있다.

〈표 19-3〉 성매매처벌 형량

범죄유형	형량
폭행·협박 위계 등, 보호·감독 관계 이용으로 성을 파는 행위를 하게 한 경우 등	• 10년 이하 징역 1억원 이하 벌금 (대가의 전부 또는 일부를 받거나 청소년·심신장애자 등 상대 범행폭력조직 구성원의 범행은 1년 이상 유기징역)
감금 등의 방법으로 성매매 강요, 고용·관리자의 위계 등에 의한 낙태 등 강요	• 3년 이상 유기징역
성매매목적 인신매매 피보호·감독자에게 마약 등 상용으로 성매매 강요, 폭력조직 구성원의 성매매, 인신매매 강요 등	• 5년 이상 유기징역
영업으로 성매매알선 등	• 7년 이하 징역 7,000만원 이하 벌금
단순 성매매알선 등	• 3년 이하 징역 3,000만원 이하 벌금
성을 파는 행위 등의 소개·알선 목적 등 광고 행위	• 3년 이하 징역 3,000만원 이하 벌금
영업으로 위 광고물 제작·공급·게재한 행위 등	• 2년 이하 벌금 1,000만원 이하벌금(광고물이나 광고가 게재된 출판물의 배포행위는 1년 이하 징역, 500만원 이하 벌금)
성매매 행위자	• 1년 이하 징역, 300만원 이하 벌금, 구류 또는 과료 (단, 보호처분 원칙)

자료: 교육과학기술부(2012). 중·고등학생을 위한 성폭력 예방교육 길라잡이. p.55.

교육과학기술부(2012)에서 제시한 성매매를 예방하기 위한 방법은 다음과 같다.

첫째, 높은 수입을 보장하는 광고지나 구인광고, 직업소개소 등에 현혹되지 말고 성매매를 하라고 유혹하거나 알선하는 사람을 즉시 신고한다.

둘째, 어떤 경우에도 가출은 하지 않는다. 가족과 문제가 있거나 고민이 있으면 주변의 믿을 만한 어른과 의논해서 마음을 안정시킬 방법을 찾는다.

셋째, 갖고 싶은 물건에 현혹되지 말아야 한다. 유행은 금방 바뀌며 사람의 가치나 아름다움은 지닌 물건에서 나오는 것이 아니라 내면에서 나오는 것임을 기억한다.

넷째, 인터넷으로 채팅을 할때에는 절대로 자신의 연락처를 알려주지 말고, 만남을 자제한다.

마. 사이버 성폭력 예방법

사이버 성폭력을 예방하는 방법은 다음과 같다.

첫째, 여성 아이디를 쓸 때 피해를 당하는 경우가 많으므로 여성인지 남성인지 구분이 안 되는 중성 아이디를 사용한다.

둘째, 비밀번호는 남들이 모를 만한 것으로 하고, 자주 바꿔준다. 전화번호, 주소는 비공개로 하고 개인 정보는 최소한의 것만 기입한다.

셋째, 사이버 성폭력 가해자를 만나면 경고를 하고 증거화면을 갈무리(캡처)한 뒤 신고하는 것이 좋다. 다른 피해자를 만나면 도와주도록 한다.

넷째, 통신 동호회에서 사이버 성폭력이 발생하면 운영자와 상의하여 대처한다.

다섯째, 사이버 공간에서 알게 된 사람을 만날 때는 친구와 동행하거나 주변인들에게 알리고 공공장소에서 만난다.

여섯째, 사이버 공간에서도 서로 존중해야 하지만 원하지 않는 사람과는 대화하지 말고 메시지에 답장을 보내지 않는다.

일곱째, 불법, 유해사이트의 이용을 자제하고 건전사이트를 이용한다.

여덟째, 피해 발생 시 즉각 신고한다.

바. 피해를 당했을 때 대처방법

첫째, 증명할 수 있는 메일이나 게시물, 쪽지, 대화내용 등을 화면 캡처해 저장해 두고, 증거자료를 첨부하여 경찰청 “안전 Dream 센터(www.safe182.go.kr)”에 신고하여 도움을 받도록 한다.

둘째, 발생된 사이버 성폭력에 대해 시스템관리자 및 경찰 등에 신고할 때 시스템관리자, 경찰등과 통신한 내용을 저장해 둔다.

셋째, 상대방의 글에 감정적으로 대응하지 말고 그 자리를 빠져나온다.

넷째, 가해자에게 중지할 것을 요구하고 정보통신 사업자에게 해당 글의 삭제를 요청한다.

다섯째, 범죄가 인정되면 가해자를 형사 고소하여 가해자에게 손해배상책임을 물을 수 있고 다른 피해를 방지할 수 있음을 인지하고 적극적으로 대처한다.

사. 사이버 성폭력에 대한 잘못된 통념

첫째, 글자로 쓰여진 것이므로 쉽게 잊혀지고 무시할 수 있다. 피해자들은 피해 당시뿐 아니라 상당기간 지속적으로 당혹감, 분노, 불안 등의 정신적인 피해를 겪으며 이후의 통신이용에 있어서도 두려움을 느끼며 상당한 피해를 입는다.

둘째, 온라인에서의 피해는 대체로 일회적이며 온라인에 한정된다. 피해가 지속될 경우 오프라인에서의 물리적인 위협에 대한 불안감도 느끼게 된다. 실제로 온라인에서 지속적으로 쪽지, 메일, 대화요청을 하던 가해자가 피해자의 집 전화번호까지 알아내어 오프라인에서까지 위협한 사례가 있다.

셋째, 가상공간에서의 일이므로 그리 심각한 문제는 아니다. 사이버성폭력은 통신공간에 대한 여성의 접근기회를 차단하고 활동영역을 위축시킨다는 점에서 여성의 [자유롭고 편안한 환경에서 통신을 이용할 권리] 를 침해하는 중대 한 문제다. 또한 사이버성폭력은 단지 가상공간만의 일이 아니라 기존의 오프라인에서의 남녀 불평등에 기인 한 잘못된 성문화가 반영된 여성인권침해의 연장이라는 점에서 매우 심각하다고 하겠다.

참고문헌

교육부(2014). 학교폭력사안처리 가이드북.

교육과학기술부(2012). 중・고등학생을 위한 성폭력 예방교육 길라잡이(교사용).

교육과학기술부(2012). 중・고등학생을 위한 성폭력 예방 및 대처방안.

교육부 외(2014). 성폭력 사안처리 가이드.

교육부(2017). 학교내 학생대상 성폭력 예방대책 보도자료.

대전광역시교육청(2012). 성폭력예방 이렇게 합니다. 학교 성폭력 예방 및 대응 매뉴얼.

울산광역시교육청(2012). 안전한 학교를 만들기 위한 아동・청소년 성폭력 대응 매뉴얼. 울산교육 2011-19.

이미정 외(2013). 성폭력피해자 사례분석을 통한 지원체계 개선방안 연구. 한국여성정책연구원 2013 연구보고서-10.

조중신(2014). 성폭력 현황과 실태. 성폭력 예방교육 전문강사 전문과정 교재.

교사클럽 이바지http://cafe.daum.net/TCCI)

비마이너(2017). 동성애 혐오 범죄에 학교 책임은 없었다(2017.03.03.기사)

제6부

학교폭력 법령 이해하기

제20장 학교폭력 예방, 사안발생 인지 및 신고 사례

학습목표

1. 학교폭력 예방 사례를 알고, 이해할 수 있습니다.
2. 학교폭력 사안발생 인지 및 신고사례를 알고, 이해할 수 있습니다.

1. 학교폭력 예방 사례

학교폭력 예방 사례는 학교를 중심으로 학교폭력 예방교육을 실시한 결과 학교폭력을 예방할 수 있었던 사례를 의미한다. 교과부(2012) 학교폭력 예방 우수사례집에 소개된 10개 학교의 사례 중 학교급별 사례를 중심으로 소개하고자 한다.

가. 또래 조정을 통한 갈등 WIN-WIN PROJECT

또래 조정 사례는 인천연수초등학교 사례로 학교에서 일어나는 여러 가지 갈등 상황을 또래 조정(peer mediation)을 통해 제3의 관점에서 평화적인 방법으로 해결하기 위해 운영하였다.

1) 또래 조정 모형 진행 절차 및 위원 선발 절차

또래 조정 모형의 진행절차는 〈표 20-1〉과 같이 준비단계에서 6단계까지 진행이 된다.

〈표 20-1〉 또래 조정 모형의 진행 절차

구 분	또래 조정 내용
준비단계	• 또래 조정 위원회를 구성하고 또래 조정 규칙을 제공한다.
1단계	• 또래 조정 위원회에 갈등 해결을 신청
2단계	• 또래 조정 위원회는 신청서를 접수하고 담당 조정 위원을 정한 후 문제 해결을 위한 서명, 또는 기록 조사를 실시한다. (접수 1주일 이내)
3단계	• 또래 조정 위원회 장소와 시간을 정하여 초청장을 작성하여 전달한다.
4단계	• 갈등 당사자들의 의견을 들어 보고, 조정 위원회에서는 정보를 정리, 요약하고 쟁점을 분명하게 하기 위해 질문을 던진다.
5단계	• 조정 위원회에서는 갈등 학생들이 해결책을 제안하도록 하고 이를 정리한다. • 또래 조정 실패 시 교사 조정위원회 발동
6단계	· 갈등 상황에 합의가 되면 합의 내용을 문서로 작성하고 서명한다.

또래 조정 각 단계에서 조정자가 맡아야할 역할은 중립적 역할을 잘 수행할 수 있도록 선정되어야 한다. [그림 20-1]은 또래 조정 모형에서 핵심적 역할을 담당하는 또래 조정자 선발을 위한 절차이다.

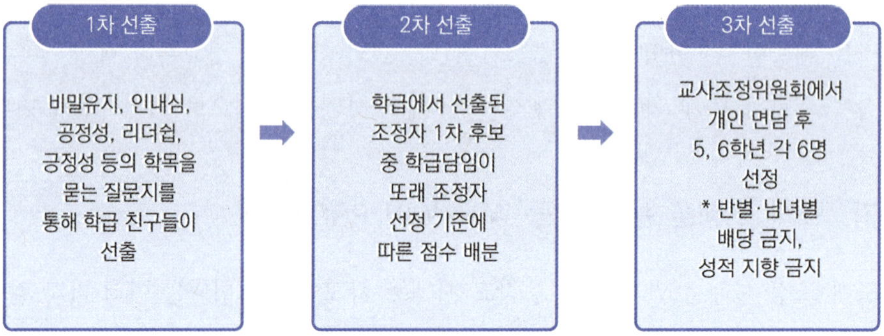

[그림 20-1] 또래 조정자 선발을 위한 절차

2) 또래 조정 운영 규정 및 진행 절차

또래 조정을 시작하기 전에 학교 갈등 해결을 위한 또래 조정의 운영 규정을 제정하였다. 시민법교육 프로그램(The Citizenship Law-Related Education Program, CLREP)에서 제시한 갈등 해결 모형을 학교 실정에 맞게 재구성하였고,

구체적 또래 조정 모형 절차를 준비단계→조정단계→합의단계의 3단계로 구성하였다.

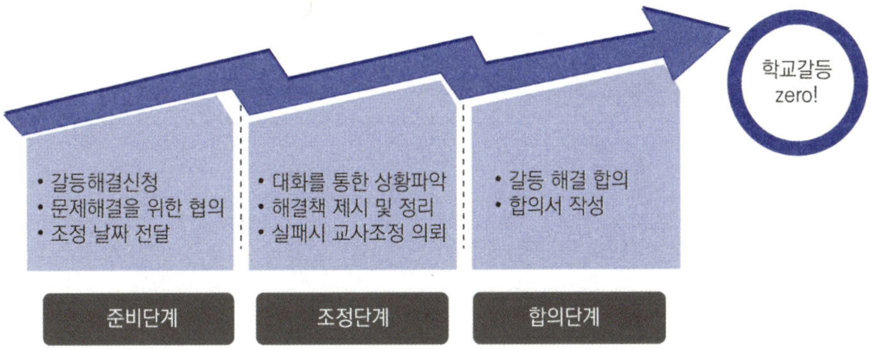

[그림 20-2] 또래 조정 진행 절차

3) 실시 결과

인천연수초등학교에서 3월부터 10월동안 또래 조정을 통한 WIN-WIN PROJECT를 실시한 결과 다음과 같은 효과를 얻을 수 있었다.

첫째, 갈등 해결 교육을 통해 직접적인 폭력 사고나 사건을 갈등 당사자 모두가 만족한 해결책을 얻을 수 있었다.

둘째, 학교 폭력을 유발시키는 행동습관과 공격성을 줄일 수 있었다.

셋째, 학교의 분위기를 개선하여 교육환경의 질을 높일 수 있었다.

하지만 또래 조정을 처음 도입하는 관계로 교과와 접목한 갈등 교육이 더 구체화되고, 매뉴얼화되어 적용하지 못하는 아쉬움이 있었다. 하지만 또래 조정은 분명히 학교폭력과 같은 갈등 문제를 해결한 대안이 될 수 있다.

나. 우리함께 고민을 해결해요-솔리언 또래상담 동아리 활동을 통하여

서울신연중학교에서는 솔리언 또래상담 동아리 활동을 통하여 학교폭력을 예방하였다. 2학년을 중심으로 선정하여 6회기에 걸친 교육과 훈련을 통하여 자질을 향상시키고, 솔리언또래상담사 자격증을 취득한 후 학교 내외에서 소외 받거나 괴로워하는 또래 친구들을 위해 활동하였다.

1) 프로그램 내용

오후 3시-4시30분 사이에 총 6회기에 걸쳐 솔리언또래상담사 교육신청자 학생을 대상으로 교육과 훈련프로그램을 〈표 20-2〉와 같이 진행하였다.

〈표 20-2〉 또래 조정 모형의 진행 절차

회기	날짜	주제	주요 내용
1	1일차	• 들어가기	• 자기 소개하기 • 솔리언 또래상담 소개 • 함께 지킬 약속과 규칙 만들기
2	2일차	• 친한 친구되기	• 토론을 통한 친구의 의미 탐색
		• 친구관계 살펴보기	• 친구 관계 살펴보기 • 친구 관계 돌아보기 • 친구관계 생각하기
3	3일차	• 친구에게 다가가기	• 친구관계에서의 걸림돌 탐색하기 • 친구에게 먼저 다가가는 방법 배우기 • 나의 친구와의 우정곡선 그리기
		• 대화하는 친구되기	• 솔리언또래상담 대화의 자세 • 친구의 마음을 공감하기 • 공감 연습하기
4	4일차	• 대화 잘 이끌어가기	• 어기역차 전략 이해하기 • 어기역차 연습하기
		• 잠하둘셋	• 최근 화가 났던 때 회상하기 • 잠하둘셋 이해하기 • 잠하둘셋 연습하기
5	5일차	• 도움 주는 대화 배우기	• 원무지계 전략 이해하기 • 원무지계 전략 연습하기
		• 도움 되는 활동 찾기	• 어떤 친구들 도와줄 수 있을지 생각하기 • 친구에게 도움이 되었던 경험 나누기 • 도움 줄 수 있는 활동 찾기
6	6일차	• 평가, 마무리	• 솔리언또래상담 전 과정 요약하기 • 소감 나누기 • 향후 모임 구조화 • 방학 계획 나누기
준비물			빔프로젝트, 검퓨터, 명찰, 전지, 색연필, 크레파스, 필기도구, 워크시트, 간식

2) 실시 결과

솔리언또래상담활동을 함으로써 또래상담자 개개인의 성장을 도모하여 학업, 친구문제, 학교생활, 진로 문제 등을 상담하여 학업, 학교폭력 사안이 줄어들었고, 학급과 학교의 문화를 학생 스스로 해결하는 공동체 문화로 발전시킬 수 있었다.

다. 학생자치법정을 활용한 민주시민능력의 신장

경기행신고등학교에서는 학생자치법정을 구성하고 직접 참여함으로써 학생들이 스스로 교칙을 준수하여 민주적인 시민생활을 내면화함으로써 학교폭력을 예방하였다.

1) 프로그램 내용

학생자치법정은 기존의 상·벌점 제도를 최대한 활용하여 학교폭력대책위원회에서 다루는 중대한 사안 이외에 경미한 사안만을 다루도록 하여 처벌 위주의 방식보다는 사전 예방 위주의 징계방식으로 [그림 20-3]과 같이 운영하였다.

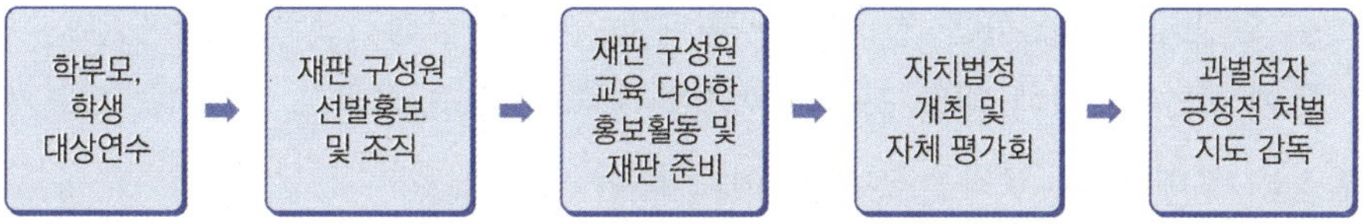

[그림 20-3] 학생자치법정 운영절차

첫째, 학생 자치 법정의 세부 규정에 대해서 교사, 학생, 학부모 모두 자세히 알고 있어야함으로 적극적인 홍보활동을 전개한다.

둘째, 재판 구성원 선발을 위한 홍보를 통해 조직하였다. 학생 자치 법정에 활동하는 학생들에게 임명장 수여 및 봉사 활동 인정, 우수 학생 학교장 표창 수여, 학생 자치 법정 활동 내용을 학교 생활기록부(자치활동)에 상세하게 기록, 법교육 관련 캠프 활동과 각종 체험활동 프로그램 참여 시 우선권 부여 등의 보상 및 유인책을 마련한다.

셋째, 재판 배심원에 선정된 학생들에게 배심원 평결(긍정적 처벌-담임선생님께 모닝콜 해드리기, 나의 다짐 쓰기, 교내 캠페인 활동 참가, 쓰레기 분리수거 활동, 영어 단어와 수학 문제 풀이하여 제출하기, 부모님과 상담하고 상담록 제출하기 등)에 대한 교육을 실시하고, 자치 법정에 대한 홍보 및 재판을 준비한다.

넷째, 자치 법정 개최 및 자체 평가회를 실시한다. 학생 자치 법정 지정일로부터 2주 전 누적 벌점이 25점 이상인 학생들이 자치 법정에 회부되어 배심원들이 자치 법정을 통해 판결을 내리고, 판결을 받은 학생은 긍정적 처벌 이의를 제기할 수 있도록 하였다. 또한 배심원들이 모여서 자치 법정 판결 결과에 대한 자체 평가회를 실시하여 개선점을 발견하였다.

다섯째, 벌점이 많이 부과된 과벌점자에 대해 긍정적 처벌을 잘 이행하고 있는지를 학생생활지도부와 학생 자치부원을 활용하여 확인한다.

2) 실시결과

학생자치법정을 운영하면서 나타난 학교 내외의 효과는 다음과 같다.

첫째, 과벌점자 학생들에게 변론 기회를 제공함으로써 반성 기회와 함께 책임의식을 제고할 수 있었다. 과벌점자 학생들은 진솔한 진술 기회를 통해 자신의 잘못을 인정하고 반성하는 등 학교 생활태도 면에서 긍정적으로 변화하였다.

둘째, 학교 교칙에 대한 긍정적 인식과 교칙 준수 의지가 높아졌다. 실제 자치 법정을 통해 학교 교칙을 정확히 이해할 수 있었다.

셋째, 학생들이 자율적으로 의사를 결정하고 문제를 해결해 나가는 학생 자치권을 확대시켜 학교 내에서 발생할 수 있는 갈등 사항들을 민주적이며 능동적으로 해결하여 학교폭력을 예방할 수 있었다.

넷째, 판사, 검사, 변호사, 배심원 등의 역할로 재판과정에 참여한 학생들은 자연스럽게 사법 절차 및 법적 권리와 의무를 이해할 수 있으며, 더불어 준법정신도 함양되었다.

2. 학교폭력 신고 방법

가. 신고주체

학교폭력 예방 및 대책에 관한 법률 제20조 제1항 학교폭력 신고의무에 따라 학교폭력 현장을 보거나 그 사실을 알게 된 자는 학교 등 관계기관에 이를 즉시 신고하여야 한다. 즉 **학교폭력을 알게 된 사람은 누구라도 지체없이 신고해야 한다.**

- 교직원, 학생, 보호자, 기타(관련학생 형제 · 자매, 친척, 주민 등) 모두 해당

나. 신고자에 대한 대처

교직원	학생	보호자	기타
• 사안파악 • 협력관계 구축	• 사안파악 • 신변보호 • 협력관계 구축 • 비밀보장 • 대처방법 안내	• 사안파악 • 대처방법 안내 • 협력관계 구축	• 사안파악 • 대처방법 안내 • 협력관계 구축

- **사안 파악:** 신고서를 작성하면서 인지 경위, 인지 사실, 관련 학생 등에 대해 책임교사에게 많은 정보를 제공한다.
- **협력 관계 구축:** 신고자가 사안 조사 및 대처하는 과정에서 도움을 준다.
- **비밀 보장:** 사안 신고 사실에 대해 비밀을 꼭 지킨다.
- **신변 보호**
  - 신고한 학생이 신고 후 보복당하지 않도록 신변을 보호한다.
  - 신고 후 피해학생이 또 다른 피해를 당하지 않도록 신고한 학생에게 최대한 정확히 피해 · 가해학생의 상태를 알아본다.
- **대처 방법:** 사안조사 과정과 마무리 과정까지 주의해야 할 사항들을 안내한다.

▶ 신고 받을 때 주의사항

- 담임교사, 교감, 교장 등이 사안을 듣거나 신고를 받게 되면, 전담기구 소속 교사나 책임교사에게 알린다. 신고를 받은 기관은 가해학생 및 피해학생의 보호자와 소속 학교의 장에게 통보한다.

- 보호자가 신고를 한 경우에는 사안에 대한 '진실 파악'을 해야 한다. 보호자가 가지고 있는 정보는 학생들을 통해서 들은 간접정보이기에 사실과 차이가 있을 수 있다.
- 다른 학교 교사가 자신의 학교 학생들을 조사하다가, 다른 학교 학생이 관계된 것을 알고 연락해 올 때는 자치위원회의 절차를 밟아 조사한다.

다. 다양한 신고 방법

학생들이 직접 자신이나 친구가 겪은 사안에 대해 교사에게 말하는 것은 쉽지 않다. 그러므로 학교에서는 학생들이 신고를 할 수 있게끔 주기적으로 신고 방법 안내를 해주어야 한다. 학교폭력을 알게 된 사람은 누구라도 아래와 같이 다양한 신고 방법을 활용하여 신고해야 한다.

1) 학교폭력신고센터 117

전화로 어디에서나 국번없이 117을 누르면 된다. 24시간 운영한다. 전화를 걸어 피해 상황을 상세히 설명한다. 긴급 상황 시에는 경찰 출동, 긴급구조를 실시한다.

2) 핸드폰 문자 신고 '#0117'

받는 사람을 #0117로 눌러 신고한다. 상황을 정확하고 자세하게 쓰고 전송 버튼을 누른다. 전송된 문자는 안전 Dream 관리자에서 확인하고 필요한 조치를 취한다.

3) 인터넷 사이트 '안전 Dream(www.safe182.go.kr)' 접속

www.safe182.go.kr 접속 → 117 학교·여성폭력피해자등 긴급지원센터 탭 클릭 → 학교폭력 클릭 → 학교폭력·유해환경 신고서 작성(학교폭력 관련 사항을 자세히 작성한다.) → 등록 클릭

4) 핸드폰 모바일 신고 m.safe182.go.kr

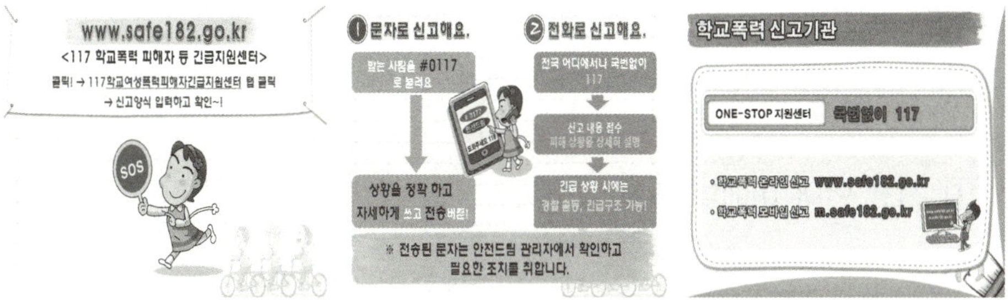

5) 구두

① 학생들이 스스로 교사에게 말하는 경우
② 교사가 개별적인 학생 면담 시간을 통해 파악한 경우
③ 보호자나 목격자가 구두로 신고를 한 경우

6) 신고함

사전에 공지된 신고서를 정해진 장소의 신고함에 넣도록 한다.

7) 이메일

담임교사의 메일, 책임교사의 메일, 학교명의 메일을 사용한다.

8) 학교 홈페이지 – 학교 홈페이지의 비밀 게시판

9) 핸드폰

① 전담기구 소속교사(교감, 책임교사, 보건교사, 상담교사)의 핸드폰
② 담임교사의 핸드폰
③ 학교 공동 핸드폰 (학교 이름으로 되어 있는 핸드폰) 및 문자, 음성녹음, 통화

10) 설문조사

학교폭력이 의심되거나 신고가 들어와서 관련 학생, 목격 학생에게 심도 있는 정보를 얻고자 할 때는 설문지 조사를 해본다.

11) 신고 안내 이메일 발송

학생들의 이메일로 담임교사가 학교폭력 예방과 신고 안내를 위한 안내문을 정기적으로 보내도록 한다. 이때 학교폭력 신고서를 같이 첨부해서, 학생들이 메일 확인을 하고 신고서를 이메일로 작성해서 보낼 수 있도록 한다.

12) 포스터 부착

교실 벽에 학교폭력 신고 안내 포스터를 붙여 상담 및 신고 시 도움을 준다.

▶ 학생들이 설문지를 편안히 작성할 수 있도록 한다.

- 설문지 작성 시, 학생들을 시험대형으로 앉게 하고, 가림판 등으로 서로 적는 것을 보지 못하도록 한다. 설문지 작성 후에는 실문지를 반으로 집어서 내게 하고, 교사가 직접 회수하면 학생들이 좀 더 편안한 마음으로 설문에 응할 수 있다.

▶ 비밀을 보장한다.

- 설문결과가 피해 · 가해학생과 다른 학생들에게 유출되지 않도록 한다.
- 설문지를 통해 알게 된 사실에 대해서 교사는 비밀을 꼭 지킨다.

▶ 왜 학생들은 신고하지 않을까?

첫째, 보복이 두려워서이다. 자신의 신고 사실을 가해학생과 그 친구들이 알게 되면 보복을 당할 수도 있다는 두려움을 학생들은 가지고 있다. 신고자를 절대 노출하지 않아야 하며, 가해학생이 물어도 끝까지 이야기해서는 안 된다.

둘째, 신고를 해도 교사나 부모들이 학교폭력 사실을 심각하게 받아들이지 않고, 미흡하게 제대로 대처해주지 못할 것이라고 생각하기 때문이다.

▶ 비밀보장에 대해 학생들에게 꼭 알려주어야 한다.

피해학생이나 사안을 인지, 목격한 학생이 신고했을 때 교사들이 꼭 **'비밀보장'**을 할 것이며, **최선을 다해서 적절한 대처를 해주겠다는 것을 인식시켜 주어야** 한다. 특히 구두, 이메일, 홈페이지, 핸드폰 등으로 신고를 받을 때는 더욱 그러하다.

[출처] 교육부(2014). 학교폭력 사안처리 가이드북. pp.14-16.

3. 학교폭력 사안발생 인지 및 신고사례

가. 학교폭력 사안발생 인지사례

다음에 제시된 사례는 한국청소년상담원에 부모님이 학교폭력 사안발생을 인지하고 어떻게 처리해야하면 좋을지를 상담받기 위해 남긴 글이다.

제 아들이 중1남학생인데 점심 후 화장실에서 무리가 모여 있어 비켜가려다 친구가 고개를 숙이고 분위기가 안 좋아보여 친구를 도와주어야겠다고 생각하여 "친구를 괴롭히지마." 하며 한 친구를 밀쳤답니다. 그런데 한 친구가 제 아들을 10여 차례 때렸고 (배2회, 아랫배2회, 볼2회, 머리2회 이상), 게다가 목을 졸라 그 흔적이 집에 온 네시경에도 피멍이 들어 있는 정도였습니다. 처음엔 왜 남의 일에 끼어들어 맞았냐는 등, 그런 상황에서는 도와주려 객기를 부리는 것이 아니라 피하고 선생님께나 말씀드리지.... 하며 잔소리를 늘어놓다 시간이 지나고 생각을 많이 할수록 점점 화가 치밀고 가해 학생을 그냥 두어서는 안될 것 같다는 생각이 들었습니다. 내일 가해자 학생 어머니를 만나러 갑니다. 아들은 합기도 2단이지만 사람은 안 때린다며 맞기만 하고 안 때린 점, 친구를 도와주었다는 점에 대해 자랑스러워하기도 합니다. 하지만 선생님 말로는 그 친구도 가해 학생도 장난치고 있었다고 말을 하더라네요. 제 아들은 분위기가 상당히 안좋았다고 하는데.....

요점은 제가 어느 정도까지 갈 수 있는 것이니, 학교폭력으로 신고를 할 수 있는 사안인지 궁금합니다.

저는 중학교 2학년이 되는 아이를 둔 학부모 입니다.
남자애지만 저희 아이는 작고 왜소한 편입니다. 그래서인지 친구도 별로 없는거 같고 혼자 노는 것을 좋아합니다.
게다가 공부에도 별 관심이 없어서인지 성적도 하위권입니다. 몸이 왜소하고 작아서 혹시나 기가 죽을 까봐 그렇게 공부를 억지로 시키는 편도 아닙니다. 그러다 보니 성적은 계속 하위권에 머물러 있습니다.
요즘 들어 아이가 더 위축되어 보여서 알아보았더니 주위 친구들에게 자주 얻어맞는다는 것입니다.
처음에는 그 나이에 다들 그렇듯이 그냥 친구들끼리 싸웠으려니 하고 넘어갔습니다. 그런데 그게 한 두 번이 아니더라구요. 자꾸 횟수가 거듭되고 아이가 점점 더 위축되어 가는 거 같았습니다.
처음엔 저도 우리 아이를 야단을 쳤습니다. 왜 바보같이 맞고 다니느냐고 그렇지만 그게 한 두 번이 아니다 보니 아이는 이래저래 위축되고 이제는 학교를 보내는 것도 마음이 편하지 않습니다.
지난주에는 점심시간에 주먹으로 얻어맞아 조퇴까지 했답니다. 얼마나 속이 상하던지..
그 이후에도 그 상처가 낫기도 전에 얼굴에 또다른 멍이 생겨 들어왔습니다. 자식가진 부모라면 누구나 알겠지만 어떻게 자기 자식이 맞고 다니는데 마음이 좋겠습니까? 아무리 애들이지만 너무하단 생각이 듭니다.
한 두 번 정도 그런 일이 있었을 때 학교 담임선생님께 전화를 걸어 말씀도 드려보고, 때린 학생의 집 전화번호를 알아내서 그애 부모에게 전화로 사과를 받기도 했습니다. 하지만 지금 생각하니 그게 더 아이를 힘들게 하는 결과를 가져온거 같습니다. 그 다음날이면 또 맞아서 들어오는걸 보니...
도대체 어떻게 하면 좋겠습니까? 내 자식이 못나서 그러려니.. 하고 참고 넘기기엔 이젠 도를 지나친다는 생각이 듭니다.
솔직한 심정으로는 내가 가서 그애를 때려주고 싶은 심정입니다. 뭐 좋은 방법이 없을까요?

이 일을 어떻게 하면 좋을까요. 중학교 2학년에 다니는 아들이 그렇게 힘들게 학교생활 하는 줄은 몰랐습니다. 하루는 아이가 학교에서 울면서 돌아오더군요. 같은 반 아이가 아들의 지갑을 바로 눈앞에서 빼앗아 갔다는 거였습니다.
처음에는 대수롭지 않게 장난삼아 그런 것 아니냐며 그냥 받아넘기려 했지만 지초지종을 캐물어 가다보니 이와 같은 일이 처음이 아니라 무려 1년 이상 계속되어온 일임을 알았습니다. 그 말을 듣는 순간 눈앞이 캄캄해져옴을 느꼈고 지난 1년간 아들이 그러한 괴롭힘을 당했다고 생각하니 너무 어이가 없고 분한 마음을 금할 길이 없었습니다.

그런데 문제는 거기에서 그치는 것이 아니라 화장실이나 운동장에서 몇 차례 얻어맞기도 하고 만약에 이런 사실을 누군가에게 말해버리면 죽여버리겠다는 협박까지 했다는군요. 아무에게도 말하지 못하고 혼자서 마음 고생했을 생각을 하니 부모로써 아이의 괴로움을 미리 알지 못한 미안함과 죄책감이 듭니다.

어제 또다시 그 아이로부터 괴롭힘을 당했다고 합니다. 아들을 불러내서는 하루에 담배 1갑씩 갖다 바치라고 하면서 도무지 아이가 아무 것도 할 수 없게 주위에서 늘 감시하고 위협을 가한다고 합니다. 우리 아이를 괴롭히는 그 아이를 어떻게 해야 할까요. 부모로써 아이에게 힘이 되어 주고 싶습니다.

위의 3가지 사례를 보면, 학교폭력 사안이 발생하였지만, 학교폭력피해 당사자가 학교폭력을 인지하고, 상담이나 신고를 하기 보다는 가정의 부모가 피해사실을 직접적으로 파악하고, 학교폭력 피해사실에 대한 도움을 요청하고 있다. 또한, 사안처리를 놓고, 어떻게 해야할지 많은 고민을 하고 있는 것을 알 수 있다.

이를 통해 학교폭력 사안발생 인지시 학생, 학부모가 매뉴얼 인지를 통해 적극적으로 이 사안을 담임선생님, 학교, 경찰, 학교폭력신고센터 등에 아무 꺼리낌없이 신고할 수 있는 개방적인 분위기 형성이 우선적으로 필요하다 하겠다.

지난 4월말 서울 Y중 1학년인 A(13)양은 수업을 마치고 하교하는 길에 같은 학교 여학생 12명에게 이끌려 학교 근처 공원의 공중화장실로 끌려갔다. 12명의 학생들은 그전에도 말이 없고 내성적인 A양에 대해 '지능저하 장애인'이라고 놀리면서 괴롭혔었다. 이들은 이곳에서 A양에게 "옷을 벗을래, 맞을래"라고 위협해 옷을 벗기고 A양의 성기에 사인펜을 긋는 등 성추행을 했다. 이들은 심지어 지나가던 아이들을 불러 "구경하라"고까지 했다.

A양은 이 일을 겪고도 담임교사나 부모에게 알리지 않았으나 당시 사건을 목격했던 한 학생이 며칠 뒤 생활지도교사에게 털어놓으면서 학교측에 알려졌다.

사립고, 인문계고. 상고가 비슷한 지역에 몰려있다. 인문계 고등학교를 다니는 아이가 인사를 안 했다는 이유로 아이들에게 집단폭행을 당했다. 이후로 잘 지내보자고 하며 일진회에 가입하라고 한다. 야자시간에 끌려가서 그런 일을 당했다. 폭행으로 인해 입원했는데 학교에서는 학부모들끼리 합의해서 해결하라고 한다. 부모 측은 아이가 입원한 상황에서 학부모들만 합의한다고 될 문제는 아닌 것 같다고 한다. 학교측에서 나서서 해결해줬으면 한다.

친구들이 B양이 키가 작은 아이를 작다고 놀렸다. 다른 아이들이 사과하라고 해서 사과를 했다. 그런데 아이들 3명이 점심시간에 B양을 주차장으로 끌고 가서, 싸우기 싫다고 도망갔는데 도서관까지 쫓아 와서 집단폭행을 했다. 15일 후 6학년들이 아이를 또 때렸다. 학교측에서는 니들 일은 니들끼리 알아서 해라고 하고, 때린 아이들의 부모는 아이들끼리 장난한 것이라며 반성은커녕, 오히려 문제를 삼는다고 큰소리를 쳤다.

위의 3가지 사례를 살펴보면, 학교폭력 문제는 인성문제와 학교부적응 문제와도 깊은 관련사항이 있으며 폭력으로 발생한 2차 정서적인 부정적 파급효과는 일생을 두고 영향을 미칠 수 있다. 학교에서는 학생들의 폭력에 대응하여 일괄적인 자퇴강요 진술서를 강요하고 있어 사회적인 문제 요인이 되고 있다. 사이버 세대의 공격성과 충동적 행동으로 인한 학교폭력(집단폭력, 왕따, 성폭력)을 호소하는 사례가 늘어나는 추세이다.

Off line에서의 학생들 간의 갈등과 오해가 On line 상의 사이버 협박과 비방으로 이어져서 철저히 왕따가 된 학생의 자살 건은 민원소송을 의뢰했지만 상담으로 다시 자녀를 살려 낼 수 없는 안타까운 사례였다. 또한 학생들 간의 집단 성폭행으로 인한 사건은 사회에 충격을 던져준 청소년 문제이며 앞으로도 예의 주시해야할 민감한 사례였다고 판단된다.

나. 학교폭력 사안 신고사례

학교폭력은 빈도와 경중의 차이가 있을 뿐 끊임없이 발생하면서 교육환경을 침해한다. 하지만, 이 같은 사안을 얼마나 교육적으로, 또 전문적으로 처리하느냐에 따라 결과는 달라질 수 있다는 점에서 신중한 접근이 요구된다. 학교폭력의 사안 발생 인지사례는 전북도민일보(2013) 기사에 소개된 내용이다.

1) 강제심부름

지난해 A 고교에서 발생한 사안으로, 평소 친하게 지내던 7명 가운데 3명이 나머지 4명에게 신발이나 가방을 들게 하고 심부름을 시켰다. 이런 행위는 피해학생의 일기를 담임교사가 보면서 알려졌다.

학교는 아무리 친한 경우도 강요적 심부름은 학교폭력에 해당하므로 교사는 전담기구에 이 사실을 알려 사안조사 후 학교폭력자치위원회(학폭위)를 개최했다. 이때 가·피해학생은 물론 목격자 면담조사까지 했다. 학생 수업권 보장을 위해 방과후 시간을 활용했다. 이들은 자치위 결정에 따라 피해학생에게는 적절한 상담치료를 받게 했고 가해학생에게는 선도조치 및 특별교육을 부과했다.

2) 사소한 말다툼

> 사소한 말다툼이 주먹다짐으로 번질 경우 학교는 어떻게 처리하나. B와 C가 싸움 끝에 화해를 했으나 C의 학부모가 학생의 두통을 호소하면서 피해자임을 주장했다.

학교는 이들 모두를 가해자로 보고 학폭위를 열어 보호조치와 선도조치 결정을 동시에 내렸다.

3) 사이버 따돌림

> 학생 A와 B는 친한 친구였으나 사이가 나빠지자, A가 자신의 블로그에 B를 험담하는 글을 올렸고, 다음 날 이를 알게 된 B가 항의하자 A는 B를 혼내주자며 채팅방을 개설하여 20여명의 친구들과 B를'찐따'라고 험담하고 심지어 학생 B의 사진을 탑재하여 다른 친구들과 함께 사이버 따돌림을 하였다.
>
> 학생 B의 신고로 자치위원회를 개최하려 하자 20여명은 자신들은 채팅방에 들어가서 대화만 나누었을 뿐이라며 항의하였습니다.

사이버 따돌림하다 학부모까지 특별교육을 받기도 한다. 이에 대해 학교는 가해학생 20여 명 모두를 선도조치하고 학부모를 포함한 특별교육을 부과했다. A학생은 채팅만 했다고 주장했으나 학폭위는 카톡·블로그 등 악플 및 언어폭력은 모두 사이버따돌림에 해당하므로 단순 가담도 학교폭력으로 처리했다.

4) 학교폭력대책자치위원회 매뉴얼 미숙지

> 지난해 한 고교에서 집단 폭행이 발생했으나 주동학생에 출석정지와 특별봉사 명령을 했고, 나머지는 모두 무혐의 처리됐다. 학폭위는 당시 현장에 있던 5명 가운데 주동자 1명만을 가해자로 보고 처벌했지만 피해자측은 "왜 보고만 있었냐"며 민원을 제기했다.

학폭위가 매뉴얼을 제대로 파악하지 못한 경우도 있다. 뒷짐진 방조자도 문제가 되지만 학폭위는 처벌규정을 몰라 놓친 경우다. 이에 따라 학폭위를 다시 열어 방조자 모두를 교내봉사 처분했다.

5) 학교폭력대책자치위원회와 학생선도위원회의 역할 혼동

> 학폭위와 선도위를 혼동하기도 한다. 학교폭력이 발생했을 경우 학교는 학폭위를 개최해야 한다. G학교는 이를 모른 채 선도위원회에서 처리했는데 간혹 비슷한 사례가 발생한다. 선도위는 학생의 비행을 심의하는 기구이다.

이처럼 학교폭력 발생건수가 줄고 있는 것은 폭력에 대한 인식이 어느 정도 이뤄진 것으로 교육청은 분석하고 있으나 일부 학교현장에서는 학교폭력의 범주조차 몰라 잘못된 규정을 적용하고 있다. 주위의 목격자가 많을수록 책임감이 분산돼 개인이 느끼는 책임감도 적어져 방관하게 되는(제노비스 신드롬) 경우가 말리는 경우보다 많아 문제가 되고 있는 가운데 학교현장의 학폭 처리 매뉴얼 숙지가 얼마나 중요한지를 나타내고 있다.

6) 117 신고사례

> 2013년 9월, 고1 학생이 친구가 수시로 담배 심부름을 시키고, 최근에는 때리는 용돈을 빼앗고, 심지어는 카톡으로 돈일 가져오라고 협박한다며 자살하겠다고 117에 전화하여 울먹였다고 합니다. 그 다음날 오전, 전담 경찰관을 피해자의 집으로 출동시킨 후 학생과 부보에 대하여 면담 시간을 갖고, 자살 충동이 있는 피해학생에게는 무상 심리치료를 지원했다고 합니다. 가해학생은 불구속 송치하였고, 재발방지 다짐서 작성

및 경찰서 선도 프로그램에 참가한 후에, 피해자 학생에게 진심으로 사과하였다고 합니다. 그 결과, 피해 학생은 더 이상 피해학생이 아닌 일반 학생으로서, 자신감을 가지고 더욱 편안한 학교생활을 하고 있다고 합니다.

자료: 경찰청공식블로그 폴인러브(2014). 학교폭력, 이제는 해결될 수 있습니다.(2014.02.21.)

고등학생에서 중학생, 초등학생으로 학교폭력 저연령화 심각

친구들끼리 놀면서 장난삼아 뒤통수를 몇 대 때렸어요. 살살 때린 것 같은데 그 친구 엄마가 합의금을 요구하고 저를 다른 반으로 옮기라고 하네요.

〈고등학교 2학년 남학생〉

학교 운동장 구석에서 여학생 5명이 한명을 무릎 꿇린 채 폭행하려는 것을 보고 도망갔어요. 무서워 신고하지 않았는데 피해학생이 신고하는 바람에 방관자로 처벌 받았어요.

〈고등학교 1학년 여학생〉

반 전체 카카오톡에서 아이들이 가슴이 작아 패드를 넣었다는 친구 이야기를 하기에 거들었을 뿐인데 그 아이가 모욕과 수치심을 느꼈다고 신고했어요.

〈중학교 2학년 여학생〉

"학교폭력 예방교육이 강화되면서 과거에 그냥 넘어갔던 작은 사건도 학부모와 피해자 등이 학교폭력대책자치위원회에 신고하는 추세"라고 설명했다.

[출처]: 디트뉴스24(2016). 가정 바로서야 학교폭력 근절. (2016.11.16.기사)
http://www.dtnews24.com/news/article.html?no=405194

☞ 등교가 두려운 피해자를 치유하다!

중학교 때 학교폭력을 당했던 김○○군은 고등학교 입학 전 예비 소집일에 자신에게 폭력을 가했던 친구와 같은 학교에 배정된 것을 알게 되었고,

또 다시 끔찍한 학교폭력을 당할까 두려워한 김 군이 부모님께 "도저히 학교에 다닐 수 없다고 말하며, 전학시켜 주지 않으면 학교에 가지 않게다"고 선언했는데요.

심각한 사정이라고 생각한 김 군의 부모님이 117학교폭력 신고센터를 통해 신고를 했고, 불안에 떨던 김 군을 몇 차례 설득해 피해 진술을 받고난 후, 폭력서클 회원이던

가해 학생을 검거할 수 있었는데요.

관계 교육기관과 협의를 통해 가해학생이 다른 학교에 전학갈 수 있도록 조치해 김 군은 더 이상 등교의 두려움에 떨지 않게 됐답니다.

당시 심리적으로 불안했던 김 군에게는 전문적인 심리 치료와 함께, 자신감 회복을 위한 호신술 교육까지 병행했다고 하는데요.

이 모든 과정을 함께 해 온 학교전담경찰관에 의하면, 지금은 밝고 건강하게 잘 자라고 있다고 합니다.^^

☞ **금품 갈취와 성범죄가 예상됐던 2차 피해를 예방하다!**

신고자는 여학생이었습니다.

당시 피해자인 여학생은 인터넷 카페에서 가해자인 동갑내기 남학생과 연락처를 주고받아 연락을 해왔는데요.

어느 날, 가해자가 피해자에게 거짓말로 "네 휴대전화를 해킹해서 가슴 사진을 소지하고 있으니, 알몸 사진을 찍어 전송하지 않으면 가지고 있는 사진을 친구들에게 유포하겠다."고 협박하며 알몸 사진을 전송하도록 강요했는데요.

겁에 질린 피해학생이 가해학생에게 자신의 알몸을 찍어 전송했고, 가해학생이 전송받은 알몸 사진을 미끼로 다시 현금을 요구하며 특정 장소에서 만날 것을 요구했습니다.

사진이 유포될까 두려워하던 여학생은 금품을 전달하기로 한 약속장소로 가는 도중에 스마트폰 117CHAT 앱을 통해 도움을 요청했는데요.

신고자의 심리적 안정을 유도한 117학교폭력 신고센터 상담원이 해당 지역 학교전담경찰관에게 연락, 긴급 출동한 112순찰차량이 함께 공조해 가해 학생을 검거할 수 있었습니다.

조금만 더 늦게 신고를 했더라도 추가적인 금품 갈취와 함께 성폭행 등 2차 피해가 예상됐던, 위험한 사안이었는데요. 117학교폭력 신고센터의 신속한 처리로 추가 피해를 예방할 수 있었습니다.

[출처]: WIKITREE(2015). 뉴스레터 45호. 학교폭력신고센터(2015.04.03.)
http://www.wikitree.co.kr/main/news_view.php?id=213788

참고문헌

경찰청공식블로그 폴인러브(2014). 학교폭력, 이제는 해결될 수 있습니다.(2014.02.21.)

교육부(2014). 학교폭력사안처리 가이드북.

교육과학기술부(2012). 학교폭력 예방 우수사례집.

전북도민일보(2013). 학교폭력 사례와 처리결과.

디트뉴스24(2016). 가정 바로서야 학교폭력 근절. (2016.11.16.기사)

WIKITREE(2015). 뉴스레터 45호. 학교폭력신고센터(2015.04.03.기사)

제21장 학교폭력대책자치위원회 개최 및 운영 사례

학습목표

1. 학교폭력대책자치위원회 개최절차를 알고, 이해할 수 있습니다.
2. 학교폭력 유형에 따른 학교폭력대책자치위원회 운영사례를 알고, 이해할 수 있습니다.

1. 학교폭력대책자치위원회 개최

가. 학교폭력대책자치위원회 진행 절차

개최알림	• 개회사: 위원장
자치위원회 개요 안내	• 참석자 소개 및 자치위원회 안내: 책임교사 ① 자치위원회 목적 ② 진행절차 ③ 주의사항 전달 – 발언을 하기 위해서는 먼저 동의를 구해야 한다. – 욕설, 폭언, 폭행 등을 할 때, 퇴실 조치함을 알린다. – 자치위원회에서 알게 된 사항에 대한 비밀유지 의무가 있음을 알린다. ④ 참석자 소개
사건조사 보고	• 사건보고: 책임교사
피해학생 측 발언 및 질의응답	• 피해학생 측 발언(사건내용 발언, 요구사항) ① 사건을 발언하고 피해학생 측의 입장에서 요구사항을 말하도록 한다. ② 위원회에서 피해자 측에 질문하고 피해자 측에서 답변한다. ③ 퇴장

⇩

단계	내용
가해학생 측 진술 및 질의응답	• 가해학생 측 발언(사건내용 발언, 가해학생 측 입장) ① 사건을 발언하고 가해학생 측의 입장을 말하도록 한다. ② 위원회에서 가해학생 측에 질문하고 가해학생 측에서 답변한다. ③ 퇴장
⇩	
피해학생 보호조치, 가해학생 조치 논의 ⇩ 합의 조정	• 피해학생 보호조치, 가해학생 조치 논의 자치위원들끼리의 협의를 통해 피해학생 보호조치와 가해학생 처벌 조치의 수위를 결정한다.
⇩	
학교장 결재 후 결과 통보	• 학교장 결재: 위원회의 결정사항에 대하여 결재 • 피해 · 가해 측에 결과 통보: 양식에 의거 통보

[그림 21-1] 학교폭력대책자치위원회 회의절차

자료: 경상북도교육청(2015). 학교폭력대책자치위원회 운영 길라잡이. p.15.

나. 학교폭력대책자치위원회 시나리오(예시)

1) 개최알림

－간사: 안녕하십니까? 저는 학교폭력대책자치위원회 간사를 맡고 있는 OO학교 교사 OOO입니다. △△△위원장님께서 학교폭력대책자치위원회 개회를 선언하시겠습니다.

－위원장: 재적위원 O명 중 O명이 참석하여 성원이 되었으므로, 20○○년 제X회 OO학교 학교폭력대책자치위원회 개회를 선언합니다.(의사봉 3번)

2) 자치위원회 개요 안내

－책임교사: 오늘은 피해학생의 보호 및 가해학생에 대한 선도 및 징계 심의(또는 학교폭력의 예방 및 대책수립을 위한 학교 체제 구축/피해학생과 가해학생 간의 분쟁조정 등[1])를 목적으로 학교폭력대책자치위원회를 개최하게 되었습니다. 자치위원회는 주의사항 전달, 자치위원회 위원의 제척 · 기피 및

1) 학교폭력 예방 및 대책에 관한 법률 시행령 제12조(학교폭력대책자치위원회의 설치 · 기능)

회피 확인, 사안 보고, 피해자 측 진술, 가해자 측 진술, 가·피해학생에 대한 조치 논의 및 결정의 순서로 진행되겠습니다.

- 책임교사: (주의사항 전달) 회의 진행 중 발언을 하기 위해서는 먼저 동의를 구해주시고, 욕설, 폭언, 폭행 등을 하게 되면 퇴실 조치하도록 하겠습니다. 특히 자치위원회에서 알게 된 사항에 대해서는 비밀유지 의무가 있으며, 이를 위반하여 비밀을 누설하게 될 경우 300만 원 이하의 벌금에 처해질 수 있음을 알려드립니다.
- 위원장: 심의에 들어가기 전에 가·피해학생의 보호자인 경우 등 학교폭력예방 및 대책에 관한 법률 시행령 제26조에 근거한 제척·기피·회피 사유에 해당하는 위원이 있으시면 말씀해 주십시오.
- 위원들: (없습니다.)
- 위원장: 해당사항이 없으면 바로 심의를 시작하도록 하겠습니다.

3) 사건조사 보고

- 위원장: 오늘은 두 건의 학교폭력 사안을 심사할 예정입니다. 먼저 20○○. 5. 20.(월)에 A학생과 B학생 사이에 발생한 학교폭력 사안을 상정하겠습니다. (의사봉 3번) 책임교사는 심사할 안건에 대하여 설명해 주시기 바랍니다.
- 책임교사: (사안에 대해 객관적으로 설명) 이하 자세한 사항은 사전에 배부해 드린 문서를 참고해 주십시오.
- 책임교사: (사전선도조치에 대한 추인) 자치위원회 개최 전 학교장이 가해학생에 대한 선도가 긴급하다고 판단하여, 학교폭력 예방 및 대책에 관한 법률 제17조 제4항에 근거해 가해학생 OOO에 대해 제1항 제6호 출석정지 4일의 조치를 했습니다. 이 조치가 자치위원회의 최종 결정에 포함될 수 있도록 해 주십시오.
- 위원들: 알겠습니다.

4) 피해학생 측 발언 및 질의응답[2)]

- 위원장: 그렇다면 먼저 피해학생 측 진술을 듣도록 하겠습니다. 간사께서는

2) 피해학생이 다수인 경우 한 명씩 입장시켜 진행

피해학생 보호자(학생)를 입장시켜 주십시오.(피해학생 측 입장) 보호자께서는 자신의 성명을 말씀하고 앉아주시기 바랍니다.

- 피해학생 측: (대답)
- 위원장: 위원님들께서는 배부된 자료의 검토 결과, 의문 사항이 있으면 질문을 해 주십시오. 보호자께서는 여러 위원님들의 질문에 사실대로 대답해 주시기 바랍니다. 위원님들 질의해 주시기 바랍니다.
  (위원 질의 및 피해자 측 답변)
- 위원장: 위원님들께서는 더 이상 질문이 없으십니까? 그렇다면 마지막으로 피해학생 보호자께서 하고 싶으신 말씀이 있으시면 간략히 말씀해 주십시오.
- 피해학생 측: (대답)
- 위원장: 성실히 응답해 주셔서 감사합니다. 자치위원회에서 가·피해학생에 대한 조치가 결정되면, 그 내용을 문서로 피해학생 보호자님께 통지해 드릴 예정입니다. 보호자께서 이 결정에 이의가 있는 경우에는, 문서를 받은 날로부터 15일 이내에 경북도청의 학교폭력대책지역위원회에 재심을 청구할 수 있음을 알려드립니다. 이것으로 피해학생 측 진술을 종료하도록 하겠습니다. 피해학생 보호자께서는 귀가하셔도 좋습니다.
  (피해학생 측 퇴장)

5) 가해학생 측 발언 및 질의응답[3)]

- 위원장: 다음으로 가해학생 측 진술을 듣도록 하겠습니다. 간사께서는 가해학생 보호자(학생)를 입장시켜 주십시오. (가해학생 측 입장) 보호자께서는 자신의 성명을 말씀하고 앉아주시기 바랍니다.
- 가해학생 측: (대답)
- 위원장: 위원님들께서는 배부된 자료의 검토 결과, 의문 사항이 있으면 질문을 해 주십시오. 보호자께서는 여러 위원님들의 질문에 사실대로 대답해 주시기 바랍니다. 위원님들 질의해 주시기 바랍니다.
  (위원 질의 및 가해자 측 답변)

3) 가해학생이 다수인 경우 한 명씩 입장시켜 진행

- 위원장: 위원님들께서는 더 이상 질문이 없으십니까? 그렇다면 마지막으로 가해학생 보호자께서는 하고 싶으신 말씀이 있으시면 간략히 말씀해 주십시오.
- 가해학생 측: (대답)
- 위원장: 성실히 응답해 주셔서 감사합니다. 자치위원회에서 가·피해학생에 대한 조치가 결정되면, 그 내용을 문서로 가해학생 보호자님께 통지해 드릴 예정입니다. 이것으로 가해학생 측 진술을 종료하도록 하겠습니다. 가해학생 보호자께서는 귀가하셔도 좋습니다.
  (가해학생 측 퇴장)

6) 가·피해학생에 대한 조치 논의

- 위원장: 이제 관련 자료와 가·피해학생 측의 진술을 토대로 위원님들의 고견을 말씀해 주시기 바랍니다.
  (자유토론)
- 위원장: 충분한 의견 교환 및 토론이 된 것으로 생각됩니다. 먼저 피해학생에 대한 보호조치를 결정하도록 하겠습니다. 피해학생 보호조치는 보호자가 동의하는 경우에만 이행하게 되므로, 위원님들은 피해학생의 보호를 위한 충분한 조치를 결정해 주십시오.
  (의견수합)
- 위원장: 위원님들의 의견에 따라 피해학생 OOO에 대한 보호조치는 (1. 심리상담 및 조언/ 2. 일시보호/ 3. 치료 및 치료를 위한 요양/ 4. 학급교체/ 5. 그 밖에 피해학생의 보호를 위하여 필요한 조치)로 의결하였음을 선언합니다. (의사봉 3번)
- 위원장: 다음으로 가해학생에 대한 조치를 결정하도록 하겠습니다. 2, 3, 4, 6, 7, 8호 조치의 경우 학교폭력 예방 및 대책에 관한 법률 제17조 제3항에 따라 가해학생에 대해 특별교육이수 조치를 추가해야 하며, 1, 9호 조치 외에는 가해학생 보호자에 대한 특별교육이수 조치도 추가되어야 합니다.
  (의견수합)
- 위원장: 재적위원 O명 중 X명이 참석하여, 참석위원 X명 중 ◇명이 찬성하여 주셨기에 재적위원 과반수 출석 및 출석위원 과반수 찬성의 조건을 만족

하여 가해학생 XXX에 대한 조치는 (1. 피해학생에 대한 서면사과/ 2. 피해학생 및 신고·고발 학생에 대한 접촉, 협박 및 보복행위의 금지/ 3. 학교에서의 봉사/ 사회봉사/ 5. 학내외 전문가에 의한 특별교육이수 또는 심리치료/ 6. 출석정지/ 7. 학급교체/ 8. 전학/ 9. 퇴학처분)로 의결하였음을 선언합니다. (의사봉 3번) 가해학생에 대해서는 특별교육이수 O시간, 보호자에 대해서는 특별교육이수 O시간을 추가 조치하도록 하겠습니다. 책임교사께서는 가해학생의 선도·교육 조치가 성실히 이행될 수 있도록 처리해 주십시오. (사건이 다수인 경우 다음 사건에 대해서도 동일 과정 반복)

- 간사: 이것으로 회의를 마치겠습니다. 등록부에 서명을 하지 않은 위원께서는 돌아가시기 전에 등록부에 서명해 주십시오.
- 위원장: 장시간 동안 진지하게 심사에 임해 주신 위원님들께 감사를 드립니다. 이상으로 20○○년 제X회 OO학교 학교폭력대책자치위원회를 모두 마치겠습니다. (의사봉 3번)

※ 자치위원회 진행 절차에서의 유의점

- 가·피해학생 및 보호자는 분리하여 대기하도록 하고, 치별적 대우가 없도록 유의한
- 민원이 예상되는 사안의 경우 참석자의 동의를 구한 후 녹취 가능
- 전체 위원 과반수 출석, 출석위원 과반수 찬성으로 심의 결정 (정족수 확인)
- 자치위원회 위원의 비밀누설금지의무, 회의 진행절차 및 주의사항에 대한 설명 필수
- 가·피해학생 분리 진술 (가해학생이 다수인 경우 각 가해학생 별로 분리 진술)
- 충분한 의견진술 기회 제공 (가·피해학생 진술 시 반박 또는 질책을 자제하고 경청)
- 중립적 가치기준과 객관적인 태도 유지 (가·피해학생의 학교 적응에 초점)
- 퇴장 전 충분한 의견진술을 하였는지 확인하고, 결정사항이 서면 통지됨을 안내

2. 학교폭력대책자치위원회 유형별 운영사례

학교폭력대책자치위원회 유형별 운영사례는 인천광역시교육청(2012)에서 개발한 자료에서 초등학교, 중학교, 고등학교 학교급별 사례를 중심으로 소개하고자 한다.

가. 폭행 사례

1) 사안접수

① 20○○년○월○일 오전 8시 10분경 ○○○초등학생의 어머니가 담임교사에게 학교폭력 사안에 대한 신고를 함.

② 20○○년○월○일 오전 8시 15분경 인천 A경찰서 여성청소년계에서 학교폭력 사안이 접수되었다고 학교로 연락함.

> 학교폭력신고접수대장에 기록하고 학교폭력전담기구협의회를 소집하여 사안 조사 및 협의, 학교폭력대책자치위원회 소집 일정 논의함.

2) 전담기구 조사

① 조사기간: 20○○년○월○일

② 조사장소: ○○초등학교

③ 조사내용

> 초등학생으로 서로 평소에 알고 지내던 가해자(6학년)와 피해자(1학년)는 20○○년 ○월 ○일 16시경 오봉산에 함께 놀러감. 오봉산 산책로에서 가해자 ○○○학생이 피해자 □□□ 학생을 끌어안으려 하자 피해자가 산을 뛰어내려 도망을 침. 그날 오후 이 사실을 알게 된 피해자의 부모가 가해자의 부모를 찾아가 서로 이야기를 나누었으나, 다음날 아침 피해자의 부모가 경찰에 신고함.

3) 추후계획

① 사안발생 후 피해자는 원스톱에서 치료를 받아 학교에 등교하지 않음.

② 가해자를 불러 학교폭력전담기구에서 조사

③ 피해, 가해 학생 부모님에게 연락을 하여 학교로 오시게 하였으나 피해자의 부모는 자녀의 치료를 이유로 학교에 오지 않음

④ 교감선생님께서 동행하여 가해학생이 경찰서에 가서 진술을 함

⑤ 학교폭력대책자치위원회 개최에 대한 결재 후 부모에게 학교폭력대책자치위원회 개최 통보

4) 학교폭력대책자치위원회 개최

① 일시: 20○○년 ○월 ○일 15:00 ~ 16:30

② 장소: ○○초등학교 회의실

③ 내용: 6학년 학생의 1학년 성추행 사건

④ 조치결과

- 피해학생 보호조치: 학교폭력 예방 및 대책에 관한 법률 제16조 ①항(1,2) 전문상담교사 심리 상담 및 조언, 지속적인 관찰 및 보호
- 가해학생 선도조치: 학교폭력 예방 및 대책에 관한 법률 제17조 ①항(2,3) 교내봉사 5일, 특별교육이수 4시간, 접촉금지, 학부모 특별교육 이수 5시간

5) 추수지도

① 기간: 20○○. 06. 07~

② 학생변화정도

- 학급에서 지속적인 관찰과 상담을 실시하고 있음. 학급에서 교과에도 관심을 갖고 흥미를 높일 수 있도록 수학기초학습에 대한 개별 지도를 꾸준히 하고 있으며 그로 인해 성실하게 수업에 참여함. 그리고 학교의 복지실과 연계하여 미술상담치료를 성실하게 받고 있음. 미술상담치료도 성실하게 참여하고 다른 일에도 지속적인 상담을 통해 본인에 대한 관심이 높아짐을 알고 성실하게 생활하고 있음. 학급의 글짓기 행사 등에도 적극 참여하려고 함.
- 지역사회기관과의 연계로 학생의 학교 밖 생활에 대해 파악할 수 있게 됨. 지역사회에서 기타를 배우고 열심히 준비하여 발표회도 여는 등 변화하는 모습을 보이고 있음. 그리고 지방법원 위탁보호원상담에 참여하며 자신이 한 일에 대해 깊이 반성하고 있음.

③ 학부모 변화정도

NK상담선생님과 함께 학부모와 함께 소통하려는 노력을 하지만 이전과의 변화가 없음.

나. 신체 및 언어폭력 사례

1) 사안접수

① 20○○.03.20(화) 117센터에서 ○○○학생에 대한 학교폭력 사안 접수

② 20○○.03.21(수) 117센터에서 담임교사에게 학교폭력 사안에 대한 신고를 함.

학교폭력신고접수대장에 기록하고 학교폭력전담기구협의회를 소집하여 사안 조사 및 협의, 학교폭력대책자치위원회 소집 일정 논의함.

2) 전담기구 조사

① 조사기간: 20○○.03.21.

② 조사장소: 회의실

③ 조사내용

○○○ 학생은 20○○년 3월 초부터 20○○년 3월 20일까지 ○○○, ○○○, ○○○을 장난이라는 명목 하에 지속적으로 괴롭힘. ○○○, ○○○, ○○○ 학생들은 ○○○에게 싫다는 의사표현을 했음에도 장난이라는 명목으로 피해학생들을 지속적으로 때리거나 욕을 함. 이에 화가 난 피해학생들이 20○○년 3월 20일 6시경에 117에 신고함.

3) 추후계획

① 사안발생 후 가해자 피해자의 학생 부모님에게 연락을 하여 학교로 오시게 함.

② 3월 21일 가해학생 및 피해학생, 목격자를 불러 학년연수실로 각각 불러 진술서를 작성하도록 함.(가해자, 피해자)

③ 3월 22일 학교폭력대책자치위원회 개최에 대한 결재 후 부모에게 학교폭력대책자치위원회 개최 통보.

4) 학교폭력대책자치위원회 개최

① 일시: 20○○년 3월 23일 15:00

② 장소: 학교운영위원회실

③ 내용: ○○○학생이 같은 반 학생들을 이유 없이 때리고 욕을 한 폭력사안에 대한 심의, 조치

④ 조치결과

- 피해학생 보호조치: 학교폭력 예방 및 대책에 관한 법률 제16조 ①항(1,2) 상담 및 조언, 지속적인 관찰 및 보호
- 가해학생 선도조치: 학교폭력 예방 및 대책에 관한 법률 제17조 ①항(1) 사과각서 작성 및 피해학생에게 부모님과 함께 직접 공개사과

5) 추수지도

① 기간: 20○○년 3월 24일 ~ 9월 23일

② 학생변화정도: 3월보다 폭행 및 언어폭력이 대폭 감소

③ 학부모 변화정도: 처음에는 잘 받아들이지 않았으나, 사실대로 인정하고 가정에서 잘 지도하게 됨.

다. 금품갈취 사례

1) 사안접수

① 20○○. 5. 18(금) 1학년○○○학생이 담임교사에게 학교폭력 사안에 대한 신고를 함.

학교폭력신고접수대장에 기록하고 학교폭력전담기구협의회를 소집하여 사안 조사 및 협의, 학교폭력대책자치위원회 소집 일정 논의함.

2) 전담기구 조사

① 조사기간: 20○○. 5. 20.

② 조사장소: ○○중학교

③ 조사내용

3학년 ○○○ 학생은 20○○년 5월 18일 나중에 갚는다고 하며 3,000원을 빌려달라고 함. 빌려주기 싫었으나 선배이고 보복이 두려워 빌려줌. 갚는다고 한 날짜에 갚지 않아 담임에게 신고 함.

피해자 부모에 연락하여 사실을 알렸고, 부모는 처음 있는 일이고 같은 학부형으로서 처벌은 원하지 않고 재발방지 지도를 부탁하여 서약서 및 3000원을 돌려주도록 처리함. 그러나 20○○년 6월 22일까지 카톡으로 2학년 ○○○, ○○○학생에게 돈을 모아오라고 부탁, 2학년 학생○○○, ○○○학생은 1학년 ○○○, ○○○, ○○○학생에게 돈을 빌려달라고 함.

주변의 학생들이 신고함. 참고로 3학년 ○○○학생은 2학년 때 여러 사건으로 인해 여러 번의 선도처분을 받았으나 개선의 여지가 없었음.

3) 추후계획

① 사안발생 후 가해자 피해자의 학생 부모님에게 연락을 하여 학교로 오시게 함.

② 피해 학생들은 학생부로 불러서 진술서를 작성하도록 함.

③ 가해학생들도 불러서 사실확인 후 진술서를 작성하도록 함

④ 학교폭력대책자치위원회 개최에 대한 결재 후 부모에게 학교폭력대책자치위원회 개최 통보

4) 학교폭력대책자치위원회 개최

① 일시: 20○○. 6. 19

② 장소: 운영위원회실

③ 내용: 금품갈취

④ 조치결과

- 피해학생 보호조치: 학교폭력 예방 및 대책에 관한 법률 제16조 ①항 담임교사의 관심과 지속적인 상담 및 조언
- 가해학생 선도조치: 학교폭력 예방 및 대책에 관한 법률 제17조 ②항 ④항 가해학생: 3학년○○○(전출, 특별교육이수 8시간 부모는 특별교육이수5시간, 2학년 ○○○, ○○○(피해학생에 대한 접촉 협박 및 보복행위금지, 특별교육이수 5시간, 학부모 특별교육이수 5시간)

5) 추수지도

① 학생변화정도: 3학년 학생은 전출감. 2학년 학생은 하급생에게 빌리는 것도 학교폭력임을 인지하고 재방방지를 약속함.
② 학부모 변화정도: 학생들이 학교에서 잘 생활할 수 있도록 적극적으로 참여하고 관심과 사랑을 줌.

6) 기타내용

① 학생들이 안전한 학교생활을 위해 학생부선생님들과 배움터지킴이선생님이 등하교 지도 철저, 쉬는 시간 및 급식시간, 점심시간에 안전지킴이 활동과 지킴이활동 철저로 학교폭력 예방
② 학생 학부모 예방교육철저

라. 사이버폭력, 언어폭력 사례

1) 사안접수

① 20○○.00.00(월) ○○○학생의 어머니가 담임교사에게 학교폭력 사안에 대한 신고를 함.
② 20○○.00.00(월) 담임교사가 가해자와 피해자의 진술서를 확보하고 양측 부모님께 전화통보
③ 20○○.00.00(월) 학교폭력전담기구협의회에 ○○○학생에 대한 학교폭력 사안 접수
④ 20○○.00.00(화) 학년부장과 담임교사가 양측 부모님과 면담하고 정확한 사안 설명.

2) 전담기구 조사

① 조사기간: 20○○.00.00.
② 조사장소: ○○중학교

③ 조사내용

○○○ 학생은 20○○년 3월 중순부터 ○○○학생에게 사이버폭력, 언어폭력, 모욕감을 주는 행동 등으로 심한 정신적 피해를 주었음. 담임선생님이 여러 차례 가해학생과 부모님과 면담을 하고 피해학생에게 사과를 하였으나 변하지 않았음 피해학생은 평소 남과 다른 사고방식으로 친교활동이 어려워 전문상담사와 개인적인 상담기관을 통하여 상담을 받아 왔고, 가해학생으로 인하여 정신적인 스트레스를 받음. 가해학생이 사과와 괴롭힘을 반복하고 잘못을 뉘우치지 않아 피해학생 부모가 학교폭력으로 신고함.

3) 추후계획

① 사안발생 후 담임교사가 가해자 피해자 학생의 진술서를 확보함.

② 가해자 피해자의 학생 부모님을 학교에 오시게 하여 사안을 설명함.

③ 가해자와 부모가 진정으로 잘못을 인정하고 피해자측에 사과함.

④ 학교폭력전담기구협의회에서 진상조사와 협의회를 거쳐 학교폭력대책자치위원회 개최를 요청하고 개최 결재 후 부모에게 학교폭력대책자치위원회 개최 통보.

4) 학교폭력대책자치위원회 개최

① 일시: 20○○. 00. 00.

② 장소: 학교운영위원회의실

③ 내용: 사이버폭력, 언어폭력

④ 조치결과

- 피해학생 보호조치: 학교폭력 예방 및 대책에 관한 법률 제16조 ①항(1,2) 전문상담교사 심리 상담 및 조언, 지속적인 관찰 및 보호
- 가해학생 선도조치: 학교폭력 예방 및 대책에 관한 법률 제17조 ①항(5,7) 가해학생: ○○○(특별교육이수 3일, 학급교체), 학부모특별교육 이수 5시간(20○○.9.21)

5) 추수지도

① 기간: 20○○.00.00.

② 학생변화정도: 학급교체 후 새로운 환경에 잘 적응하려는 노력으로 교우관계가 원만해지고 학교생활을 즐거워 함.

③ 학부모 변화정도: 자녀의 잘못을 인지한 후 가정에서 학교와 협력하여 지도하고 담임교사의 조언을 충실하게 받아들임.

6) 기타내용

사이버폭력, 언어폭력의 심각성을 학생들에게 교육시키고, 스쿨폴리스를 초청하여 맞춤형 학교폭력 예방교육을 실시함.

마. 집단폭행, 집단따돌림, 사이버폭력, 성폭력 사례

1) 사안접수

① 20○○.04.20(금) ○○○학생이 학교폭력 관련 설문조사에서 피해 사실을 기재함.

② 20○○.04.23(월) 피해자 ○○○학생과 상담 후 사건을 접수하고 가해자 △△△학생과 격리조치 함.

학교폭력신고접수대장에 기록하고 학교폭력전담기구협의회를 소집하여 사안 조사 및 협의, 학교폭력대책자치위원회 소집 일정 논의함.

2) 전담기구 조사

① 조사기간: 20○○.04.23.

② 조사장소: ○○고등학교 학생부실

③ 조사내용

20○○년 04월 03일 가해자 △△△학생이 피해자 ○○○학생과 가위바위보를 해서 이긴 후 4만원을 가지고 오라고 함. △△△학생에게 위협감을 느낀 ○○○학생은 4만원을 줌. 4월 17일 동일한 방법으로 △△△학생은 ○○○ 학생에게 6만원을 요구함. ○○○ 학생은 6만원을 주기 위해 모으던 중 학교폭력 관련 설문조사를 하자 해당 사실을 기재하여 신고함. ※ △△△ 학생과 ○○○ 학생은 모두 특수학급 학생임.

3) 추후계획

① 사안발생 후 가해자 피해자의 학생 부모님에게 연락을 하여 학교로 오시게 함.
② 학교장명령에 의하여 가해학생을 격리 조치 함(생활지도상담부에 상주)
③ 4월23일 학생들이 진술서를 작성하도록 함.(○○○, △△△)
④ 학교폭력대책자치위원회 개최에 대한 결재 후 부모에게 학교폭력대책자치위원회 개최 통보

4) 학교폭력대책자치위원회 개최

① 일시: 20○○. 4. 25(수) 12:30
② 장소: ○○고등학교 학교운영위원회실
③ 내용: △△△학생의 ○○○ 학생 갈취 건
④ 조치결과
- 피해학생 보호조치: 학교폭력 예방 및 대책에 관한 법률 제16조 ①항(1,2) 전문상담교사 심리 상담 및 조언, 지속적인 관찰 및 보호
- 가해학생 선도조치: 학교폭력 예방 및 대책에 관한 법률 제17조 ①항(1,5) 서면사과, 특별교육이수 5일, 학부모특별교육 이수 5시간

5) 추수지도

① 기간: 20○○. 5월 14일 이후 상시 상담
② 학생변화정도: 학교폭력의 위험을 인지하고 재발하지 않도록 노력함.
③ 학부모 변화정도: 생활지도상담부로 수시로 연락을 하여 학생의 학교생활 및 문제점 등에 대해서 상담하며 학생 지도에 힘씀.

바. 강요 및 신체폭력 사례

1) 사안접수

① 20○○. 6. 2(토). 담임교사가 학급 내 다른 학생과 면담 중 피해학생(○○○)이 가해학생(△△△)으로부터 맞은 학교폭력 사안 인지

② 20○○. 6. 4(월). 생활상담부에서 해당 폭력 사안 접수

학교폭력신고접수대장에 기록하고 학교폭력전담기구협의회를 소집하여 사안 조사 및 협의, 학교폭력대책자치위원회 소집 일정 논의함.

2) 전담기구 조사

① 조사 기간: 20○○. 6. 4(월).

② 조사 장소: ○○고등학교

③ 조사 내용

가해학생(△△△)은 2학년 때(2011년)부터 지속적으로 피해학생(○○○)을 괴롭혀왔음. ○○○이 5.31(목) 점심시간에 담임선생님을 찾아와 면담을 하였으며 담임교사는 △△△를 불러 주의를 줌. 6.1(금) 점심시간에 가해자가 피해학생을 불러 다그치던 중 피해학생이 담임선생님과 면담을 한 것을 멀리서 관찰한 학생이 이를 이야기하였고 흥분한 가해학생이 피해학생을 빗자루로 때림. 6.2(토) 담임선생님이 다른 학생과의 면담 중에 피해학생이 맞은 사실을 알게 되어 폭력 사안을 신고함.

3) 추후계획

① 폭력 사안 인지 후 즉시 가해학생에 대한 등교 정지 건의 및 학교장 승인

② 피해학생은 담임선생님과 면담 결과 부모님에게 알리지 말고 가해학생을 전학시켜줄 것을 요청함

③ 가해학생 담임선생님(3반)이 가해학생의 부모님을 호출하여 상담 실시

④ 가해학생 부모님은 상담 결과 빠른 시간 내에 전학을 가겠다고 답변하심

⑤ 학교폭력대책자치위원회 개최에 대한 결재 후 양측 부모에게 학교폭력대책자치위원회 개최를 통보

4) 학교폭력대책자치위원회 개최

① 일시: 20○○.6.8.(금) 16:30~18:10

② 장소: 운영위원회실

③ 내용: 교내 폭력 사건 심의

④ 조치결과

- 공통: 본교 Wee Class 전문상담사에게 학생, 학부모 상담 실시 (각1회)
- 피해학생 보호조치: 학교폭력 예방 및 대책에 관한 법률 제16조 ①항(1,2) 전문상담교사 심리 상담 및 조언, 지속적인 관찰 및 보호
- 가해학생 선도조치: 학교폭력 예방 및 대책에 관한 법률 제17조 ①항(2,3) 서면사과(피해자 희망시 대면사과), 사회봉사 4일(6.12~15, 인천 YMCA 갈산종합사회복지관), 출석정지(전학 조치 시까지), 학부모특별교육 이수 5시간, -"부자일체감동캠프" (금요일 17:00~22:00, 평생학습관), 전학징계

5) 추후지도

① 기간: 20○○.6.9.~6.28

② 학생변화정도: 피해학생은 학교폭력자치위원회와 전문상담사와의 상담 이후 얼굴 표정이 많이 밝아졌으며, 수업시간에도 열심히 공부하는 모습을 보임. 가해학생은 부자일체감동캠프와 사회봉사를 통하여 자신이 남에게 도움이 되는 존재라고 인식하였고 타인을 배려하면서 지내고 싶다고 소감을 밝힘. 6.22자로 교육청에 전학을 신청하였으며, 28일자로 ○○고등학교로 전학 조치

③ 학부모 변화정도: 전문상담사와의 상담 이후 가정에서의 대화를 보다 늘려야겠다는 태도를 보임.

6) 기타내용

① 20○○.6.18~20 사흘간 학교폭력 실태조사 설문 실시

② 20○○.7.11 학교폭력 예방을 위한 학생 / 학부모교육 실시

참고문헌

교육부(2014). 학교폭력사안처리 가이드북.

교육과학기술부(2012). 학교폭력 예방 우수사례집.

경상북도교육청(2015). 학교폭력대책자치위원회 운영 길라잡이.

인천광역시교육청(2012). 학교폭력대책자치위원회 유형별 운영사례.

제22장 학교폭력대책자치위원회 조치 사례

학습목표

1. 학교폭력 유형에 따른 학교폭력대책자치위원회 조치사례를 알고, 이해할 수 있습니다.

1. 학교폭력대책자치위원회 심의건수 현황

2008~2010년까지 전국의 초·중·고등학교 학교폭력대책자치위원회에서 심의한 '학교폭력 발생 현황 및 가해자, 피해자 조치현황'(이에리사, 2012)과 연도별 학교폭력 실태조사 분석결과 자료를 중심으로 학교폭력대책자치위원회 조치 사례를 살펴보고자 한다.

가. 학교폭력대책자치위원회 심의건수

교과부가 제출한 2010년 학교폭력 가해자 조치현황을 보면 가해학생수가 19,949명인데 반해 경찰청에서 밝힌 '학교폭력으로 경찰에 검거된 학생 수'는 2010년 25,175명으로 교육청이나 학교에서 파악한 학교폭력 가해학생보다 신고를 받고 경찰이 검거한 가해학생의 수가 5,200여명이나 더 많은 것으로 나타났다.

〈표 22-1〉은 지난 2008년~2010년 사이의 학교폭력대책자치위원회 심의건수 현황이다. 학교폭력 대책자치위원회의 심의건수는 2008년에는8,813건, 2009년에는 5,605건, 2010년에는 7,823건으로 나타났다. 그리고 가해학생 수는 2008년 24,018명, 2009년 14,605명, 2010년 19,949명으로 나타났고 피해학생 수는 2008

년 16,320명, 2009년 11,733명, 2010년13,748명으로 나타났다.

〈표 22-1〉 2008~2010년 학교폭력대책자치위원회 심의건수

구분	심의 건수	피해학생 수	가해학생 수
2008	8,813	16,320	24,018
2009	5,605	11,733	14,605
2010	7,823	13,748	19,949

자료: 이에리사(2012). 학교폭력 발생현황 및 가해자 피해자 조치현황. 재구성

한편, 2013년 2차 학교폭력 실태조사 '학교알리미(www.schoolinfo.go.kr)'를 통해 공시된 학교폭력대책자치위원회의 실적을 분석한 결과, '13년 1학기 학교별 학교폭력대책자치위원회 개최횟수는 '12년 1학기 2.9회에서 '13년 1학기 2.3회로 감소하였으며, 심의건수도 '12년 1학기 1.4건에서 '13년 1학기 0.8건으로 감소하였다. '12년 2학기와 비교할 경우, 개최횟수와 심의 건수는 각각 4.5%, 14.3% 증가했으며, 이는 학년이 바뀌는 3~4월에 학교폭력이 많이 발생하는 경향이 있고, 피해학생들의 학교 신고 비중이 늘었기 때문인 것으로 추정된다.

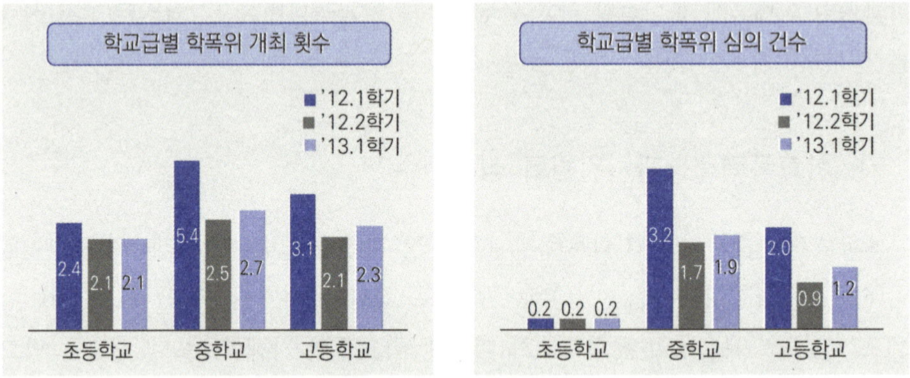

[그림 22-1] 학교급별 학폭위 개최 횟수 및 심의 건 수

자료: 교육부(2013). 2013년 2차 학교폭력 실태조사 및 정보공시 분석결과 발표 보도자료. (2013.11.29.). p.9.

또, 2016년 2차 학교폭력 실태조사 결과 최근 3년 학교폭력대책자치위원회 심의 현황을 살펴보면, 학교폭력대책자치위원회 심의건수가 증가하고 있는 추세이다.

〈표 22-2〉 2013~2015년 학교폭력대책자치위원회 심의건수

(건, 명)

기간		심의건 수	피해학생 수	가해학생 수
'13학년도 ('13.3.1~ '14.2.28)	1학기	9,697	14,788	16,665
	2학기	8,052	10,916	12,660
	계	17,749	25,704	29,325
'14학년도 ('14.3.1~ '15.2.28)	1학기	10,668	14,893	16,213
	2학기	8,853	11,180	12,736
	계	19,521	26,073	28,949
'15학년도 ('15.3.1~ '16.2.29)	1학기	10,043	13,397	14,575
	2학기	9,925	12,414	13,818
	계	19,968	25,811	28,393

자료: 교육부(2016). 2016년 2차 학교폭력 실태조사 결과 보도자료. p.9.

주) 학교폭력대책자치위원회 심의 현황은 초1부터 고3 학생을 대상으로 자치위원회 심의 결과를 집계한 것임.

이번 학교폭력 피해 응답학생은 2만8000명으로 2014년의 4만8000명, 2015년의 3만4000명에 비해 점차 줄어들고 있는 추세이기는 하지만, 실제 교육현장에서 발생한 학교폭력 문제를 처리하는 학교폭력대책자치위원회 심의건수는 2013년 1만7749건, 2014년 1만9521건, 2015년 1만9968건으로 계속 증가하는 상황이기 때문이다. 교육부는 학교폭력대책자치위원회 심의건수가 증가한 것에 대해, 학교폭력이 많이 발생한 것이 아니라 학교폭력을 은폐하거나 축소하려고 하는 것이 아닌, 공정하게 대처하려는 학교의 노력과 의지가 반영된 것이라고 평가하고 있다.

'13년 1학기 폭력 유형별 전체 심의 현황은 폭행(5,986건, 53.6%), 공갈(760건, 6.8%), 협박(643건, 5.8%), 명예훼손·모욕(602건, 5.4%), 정보통신망상의 음란·폭력·사이버 따돌림(598건, 5.4%) 순으로 많았으며, 사이버 폭력의 심의 비중은 '12년 1학기 2.8%(530건), '12년 2학기 3.7%(363건), '13년 1학기 5.4%(598건)로 점차 증가하는 추세로 나타났다.

나. 피해학생 보호조치 현황

1) 피해학생 보호조치 현황

학교폭력대책자치위원회의 피해학생 보호조치 현황을 〈표 22-2〉를 통해 보면 피해학생들은 대부분 보호조치 중 심리상담 및 기타조치가 가장 많았다.

〈표 22-2〉 2008~2010년 학교폭력대책자치위원회 심의건수

연도	유형	심의건수	피해학생수	보호조치 현황(학생수)						
				심리상담	일시보호	치료요양	학급교체	전학권고	보호조치	기타
2008	초	207	354	302	13	10	7	3	·	32
	중	6,089	12,091	10,063	760	221	112	573	·	1,463
	고	2,517	3,065	2,238	255	129	17	70	·	383
	계	8,513	16,320	12,596	1,023	360	134	646	·	1,865
2009	초	151	273	226	5	10	1	1	7	23
	중	3,857	9,046	6,833	362	273	11	41	408	1,118
	고	1,613	2,414	1,732	130	185	13	20	174	160
	계	5,321	11,733	8,791	497	468	25	62	589	1,301
2010	초	231	294	240	4	14	2	2	5	27
	중	5,376	10,363	8,063	521	327	11	28	436	977
	고	2,216	3,091	2,624	249	249	10	43	167	248
	계	7,823	13,748	10,567	635	590	23	73	608	1,252

자료: 이에리사(2012). 학교폭력 발생현황 및 가해자 피해자 조치현황

2008년도에는 피해학생 16,320명 중 심리상담을 받은 학생이 12,596명(76%)으로 가장 높았으며, 기타조치를 받은 학생은 1,865명(11%), 일시보호를 받은 학생은 1,026(6%), 치료요양을 받은 학생은 360명(2.2%)였다. 2009년도에는 피해학생이 11,733명 중 심리상담을 받은 학생이 8,791명(75%)으로 가장 높았으며, 기타조치를 받은 학생은 1,301명(11%), 보호조치를 받은 학생은 589명(5%), 일

시보호를 받은 학생은 497명(4%), 치료요양을 받은 학생은 468명(3.9%)으로 나타났다. 2010년에는 학교폭력피해 학생 수가 13,748명으로 심리상담을 받은 학생이 10,567명(76.8%)으로 가장 높았으며, 기타조치를 받은 학생이 1,252명(9%), 일시보호를 받은 학생이 635명(4.6%), 치료요양을 받은 학생은 590명(4.3%)으로 나타났다.

피해학생수를 살펴보면 중학생이 가장 많은 것으로 나타나는데 2008년 12,901명(79.0%), 2009년 9,046명((77.0%), 2010년 10.363명(75.3%)으로 나타나 중학생이 학교폭력에 가장 심하게 노출되어 있고, 발생정도가 심각하다는 것을 알 수 있다.

또, 2013년 2차 학교폭력 실태조사 분석결과 학교별 학교폭력대책자치위원회 피해학생 보호조치 건수는 '12년 1학기 2.0건에서 '13년 1학기 1.1건으로 45% 감소하였으며, '12년 2학기 피해학생 보호조치 1.0건 대비 10% 증가하였다.

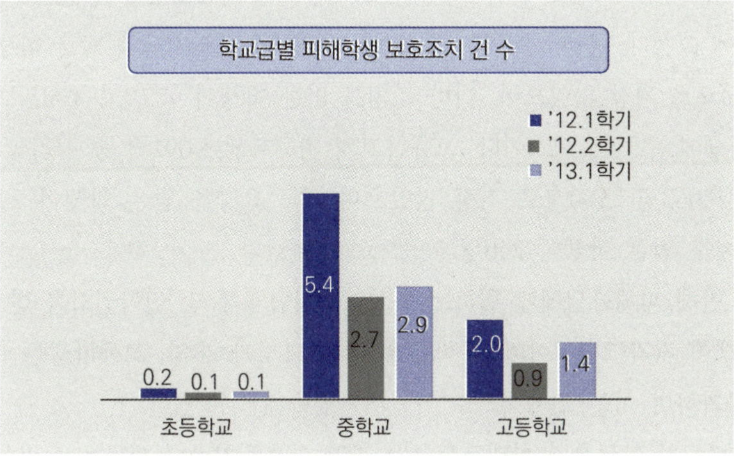

[그림 22-2] 학교급별 피해학생 보호조치 건수

자료: 교육부(2013). 2013년 2차 학교폭력 실태조사 및 정보공시 분석결과 발표 보도자료. (2013.11.29.). p.10.

2016년 제2차 학교폭력 실태조사 결과 학교폭력 피해자의 절반 정도가 초등학생인 것으로 나타났다. 전국 초등학교 4학년부터 고등학교 2학년까지 학생 374만 명을 대상으로 실시한 조사 결과 0.8%인 2만 8000여명이 학교폭력을 경험했다고 응답하였다. 그 중에서 초등학생이 1만3600여명으로 피해학생 중 48.6%를 차지했다. 중학생은 7400명, 고등학생은 4400명으로 상대적으로 적었으나 학교폭력 경험이 있다고 응답한 초등학생 중에는 4학년, 5학년, 6학년 순으로 피해 비중이 높은 것으로 나타나 저연령층의 학교폭력이 상대적으로 심각한 것으로 나타났다.

2) 학교 급별 피해학생 보호조치 현황

2010년을 기준으로 학교폭력의 학교 급별로 피해학생 보호조치 현황을 위의 <표 22-2>를 통해 살펴보면, 학교폭력 피해학생 수는 13,748명이고, 그 가운데 중학교가 10,363명(75.4%)으로 가장 많이 나타났고, 고등학교 3,091명(22%), 초등학교 294명(2.1%)의 순으로 나타났다.

초등학교의 피해학생 297명 중 심리상담을 받은 학생이 240명(80%)으로 가장 많았으며, 기타 조치를 받은 학생은 27명(9%), 치료요양을 받은 학생이 14명(4.7%)에 그쳤다. 중학교의 피해학생 10,363명 중 심리상담을 받은 학생이 8,063명(78%)으로 가장 많았으며, 기타 조치를 받은 학생이 977명(9.4%), 보호조치를 받은 학생이 436명(4.2%)이다. 고등학교의 피해학생 3,091명 중 심리상담을 받은 학생이 8,063명(73%)으로 가장 많았으며, 치료요양을 받은 학생이 249명(8%), 기타조치를 받은 학생이 248명(8%)으로 나타났다.

이에 반해 피해학생에게 취하는 조치 중 학급교체 및 전학권고를 받은 학생은 초등학생이 각각 2명씩이며, 중학생은 각각 11명과 28명, 고등학생은 10명과 43명에 불과하며 이는 전체적으로 1% 미만임을 알 수 있다.

2013년 2차 학교폭력 실태조사 분석결과 보호조치 유형별로는 심리상담 및 조언(11,007건, 82.9%), 일시보호(854건, 6.4%), 치료 및 요양(718건, 5.4%) 순으로 나타났다.('13년 1학기 기준)

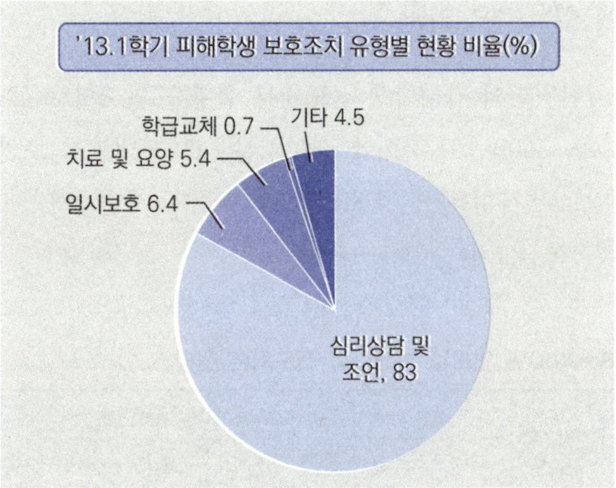

[그림 22-3] 학교급별 피해학생 보호조치 건수

자료: 교육부(2013). 2013년 2차 학교폭력 실태조사 및 정보공시 분석결과 발표 보도자료. (2013.11.29.). p.10.

다. 가해학생 선도조치 현황

학교폭력은 학생에 대한 징계사유가 될 수 있다. 학생징계에 대하여 "초·중등교육법"에서 학교의 장은 교육상 필요한 때에는 법령 및 학칙에 정하는 바에 의하여 학생을 징계하거나 기타의 방법으로 지도할 수 있다. "초·중등교육법 시행령 제31조 제1항"의 징계의 종류를 1.학교 내의 봉사 2.사회봉사 3.특별교육이수 4.1회 10일 이내, 연간 30일 이내의 출석정지 5.퇴학처분으로 규정하고 있다. 하지만 2004년에 제정된 학교폭력 예방법은 학교폭력 가해학생에 대하여 각 급 학교별로 설치되어 있는 자치위원회의 심의를 거쳐 종류는 1.출석정지 2.학급교체 3.피해학생에 대한 서면사과 4.피해학생 및 신고·고발학생에 대한 접촉 및 협박금지 5.전학 등 초·중등교육법상의 징계처분 4가지를 포함하여 총 9가지의 처분이 규정되어 있다.

학교폭력 예방법은 학교폭력에 관한 초·중등교육법에 우선하여 적용되므로 학교폭력예방법이 시행에 들어간 이후부터는 학교폭력에 대한 징계 등의 조치는 자치위원회의 심의를 거쳐 학교장이 하게 된다. 다만, 퇴학처분은 의무교육과정에 있는 가해학생에 대하여는 적용하지 아니 한다 규정하고 있다.

1) 가해학생 선도처분 현황

학교폭력자치위원회의 가해학생 선도처분 현황을 연도별로 살펴보면 〈표 22-3〉과 같다. 2008~2009년도 사이에 선도처분으로 교내봉사 조치를 받은 학생이 가장 많고 다음으로 사회봉사, 특별교육, 출석정지, 서면사과, 전학조치, 접촉 등 금지, 퇴학처분, 학급교체 순으로 나타났다.

〈표 22-3〉 2008~2010년 연도별 가해학생 선도처분 현황

(단위: 건, 명)

연도	심의건수	가해학생수	선도처분현황								
			서면사과	접촉금지	학급교체	전학조치	교내봉사	사회봉사	특별교육	출석정지	퇴학처분
2008	8,813	24,018	1,619	525	97	1,179	10,711	5,330	2,484	1,648	142
2009	5,605	14,605	947	401	52	911	5,731	2,758	2,209	1,130	128
2010	7,823	19,943	1,835	816	135	1,129	7,211	3,488	3,437	1,395	93

자료: 이에리사(2012). 학교폭력 발생현황 및 가해자 피해자 조치현황

2008년도에는 선도처분으로 교내봉사 조치를 받은 학생이 10,711명(44.6%)으로 가장 많고, 사회봉사 5,330명(22.2%), 특별교육 2,484명(10.3%), 출석정지 1,648명(6.9%), 서면사과 1,619명(6.7%), 전학조치 1,779명(4.9%), 접촉 등 금지 525명(2%), 퇴학처분 142명(0.6%), 학급교체 97명(0.4%) 순으로 나타났다.

2009년에 선도처분으로는 교내봉사 조치를 받은 학생이 5,731명(39.2%)로 가장 많고, 사회봉사 2,758명(18.9%), 특별교육 2,209명 (15.1%), 출석정지 1,130명(7.7%), 서면사과 947명(6.4%), 전학조치 911명(6.2%), 접촉 등 금지 140명(2.8%), 퇴학처분 128명(0.8%), 학급교체 52명(0.4%)순으로 나타났다.

2009년은 2008년에 비해 교내봉사와 사회봉사의 비율은 감소하였으며 특별교육과 출석정지의 비율이 증가하였다. 학급교체는 계속 감소하여 가해학생에 대한 조치가 효율적으로 이루어지고 있지 않음을 알 수 있다.

특히 학급교체에 대한 조치는 학생들이 학교 내에서 같이 생활하는 특성을 감안하면 아무런 실익이 없는 조치이다. 오히려 가해학생의 감정을 자극하여 피해학생을 더 집요하게 괴롭힐 수 있는 구실을 제공할 수 있고 피해학생은 항상 더한 두려움과 심리적 스트레스에 휩싸이게 된다.

따라서 학급교체 보다는 교내 봉사활동이나, 학교 밖의 교육적인 장소를 지역 공동체와 협력하여 원예교육 및 사회봉사활동 참여 등의 특별교육 이수로 학교폭력 행위로 인해 피해자의 마음을 이해하고 가해자는 자신의 잘못된 인간성을 회복하고 타인을 이해하고 배려하는 것을 배우고, 반성하는 계기를 마련해 주는 것이 교육적으로 긍정적인 효과를 낼 수 있으리라 판단된다. 아니면 대안위탁교육을 통한 것도 하나의 좋은 교육적인 방법이 될 수 있다(민경삼, 2013).

2013년 2차 학교폭력 실태조사결과 학교별 가해학생 선도·교육조치 건수는 '12년 1학기 3.4건에서 '13년 1학기 2.2건으로 35% 감소하였으며, '12년 2학기 가해학생 선도·교육조치 1.7건 대비 29% 증가하였다.

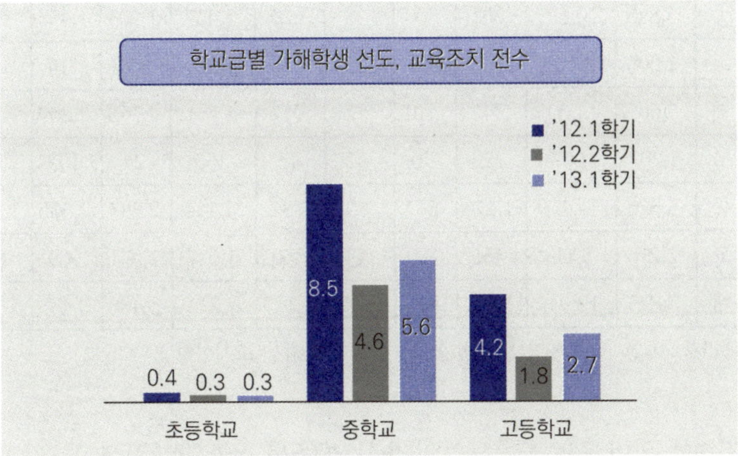

[그림 22-4] 학교급별 가해학생 선도, 교육조치 건수

자료: 교육부(2013). 2013년 2차 학교폭력 실태조사 및 정보공시 분석결과 발표 보도자료. (2013.11.29.). p.9.

2) 학교 급별 가해학생 선도처분 현황

〈표 22-4〉에서 학교 급별 가해학생 선도처분을 살펴보면 초등학생과 고등학생 가해학생 보다 중학생의 가해학생 수가 월등히 높게 나타나고 있다. 2008년 17,901명으로(74.5%), 2009년 10,627명(72.7%), 2010년 14,179명(71.0%)으로 나타나 중학생의 가해율이 3년 기간 내내 70%를 넘는 심각성을 나타내고 있다. 이러한 현상은 사춘기를 맞이한 중학생의 심리변화가 심하고 욕구불만이 강하게

표출된다는 것을 나타내고 있다.

〈표 22-4〉 2008~2010년 가해학생 선도처분 현황

(단위: 건, 명)

연도	유형	심의건수	가해학생수	선도처분현황								
				서면사과	접촉금지	학급교체	전학조치	교내봉사	사회봉사	특별교육	출석정지	퇴학처분
2008	초	207	631	219	83	25	17	114	5	154	10	·
	중	6,089	17,901	1,119	344	49	866	8,367	3,884	1,499	1,454	·
	고	2,517	5,466	281	98	23	296	2,230	1,441	831	184	142
	계	8,813	24,018	1,619	525	97	1,179	10,711	5,330	2,484	1,648	142
2009	초	151	325	136	42	2	12	75	2	39	1	·
	중	3,846	10,627	661	300	38	629	4,437	1,903	1,456	938	2
	고	1,608	3,653	150	68	12	270	1,219	853	714	191	126
	계	5,605	14,605	947	410	52	911	5,731	2,758	2,209	1,130	128
2010	초	231	657	222	70	12	15	150	24	102	13	·
	중	5,376	14,179	1,176	547	80	784	5,444	2,393	2,366	1,157	·
	고	2,216	5,113	451	199	43	330	1,617	1,071	969	225	93
	계	7,823	19,949	1,849	816	135	1,129	7,211	3,488	3,437	1,395	93

자료: 이에리사(2012). 학교폭력 발생현황 및 가해자 피해자 조치현황

심의건수에 있어서도 중학생의 비율이 2008년 6.089건(69.0%), 2009년 3.846건(68.6%), 2010년 50376건으로(68.7%)로 나타나 중학교에 대한 자치위원회의 역할이 특히 중요하다는 것을 보여주고 있다.

초·중·고등학생의 선도처분에 있어서 교내봉사가 2008년 10,711명(44.5%), 2009년 5.731명(39.2%), 2010년 7,211명(36.1%)로 나타나 가장 높은 비중을 차지했다.

고등학생에 대한 퇴학처분 조치는 2008년 142명, 2009년 128명, 2010년 93명으로 감소하는 모습을 나타나고 있으나. 출석정지에 대한 조치는 2008년 184명, 2009년 191명, 2010년 225명으로 증가하는 모습을 나타내고 있다. 이러한 현상은 학교에서 가해 학생을 위한 교육적 배려를 위해 가급적 퇴학조치 보다는 출석정지 조치를 취하기 때문인 것으로 해석된다.

전체적으로 특별교육 대상자의 숫자는 해마다 증가하고 있는데 2008년 2.84명, 2009년 2.209명, 2010년 3.437명으로 나타나 학교폭력의 정도가 학교에서 해결할 수 없을 만큼의 심각한 현상으로 발전하고 있다는 것을 알 수 있으며, 사회안전망 차원에서도 이에 대한 특별한 대책과 교육적인 방법을 모색하여야 한다.

2013년 학교폭력 실태조사 결과 선도조치 유형별로는 서면사과(6,893건, 27.0%), 학교봉사(5,021건, 19.7%), 특별교육・심리치료(4,414건, 17.3%) 순으로 많은 것으로 나타났다. ('13년 1학기 기준)

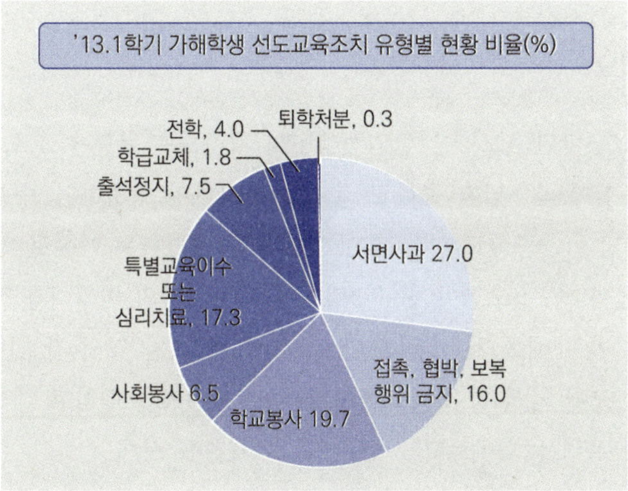

[그림 22-5] 가해학생 선도교육조치 유형별 현황 비율

출처: 교육부(2013). 2013년 2차 학교폭력 실태조사 및 정보공시 분석결과 발표 보도자료. (2013.11.29.). p.10.

이러한 학교폭력에 대한 초・중・고등학생의 가해 학생의 현황 자료는 학교폭력 정책을 마련하는데 많은 도움이 될 것으로 여겨진다. 현재 학교폭력 예방시행령 제17조 1호의 규정에 따라 학생들에 대한 예방교육은 학교 급별의 차등 없이 매학기 1회의 예방교육을 받고 있는 실정이다.

단 1회에 거치는 가장 큰 이유는 예산상의 문제이다. 따라서 관련예산을 확대・적용하여 전문 인력을 배치해 교육 횟수를 늘리고 예방교육이 지속적으로 이루어질 수 있도록 하여야 한다. 특히 가치관 확립의 중요한 시기인 중학생에 대한 예방교육이 지속적이고 반복적으로 이루어질 수 있도록 정책적인 배려가 있어야 하고, 학교 급별과 학교폭력 발생빈도에 따른 예방교육의 차별화를 규정하는 제도의 보완이 시급하다.

2. 학교폭력대책자치위원회 심의 사례

가. 신체폭력

1) 사건개요

□□중학교 3학년 A모양은 담임선생님께 거짓으로 복통을 호소한 뒤 다른 친구 C모양과 함께 △△남자 중학교 축제에 참가하여 구경하던 중 평소에 약간의 안면이 있었던 ○○중학교 학생 후배가 반말을 하였다는 이유로 시비가 붙어 언성을 서로 높이다가 B모양이 친구 2명과 함께 A모양의 머리채를 잡고 화장실 쪽으로 끌고가 발로 배를 차는 등 집단으로 구타를 하자 같이 간 친구 C모양은 그들을 피해 힉교에 와서 평소 학교에서 친한 친구 4명을 데리고 다시 가서 집단으로 그들에게 폭력을 휘두르고 2명은 그 후 가출한 상태임

2) 사건해결

A모양은 바로 병원으로 가 검사 및 치료를 받고 타박상으로 3일간 입원하였음. 일단 병원에 입원했던 A모양이 피해자가 된 상태에서 ○○중학교에 연락을 취해 가해학생들과 그 부모를 만나게 하였음. 가해주 부모는 모두 정식으로 사과를 했고 병원비를 지불해주는 것으로 사건이 일단락 됨. A모양 외 5명의 부모님과 학생들 모두 한자리에 모이게 한 후 사건의 발단 과정을 이야기한 후 서약서를 받고 모두 반성문과 학교봉사활동 처분을 받게 함

3) 학교폭력대책자치위원회 조치

학교폭력 사실을 인지하여 해당학교에서 사건내용에 대해 조사한 후 학교별로

학교폭력대책자치위원회를 개최하여 가해·피해학생과 그 보호자들을 참석시켜 분쟁을 원만히 해결한 사례임

나. 언어·신체폭력

1) 사건개요

OO중학교 2학년 A모양은 학급에서 특정 4~5명의 학생에게 계속해서 언어적·신체적 폭력 등을 당해 오다, 폭력상황에 대한 두려움과 공포가 심해지면서 A모양은 학교에 늦게 등교를 하게 되고, 학교에 나와서도 숨이 가쁘고 머리가 아프다고 하는 등 여러 가지 이유를 대며 양호실에 가 있는 등 학교수업을 거의 받지 못하고 있음. 학급의 다른 학생들도 폭력을 행사하는 행위에 침묵으로 동조하면서 A모양을 기피하고 무시하게 되자 이를 견디지 못한 A모양은 며칠 째 학교에 나오지 않고 있는 상황임

2) 사건해결

이 사실은 안 담임교사가 학부모 및 A모양과 충분히 상의한 후 자치위원회에 신고하게 되었고, 관련 학생들에 대해 조사해서 자치위원회에서 가해학생들에 대해 전학 및 사회봉사 조치를 취하고, A모양에게는 심리상담 및 치료를 받도록 조치함

3) 학교폭력대책자치위원회 조치

위 학교 학교폭력대책자치위원회에서는 가해학생들과 피해학생간의 폭력행위가 재발되지 않도록 주동학생을 전학조치하고, 기타 가해학생들에 대해서는 특별교육과 지도를 실시하였을 뿐 아니라 A모양에게 일일수호천사를 두어 조속한 시일내에 학교에 적응하게 한 사례임

다. 사이버 폭력

1) 사건개요

같은 초등학교 졸업생인 A모군과 B모군은 중학교는 다른 학교를 다녔고, 둘은 서로 잘 아는 사이로 항상 서로 경쟁관계에 있었고 힘은 A모군이 우위여서 주로 괴롭히는 쪽이었다. 고등학교에 들어와서 다시 만나게 되었다. 둘은 홈페이지를 이용하여 서로 보이지 않는 싸움을 하였으나, 일방적으로 A모군이 사이버 상에서 욕설로 위협을 한 후 학교에서 만나게 되었을 때 주먹을 휘두르고 여러 학생들을 동원하여 B모군에게 집단 폭력을 행사함. B모군이 겁이 나 친형에게 연락을 하자, 형이 7명의 청년들을 데리고 학교에 도착하였고, 이들이 A모군을 보고 집단 폭력을 가하자 많은 학생들이 나와 편싸움을 하게됨

2) 사건해결

학생부 선생님과 여러 선생님들이 차여하여 설득을 한 후에야 진정이 되었고 일반인과 과격한 대응을 한 학생들은 경찰서로 호송이 되었다. 일반인들은 훈방조치 되었고, 학생들은 학교에 통보되어 학교폭력대책자치위원회에서 심의하여 처리하였다.

3) 학교폭력대책자치위원회 조치

사이버상의 폭력이 실제폭력으로 그것도 집단폭력으로 이어진 사건으로 일부 사회인의 개입까지 이어진 경우이다. 학교폭력대책자치위원회에서 이 두 학생의 과거 관계를 잘 추적하여 원인규명을 통해 서로 화해시키고, 가해학생들에 대한 특별교육이수조치 등 재발방지 노력을 기울인 사례임

라. 괴롭힘·폭력

1) 사건개요

○○중학교 2학년 A모군이 B모군을 폭행하여 전치 2주의 상해를 입힘. B모군

은 평소 A모군과 반 아이들에게 장난을 많이 치고, 괴롭혔으며, 특히 약한 A모군과 몇 명 아이들에게는 거의 매일 폭력을 가했고, 반 분위기를 헤치는 일이 많았음. 그러던 중 이 날도 B모군이 A모군을 괴롭히자, A모군이 참지 못하고 싸우기 시작, A모군이 열세에 몰리자 반 친구들이 A모군을 도우며 B모군을 폭행함

2) 사건해결

담임교사의 신고로 학교폭력 책임 교사가 조사한 결과 두 학생 모두 혐의가 있어 교내 봉사 처분하고, 폭력행사 참여 학생에 대해서는 반성문을 쓰도록 조치하였으나, B모군의 어머니는 자기 아들이 피해자인데 처벌했다고 학교에 항의하며 A모군과 담임교사를 경찰에 고소함. 그래서 두 명 학생에 대한 처분은 경찰 수사 후 최종 조치가 이루어진 후 학교폭력대책자치위원회에서 이루어짐

3) 학교폭력대책자치위원회 조치

폭력행위의 원인을 명확히 조사, 처리하였으며, 학교폭력대책자치위원회 개최 전에 가・피해학생에 대한 심리적 안정을 줄 수 있는 조치에 대한 언급이 없으나, 경찰수사결과를 토대로 학교폭력대책자치위원회를 개최하여 처리하였음.

마. 고등학교 동아리 선배 집단 폭행 및 학대

1) 사건개요

김천 A 고등학교 학생이 동아리 선배들로부터 폭행과 성적학대를 당했다.

A 고등학교 2학년 김모(17)군은 지난 해 3월부터 11월까지 주먹밥을 사오지 않는다는 이유로 선배 4명으로부터 폭행과 성추행을 당했다고 주장해 부모가 지난 달 30일 3학년 학생 4명을 김천경찰서에 고소했다. A군측에 의하면 선배들은 각각 1~2명씩 별도로 A군이 동작이 느리다는 등의 이유로 때리거나 코에 담배를 끼워 피우게 하는 등 괴롭히고 돈을 빼앗기도 했다고 한다. 또 일부 성추행 사실을 언급했다. 새학기에 들어 A군이 등교를 하지 않자 부모가 이러한 사실을 확인하고 학교에 알리게 되었다.

2) 사건해결

경찰은 조사 중 선배 학생들이 동아리 활동을 하며 1~2명씩 별도로 모두 4명이 A군을 때리고 괴롭힌 것으로 예상하였다. 성추행 여부는 진위를 확인중이며, 혐의가 드러나면 사법 처리 할 예정임을 밝혔다.

3) 학교폭력대책자치위원회 조치

학교측은 이에 지난 (2016년) 3월 29일 학교폭력자치위원회를 열어 가해 학생 4명에 대해 출석정지 10일과 사회봉사 결정을 내렸다.

참고문헌

교육부(2013). 2013년 2차 학교폭력 실태조사 및 정보공시 분석결과 발표 보도자료.(2013.11.29.)

교육부(2014). 학교폭력사안처리 가이드북.

교육부(2016). 2016년 2차 학교폭력 실태조사 결과 보도자료.

교육인적자원부(2005). 학교폭력 유형별 대처사례집.

민경삼(2013). 학교폭력예방 및 대책에 관한 연구. 동국대학교 대학원 석사학위논문.

이에리사(2012). 학교폭력 발생현황 및 가해자 피해자 조치현황. 국회의원요구자료.

제23장 학교장 조치에 관한 재심청구 사례

학습목표

1. 학교장 조치에 관한 재심관련 법률 및 절차를 이해할 수 있습니다.
2. 학교장 조치에 관한 다양한 재심청구사례를 이해할 수 있습니다.

1. 재심청구 관련 법률 및 재심절차

가. 재심청구 관련 법률

「학교폭력 예방 및 대책에 관한 법률」 제17조의2(재심청구)에 따르면 학교폭력 피해학생은 피해학생에 대한 조치는 물론 가해학생에 대한 조치에 대하여도 이의가 있을 경우 재심청구를 할 수 있다. 피해학생 또는 그 보호자는 그 조치를 받은 날부터 15일 이내, 그 조치가 있음을 안 날부터 10일 이내에 학교폭력대책지역위원회에 재심을 청구할 수 있다. 지역위원회 재심결과에 대해서는 행정심판을 청구할 수 있다.

학교폭력 가해학생은 처벌사항 (가해학생에 대한 조치 사항) 중 강제전학과 퇴학 조치에 대하여는 재심청구의 방식으로 이의할 수 있다. 가해학생 또는 그 보호자는 그 조치를 받은 날부터 15일 이내, 그 조치가 있음을 안 날로부터 10일 이내에 「초 · 중등교육법」 제18조의3에 따른 시 · 도학생징계조정위원회에 재심을 청구할 수 있다.

다른 조치에 대하여는 원칙적으로 행정심판을 청구할 수 있고, 강제전학과 퇴학에 대하여도 행정심판을 청구할 수 있다. 징계조정위원회 재심결과에 대해서도 행정심판을 청구할 수 있다.

나. 재심절차

학교폭력 재심결정 불복 절차는 〈표 23-1〉과 같이 크게 4가지의 가해학생과 피해학생의 사례를 중심으로 정리할 수 있다.

〈표 23-1〉 학교폭력 재심결정 불복 절차

사례	재심청구 방법
피해학생이 지역위원회에 청구한 재심이 기각된 경우	• 피해학생: 중앙행정심판위원회에 행정심판 청구
가해학생이 징계조정위원회에 청구한 재심이 기각된 경우	• 가해학생: 시·도교육청 행정심판위원회에 행정심판 청구
피해학생이 지역위원회에 청구한 재심이 인용된 경우	• 가해학생, 피해학생: 중앙행정심판위원회에 행정심판 청구 * 피해학생의 경우 재심결과보다 더 가중된 조치를 청구하는 행정심판 청구 가능
가해학생이 징계조정위원회에 청구한 재심이 인용된 경우	• 가해학생: 시·도교육청 행정심판위원회에 행정심판 청구 * 재심 결과보다 더 감경된 조치를 청구하는 행정심판 청구가능 • 피해학생 • 재심 후 자치위에서 다시 심의한 경우: 지역위원회로 재심 청구 • 재심 후 자치위원회를 거치지 않은 경우: 재심 청구 불가능

2. 재심청구 사례

가. 재심청구 가능 사례

한국교육신문(2012.11.20.) "재심청구권 피해학생 보호자에만 부여"기사에 실린 재심청구 가능 사례를 보면 다음과 같다.

1) 피해학생 재심은 시도지역위에서

A 중학교에서 학교폭력의 피해를 입은 학생과 학부모는 가해학생에 대한 학교폭력대책자치위원회의 강력한 조치를 기대하고 있었다. 그런데 학교폭력대책자치위원회에서 '학교폭력 대상이 아님'으로 결정됐다. 학교폭력대책자치위원회에서 '학교폭력 대상이 아님'으로 결정하거나 아무 조치도 하지 않은 경우, 이에 불복하는 피해학생과 학부모는 어떻게 해야 하나?

학교폭력대책자치위원회에서 '학교폭력 대상이 아님'으로 결정하거나 아무 조치도 하지 않은 경우, 이에 불복하는 피해학생과 학부모는 시 · 도에 설치되어 있는 지역위원회에 학교폭력에 해당하지 않는다는 판단이나 미조치에 대해서도 재심을 청구할 수 있다. 학폭법 제17조의2가 보장하고 있는 재심청구권은 원칙적으로 학교폭력대책자치위원회 결정에 대해 이의가 있는 당사자(피해학생과 학부모 등)가 시 · 도에 설치되어 있는 지역위원회에 사건을 다시 검토해 필요한 조치를 취해 줄 것을 요청할 수 있는 청구권을 의미한다.

학교폭력대책자치위원회 결정에 대해 피해자는 재심청구를 할 수 있고 이러한 재심청구권을 가해자 아닌 피해학생과 보호자에게만 부여하고 있는 점을 감안한다면, 재심청구는 제17조제1항 각 호의 조치가 이루어진 경우 이보다 무거운 조치를 해달라는 취지가 포함된다고 보아야 한다.

2) 학생쌍방 가 · 피해자인 경우 재심은?

B 고교에서 '갑', '을' 학생이 관련된 학교폭력 사안이 발생했다. 학교폭력대책자치위원회에서 조사한 결과 '갑' 학생은 비교적 오랜 시간 동안 '을' 학생에게 괴롭힘을 당해오다가 결국 '을' 학생을 폭행하게 된 사안이었다. 학교폭력대책자치위원회는 두 학생 모두에게 가해학생에 해당하는 처분을 내리고, '갑' 학생에게는 피해학생에 대한 조치도 함께 결정하였다. 피해자라고 주장하면서 학폭위의 결정에 불복하는 '갑' 학생의 학부모는 어떻게 재심 청구를 해야 하는지?

'갑' 학생의 경우는 오랜 시간 학교폭력 피해학생으로 괴롭힘을 받아오다가 충동적으로 '을' 학생을 폭행한 경우에 해당하므로 피해학생이면서 가해학생인 경우에 해당한다. 이러한 경우에 '갑' 학생과 학부모가 '을' 학생에게 내려진 학폭위 조치가 너무 가볍다고 판단해 불복하는 경우 피해학생과 학부모 자격으로 시·도에 설치된 지역위원회에 '을' 학생 처분에 대해 재심을 청구할 수 있다.

다만 '갑' 학생이 '을' 학생을 폭행한 가해학생으로서 '전학과 퇴학처분'을 받은 경우, 본인 처분 감경 요구 사안에 대해서는 시·도학생징계조정위원회에 재심을 청구해야 한다.

나. 재심청구 사례

1) 학교폭력 재심청구 증가 추세

연합뉴스(2014.09.24.) "대구 학교폭력 재심청구 매년 늘어" 기사에 따르면 학교폭력의 피해자들이 가해학생에 대한 학교 측의 징계에 불복, 재심의를 요구하는 사례가 해마다 늘고 있다.

피해학생 측이 시가 운영하는 '학교폭력대책지역위원회'에 징계 재심의를 요구한 사례는 2012년 8건에서 2013년 15건, 2014년(8월말 기준) 20건 등으로 계속 증가했다. 이 같은 현상이 나타나는 원인으로 우선 사건 발생 학교 측의 소극적 대응을 꼽을 수 있다.

재심청구 사례를 몇 가지 살펴보면 다음과 같다.

> 최근 A학교에선 남학생이 또래 학생을 성추행한 일이 벌어졌다. 또 SNS(소셜네트워크서비스) 등을 통해 이런 사실이 학생들 사이에 퍼지는 2차 피해도 발생했다.
>
> 학교 측이 가해학생에게 사회봉사 처분만을 내리자 피해학생 측은 강하게 반발했고, 재심 청구결과 징계는 전학으로 변경됐다.
>
> 학교 측 관계자는 "가해자로 지목된 학생은 아직 학교에 다니고 있으며, (가해 학생 측이) 재심결과 수용여부를 고민 중인 것 같다"고 말했다. 반면 피해 학생은 스스로 전학을 가버린 상태다.

> B고등학교에선 한 남학생이 같은 반 친구에게 폭력을 행사하다가 교사에게 발각됐다.
> 피해학생 가족들은 가해학생의 퇴학을 요구했지만 학교 측은 접근·협박금지, 출석정지 등을 내렸다.
> 그러나 재심결과 징계는 학급(반) 교체로 결론 났다. 추가 피해를 막기 위해 피해·가해학생을 격리시키는 것이 좋다는 판단에서다.

이와 정반대로 발생 사안에 비해 피해학생 측이 가해학생에 대한 과도한 징계를 요구하는 것도 재심 증가의 또 다른 원인으로 작용하고 있으며, 특히 일부 피해학생 학부모들의 경우 재심 청구를 가해자 측에 대한 금전요구 수단으로 악용하는 경우도 있는 실정이다.

학교폭력 가해학생에 대한 징계는 1차적으로 해당 학교 학교폭력대책자치위원회에서 결정하지만, 피해학생 측이 불복할 경우 시에 재심을 청구할 수 있다. 재심결과는 청구 후 30일 이내에 통보해야 하며, 이마저도 불복할 경우 중앙행정심판위원회에 행정심판을 청구할 수 있다.

2) 학교폭력 가해자 학교 복귀

KBS뉴스(2015.02.08.)뉴스 "허술한 법망 뚫고 돌아온 폭력학생"에 보도된 사례에 따르면 학교로부터 강제 전학 명령을 받았던 학교 폭력 가해자가 재심을 통해 학교로 복귀하게 됐다. 폭행을 당한 뒤 2개월여간 치료를 마친 피해자는 다시 가해자와 같은 학교에서 생활해야 하는 상황이다.

> Y고교에 재학 중인 2학년 최모 군은 지난해 12월 1일 같은 반 학생인 김모 군으로부터 폭행을 당했다. 교실 뒤쪽에서 다른 친구와 말다툼을 하던 최군의 머리를 김군이 의자로 때린 것이다.
> 김군은 최군이 말다툼하던 친구를 때릴 것 같자 이를 막기 위해 의자로 때렸다고 해명한 것으로 알려졌다. 김군 측은 이번 일이 우발적으로 일어났다고 설명했다.
> 그 자리에서 실신한 최군은 인근 대학 병원으로 옮겨졌다. 최군은 병원으로부터 뇌진탕, 경추 염좌(목 관절과 목 디스크가 손상되거나 근육이 찢어지는 증상)라는 진단을 받고 6주간 입원 치료를 했다.
> 그는 올해 1월 중순에 퇴원한 후에도 병원을 오가며 물리치료를 받고 있다. 또 폭행

> 충격으로 외상 후 스트레스 증후군과 같은 정신적 문제가 나타나 정신과 치료도 병행하고 있다.
>
> 학교는 지난해 12월8일 학교폭력대책자치위원회를 열고 김군의 강제 전학을 결정했다. 하지만 2개월 뒤 상황이 뒤바뀌었다.
>
> 강제 전학 결정에 불만을 품은 김군 측이 교육감 산하의 시·도학생징계조정위원회에 재심을 요청했고 위원회는 징계 취소를 결정했다.
>
> 하지만 징계조정위의 결정대로 학교는 지난 5일 학교폭력대책위원회를 다시 열고 김군에 대한 징계를 20일 출석정지로 낮췄다. 폭행을 당한 뒤 2개월 넘게 물리 치료, 정신과 치료 등을 받았던 최군은 오는 9일 등교한다. 그리고 20일이 지나면 몇 달 전 자신을 의자로 내리친 김군과 같은 학교를 다녀야 한다.

3) 중앙행정심판위원회 판결사례

국가권익위원회(2015.03.02.) "가해학생이 다수인 학교폭력, 개인별로 면밀히 살펴서 처벌해야"에 보도된 자료에 따르면, 중앙행정심판위원회의 판결사례 중 최근 2년간 재결된 학교폭력 재심결정 사건 중 11.5%를 인용하였다.

학교폭력에 연루된 가해학생이 여러 명인 경우에 가해학생들의 개별 행위에 대한 방법과 정도, 가해행위와 피해의 인과관계 등을 면밀히 살피지 않은 상태에서 이루어진 학교폭력대책지역위원회의 재심결정은 위법·부당하다는 내용의 재결이 잇달아 나왔다.

> 고등학교 A학급 여학생들이 B양만 제외한 채 단체 카카오톡 대화방을 개설한 사건에서 해당 고등학교 학교폭력대책자치위원회는 사실상 A학급 여학생들의 행위를 학교폭력에 해당하지 않는다고 보아 선도위원회로 이관하고 학교폭력법상의 징계조치는 하지 않았다. 그러나 서울특별시학교폭력대책지역위원회는 A학급 여학생 모두에게 '서면사과'를 결정하였고 여학생들은 행정심판을 청구하였다.
>
> 이에 대하여 중앙행정심판위원회는 A학급 여학생 중에는 B양을 제외하고 카카오톡 대화방을 개설하거나 B양에 대해 서운한 점을 게시한 학생들도 있으나, 자신의 의지와 상관없이 대화방에 초대되어 단순히 다른 학생이 올린 글을 읽기만 한 수준에 그친 학생도 있고, 학생들과 교사 모두 사건 이후 B양과 A학급 여학생들이 원만한 관계를 유지하고 있다는 의견을 제출하였는데, 지역위원회는 이러한 구체적 사실관계에 대해 확인하거나 학생들의 각기 다른 행위 태양 및 경중을 구분하여 논의함 없이 단순히 자치

위원회의 결정이 잘못되었다는 이유만으로 재심결정에 이르러 이는 합리성과 타당성을 갖춘 결정이라 보기 어렵다고 판단했다.

B고등학교에서는 다수의 남학생들로부터 놀림 등으로 괴롭힘 당하던 여학생 C가 자퇴하였다. 해당 고등학교 학교폭력대책 자치위원회는 가해 남학생들에게 '무혐의' 결정을 하였고, 경기도 학교폭력대책 지역위원회 역시 결정이 적정하다는 이유로 C의 재심청구를 기각하자, C는 행정심판을 청구하였다.

이에 대하여 중앙행정심판위원회는 가해학생들의 행위로 인해 C가 심한 모욕감과 불안을 느껴 고등학교를 자퇴하였고, 향후 일정 기간 심리치료가 필요한 정신적 피해를 입었으며, C와 가해학생 사이에 원만한 화해가 이루어졌다고 볼만한 자료도 확인되지 않고, 전담기구 회의록 등을 통해 가해학생과 행위를 특정할 수 있음에도 이를 살피지 않은 채 무혐의 결정한 자치위원회의 결정이 적정하다고 본 재심결정은 가해학생 및 가해행위와 피해의 인과관계 등을 명확히 밝히지 않은 상태에서 이루어진 결정으로서 위법 · 부당하다고 판단했다.

중앙행정심판위원회는 학교폭력 재심청구 취소청구 사건에 대해 2013년 71건, 2014년 69건 재결하였다. 이 중 각하사건을 제외하고 심판청구인의 청구 전부 또는 일부가 받아들여진 비율은 2013년 13.4%, 2014년 9.5%로 2년간 인용률은 11.5%에 달한다.

중앙행정심판위원회에서 학교폭력 재심결정 취소청구 사건이 받아들여진 경우를 살펴보면 지역위원회 구성 및 개최에 절차적 하자가 있는 경우, 재심 범위를 벗어난 경우, 재심결정 내용에 실체적 하자가 있는 경우 등이다.

다수 학생이 연루된 학교폭력 사안의 경우에 자치위원회나 지역위원회에서 학생들의 행위를 개인별로 면밀히 살펴 구분하지 않은 채 결정을 내리는 경우가 많다. 따라서 개별 학생 별로 가해행위와 책임의 경중을 구분하고, 그에 상응하는 조치를 행하였는지가 중요한 심리요소 중 하나가 된다.

4) 학교폭력 재심결정 취소청구

법제처(2014)의 행정심판재결례에 제시된 학교폭력 재심결정 취소청구사례는 다음과 같다.

① 사건개요

> 청구인은 ○○여자중학교에 재학하였던 고 박○○(이하 '피해학생'이라 한다)의 모로서, 피해학생은 2013. 3. ○. ○○광역시 ○구 ○○로 ○○길 ○-○에 있는 자택 3층 건물(이하'피해학생의 주거지'라 한다) 옥상에서 스스로 뛰어 내려 사망하였고, 동 사망사건의 사고원인을 수사하였던 ○○경찰서장은 2013. 4. ○. ○○여자중학교장에게 피해학생이 같은 학교에 재학 중인 정○○, 임○○, 강○○, 송○○(이하 '가해학생들'이라 한다)의 따돌림에 두려움을 느끼고 자살하였다는 내용의 학교폭력 피해사실을 통보하였으며, 이에 ○○여자중학교 학교폭력대책자치위원회(이하 '자치위원회'라 한다)는 2013. 4. ○. 가해학생들에게 '학교에서의 봉사'를 결정하였고, 청구인은 자치위원회의 결정에 불복하여 2013. 4. ○. 피청구인에게 가해학생들 중 정○○와 임○○에 대해 재심을 청구하였으며, 피청구인은 2013. 5. ○. 위 재심청구에 대해 '가해학생의 학교폭력의 심각성, 반성정도 등을 감안한다'는 이유로 청구외 임○○에 대하여는 기각하고, 청구외 정○○에 대하여는 자치위원회 결정외에 '학내외 전문가에 의한 특별교육 이수 또는 심리치료'를 추가하는 결정(이하 '이 사건 처분'이라 한다)을 하였다.

② 청구인 주장

피청구인은 가해학생인 임○○과 정○○가 전혀 반성을 하고 있지 않음에도 불구하고 왜곡·조작된 자치위원회의 회의록 등에 근거하여 형식적으로 회의를 개최한 후 이 사건 처분을 하였으므로 집단따돌림으로 자살한 피해학생의 넋을 위로하기 위해서라도 이 사건 처분을 취소하고 가해학생 임○○과 정○○에게 전학 등의 강력한 조치를 하여야 한다.

③ 피청구인 주장

피청구인은 관계법령에 따라 적법하게 회의를 소집하여 피해학생 부모의 의견진술, 가해학생들측 및 학교관계자에 대한 질의, 응답 후 1시간 30여분에 걸쳐 심도 있는 논의를 거쳐 학교폭력의 심각성, 고의성, 가해학생의 반성여부 등을 감안하여 이 사건 처분을 하였으므로 피청구인이 한 이 사건 처분은 적법·타당하다.

④ 관계법령

- 「학교폭력 예방 및 대책에 관한 법률」 제2조제1호에 따르면 '학교폭력'이란 학교 내외에서 학생을 대상으로 발생한 상해, 폭행, 감금, 협박, 약취·유인,

명예훼손 · 모욕, 공갈, 강요 · 강제적인 심부름 및 성폭력, 따돌림, 사이버 따돌림, 정보통신망을 이용한 음란 · 폭력 정보 등에 의하여 신체 · 정신 또는 재산상의 피해를 수반하는 행위를 말한다고 되어 있다.

- 「학교폭력 예방 및 대책에 관한 법률」 제9조제1항에 따르면 지역의 학교폭력 문제를 해결하기 위하여 시 · 도에 학교폭력대책지역위원회(이하 '지역위원회'라 한다)를 둔다고 되어 있고, 같은 법 제12조제1항 전단에 따르면 학교폭력의 예방 및 대책에 관련된 사항을 심의하기 위하여 학교에 학교폭력대책자치위원회(이하 '자치위원회'라 한다)를 둔다고 되어 있다.
- 「학교폭력 예방 및 대책에 관한 법률」 제17조제1항에 따르면 자치위원회는 피해학생의 보호와 가해학생의 선도 · 교육을 위하여 가해학생에 대하여 피해학생에 대한 서면사과(제1호), 피해학생 및 신고 · 고발 학생에 대한 접촉, 협박 및 보복행위의 금지(제2호), 학교에서의 봉사(제3호), 사회봉사(제4호), 학내외 전문가에 의한 특별 교육이수 또는 심리치료(제5호), 출석정지(제6호), 학급교체(제7호), 전학(제8호), 퇴학처분(제9호)의 어느 하나에 해당하는 조치(수 개의 조치를 병과하는 경우 포함)를 할 것을 학교의 장에게 요청하여야 한다고 되어 있고, 같은 조 제5항에 따르면 자치위원회는 제1항 또는 제2항에 따른 조치를 요청하기 전에 가해학생 및 보호자에게 의견진술의 기회를 부여하는 등 적정한 절차를 거쳐야 한다고 되어 있다.
- 「학교폭력 예방 및 대책에 관한 법률」 제17조의2제1항, 제3항 및 제4항에 따르면 자치위원회 또는 학교의 장이 제16조제1항 및 제17조제1항에 따라 내린 조치에 대하여 이의가 있는 피해학생 또는 그 보호자는 그 조치를 받은 날부터 15일 이내, 그 조치가 있음을 안 날부터 10일 이내에 지역위원회에 재심을 청구할 수 있고, 지역위원회가 재심청구를 받은 때에는 30일 이내에 이를 심사 · 결정하여 청구인에게 통보하여야 하며, 결정에 이의가 있는 청구인은 그 통보를 받은 날부터 60일 이내에 행정심판을 제기할 수 있다고 되어 있다.
- 「학교폭력 예방 및 대책에 관한 법률 시행령」 제19조에 따르면 법 제17조제1항의 조치별 적용 기준은 가해학생이 행사한 학교폭력의 심각성 · 지속성 · 고의성(제1호), 가해학생의 반성 정도(제2호), 해당 조치로 인한 가해학생의 선도 가능성(제3호), 가해학생 및 보호자와 피해학생 및 보호자 간의 화해의 정

도(제4호), 피해학생이 장애학생인지 여부(제5호)를 고려하여 결정하고, 그 세부적인 기준은 교육과학기술부장관이 정하여 고시한다고 되어 있고, 같은 법 시행령 제24조제6항 및 제7항에 따르면 지역위원회는 재심사 결정 시 법 제16조제1항 각 호와 제17조제1항 각 호의 어느 하나에 해당하는 조치(수 개의 조치를 병과하는 경우 포함)를 할 것을 해당 학교의 장에게 요청할 수 있고, 지역위원회의 재심 결과는 결정의 취지와 내용을 적어 청구인과 가해학생에게 서면으로 통보한다고 되어 있다.

⑤ 판 단

청구인은 피청구인이 가해학생인 임○○과 정○○가 전혀 반성을 하고 있지 않음에도 불구하고 왜곡·조작된 자치위원회의 회의록 등에 근거하여 형식적으로 회의를 개최한 후 이 사건 처분을 하였으므로 집단따돌림으로 자살한 피해학생의 넋을 위로하기 위해서라도 이 사건 처분을 취소하고 가해학생 임○○과 정○○에게 전학 등의 강력한 조치를 하여야 한다고 주장하므로 살펴본다.

위 인정사실에 의하면 당초 자치위원회는 가해학생들에 대하여 '학교에서의 봉사'를 결정하였고, 피청구인은 가해학생들 중 재심청구의 대상이 된 임○○, 정○○ 중 청구외 정○○에 대하여만 자치위원회 결정에 더하여 '학내외 전문가에 의한 특별교육이수 또는 심리치료'를 결정하였는바, 피해학생의 사망(자살) 원인이 가해학생들의 집단적·지속적인 학교폭력으로 인해 발생하였다고 볼 자료는 부족하나 가해학생들 중 청구외 임○○과 정○○가 피해학생에게 몰래 험담을 한 사실이 있었고, 청구외 정○○와 피해학생간의 그림표절 시비가 원인이 되어 피해학생과 가해학생들과의 사이가 나빠진 점이 인정되며, 이로 인해 초등학교 때부터 집단따돌림으로 정서적으로 불안정하고 자극에 취약한 심리적 기반을 지닌 피해학생이 친구들의 따돌림에 두려움을 느껴 피해학생의 주거지 옥상에서 스스로 뛰어내려 사망하는 등 피해의 정도가 중한 점, 그럼에도 불구하고 당사자 간에 원만한 합의가 이루어진 사실이 없으며 갈등이 지속되고 있는 점 등을 종합하여 고려할 때 피청구인이 청구외 임○○에 대해서는 재심청구를 기각한다.

청구외 정○○에 대해서는 당초 자치위원회의 '학교에서의 봉사' 결정에 '학내외 전문가에 의한 특별교육이수 또는 심리치료'만을 추가하는 것으로 결정한 것은 동 학교폭력으로 인한 피해의 정도 등을 감안하지 않은 부족한 제재 조치로서「학교폭력 예방 및 대책에 관한 법률 시행령」제19조에 따른 학교폭력의 심각성·지속성·고의성, 가해학생의 반성 정도, 가해학생 및 보호자와 피해학생 및 보호자 간의 화해의 정도 등 가해학생에 대한 조치별 적용 기준을 고려하여 결정하였다고 할 수 없으므로 피청구인의 이 사건 처분은 재량권의 일탈·남용으로 위법·부당하다.

5) 학교폭력 피해학생의 재심청구 보장 강화

법제처(2017) 보도자료에 따르면 학교의 장이 학교폭력에 대한 별도 조치를 내리지 않은 경우에도 피해학생은 학교폭력대책지역위원회에 재심을 청구할 수 있다고 해석했다.

① 사례 제시

A는 ○○중학교에 재학 중인 학생으로서 같은 학교 학생인 B로부터 학교폭력을 당했다고 주장했다. 이에 소집된 ○○중학교의 '학교폭력대책자치위원회'에서 B의 행위가 학교폭력이 아니라고 결정함에 따라, ○○중학교의 장은 B에 대하여 학교폭력 예방법에 따른 '조치 없음'을 결정했다. A는 B에 대하여 서면사과, 사회봉사 또는 학급교체 등의 조치를 내리지 않은 학교 결정에 대해 받아들일 수 없었다.

그렇다면, A는 B에 대한 "조치 없음" 결정에 대하여 △△교육청의 '학교폭력대책지역위원회'에 재심을 청구할 수 있을까?

(*위 사례는 보도자료의 이해를 돕기 위해 가공한 내용입니다.)

② 관련 규정

- 학교폭력 예방법 제17조제1항에서는 학교폭력대책자치위원회(이하 "자치위원회")는 피해학생의 보호와 가해학생의 선도·교육을 위하여 가해학생에 대하여 피해학생에 대한 서면사과(제1호), 피해학생 및 신고·고발 학생에 대한 접촉, 협박 및 보복행위의 금지(제2호), 학교에서의 봉사(제3호), 사회봉사(제4호), 학내외 전문가에 의한 특별 교육이수 또는 심리치료(제5호), 출석정지

(제6호), 학급교체(제7호), 전학(제8호), 퇴학처분(제9호)의 어느 하나에 해당하는 조치를 할 것을 학교의 장에게 요청해야 한다고 규정하고 있고, 같은 법 제17조의2제1항에서는 그 조치에 대하여 이의가 있는 피해학생 또는 그 보호자는 그 조치를 받은 날부터 15일 이내, 그 조치가 있음을 안 날부터 10일 이내에 학교폭력대책지역위원회(이하 "지역위원회")에 재심을 청구할 수 있다고 규정하고 있다.

③ 양 견해의 주장

• 교육부의 의견

학교폭력 피해학생은 가해학생에게 내려진 학교폭력 예방법 제17조제1항에 따른 조치뿐만 아니라 조치 없음 결정까지도 포함하여 지역위원회에 재심을 청구할 수 있다.

• 전라북도의 의견

학교폭력 피해학생은 가해학생에게 내려진 학교폭력 예방법 제17조제1항에 따른 조치 결정에 대해서만 지역위원회에 재심을 청구할 수 있고, 조치 없음 결정에 대해서는 지역위원회에 재심을 청구할 수 없다.

④ 사례의 해결

• 학교폭력 예방법에 재심청구를 규정한 취지는, 학교폭력 피해학생의 재심청구권 보장을 통해 피해학생을 적절하게 보호하기 위한 것이므로, 자치위원회의 결정에 따라 학교의 장이 가해학생에게 내린 조치가 가볍다고 판단되어 별도의 조치를 내리지 않는 경우에도 피해학생은 지역위원회에 재심을 청구할 수 있다는 것으로 보아야 한다.

만약, 학교폭력 가해학생에 대한 '조치 없음' 결정에 따라 지역위원회에 재심을 청구할 수 없다면, '서면사과' 조치 결정보다 가벼운 '조치 없음' 결정에 대해서는 별다른 이의를 제기할 수 없게 되어 피해학생을 제대로 보호할 수 없다.

• 더욱이 학교폭력 예방법 제17조제1항에 따라 학교폭력 가해학생에게 내린 조치는 피해학생이 학교폭력으로 발생한 손해에 대하여 학교안전공제회에 「학

교안전사고 예방 및 보상에 관한 법률」에 따른 급여를 청구하는 근거가 될 수 있는데, 학교안전공제급여 청구와의 관련성을 고려할 때, 자치위원회의 결정에 따라 학교의 장이 가해학생에 대하여 조치를 내리지 않은 경우에도 피해학생이 지역위원회에서 다시 다툴 수 있도록 하는 것이 피해학생의 보호라는 입법목적에 맞다.

⑤ 사례의 결론

• 따라서, 학교의 장이 학교폭력에 대한 별도 조치를 내리지 않은 경우에도 피해학생은 지역위원회에 재심을 청구할 수 있다.

6) 재심청구 기각사례

1. 가해학생은 이 사건 이전에 학교폭력 접촉, 협박 및 보복행위의 금지(2호), 출석정지 7일(6호) 조치를 받은 적이 있으며, 학교생활에서 여러 가지로 문제를 일으켜 담임교사는 가정과의 연계지도를 위해 노력하였으나 보호자의 협조가 부족하였음.
2. 가해학생은 피해학생 김○○을 지속적으로 폭행하면서 금품을 요구하였고, 피해학생의 휴대폰으로 게임 아이템을 구입하기도 하였으며 휴대폰을 빌려가서 잃어버렸다고 돌려주지 않았으며, 피해학생 이○○의 요요를 빌려가서 돌려주지 않았고, 묵찌빠에서 이겼다는 이유로 만원을 갈취하였고, 피해학생 박○○를 3층 창밖으로 던지겠다고 위협하면서 실제로 던지려는 행위를 하기도 하여 자치위원회가 개최되었음.
3. 자치위원회는 가해학생에 대하여 교육환경 변화가 필요하다고 판단하여 전학을 결정하여고, 가해학생의 보호자는 시·도학생징계조정위원회에 재심을 청구하였음
4. 시도학생징계조정위원회는 다음과 같은 이유로 재심 청구를 기각하였음.
   - 가해학생의 행위가 다른 학생들의 사주에 의한 것이라는 청구인의 주장이 사실이라 하더라도 가해학생의 행위는 심각·지속·고의적인 학교폭력에 해당하고 이에 대한 교육과 선도를 위한 조치는 필요함
   - 가해학생은 이 사건 이전에도 학교폭력을 행사하여 피청구인은 주의 및 선

도 조치를 하여 징계의 단계적 적용을 통한 개전의 기회를 제공하였으나 가해학생은 개전의 정을 보이지 않고 다시 학교폭력을 행사하였음.

－전학조치를 통하여 피해학생을 보호하고 가해학생의 교육환경을 바꾸어줄 필요성이 인정되므로 피청구인의 전착조치가 법률을 위반하였다거나 재량권을 남용하였다고 볼 수 없음.

7) 재심청구 인용사례

1. 수학여행 도중 숙소에서 김○○ 학생이 피해학생이 샤워하고 옷을 갈아입는 모습을 촬영하여 SNS에 사진을 올렸고 가해학생은 반 학생들이 단체로 대화하는 대화방에 이 사진을 전송함.
2. 가하핵생들의 성폭력 행위에 대하여 자치위원회가 개최되어 모두 전학이 결정됨.
3. 가해학생은 자치위원회 개최 이후 피해학생과 화해를 하였으며, 사진을 직접 촬영한 것이 아니므로 전학조치는 과하다는 이유로 시도학생징계조정위원회에 재심을 청구함.
4. 시도학생징계조정위원회는 다음과 같은 이유로 재심 청구를 인용하였음.

   －가해학생의 행위는 피해학생에게 수치심을 줄 수 있는 심각한 학교폭력에 대항하나, 가해학생이 이전에 학교폭력을 행사한 적이 없는 점, 평소 학교생활태도가 모범적인 점, 이 사건에 대하여 깊이 반성하고 있는 점, 해당 사진을 직접 촬영한 다른 가해학생보다는 잘못이 경한 점, 피해학생과 화해가 이루어진 점 등을 고려함.

참고문헌

국가권익위원회(2015). “가해학생이 다수인 학교폭력, 개인별로 면밀히 살펴서 처벌해야”(2015.03.02.자 보도자료).

법제처(2014). 행정심판재결례.

연합뉴스(2014). “대구 학교폭력 재심청구 매년 늘어”(2014.09.24.자 기사).

한국교육신문(2012). “재심청구권 피해학생・보호자에만 부여”. (2012.11.20.자 기사).

KBS뉴스(2015). “허술한 법망 뚫고 돌아온 폭력학생”(2015.02.08.자 기사).

제24장 행정심판 및 행정소송 사례

학습목표

1. 학교폭력 재심결정에 따른 행정심판 사례를 알고, 이해할 수 있습니다.
2. 학교폭력 재심결정에 따른 행정소송 사례를 알고, 이해할 수 있습니다.

1. 행정심판

행정심판(行政審判)은 행정청이 일정한 공법적 결정을 함에 있어서 거치는 모든 준사법적 절차를 말한다. 넓게는 행정기관에 의한 모든 심판절차를 뜻하며, 소청심사·국세심판·재결신청 등도 포함하나, 좁게는 행정심판법이 정하는 그것만을 말한다. 일반적인 행정심판은 좁은 의미의 행정심판을 의미한다. 또한, 형식적 의미의 행정심판은 행정심판법의 적용을 받는 행정심판을 말하며 이것도 역시 실질적으로는 좁은 의미의 행정심판을 의미한다.

가. 행정심판 청구절차

학교폭력 예방법에 의하면 자치위원회 또는 학교의 장이 제16조 제1항 및 제17조 제1항에 따라 내린 조치에 대하여 이의가 있는 피해학생 또는 그 보호자는 학교폭력예방법 제17조의2에 따라 그 조치를 받은 날부터 15일 이내, 그 조치가 있음을 안 날부터 10일 이내에 지역위원회에 재심을 청구할 수 있고(제1항), 지역위원회가 제1항에 따른 재심청구를 받은 때에는 30일 이내에 이를 심사·결정하여 청구인에게 통보하여야 하며(제3항), 제3항의 결정에 이의가 있는 청구인은 그 통보를 받은 날부터 60일 이내에 행정심판을 제기할 수 있다(제4항).

이와같은 피해학생 재심청구 제도가 도입되면서 중앙행정심판위원회에서는 지역위원회 재심결정의 취소를 구하는 행정심판사건을 담당하게 되었다.

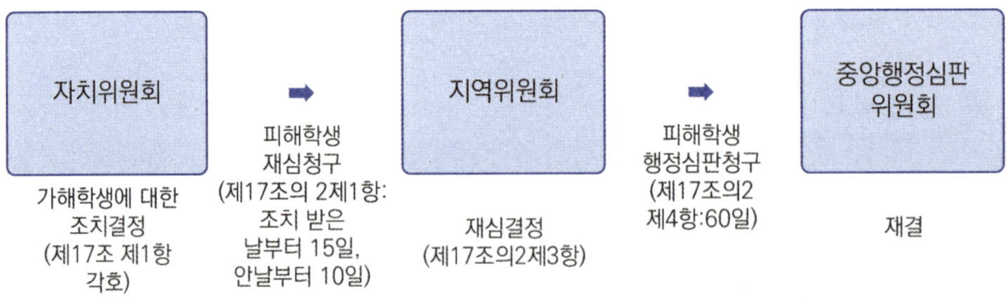

[그림 24-1] 피해학생 측 재심결정 취소청구 과정

자료: 유현숙(2014). 행정심판 사례로 본 학교폭력의 현황 및 개선방안. 국민권익위원회자료집. p.3.

[그림 24-1]과 같이 학교폭력 예방법에는 가해학생이 지역위원회에 재심을 청구하거나 지역위원회의 재심결정에 불복하여 행정심판을 청구할 수 있는 규정은 전혀 없다. 일반적으로 가해학생은 자치위원회의 결정에 따른 학교장의 처분에 대하여 「행정심판법」에 따라 교육청행정심판위원회 등에 행정심판을 제기하거나, 학교폭력 예방법 제17조제1항 제8호 및 제9호의 조치인 전학 및 퇴학처분의 경우 그 선택에 따라 시도 학생징계조정위원회의 재심절차를 거쳐 교육청행정심판위원회 등에 행정심판을 제기할 수 있을 뿐이다.

그런데 피해학생에게 지역위원회에의 재심청구가 허용되면서 가해학생이 중앙행정심판위원회에 행정심판을 제기하는 새로운 형태의 행정심판 유형이 생겼는데, 이는 피해학생이 재심청구를 하여 가해학생에게 불리한 결정이 나온 경우에 가해학생이 동 재심결정에 불복하여 행정심판청구를 하는 사례이다(유현숙, 2014).

[그림 24-2]와 같이 학교폭력 사건은 「초·중등교육법」에 의한 일반적인 학생의 징계절차와 달리 가해학생과 피해학생 양 당사자가 반드시 존재하고, 피해학생에 대하여도 일정한 불복절차가 마련되어 있어 권리구제 절차가 다음 그림과 같이 피해학생, 가해학생별로 이원화 된 것이 특징이다.

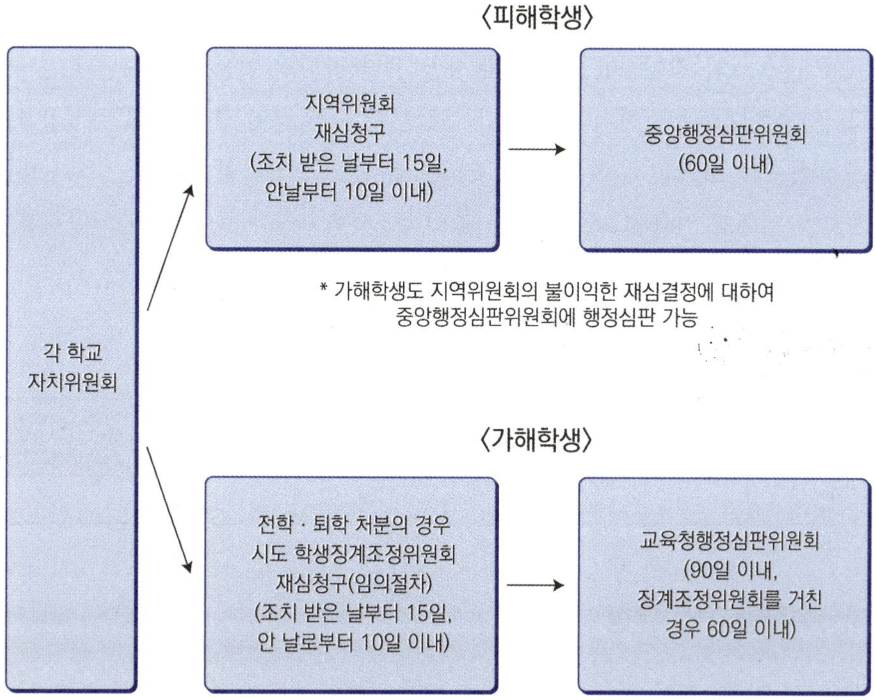

[그림 24-2] 학교폭력 사전 불복절차

자료: 유현숙(2014). 행정심판 사례로 본 학교폭력의 현황 및 개선방안. 국민권익위원회자료집. p.14.

나. 행정심판 청구 건수 및 인용률

피해학생 측 재심청구제도가 신설된 개정 학교폭력 예방법 시행(2012. 5. 1.) 후 중앙행정심판위원회에 학교폭력 재심결정 취소청구 사건이 접수되기 시작하여, 2013년에 66건, 2014년 1월부터 9월까지 59건, 총 125건의 재결이 있었다.

〈표 24-1〉 연도별 재결 건수

구분	2012년	2013년	2014년 8월	합계
재심결정 취소신청	0	66	59	125
집행정지 신청	5	37	21	63

전체 재결 건 중 청구인의 청구가 전부 또는 일부라도 받아들여진 '인용' 사건은 〈표 24-2〉와 같이 11.2%로 행정심판 사건 전체의 인용률(2013년 17.3%)과 비교하면 상당히 낮은 편이다. 그러나 행정심판 사건 분야 중 사건의 특성상 특히 높은 인용률을 보이는 운전사건(19.7%)과 매우 낮은 인용률을 보이는 보훈 사건(3.7%)을 제외한 건축 · 노동 · 환경 · 출입국 · 시험 · 인사 등 나머지 일반사건 전체 인용률(2013년 12.4%)과 비교하면 다소 낮은 정도이다.

〈표 24-2〉 인용률

총 재결	인용	기각	각하	인용률	2013년 심판인용률
125	14	106	5	11.2%	17.3%

다. 폭력행위의 유형

〈표 24-3〉과 같이 심판청구에 이른 학교폭력의 유형을 보면 폭행 강요 등 유형력 행사(언어폭력등과의 혼합 형태 포함)가 71건, 집단따돌림 29건, 언어 사이버 폭력 14건, 성폭력 관련 12건이다.

〈표 24-3〉 폭력행위 형태 별 사건 현황

총 건수	폭행, 강요 등의 유형력 행사	집단 따돌림	언어 · 사이버 폭력	성폭력
125	71	29	14	12

라. 행정심판 사례

1) 가해학생징계(사회봉사 5일)처분 취소청구

청구인이 과학시간에 교실에서 라이터로 칼을 달궈 피해학생의 손등에 칼을 접촉시켜 1도 화상을 입힌 사실로 학교폭력예방대책자치위원회에 회부되어 사회봉사 5일 처분을 받자 행정심판을 통해서 구제받은 사례이다.

① 청구인의 주장

당시 추위로 인하여 따뜻함을 느끼고자 300원을 주고 라이터를 구입하였으며, 이는 흡연이나 불장난을 하기 위한 것이 아님을 주장, 또한 이런 경미한 경우 학생선도위원회를 통해서 선도처분하는 것이 적절하다고 주장하였다. 사건이 발생하자 피해학생에게 미안하다고 사과와 응급조치를 하였고 피해학생에 대한 치료비 부담도 하였다. 청구인의 행위가 고의성이 없고, 청구인이 14세로 지식과 이성적 판단이 성숙되지 않은 상태에서 발생한 실수이고 또한 사건후 피해학생과도 친구처럼 지내고 있음을 고려시 이 사건처분은 부당함을 주장하였다.

② 피청구인의 주장

청구인의 행위에 대해서 본인이 작성한 사실관계확인서 및 담임의견서에 라이터를 소유하게 된 경위에 대해서 "흡연을 하기 위하여 구매하였다"고 기록되어 있다. 이 사건을 청구인이 주장처럼 경미한 사건으로 보기는 무리가 있고 또한 단순한 장난을 넘어서 피해자가 갑작스러운 화상으로 인하여 놀라 잘못하면 청구인이 사용한 칼로 심각한 제2의 상처를 일으킬 수 있는 위험한 행동이기 때문에 이 사건 처분은 적법, 타당함을 주장하였다.

③ 행정심판위원회의 판단결과

청구인은 피해학생에게 화상을 입힌 것은 고의성, 심각성을 가지고 판단하는 것은 아니므로 청구인의 주장을 받아들이기는 곤란하고 위법, 부당하다고 할 수 없다. 다만, 청구인의 학교폭력 가해행위가 지속적으로 피해학생을 괴롭혔다고 보기 어려운 점, 청구인이 피해학생을 괴롭힐 목적을 가지고 위험한 물건을 소지하였거나 이를 이용하여 의도적으로 상해를 가하였다고 인정하기엔 부족한 부분이 있는 점, 피해학생과 합의한 점 등을 고려시 학교내 봉사 만으로도 청구인의 선도가능성이 충분해 보이는 점 등을 고려시 피청구인이 청구인에게 부과한 처분은 청구인의 행위에 비해서 과다하다 할 수 있어 부당하다고 할 수 있다.

2) 학교폭력 가해자 처분 취소청구

중학교 1학년에 재학중인 A학생은 11명의 학생들이 운동장 조회대에 모여 장

시간 자신을 귀가하지 못하게 하여 자신을 괴롭혔다고 학교폭력 피해자 신고를 하였고, 11명의 학생들은 모두 학교폭력대책자치위원회에 회부되어 '서면사과'와 '교내봉사3일'의 처벌을 받게 되었다. 그런데 이들 가해학생들 중 7명은 학교측의 처벌을 받아들여 이행했으나, 나머지 4명은 학교의 처분에 불복하여 위 처벌을 거부하였고, 화가 난 피해자의 부모는 이 4명의 학생들에게 '사회봉사'이상의 처벌을 내려달라고 지역위원회에 재심을 청구하였고, 학교측에서 다시 학교폭력대책자치위원회를 개최하여 '사회봉사 5일'의 처벌을 내리게 되었다.

① 청구인의 주장

이들 가해자 4명 중 1명인 B학생은 자신이 운동장 조회대에서 피해자가 10명의 아이들에게 집단적인 괴롭힘을 당하는 장면을 구경만 하였을 뿐, 자신이 피해자에게 단 한마디의 말도 한 사실이 없으므로 학교폭력 가해자가 아니라고 주앙하며 행정심판을 청구하게 되었다.

② 피청구인의 주장

가해학생들 중 학교측의 처벌을 이행하지 않은 4명은 학교의 처분에 불복하여 처벌을 거부하였고, 이늘 역시 학교폭력 가해자이기 때문에 처벌을 받아야 한다.

③ 행정심판위원회의 판단결과

학교폭력 예방 및 대책에 관한 법률에 따르면 '가해학생'이란 학교폭력을 행사하거나 행위에 가담한 학생을 말한다고 되어 있다. 그런데 B학생은 가해학생 10명과 A학생간의 사건을 목격하였고, 피해학생의 진술서에도 말리지 않고 계속 구경만 하고 있었다는 취지로 기재되어 있으며, 정황상 가해학생들이 학교폭력을 행사한 장소를 우연히 지나가다가 구경만 한 '방관자'에 해당하므로, 자신이 직접 학교폭력을 행사하겠다는 의사 자체가 없다고 볼 수 있다. 그러므로 B학생에게 내린 중학교의 사회봉사 처분은 위법, 부당하므로 '사회봉사 5일'처분은 이를 취소하기로 한다.

3) 학교폭력 가해자 학생생활기록부 기재 처분 취소청구

초등학교 6학년으로 재학 중, 피해학생에게 여러번 강간범이라고 놀리고 서울시에 있는 모든 여자를 강간했다는 말을 하며 신체를 때리는 등 폭력행위를 지속해온 바, 피해학생이 정신적 스트레스로 두통과 근육통을 호소하여 부모를 통하여 117로 신고하였다. 초등학교 학교폭력대책자치위원회가 개최되어 심의를 한 결과 청구인에게 서면사과, 특별교육 5시간 및 출석정지 6일의 조치를 피청구인에게 요청하기로 의결하였다.

① 청구인의 주장

청구인만 폭력을 행사한 것이 아니라, 청구인도 피해학생에게 맞아서 멍이 들기까지 했는데 이러한 사정은 반영되지 않았으며, 사안의 진위를 정확하게 조사, 판단하지 않은 상태에서 처분이 이루어져서 피청구인의 처분은 위법, 부당하다.

② 피청구인의 주장

청구인도 피해학생으로부터 맞은 것은 인정되지만 그 당시에 피해학생이 청구인때문에 다른 학생들로부터 놀림을 당하고 있었고 참을 수 없는 모욕감에 청구인에게 덤벼들었던 사안으로 조사되었다. 이미 학교폭력을 당하고 있는 피해학생이 그러한 폭력 때문에 자기 방어 차원에서 한 행위를 다시 학교폭력으로 처벌하는 것은 부적절하다고 본 학교의 학교폭력대책자치위원회에서는 심의결과 판단하였다.

③ 행정심판위원회의 판단결과

청구인 A학생은 자신은 주로 언어폭력만 한 반면에 피해학생으로붜 청구인이 맞아서 멍이 들었다고 주장하지만 피해학생이 받은 언어폭력은 지속적이고 이로 인해 다른 학생들에게까지 놀림을 받아 그로인해 피해학생이 두통 및 근육통 등 신체적 이상을 일으키게 된 점, 청구인이 맞은 것은 사실이지만 이는 언어폭력을 견딜 수가 없어서 피해학생이 분에 못이겨 한 행위인 저 등을 감안해 보면 피해자의 행위를 다시 가해행위로 규정하는 것은 적절치 않다고 판단된다.

또한 청구인이 생활기록부의 기재만이라도 삭제해 주기를 요청하니 이미 청구인이 학교의 처분을 모두 이행한 상태이고, 피청구인의 처분으로 생활기록부에 기재되는 것은 그 처분을 기록하는 사실행위에 불과한 것이므로 별도로 취소될 수 있는 독립한 처분이라고 볼 수 없으므로 이 또한 받아들여질 수 없다.

4) '화해' 없는 처벌, '교육' 없는 학교…학교폭력 예방법의 눈물

2016년 5월, 학교 수련회에 간 서울 ㄷ고 1학년 ㅎ(16)군은 친구 둘과 담배를 피우다 교사 눈에 띄었다. ㅎ군과 또 한 학생은 벌점이 깎일 것을 염려해 생활지도부에서 진술서를 쓸 때 '길에서 주운 담배'라고 말하기로 입을 맞췄다.

하지만 다음날 늦게 등교한 친구 ㅇ(16)군은 다른 두 친구들이 입을 맞춘 사실을 모른 채 '자신이 준 담배를 셋이 피웠다'고 진술했다. 이를 알게 된 ㅎ군은 ㅇ군을 찾아가 뺨과 배를 수차례 때렸다. 담배의 출처에 대한 재조사가 이어지고 ㅇ군이 자신의 생각대로 진술하지 않자 얼마 뒤 다시 ㅇ군을 화장실로 불러내 얼굴과 배를 때렸다. 학교는 지난 6월 학교폭력대책자치위원회(학폭위)를 열어 ㅎ군에게 '전학' 처분을 내렸다.

ㅎ군의 부모는 학폭위의 결정을 받아들이지 않았다. 학폭위 절차를 진행하는 과정에 특히 인권침해가 있었다고 주장했다. 생활지도부 교사 대신 학교 배움터지킴이(학생 생활 지도를 위한 별도의 자원봉사자)가 ㅎ군에게 진술서를 쓰게 했고, 교무실이 아닌 경비실에서 학부모에게 금연각서를 쓰게 했다는 것이다. ㅎ군이 배움터지킴이로부터 폭언을 들었으며 학폭위 위원들로부터는 "너는 양아치"라는 욕설을 들었다고 주장했다. 이에 대해 학교 쪽은 "배움터지킴이는 교사의 보조역할 수행하였을 뿐으로 항상 사안담당교사가 주관하였고, 경비실에서 금연각서를 쓴 것은 일과 시간 이전에 방문한 바쁜 학부모를 배려한 것"이라고 해명했다.

ㅎ군의 아버지 ㅎ(55)씨는 "친구를 때린 자식의 행동은 백번 사과하나 전학은 과한 처분이다. 처분이 생활기록부에 기재되는데, 학생의 미래를 생각해 선처해달라"며 교육청에 재심을 청구했다. 하지만 교육청은 "보복의 목적으로 2회에 걸쳐 피해학생을 폭행한 행위는 비난 가능성이 매우 높고 피해학생 쪽에서 전학을 요구해 피해학생 보호가 필요하다"는 이유로 재심을 기각했다.

ㅎ씨는 학교폭력 처리 과정에서 학교 쪽의 처리 절차도 문제 삼았다. 학교장의 직무유기, 생활지도부 교사 등의 폭언 등을 이유로 서울시교육청에 지난 7월 이

학교에 대한 감사를 청구했다. 동시에 학교가 ㅎ군의 인권을 침해했다며 '학생인권 구제신청'도 했다. 시교육청의 학생인권 구제신청 결과를 보면, "(처리 과정에) 화해를 위한 조치와 화해 정도 및 반성, 선도 가능성이 고려되지 않은 미흡점이 있다고 본다"며 "가해학생에게 개전의 기회가 보장돼야 한다"고 판단했다. 23일 시교육청의 감사 결과에서도 "배움터지킴이가 업무에서 벗어나 학교폭력 사안조사 등을 수행했고 이에 대한 학교장의 지도 감독이 소홀했다. 학교장에 대해 시정을 요구하고 관련 교사들에 대해 신분상 조처를 했다"며 학교 쪽의 과실을 일부 인정했다.

ㄷ고 쪽은 교육청의 조처에 강하게 반발하며 ㅎ씨의 주장에 반박했다. ㄷ고는 "생활지도교사는 담배의 출처에 대한 두 학생의 진술이 엇갈린 이유를 파악하기 위해 해당 학생들을 조사했던 것이다. 학교는 적법한 절차에 따라 학생을 지도했고 학생의 인권을 침해한 사실이 없다. 가해학생은 이전에도 학교 폭력 사건을 일으켰고 이번에도 피해학생에 거듭 폭력과 협박을 행사해 전학 처분이 불가피하다. 피해자의 인권침해 때문에서라도 시교육청의 감사 결과를 받아들일 수 없으며 재심의청구를 신청할 것"이라고 밝혔다. 이 사안은 여전히 행정심판에서 분쟁 중이다.

자료: 한겨레신문(2016). **화해' 없는 처벌, '교육' 없는 학교…학교폭력예방법의 눈물.** (2016.11.22.기사)
원문보기
http://www.hani.co.kr/arti/society/schooling/771378.html#csidxc7b2e6573a2c26c95d0bf51b3f86b29

2. 행정소송

행정소송은 공법상의 법률관계에 관한 분쟁에 대하여 하는 재판절차 즉, 행정청의 위법한 처분 그 밖의 공권력의 행사, 불행사의 등으로 인한 국민의 권리 또는 이익의 침해를 구제하고 공법상의 권리관계 또는 법적용에 관한 분쟁을 해결하는 재판절차로서 국가 형벌권의 발동에 관한 소송인 형사소송이나 사법상의 법률관계에 관한 다툼을 심판하는 민사소송과 구별되고, 재판기관인 법원에 의한 재판이라는 점에서 행정기관이 하는 행정심판과 구별된다.

가. 행정소송 사례

1) 학교폭력 전학처분 행정소송

① 사건개요

A와 B는 같은 학교 중학교 친구사이로 하지도 않은 도둑질 누명을 씌운 것도 모자라 언어폭력을 가한 중학생의 학교폭력 전학처분에 대한 행정소송 사례이다.

A양과 B양은 2012년 경기도에 있는 한 중학교 1학년에 입학해 친구로 지냈다. A양은 B양에게 '곧 갚겠다'면서 7만원을 빌린 뒤 돈을 갚아달라는 B양의 독촉에도 갚지 않았다. 그후 A양은 B양의 신발주머니에 다른 친구의 화장품을 몰래 넣어놓은 뒤 다른 학생들 앞에서 B양이 이 화장품을 훔친 것처럼 몰았다.

이어 A양은 다른 친구들과 함께 B양의 가방을 뒤지다 B양의 화장품 파우치를 발견하고 이를 가져가 제 물건인양 계속 사용했다. 그러던 어느 날 이 파우치가 없어지자 A양은 학교 측에 B양이 자신의 파우치를 훔쳐갔다며 도난신고까지 했다. B양은 A양과의 다툼 이후 급성스트레스 반응으로 내과 및 정신과 진료를 받고 다음 학기 대부분을 결석했으며 결국 다른 도시에 있는 학교로 전학했다.

이후 B양의 부모는 A앙 등의 학교폭력을 이 학교의 학교폭력대책자치위원회에 신고했고 자치위원회는 처음에 A양에게 전학조치를 내렸다. 이에 A양의 어머니가 경기도학생징계조정위원회에 재심을 청구하자 이 위원회는 전학조치를 취소하고 '출석정지 4일 및 특별교육이수 5시간'을 결정했다.

그러나 B양의 부모가 재심을 청구하자 경기도학교폭력대책지역위원회는 다시 A양의 전학조치를 결정했고, A양의 어머니가 이에 불복해 법원에 소송을 냈다.

② 1심법원판단

A양이 신체적·물리적인 폭력에는 이르지 않았고 출석정지 4일 등의 조치를 이미 이행했다는 등의 이유로 전학조치는 지나치다며 이 처분을 취소하라고 판결했다(서울고법 행정7부 민중기 수석부장판사).

③ 항소심 재판부

"두 학생 사이에 물리적 폭력은 없었으나 피해학생의 정신적 고통이 상당했던 것으로 보이고 두 학생이 결국 화해하지 못한 점 등을 고려하면 전학 처분이 지나치다고 볼 수 없다"며 1심 판결을 취소하고 A양 측의 청구를 기각했다.

2) '지우개 던져 교내봉사 5일' 중학생 행정소송

연합뉴스(2014년 4월14일)에 따르면 급우에게 칠판지우개를 던졌다가 교내봉사 처분을 받은 중학생 측이 처분의 절차상 하자를 주장하며 교장을 상대로 행정소송을 제기했다가 패소했다.

광주지법 행정 1부는 14일 중학생 A(14)군이 자신이 다니는 학교 교장을 상대로 낸 학교봉사 처분 취소 소송에서 원고 패소 판결을 했다고 밝혔다.

재판부는 판결문에서 "A군이 피해학생인 B군에게 칠판지우개와 지우개를 던진 행위는 학교폭력법에서 정한 학교폭력에 해당한다"며 "친구들끼리의 단순한 장난으로 보기 어렵고 B군에게 수치심이나 모욕감을 일으켰을 것"이라고 판단했다. 재판부는 또 학교봉사 활동과 특별교육 이수 처분이 지나쳐 보이지 않고 학교폭력 대책 자치위원회에서 A군과 어머니에게 의견 진술 기회를 주는 등 절차도 준수했다며 해당 처분을 적법한 것으로 결론 내렸다.

A군은 지난해 5월 교실 칠판에 자신이 그린 얼굴을 지웠다는 이유로 B군에게 칠판지우개를 던지고 교실에서 떠든다며 지우개를 던져 학교 봉사 5일 등 처분을 받았다.

학교폭력대책자치위원회는 B군이 집단 따돌림을 당한 사실을 파악해 A군을 포함한 학생 5명을 징계하도록 했다. A군은 집단 따돌림에는 가담하지 않은 것으로 재판부는 판단했다.

A군의 부모는 개인적인 시비로 발생한 가벼운 사건이고 B군과도 화해해 담임 종결로 처리해야 할 사안인데도 다른 학생 주도로 이뤄진 집단 따돌림 등 학교폭력에 A군이 가담한 것으로 보고 봉사 처분을 했다며 소송을 냈다.

3) 학교폭력 징계처분취소 소송

① 사건개요

A학생은 B학생을 지속적으로 괴롭혀온 학생으로 가해자이나, 피고로부터

2013.10.16.자로 학급교체 및 특별교육이수(5일) 부과 처분을 받게 되자 오히려 자신이 피해자라고 주장하면서 원고를 무고하였다. 이에 따라 원고는 2013.11.15. 자로 접촉, 협박 및 보복행위 금지처분 및 특별교육이수 5일(학부모 동행 5일)부과 처분을 받았다. 이에 원고는 이 결정에 불복, 본 처분의 취소를 구하고자 소를 제기하였다.

② 청구(항소)취지

피고가 2013. 11. 18. 원고에게 한 접촉, 협박 및 보복행위 금지, 특별교육이수 5일 부과처분을 취소한다.

③ 판결이유

학교폭력 예방법 제2조 제1호에서는 '학교폭력'을 학교 내외에서 학생을 대상으로 발생한 상해, 폭행, 감금, 협박, 약취 · 유인, 명예훼손 · 모욕, 공갈, 강요 · 강제적인 심부름 및 성폭력, 따돌림, 사이버 따돌림, 정보통신망을 이용한 음란 · 폭력 정보 드엥 의하여 신체 · 정신 또는 재산상의 피해를 수반하는 행위를 말한다고 규정하고 있다.

원고가 2013. 9.~10.경 B학생을 10차례 뒤에서 껴안는 등의 행위에 대해 수사기관에서 모욕적이고 수치심을 느꼈다고 진술하는 등 사실확인서를 제출한 사실을 인정할 수 있다.

위 인정사실에 의하면 원고의 위와 같은 행위는 B학생에게 성적 수치 · 혐오의 감정을 일으키는 행위로서 학교폭력에 해당한다고 봄이 타당하고, 단순 장난에 불과하다고 인정하기에는 부족하다.

또한 카카오톡 문자를 보낸 사실을 통해 원고가 사이버 상에서 B학생에게 인격모독적인 언어를 행사한 학교폭력이라고 봄이 타당하다.

그리고 원고가 인터넷 카페 게시판에서 한 행위는 B학생이 이용하는 곳으로 카페이용자들이 B학생이라는 것을 쉽게 알 수 있다는 점 들을 보면 B학생의 명예를 훼손하는 내용인 사정을 각 인정할 수 있다. 위 인정사실 등에 의하면 원고의 위와 같은 행위는 사이버 상에서 B학생의 명예를 훼손하는 학교폭력이라 봄이 타당하다.

따라서 원고의 위 각 행위는 학교폭력 예방법에서의 학교폭력에 해당하여 이 사건 처분은 그 처분사유가 존재하므로 원고의 주장은 이유가 없다.

또한 각 기재 및 변론 전체의 취지를 종합하면, 피고는 원고의 진정한 반성이나 B학생측과의 화해를 위한 진심어린 노력이 있었다고 보기 어려우나, 원고에게 비교적 경미한 수진인 이사건 처분을 부과한 사실을 인정할 수 있으므로 이 사건 처분이 원고에게 지나치게 가혹하여 재량권을 일탈·남용하였다고 보기는 어렵다.

④ 결론

원고의 청구는 이유 없으므로 기각한다.

4) 학폭 학생 처벌할 때 과거 폭력 소급 정당" 벌점 받고 또 괴롭혀 봉사 처분… 학생부 기재에 "처벌 과해" 소송

학교가 학교폭력을 저지른 학생을 처벌할 때 과거 가해 행위까지 병합해 처분한 것은 정당하다는 법원의 판결이 나왔다. 과거의 학교폭력에 대한 소급 처벌이 가능하다는 것을 보여주는 첫 사례여서 주목된다.

15일 서울시교육청에 따르면 2014년 1학기에 중1이던 A군은 친구 두 명과 함께 같은 반 B군을 '장애인'이라 놀리고 밀치는 등 지속적으로 괴롭혔다. B군이 지나갈 때마다 "장애가 늘었어"라고 노래를 부르며 놀리기도 했다. 이 사실을 알게 된 담임교사는 A군을 불러 벌점 등을 부과하며 주의를 주고, 방과 후 상담도 받도록 했다.

하지만 A군의 학교폭력은 2학기에도 이어졌다. 탁구공을 던져 B군의 눈을 맞히고 얼굴에 침을 뱉기도 했다. 참다 못한 B군은 결국 학교 생활지도부에 A군의 폭력행위를 신고했다. 학교는 그해 10월 학교폭력대책자치위원회(학폭위)를 열어 A군에게 '교내봉사 5일'의 조치를 내렸다. 이는 A군이 1학기에 B군을 괴롭혀 담임교사가 지속적으로 지도했지만 태도가 크게 개선되지 않고 2학기에 또다시 문제를 일으킨 점이 감안된 결정이었다.

A군의 학교폭력 가해 사실이 학교생활부에 남아 고교 진학에 불이익을 당할 것을 우려한 A군의 아버지는 학교 측 조치에 불복해 3개월여 만인 지난해 1월 서울

시교육청에 행정심판을 청구했다. 그는 "1학기에 이미 담임교사로부터 벌점을 받는 등 주의를 받은 데다 방과 후 상담까지 받았기 때문에 1학기의 가해행위까지 함께 처벌하는 것은 이중 처벌"이라고 주장했다. 하지만 시교육청은 지난해 6월 이를 기각했다. A군의 아버지는 이에 불복해 서울행정법원에 학교 측 처분을 취소해 달라고 소송을 제기했다.

서울행정법원 2부(부장 윤경아)는 지난달 "A군이 2014년 1학기 때 가해행위로 벌점과 방과 후 상담을 받았더라도 사건 처분 이전에 학교폭력 예방법에 따른 처분을 받은 것이 아니므로 이를 소급 처벌이라거나 이중 처벌이라 보기 어렵다"며 원고 패소 판결을 했다.

전수민 시교육청 학교폭력 전담 변호사는 "학교폭력 가해자에 대한 처벌 수위를 결정할 때 과거의 잘못까지 감안해 소급 및 가중 처벌할 수 있다는 것을 보여준 첫 사례"라고 말했다.

한편 헌법재판소는 지난달 30일 학교폭력 가해 사실과 이에 따른 처분을 학교생활기록부에 기록하도록 한 것은 헌법에 어긋나지 않는다고 결정했다.

자료: 서울신문(2016). **학폭 학생 처벌할 때 과거 폭력 소급 정당.** (2016.05.16.기사)
http://www.seoul.co.kr/news/newsView.php?id=20160516009015#csidx7fdbf0fdc47e691973a9fe54e42f6f5

참고문헌

서울신문(2016). "학폭 학생 처벌할 때 과거 폭력 소급 정당". (2016.05.16.기사)

연합뉴스(2014). "지우개 던져 교내봉사 5일 중학생 행정소송"(2014.04.14.자 기사).

유현숙(2014). 행정심판 사례로 본 학교폭력의 현황 및 개선방안. 국가권익위원회자료집.

한겨레신문(2016). 화해' 없는 처벌, '교육' 없는 학교…학교폭력예방법의 눈물. (2016.11.22.기사)

제7부

학교폭력 유형별 지도 및 상담하기

제25장

신체폭력 사례

학습목표

1. 학교폭력의 유형 중 신체폭력 사례를 알고, 이해할 수 있습니다.

1. 신체폭력의 유형 및 실태

학교폭력의 유형 중에서 신체폭력이란 신체적 고통이나 상해를 가할 의도나 그러한 의도가 있다고 인식되어진 행위를 의미한다. 신체폭력의 유형에는 〈표 25-1〉과 같이 상해·폭행, 약취, 감금, 유인 등이 해당이 된다.

〈표 25-1〉 신체폭력의 유형

신체폭력의 유형	내용
상해·폭행	신체를 손, 발로 때리는 등 고통을 주는 행위
약취	강제로 일정한 장소로 데리고 가는 행위
감금	일정한 장소에서 쉽게 나오지 못하게 하는 행위
유인	상대방을 속이거나 유혹해서 일정한 장소로 데리고 가는 행위

교육부(2016)에서 실시한 2016년 1차 학교폭력 실태조사 분석결과 발표자료에 따르면 학생 천 명당 피해유형별 응답건수는 지난해 동차 대비 모든 유형에서 피해응답 건수가 감소하였고, 언어폭력(6.2건), 집단따돌림(3.3건), 신체폭행(2.2건) 등의 순으로 나타났다.

피해유형 응답건수(1차): '14년 135천건 → '15년 98천건 → '16년 83천건, 피해유형별 비율도 언어폭력(34.0%), 집단따돌림(18.3%), 신체폭행(12.1%) 등의 순으로 나타났다.

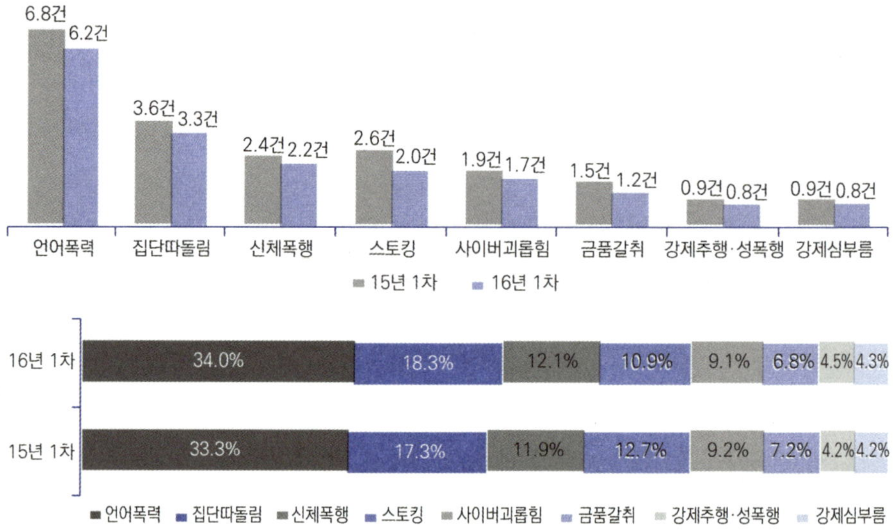

[그림 25-1] 학생 천명당 피해응답 건수 및 피해유형별 비율

자료: 교육부(2016). 2016년 1차 학교폭력실태 조사결과 보도자료. p.3.

2. 신체폭력 사례

1) 신체폭력으로 등교 거부하는 사례

고등학교 2학년 남학생들인 A와 B는 같은 반 동급생으로 B는 학기 초부터 A의 얼굴 생김새와 이름을 가지고 놀렸다. 평소 말로만 놀리던 B는 어느 날 A의 어깨를 툭툭 치며 놀렸고 A가 반응하지 않자 무시한다며 더 세게 때려 A가 밀려 넘어져 교탁 모서리에 얼굴을 부딪쳐 입가가 찢어졌다.

A는 병원에서 부상 입은 부위를 치료받았고, A의 어머니와 B의 어머니는 전화 통화를 통해 원만하게 합의를 하기로 하였다. 그러나 시간이 지날수록 A의 고통이 계속 되어 추가 검사를 한 결과 우안 안와골절, 치아 이탈 등의 추가 진단을

받게 되었다.

이에 A측과 B측은 치료비 문제에 대한 합의점을 찾고자 만났지만 A측은 향후 치료비를 포함한 합의를 요구하였고, B측은 향후 치료비에 대해서는 지불하기를 거부하여 합의점을 찾지 못했다. 이에 A측은 합의를 위해 B측에 연락을 하였으나 B측은 합의를 거부하며 A측이 연락하는 것에 대해 기분 나빠하며 사생활이 침해 받고 있다고 주장하였다. 그 후 A측은 치료비와 위자료를 받고자 민사소송을 진행하며 추가로 형사소송을 제기하였으나, 소송비용 및 시간소요가 길어져 걱정을 하며 치료를 제대로 받지 못할까봐 불안감을 가지고 있다.

B는 얼굴에 난 상처들을 볼 때마다 자신의 얼굴이 흉측하다는 생각이 들어 집 밖에 나가서 사람들을 만나기 싫고 A에게 복수하고 싶다는 생각이 들어 등교도 거부한 체 집에만 있다.

2) 학생들 간의 폭력 사례

① 신입생 길들이기 차원의 폭력

2학년 학생들은 입학 후 1학년 학생들이 인사를 곱게 하지 않고 평소에도 고분고분 하지 않는다는 핑계를 삼아서 후배들의 길들이기를 하겠다고 평소에 마음을 먹고 있었다. 그러던 중에 그날 아침에 등교하는 길에 째려보았다는 이유로 방과후 1학년 학생 4명을 데리고 학교근처의 주택 옥상으로 올라가서 선배를 우습게 보느냐, 인사를 하지 않느냐, 왜 째려보느냐고 하면서 종아리를 걷어차고, 머리를 걷어차고, 싸대기도 올려 부치고 하였다. 이 때 한 명은 입에서 피를 흘리면서 머리가 아프다고 하여 그만 때리고, 다른 학생들에 대해서는 계속하여 폭력을 가하여 온몸에 피멍을 들게하였다. 옥상에 널려 앉아 담배를 피운 후 서로 사과를 한 후 앞으로 조심하면서 학교에 다니라고 하고 헤어졌다.

이후 피해 학생 중 조○○학생의 눈이 찢어지고 얼굴과 온몸에 피멍이 든 것을 확인한 부모가 학교에 강력히 항의하여 학생부에서 사건을 접수 후 조사를 하게 되면서 부터였다.

② 상급생이 하급생 폭력입생 길들이기 차원의 폭력

3학년 학생 1명이 1학년 후배 학생 5명을 실습실에서 PVC파이프에 전선을 감아 엉덩이와 뒤 허벅다리를 때리고, 특히 등교시간에 늦고 청소를 못했다는 이유로 손과 다리에 케이블 타이를 드릴에 감아 돌리고 피해 학생 모두에게 책상 위에 손가락을 벌리게 하고 롱로오즈로 손 사이를 찍다가 손가락을 찍어 피가 나게 함. 또 전기 기판으로 손등을 찍어 손등이 까지게 하는 상처를 입히고, 수학 여행시 머루주를 사오라고 시키는 등 사악한 폭행을 일삼음

③ 동급생간 1 : 1 폭력사례

통학 길에 김○학생이 버스 안에서 이○군과 눈이 마주친 후 계속하여 서로가 눈을 처다 보다가 김○학생이 "너 내려"라고 하기에 중간지점에서 내린 후 김○학생이 "너 죽을래" 하면서 이○학생에게 주먹을 가격하고 바닥에 쓰러트리고 위에서 누르고 폭행을 계속 하던 중 기동순찰대에 접수되었다. 학교로 통보된 후 당일은 서로 화해를 시켜 집으로 돌려보냈는데, 다음날 등교 후 김○학생이 이○학생의 교실로 가서 "너 오늘 초상 날이다. 화장실로 와라"하였지만 그러나 이○학생은 겁을 먹고 있던 중 이○학생을 데리고 화장실로 간 다음 "너 죽을래" 하면서 주먹으로 가격하였다. 이후 이○군은 피를 흘리면서 눈을 감고 바닥에 쓰러지면서 기절을 하여 119에 신고되었다. 신고 후 119가 출동하고 응급조치하고 병원으로 후송되었으며 MRA. X-RAY 등 모든 검사를 한 후 가해자 부모와 피해자 부모가 만나서 병원 치료를 받고 치료 후에 학교 선도위원회를 소집하여 김○학생은 치료비 전액(3.500.000만원)을 피해 학생에게 부담하고 1주일간의 학교 내 봉사를 받게 되었다.

이 사건은 상급생이 하급생을 교육시키는 것이 관례화되어 있는 학교풍토와 상급생의 일방적 구타가 교육이라는 명목으로 미봉되어질 수 있는 현실적인 문제가 내재되어 있다. 이러한 문제점을 개선하기 위해서는 폭력에 대한 사회적인 편견이나 잘못된 인식을 과감하게 불식시켜야 하며, 이와 함께 폭력이 용인되는 학교풍토를 개선해야 한다.

④ 동급생간 집단폭력사례

또래에 비해 몸집이 작고 조용한 성격의 초등 4학년 김지후(가명)군. 김 군은 올해 학기 초 점심시간에 책을 읽다가 봉변을 당했다. 당시 같은 반 남학생들이 전쟁 게임을 하고 있었는데, 장군 역할을 하던 A군이 느닷없이 공격 대상으로 김군을 지목하는 바람에 너댓명에게 몰매를 맞은 것이다. 다행히 멍이나 상처가 나진 않았지만, 김군의 마음엔 그보다 더 큰 생채기가 났다. 그 광경을 지켜보던 반 학생들이 갑작스런 공격에 당황하는 김군의 반응을 보며 깔깔댔기 때문이다. A군은 부들부들 떨던 김군에게 다가가 "그냥 게임이야"라고 했다. 반 친구들은 또 웃었다.

이후 김군의 일상은 180도 달라졌다. '사건'을 계기로 A군을 비롯한 반 학생들이 김군을 대놓고 얕잡아보기 시작한 것이다. 덩달아 '폭력'도 벌어졌다. 이들은 난데없이 김군의 뒷목을 손날로 치거나 옆구리를 세게 쿡쿡 찔렀다. 듣도 보도 못한 욕설도 함께 퍼부었다. 사이버 공간에서도 괴롭힘은 계속됐다. 반 학생들의 SNS나 메신저에선 김군을 흠집 내는 말이 매일 나돌았다. 폭력의 강도는 점점 심해졌다. 급기야 성추행까지 더해졌다. 김군은 "죽고 싶다"고 했다.

[출처: 조선에듀(2016). 어려지는 학교 폭력, 초등 현장에 번지는 '초4병'(2016.08.17.기사).

3) 일방적 구타의 사례

일방적 구타란 다수의 학생이 한 학생을 상대로 일방적으로 가하는 집단 폭행이며, 그리고 주도권을 획득한 한 명의 학생이 열등한 지위에 있는 다른 한 명의 학생을 일방적 또는 집중적으로 구타하는 행위를 말한다. 일방적 구타는 학교 현장에서 빈번하게 일어나며, 피해 학생들은 주변 사람들을 무서워하고 피하게 되며, 자신감도 잃게 되고 등교를 거부하는 등 학교 생활 전반에 걸쳐 부적응 현상을 보이게 된다. 외상후 스트레스, 신체 정신적 장애, 우울증, 무기력감, 자살 등으로 연결되는 무서운 결과를 초래하기도 한다.

가해 학생들은 피해 학생이 1학년 학생들에게 잘난척하고 다니며, 평소에 자신들에 대하여 뒤에서 욕을 하고 다닌다는 이유로 불만을 가지고 있던 중, 피해 학생이 가해자 박 ㅇㅇ의 남자 친구에 대하여 험담을 하였다는 직접적인 이유로 피해 학생을 2-8반 교실 옆 계단으로 불렀다. 그리고 왜 자신들을 욕하고 다니느냐고 따지다가 흥분하여 피해 학생의 입을 막고, 욕을 하면서 머리를 밀고 뺨을 때리고, 배를 툭툭 치는 등 폭행하였다. 방과후에 피해 학생을 후문으로 나오라고 하여 ㅇㅇ 피씨방 계단으로 데리고 가서, 머리채를 잡고 흔들면서, "눈깔아라", "교복은 왜 줄여 입느냐? 네 배가 나왔으니 배나 줄여라", "너, 렌즈도 끼냐, 눈알 썩어 들어간다." 등의 말과 함께 욕설을 하며, 뺨을 때리고, 머리를 치는 등 집단으로 폭행을 가한 사실이 학교에서 실시한 폭력피해 설문 조사 결과 밝혀졌다.

일방적 구타가 발생하였을 때 교사는 일단 폭력 가해자들이 폭력에 개입하게 된 경위와 원인을 분석하고, 피해자의 신체적 또는 심리적 상처 정도를 파악해야 한다. 이들의 폭력이 극단적인 비행과 연결되지 않도록 조치하고, 더 이상 폭력이라는 방법을 동원하지 못하도록 하는 등의 적극적인 지도가 이루어져야 한다.

4) 타교 학생과의 집단 패싸움 사례

학교 여학생 3명이 귀가하는데 좁은 상가에서 타 학교 창작과 2학년 8명과 어깨가 마주치자 시비가 벌어져 일방적으로 맞았다. 그후 핸드폰으로 남학생의 지원을 요청 남학생 8명이 도착하여 잡고 때리니 모두 도망을 쳤다. 잠시 후 남학생 25명이 나타나서로 멱살을 잡고 안면을 때리고 맞싸움을 시작하다가 각목을 휘두르며 난투극을 벌였다. 신고를 받고 출동한 경찰관들이 여학생 3명과 남학생 6명을 연행하여 파출소에서 조사를 한 후 학교로 인계하였다. 그러나 다수의 부상자가 발생하였다.

학생들은 충동적이고 감성적이기 때문에 사소한 갈등이나 욕구불만에 대해서도 폭력이라는 방법을 동원하게 되며, 또한 인지적 미성숙으로 인하여 어떤 상황을 비합리적으로 지각하고 해석하는 버릇이 있음을 이해해야 한다. 좁은 골목에서 어깨를 부딪히는 일은 매우 자연스러운 일이지만, 이들은 상대방이 자신을 공격하는 행위라고 잘못 인식하게 되며, 충동적으로 폭력이라는 방법을 선택하는 것이다.

따라서 이와 같은 청소년들에게 문제상황을 객관적이고 합리적으로 지각할 수 있는 사회인지 능력과 갈등해결 전략을 지도하고, 자기조절능력을 신장시키는 등의 지속적이고 체계적인 교육이 필요하다.

5) 음주 상태에서 사회인과의 집단 패싸움 사례

새벽1시에 변○학생은 금천구 ○○동 놀이터에서 선배형이 주는 술 몇 잔을 마시고 동네길을 가다가 30대 어른 세 사람과 어깨를 부딪쳤다. 아저씨들이 뭐라고 하길래 제가 "이리와 봐" 라고 소리를 쳤더니 아저씨가 오시더니 코를 가격하여 서로 쌍방 폭행을 시작하다가 보니 사람 수가 늘었고 동네 아저씨들이 신고해서 파출소를 가게 되었다. 거기서는 서울 ○○경찰서로 넘겼고 경찰서에서 조서를 받게 되었다.

하○씨는 호프집을 운영하는 사람으로 고3인 백○와 문○이 거리에서 서로 이야기를 하고 있는 것을 보고 "너희들 여기서 뭐하냐"며 시비가 붙었다. 하○씨는 주먹과 발로 얼굴과 가슴을 폭행하고, 양쪽 얼굴을 6회 때려 전치 14일간의 요부 및 미부 좌상을 입혔으며 학생은 이에 대항하여 주먹과 발로 하○씨의 얼굴을 때려 치료일수 미상의 안면부 찰과상 등을 가했다. 그전에 하○씨는 청소년 유해약물 등을 판매하여서는 아니 됨에도 불구하고 2001. 4. 7. 21:30 - 24:05분 사이 ○○시 ○○구 ○○3동 873-108호 자신의 음식점에서 청소년인 백○외 5명에게 소주 7병과 통닭 안주 등 시가 30,000원 상당을 판매하여 이를 식음케 하였다.

청소년들은 일반적으로 충동성이 높고 상황에 대한 왜곡된 인식능력을 갖고 있는 경향이 있다. 따라서 상황에 대한 합리적인 판단이 어려운 시기에 음주나 본드 등의 약물복용은 이들의 판단력을 크게 혼란시킬 수 있다. 음주 후 폭력의 경우 사소한 시비 상황에서도 극단적인 형태를 보이게 되고, 스스로 자제할 수 없을 만큼 자기조절능력을 잃게 된다. 그러므로 음주와 폭력이 결합되는 상황을 사전에 차단할 수 있어야 한다. 이를 위해 술을 먹지 않도록 지도하는 것이 가장 현명하겠지만, 그렇지 못할 경우에는 청소년들에게 음주의 위험을 사전에 충분히 인지시킬 수 있는 교육과 술을 먹은 후의 행동 요령에 대해 체계적이고 실제적인 교육을 실시할 필요가 있다.

6) 신체폭력으로 등교 거부하는 사례

고등학교 1학년에 재학 중인 남학생 K는 평소에 말수가 적고 친구들에게 먼저 말을 잘 걸지 못하는 등 교우관계에서 어려움을 겪고 있었다. 어느 날 같은 반 B

의 MP3가 분실되는 사건이 발생하게 되었다. 평소 B와 친하게 지내던 A는 B의 짝인 K를 의심해 B와 C를 데리고 K를 추궁하게 되었다. 분실사건에 대해서는 묻는 과정에서 A, B, C는 K에게 폭언을 하였다. K가 계속해서 물건을 훔치지 않았다고 주장하자 A는 거짓말 말라며 K의 얼굴을 주먹으로 가격했으며 B도 넘어진 K의 얼굴과 배를 발로 폭행하는 사건이 발생하게 되었다.

폭행 사건이 있고 다음날 K는 학교에 등교하지 않았다. 학교에서 있었던 폭행 사건의 영향으로 K는 학교를 간다고 한 후 고원, PC방 등을 혼자 동아다니다가 집에 다시 돌아오게 되었고, K의 엄나는 학교에서 K가 등교하지 않았다는 전화를 받으면서 아들이 폭행을 당했다는 사실을 알게 되었다. K는 계속 등교거부를 하며 자기 방에서 나오질 않았고, 밤에는 방에서 혼자 우는 소리가 들리기도 하였다. K의 부모는 병원에서 검진을 받고 아들이 턱 골절로 인한 4주 진단의 상해를 입었다며 자신의 아들에게 피해를 입힌 A, B, C 3명을 경찰에 고소하게 되었다. K의 부모는 신체적 피해뿐만 아니라 정신적 피해보상까지 해서 합의금 500만원을 제시하였으나 C의 부모는 정신적 피해보상은 할 수 없고 자녀가 K에게 학교폭력을 행사했다는 객관적인 증거가 없다면 합의를 거부하였다.

7) 신체폭력 처리 과정의 문제제기 사례

① 사건 개요

고등학교 3학년 A는 같은 학년 B에게 C에 대한 뒷담화를 했는데 그 말을 B가 C에게 그대로 전달하여 이에 격분한 A가 B의 안경을 낀 안면을 수차례 폭행하여 안와골절(전치 14주) 중상의 폭력을 행사한 사례이다.

② 사안 처리

- 12년6월: 사안조사 실시(가 · 피해자 진술서 작성 등)
- 12년6월: 피해학생 안와골절 수술(○○병원)
- 12년6월: 제1차 자치위원회 개최

※ 가 · 피해자 학부모 불출석을 사유로 결정 연기

- 12년7월: 제2차 자치위원회 개최

※ 모의고사 · 기말고사 임박을 사유로 결정 연기

－12년8월: 제3차 자치위원회 개최

※ 가해학생에게 사회봉사 40시간, 특별교육 4시간 조치 결정

－12년8월: 피해학생 학부모, 가해학생에 대한 가벼운 조치 항의, 117 신고

－12년9월: ○○도청 학교폭력대책지역위원회 재심 결정

※ 가해학생에게 출석정지 5일, 특별교육 5시간 조치 결정

－12년9월: ○○지검, 가해학생 기소유예 결정

※ 혐의는 인정되나 초범, 우발적 상황 감안

－12년10월: 피해학생 학부모, 민사소송 청구

※ 12년10월, 교감 · 학생부장 등을 직무유기로 고소

－12년10월: ○○교육청 학교폭력 사안 조사 실시

－13년02월: ○○교육청 학교폭력 사안처리 감사

③ 문제점

위의 신체폭력에 대한 조치 중에서 문제가 되는 것은 다음과 같다.첫째, 학교폭력 전담기구를 구성하지 않아 학교폭력사안 발생 즉시 상담 등 보호조치가 지연되었다. 둘째, 폭행에 의한 중상해(전치 14주) 사안이고 피해학생 보호자가 가해학생 격리를 요청함에도 학교장 긴급조치(출석정지)가 미실시되었다. 셋째, 학교폭력대책자치위원회는 사안에 대한 가 · 피해학생 및 학부모 간 주장에 다툼이 없음에도 타당한 절차 없이 자치위원회 결정이 2차례 연기되었다. 넷째, 가해학생에 대한 조치 이행 등 행정절차가 지연되었다.

8) 기타 신체폭력 사례

다음의 사례는 모두 청소년 폭력예방재단(http://www.jikim.net)에 문의된 사례이다.

[사례 1]

고등학교 3학년 A는 같은 학년 B에게 C에 초등학교 5학년 K군은 2005년부터 3년간 학교폭력에 시달렸다. 처음에는 같은 반 학생 4, 5명이 특별한 이유도 없이 소심하고 조용했던 K군을 끌고다니며 때렸다.

"교사와 상담했지만 징계를 받은 뒤 가해 학생들이 저녁마다 집앞에 진을 쳐다.또 학교에 알리면 죽이겠다"며 때려 2주간 병원에 입원했다.

[사례 2]

고2, 남학생, 같은 학교 선배 5명으로부터 괴롭힘을 받았다. 지속적인 집단폭력(각목으로 10차례)과 금품갈취를 당하고 차비도 뺏겨 걸어서 집에 오고, 신발도 뺏겨 맨발로 들어왔다. 밤 늦게 전화로 불러내고, 피해사실을 알리면 집에 불을 지르겠다고 협박하였고, 지속적인 폭력과 금품갈취와 괴롭힘으로 "이제는 쉬고 싶다"는 메모를 남기고 아파트에서 투신하여 자살하였다.

[사례 3]

선배가 후배들을 1년 반 동안 성추행 및 가혹행위, 신체폭력을 함, 1학년 때부터 남학생 선배가 가혹행위를 하고 이를 따르지 않을 때는 구타를 하였다. 피해학생 6명에게 가해학생은 여드름을 짜서 먹이고 무좀, 손톱, 발톱 등을 깎아서 먹으라고 시켰고, 이를 따르지 않으면 폭언과 함께 구타를 하였다. 또한 피해학생들의 성기를 발로 만지고 우산 등 다른 물건들로 교체해가며 성기를 건드리면서 "기분이 어떠냐?" 라고 물어봤다고 한다.

[사례 4]

피해학생이 정신지체아인데 청소시간에 청소를 하지 않는다는 이유로 폭력을 행사해 얼굴에 심한 타박상, 눈 각막 출혈 및 치아가 파절되었으며 등교를 거부하였다.

[사례 5]

고등학교 2학년 남학생이 같은 학교 선배 5명으로부터 괴롭힘을 당하였다. 지속적인 집단폭력(각목으로 10차례)과 금품갈취를 당하고 차비도 빼앗겨 걸어서 집에 오고, 신발도 빼앗겨 맨발로 들어오게 되었다. 밤늦게 전화로 불러내고, 피해사실을 알리면 집에 불을 지르겠다고 협박을 당하였고, 지속적인 폭력과 금품갈취 및 괴롭힘으로 "이제는 쉬고 싶다"는 메모를 남기고 아파트에서 투신하여 자살하였다.

9) 자폐아 초등학생 폭행사건

2015년 5월 13일 서울 강남 A초등학교에서 자폐 아동이 친구들에게 학교 폭력을 당하는 사건이 발생했다. 가해 학생들은 학교 동급생 2명이었으며, 피해 학생은 아스퍼거 증후군을 앓고 있었다. 피해 학생은 5월 11, 13일 이틀에 걸쳐 학교에서 가해 학생들에게 '체포놀이'를 하던 중 폭행을 당했다고 진술했으며, 이 사실을 어른들에게 털어놨다는 이유로 정강이를 걷어차고 화장실에 고립시킨 뒤 바지 속에 손을 넣어 성기 부분을 잡아 뜯기며 보복폭행을 당했다고 주장했다. 피해 학생은 유치원생 때부터 친구로 지낸 학생 등 동급생 2명과 체포놀이를 했다. 항상 피해학생이 범인 역할을 맡았으며 경찰인 동급생들에게 체포될 때마다 꼬집거나 발로 차는 등의 폭행을 당했다.

이와 관련하여 학교 측에서는 몇 차례 학교폭력대책자치위원회(학폭위)를 연 끝에 가해자로 지목된 학생들이 피해 학생을 괴롭힌 사실은 인정하면서도 성적 학대는 증거와 증인이 없다고 하여 가해 학생들에게 그 해 종업식 때까지 접촉과 보복을 금지하도록 하고 학부모와 함께 2시간씩 특별교육을 받도록 하였다.

하지만 피해자의 부모는 징계가 너무 가볍다고 생각하여 강제전학 조치를 내려달라는 재심을 청구했다. 또한 5월 18일에 경찰에 고소장을 제출했지만 형법상 처벌이 불가능한 만 14세 미만의 미성년자(촉법소년)라는 이유로 사건을 각하 의견으로 검찰에 송치했다. 인터넷 블로그에 아들이 학교 친구들에게 학교 폭력을 당했다며 가해자 처벌과 학교 측의 재발 방지를 촉구하는 서명운동에 동참해달라는 글을 게시했다. 블로그 글에는 허벅지와 종아리에 멍이 들고 성기 부분에서 출혈이 일어난 피해 학생의 사진이 여러 장 첨부돼 있었다. 하지만 가해자로 지목된 학생의 어머니는 학교 폭력 사실에 대해 부인하는 글을 올리면서 논란이 증폭되었다.

10) 부산 초등학생 집단폭행 사건

부산 주례동의 한 초등학교 교실에서 6학년 여학생 A 모 양이 남학생 7명에게 집단 폭행을 당했다. 정상적인 수업을 받을 수 없을 정도로 머리를 깔아뭉개면서 폭행하고 가슴을 만지는 등 성추행까지 있었다는 주장도 제기됐다. 가해학생들은 A양의 머리와 얼굴을 발로 밟고 끌고 다니고, 배를 발로 차고 목을 졸라서 책상 모서리에 때리는 행동을 하였다. 또한 몸을 치면서도 만지는 성추행까지 했다. 피해 학생의 학부모는 경찰청 학교폭력 상담신고센터에 신고했고 집단 폭행이 8개월 가까이 이어졌다고 진술했지만, 정작 담임교사는 아이가 그렇게 상처를 입고 당하고 매일 맞는 것을 교실에서 보면서도 모르는 척 외면하기 일쑤였다고 한다. 이에 대해 학교측은 폭행이 여러 차례 있었다는 사실은 인정하고 있었다.

하지만 해당 담임교사는 상습적인 폭행사실을 알고 있었음에도 불구하고 사태해결에는 미온적이었던 것으로 알려졌다. 특히 담임교사가 피해학생에게 폭행사실을 어머니에게 알리지 말라고 당부까지 했다는 사실이 밝혀졌다. 해당 학교에서는 사건이 발생한 이후 학교폭력 자치위원회를 열었지만 가해 학생들에게 봉사활동 조치를 내리는 징계 조치에 그치고 말았다. 결국 가벼운 조치 때문인지. 이 이후에도 상습적인 폭행이 이루어 졌다. 학교 관계자는 지역 위원회에서 알아서 할 것이라며 피해 학부모가 재심 청구를 하면 다시 조사를 하면 된다는 식으로 얼버무리며 책임을 회피하기 일쑤였다.

학교폭력대책자치위원회를 개최하여 가해자들에게 봉사활동 조치를 내렸다.

11) 영훈이 사건

영훈이가 2학년이던 2013년 영훈이의 어머니는 담임교사로부터 “영훈이가 지난 2년 간 학교폭력을 당한 것 같다.”는 전화를 받았습니다. 최씨가 “이미 선생님께 다 들어서 알고 있으니 이야기 해보라”고 했더니 영훈이는 그제야 울면서 그동안의 일을 털어놨습니다. 가해학생들의 악랄함은 상상을 초월했습니다. “교실에 가둬놓고 한 명이 망을 보고 나머지가 돌아가며 때렸어요. 맞을 때 움직여도 안 되고, 신음소리를 내도 안 되고, 눈물을 흘려도 안 된다고 협박하면서 '얼굴만 빼고' 온몸을 폭행했어요. 화장실에 가둬놓고 때릴 때는 웃옷을 벗기고 추행을 하면서 '애가 통통해서 때릴 때 차지다. 때리기 좋다'면서 낄낄대며 때렸어요." "한 번은 저보다 체구도 작고 어린 학생을 시켜 때리게 했어요. 이때는 참다못해 담임 선생님에게 알렸더니 '네 선에서 해결하라'고 하셨어요." 영훈이 어머니 최씨는 "영훈이가 학교 끝나고 집에 들어올 때마다 무슨 좋은 일 있는 사람처럼 항상 활짝 웃었어요. 내가 '그렇게 일부러 안 웃어도 돼'라고 말할 정도로 잘 웃었어요. 그런데 그게 자기가 당하고 있는 일 티 날까봐, 그러면 내가 걱정할까봐 내내 그랬던 거라고 생각하니 가슴이 무너져요." 영훈이는 '비밀'을 털어놓은 후 이상해지기 시작했습니다. 환청이 들린다면서 비명을 지르고 허상에 시달려 침대 밑에 숨는 등 발작 증세까지 보였습니다. 질긴 인내심의 무장이 해제되면서 심각한 정신적 공황이 온 것입니다. 이제 폐쇄병동 입원 생활은 끝났지만 여전히 울산에서 서울을 오가며 정신과 통원 치료를 받고 있습니다. 영훈이의 중학교 입학 성적은 전교 22등. 이런 영훈이는 지금 고등학교 2학년 이어야 하지만 2년이 넘도록 학교를 다니지 못하고 있습니다. 반면, 가해 학생 6명은 2014-2015년에 걸쳐 법원에서 보호관찰 처분을 받으며 비로소 학교폭력으로 인정되었다.

12) 학교폭력으로 6주 입원치료, 가해자는 고작 6일 출석정지

인천의 한 중학교 1학년 학생이 학교에서 주관한 해외 문화교류 프로그램에 참가했다가 선배들로부터 폭행과 괴롭힘을 당해 6주간 치료를 받은 사실이 뒤늦게 알려졌다. 반면 가해학생들은 출석 정지 6일 처분에 그친 것으로 확인됐다.

4일 인천시교육청과 학교 측에 따르면 연수구 모 중학교 1학년 A(13)군은 지난해 10월 17~21일 중국 칭다오에서 열린 한중청소년 문화교류 프로그램에 참가했다가 B(15)군 등 3학년 선배 2명에게 폭행과 괴롭힘을 당했다. 돈도 빼앗겼다.

A군은 귀국 후 하루 등교했으나 곧 병원에 입원했고 뇌진탕 등으로 6주간 치료를 받았다. 학교폭력 신고를 받은 학교 측은 지난해 11월 3일 학교폭력대책자치위원회를 열어 가해학생 2명에게 전학 조치를 내렸다. 하지만 가해학생 측은 "가혹하다"며 재심을 청구했다. 학생징계조정위원회는 지난해 11월 21일 재심을 받

아들여 가해학생들은 출석 정지 6일 처분을 받는 데 그쳤다.

시교육청 관계자는 “징계조정위원들이 전학 조치는 과하다고 판단해 재심 청구를 인용했다”고 말했다. 당시 문화교류 프로그램에는 1~3학년생 40명이 참가했고 교장과 부장교사, 상담교사 등 3명이 동행했다. 학교 측이 귀국 후에 참가 학생들을 대상으로 학교폭력 관련 전수조사를 벌인 결과 10여명이 선배들로부터 “돈을 빌려달라”는 등 강요를 당했다고 털어놨다.

인천동부교육지원청은 해당 학교 교장에게 경고, 인솔 교사 2명에게 주의 처분을 각각 내렸다. 경찰은 상해 혐의로 B군 등 가해학생 2명을 검찰에 송치한 상태다. 학교 관계자는 “피해학생이 내색을 하지 않고 학교폭력보다는 장난에 가까운 행위도 있어 인솔교사들이 피해사실을 인지하지 못했던 것으로 보인다”라며 “학교폭력을 예방하지 못해 죄송하다. 가해 학생들은 피해 학생으로부터 계속 격리하겠다”고 말했다.

출처: 한국일보(2017). 학교폭력으로 6주 입원치료, 가해자는 고작 6일 출석정지.(2017.01.04.기사)

13) 학교 내 학생 간 폭행사건으로 교사와 학교책임 유무

고등학교 3학년인 준이는 집안사정으로 학교를 1년간 자퇴했다가 복학했다. 복학 첫날 오전 8:50경 1층 복도에서 우연히 마주친 제명에게 “기분 나쁘게 쳐다본다.”는 이유로 화장실로 불려가서 대걸레 등으로 구타를 당하게 되었습니다. 이 사고로 상해를 입고 불안과 우울 증세를 보여 정상적인 학교생활을 할 수 없는 상태에 도달하자 교장, 담임교사, 서울시를 상대로 소송을 제기했다.

학교의 교장이나 교사는 학생을 보호·감독하는 의무를 진다. 하지만 이런 의무는 학생의 법정감독의무자, 즉 학부모 등을 대신하여 감독하여야 하는 것이다. 따라서 학교 내에서의 학생의 모든 생활관계에 미치는 것이 아니라 학교에서의 교육활동 및 이와 불가분의 관계가 있는 생활관계에 한한다. 또 그 의무 범위 내라고 하더라도 사고가 학교 내에서 발생할 수 있다는 것이 예측 가능성이 있는 경우에 한해서 교장이나 교사는 보호·감독의무를 진다. 이 사건은 정규 수업이 시작되기 전에 화장실에서 발생했고, 그 시간에 전교직원이 참석하는 교직원 회의가 열리고 있었다. 또 준이는 새로 복학한 친구로서 제명이와 모르는 사이였음을 인정할 수 있고, 제명이는 특별한 사고를 일으킨 적이 없는 학생이었으므로 학교에서는 이 사건은 사전에 예측할 수 있었다고 보기 어려웠다. 따라서 이 사건은 학교와 교사의 책임이 없는 것으로 판결이 내려졌다.

[출처]: 오세혁(2012). 학교폭력 발생시 학교, 교사, 학부모의 올바른 대처방안. pp.23-24.

14) 미성년자의 폭행사건 책임유무

중학교 1학년인 천석이가 같은 학년의 친구 5명에게 집단폭행을 당했다. 이로 인해 천석이는 신체 상해를 입었고, 천석이의 부모는 가해 학생의 못된 버릇을 반드시 고치고야 말겠다면서 법에 호소할 생각을 가지고 있다. 그런데 문제는 가해 학생의 나이가 전부 만 12, 13세로 형사미성년자로서 형사처벌을 받지 않는다는 것이다.

이 사례는 형사미성년자의 폭행사건의 경우도 법적인 책임을 묻는지의 문제를 다루고 있습니다. 가해학생은 만 14세에 도달하지 않은 형사미성년자이므로 당연히 형사상의 처벌이 불가능하다.[1] 또 가해학생의 학부모나 교사도 역시 천석이에 대한 폭행을 지시하거나 사주하지 않았으므로 처벌받지 않는다. 하지만 민사상의 손해배상은 별개의 문제이다. 민법상 미성년자가 사람을 폭행하거나 물건을 부순 경우, 본인은 배상할 능력이 없으므로, 법정감독의무자가 감독 의무를 다하였다는 것을 입증하지 못하면 손해 배상 책임을 져야한다. 즉, 감독자인 담임교사의 경우도 손해배상의 대상이 될 수 있다는 말이다. 실제로 가해 학생과 부모, 교사, 교육청 등은 피해 학생에게 배상금을 물어주어야 한다는 판결이 나온 바 있다.

이처럼 학교폭력과 관련된 학교 및 교사에 대한 사건에 대한 판례를 살펴보면 학교폭력에 대한 예측 가능성이 있는 부분에 대해서는 교사들이 미리 조치를 하는 것이 가장 중요하다는 것을 알 수 있다. 즉 예방교육과 예방상담 등의 조치를 충분히 하고, 근거를 남겨둔다면 법적인 책임 문제에서 안전할 수 있다.

[출처]: 오세혁(2012). 학교폭력 발생시 학교, 교사, 학부모의 올바른 대처방안. pp.24-25.

1) 물론 형사미성년자라고 하더라도 만 12세 이상의 소년이 형벌법령에 저촉되는 행위를 한 경우에는 이른바 촉법소년으로서 소년법 제4조 제1항 제2호에 의거하여 소년법에 따른 보호대상이 되고 소년원송치를 비롯한 보호처분을 받을 수 있다.

3. 신체폭력 사례에 대한 효과적 지도 방안

가. 교사는 부모의 심리를 잘 알아야 한다.

환과 열은 함께 잘 노는 친구들이었다. 어려서부터 동네 친구이며 학교도 같이 다녔다. 어느 날 한 아이가 열에게 말했다. “환이 지난번에 너 흉봤다.” 그 말을 들은 열은 환에게 따졌다. 그랬더니 환은 “너도 지난번에 다른 애한테 내 욕했잖아. 너는 그래도 되고 나는 그러면 안 되니?”라고 맞받아쳤다. 둘은 한 판 싸우고 끝내자며 또 싸웠는데 환의 이가 하나 부러졌다. 부모들이 이 사실을 알게 됐고 아이들 싸움이 부모들 싸움으로 번졌다. 반면에 아이들은 그 싸움 이후 곧 화해하고 다시 친하게 지내게 됐다.

아이들이 다시 잘 지내게 된 것을 본 담임교사는 가해자와 피해자 부모에게 “애들끼리 잘 노는데 왜 문제 삼느냐?”고 말했고 이 말을 들은 부모들은 화를 가라앉히기는커녕 문제를 더 크게 만들었다. 가해자 열의 부모는 환이 싸움의 원인을 제공했다면서 꼬투리를 잡았다. 열의 부모가 이렇게 나오자 환의 부모 역시 더욱 화를 내며 맞불을 놓았다. 부모들 싸움의 긴장이 고조되는 가운데 환과 열은 함께 놀러 다니는 아이러니한 상황이 벌어졌다.

1) 사건발생시 교사의 생각과 반응

교사는 일단 사건이 발생하면 가정교육의 문제점을 먼저 지적한다.

▶ 피해부모에 대한 교사의 생각과 반응

피해자 부모에 대해서는 사건을 지나치게 확대해서 반응한다고 생각한다. 또래 간 흔히 있을 수 있는 사소한 일로 쉽게 해결할 수 있는데 부모가 예민하게 반응해서 사건을 크게 확대시킨다. 그러다보니 아이들이 친구간의 관계형성능력이 떨어지며 부모에게 지나치게 의존적이 된다. 피해자가 문제가 있다. 친구들과 적응력이 떨어져 친구들과 잘 어우러지지 못한다. 결국은 원인제공을 피해자가 한다.

▶ 가해부모에 대한 교사의 생각과 반응

가해자 부모에 대해서는 사실을 인정하지 않고 사과할 줄 모른다고 생각한다. 또래 간 흔히 있을 수 있는 상황이라 변명하며 사실에 대해 미안해하거나 사과하지 않는 점이 문제이다. 그러다보니 아이들이 자신의 잘못을 반성할 기회를 잃게 되어 반복된 잘못을 저지르게 된다. 반면, 자신의 아이가 피해를 당할 경우는 절대 용서하지 않고 끝까지 물고 늘어져 아주 힘들게 하며 사건화 시키는 경향도 있다. 불쾌한 어투로 가해자의 잘못을 비난한다. 가해자를 문제 학생처럼 취급한다. 부모님이 나서서 해결할 것을 요구한다.

2) 사건 발생 시 부모의 심리와 반응

부모들은 사건이 발생하면 당황하면서도 별일 아닐 거라 생각하며 내 아이 입장에서 먼저 생각한다. 그러면서 교사들이 알아서 해결할 것이라 생각하는데 교사가 잘못 반응하게 되면 방어심리가 작용해 변명거리를 찾게 된다.

▶ 피해부모의 심리와 반응

피해부모는 교사가 사건을 확대시키지 않으려고 가해자편에 선다고 생각한다.

학창시절 친구 간에 있을 수도 있는 일이라 생각하지만 다시는 이런 일이 발생하지 않도록 가해자를 따끔하게 혼내고 공개 사과를 통해 아이의 자존심을 세워주고 부모가 당당하게 사건을 해결하는 모습을 보여주고 싶어 한다. 하지만 생각대로 진행되지 않는다.

자식에게 부모로서의 위신이 안선다고 생각하여 처벌을 하거나 법적소송을 해서라도 부모의 당당한 모습을 보여주고 싶어 한다. 자식이 자신을 믿고 의지하기를 바라는 마음이 크다.

자신의 아이가 당당하지 못하고 기죽어 지내며 눈치 보는 것 같아 속상하고 또래 친구에게 당했다는 게 자존심이 상하고 그냥 넘어가면 계속 끌려 다닐 거라 생각한다.

가해학생과 친하게 노는 게 오히려 더 속상하다. 차라리 가해학생을 공격하고 분노를 터트리면 덜 속상할 것 같다. 가해학생이 임시모면책으로 아이를 불러내는 것 같아 지능적인 아이로 보여 불안하고 피해학생은 비굴하게 따라 다니는 것으로 여겨지고 한편으로는 두려움에 끌려 다니는 건 아닌지 화가 치밀어 오른다.

화가 나 아이에게 비난과 원망을 퍼부으니 아이는 더 어긋나는 행동을 하게 되어 속이 탄다. 아이들을 제대로 지켜내지 못한 교사에게 원망이 쏟아진다. 교사가 관심도 없고 대책도 없다고 속상해 한다. 교사가 하는 말이 모두 서운하게 들린다. 가해학생의 전학과 강력한 처벌을 원한다.

가해학생과 가해부모가 무릎 꿇고 용서를 구함으로서 아이의 자존심도 회복하고 자신의 위치를 세우고 싶어 한다. 가해학생이 반성하고 공개적으로 잘못을 빌어 자신의 아이가 보복의 위험에서 벗어날 수 있게 하고 피해자의 문제가 아니라서 가해학생에게 잘못이 있다는 것을 알리고 싶어 한다.

▶ 가해부모의 반응

가해부모는 교사가 우리아이를 지나치게 죄인 취급한다고 생각한다.

처음엔 당황하고 안절부절 하다가 곧 변명거리를 찾는다. 가해아의 변명을 인정해주며 은연 중 왜곡시켜 변명거리를 더 보충해준다. 주위사람들에게 피해아이를 비방하며 자신의 변명거리를 만들어낸다. 피해학생, 피해부모, 피해가정의 문제점을 들춰내며 다른 아이들에게도 따돌림을 당하고 있다고 비방을 한다. 하지만 자신의 아이에 대해 잘 모르고 있는 것 같은 불안감과 아이의 장래에 대한 걱정도 한다.

- 처벌 받을 것에 대한 두려움과 문제아로 낙인찍힐까 두려워하며 피해자 측에 밀리면 아이의 입지가 좁아진다고 생각하고 피해자가 원인제공을 했다고 문제를 피해자에게 돌리려 한다.
- 아이에게 보호막을 쳐주다가도 울컥 화가 치밀어 폭언과 비난을 퍼붓기도 한다. 피해학생과 어울려 다니다 또 다시 상처를 입힐까 두려워 분리를 하고 싶은데 같이 어울려 다니니 속이 탄다.
- 교사가 어느 편에 서있는가 파악하고 상황에 맞게 대응하려고 한다.

3) 교사가 부모의 심리를 잘 알아야 문제를 해결할 수 있다.

이 사례의 경우 교사가 부모의 심리를 전혀 읽지 못하고 대수롭지 않게 생각했다. 가해자 부모는 이성적으로 잘잘못을 따지기 전에 자기 자식에게 해가 가지 않을까 걱정하며 방어심리를 갖게 된다. 그래서 '최선의 방어는 공격'이라는 말도 있듯이 피해자에게도 책임이 있지 않은지 찾기 마련이고 학교의 지도 소홀은 없었는지 살피며 자기 자식을 보호하기 위해 피해자나 학교 측에게 책임을 돌린다.

반면에 피해자 부모는 가해자와 그 부모로부터 사과 받고 싶어 하고 아이가 다쳤을 경우 적절한 보상을 받고 싶어 한다. 그리고 무엇보다도 아이가 안전하게 학교생활을 하기를 바라기 때문에 재발방지 약속을 받고 싶어 한다. 피해자 부모가 무척 속이 상해있는 상태에서 교사가 대수롭지 않은 일인 듯 이야기했으니 피해자 부모는 더욱 화가 났을 것이고 가해자와 그 부모, 그리고 학교에 대해 온갖 악담을 퍼부으며 가만두지 않겠다고 했던 것이다.

[출처]: 조정실(2012). 효과적인 학교폭력 예방과 대처방안. 학교폭력담당 책임교사 연수자료집. 경남교육2012-110. pp.27-28.

나. 동료 교사들과의 협력체를 구성하여 체계적으로 접근해 나가야 한다.

가해 학생들은 피해 학생이 1학년 학생들에게 잘난척하고 다니며, 평소에 자신들에 대하여 뒤에서 욕을 하고 다닌다는 이유로 불만을 가지고 있던 중, 피해 학생이 가해자 박 ○○의 남자 친구에 대하여 험담을 하였다는 직접적인 이유로 피해 학생을 2-8반 교실 옆 계단으로 불렀다. 그리고 왜 자신들을 욕하고 다니느냐고 따지다가 흥분하여 피해 학생의 입을 막고, 욕을 하면서 머리를 밀고 뺨을 때리고, 배를 툭툭 치는 등 폭행하였다. 방과후에 피해 학생을 후문으로 나오라고 하여 ○○ 피씨방 계단으로 데리고 가서, 머리채를 잡고 흔들면서, "눈깔아라", "교복은 왜 줄여 입느냐? 네 배가 나왔으니 배나 줄여라", "너, 렌즈도 끼냐, 눈알 썩어 들어간다." 등의 말과 함께 욕설을 하며, 뺨을 때리고, 머리를 치는 등 집단으로 폭행을 가한 사실이 학교에서 실시한 폭력 피해 설문 조사 결과 밝혀졌다.

○ 교사와 학교측의 대처요령

- 일방적인 집단 구타의 경우 피해 학생의 인격과 존엄성을 말살하는 행위일 뿐만 아니라 신체적 피해와 정신적 고통을 극대화하는 악질스러운 행위이다. 그리고 이와 같은 구타는 대부분 집단 따돌림이나 괴롭힘의 형태를 동반하고

있으며, 가끔은 교내 조직폭력의 형태를 나타내기도 한다. 한편 이런 종류의 폭력 행위자는 대부분 성인 폭력으로 연결되며, 사회의 조직폭력과도 연계될 가능성이 매우 높다.

- 교사는 학교 내·외에서 집단폭력의 장면을 목격하거나 주지하게 되었을 때, 혼자의 힘으로 대처하기 어렵다고 판단하여 이를 회피하거나 포기해 버리지 말고 장기적인 계획을 수립하고, 동료 교사들과의 협력체를 구성하여 체계적으로 접근해 나가야 한다. 학생들의 폭력행위가 극단적이고 조직적인 형태를 나타낼 경우 학교 밖의 경찰력을 요청하는 방법도 고려해야 한다.
- 학교측에서는 학교폭력 전담교사를 두어 교내와 학교 주변을 항상 점검하고, 발견 즉시 가해 학생과 피해 학생을 격리시킴은 물론이고 이들을 상담실로 불러와서 철저한 조사와 전문적인 상담활동을 전개해야 한다.
- 피해자에 대해서는 상처나 정신적 충격 정도를 점검하고, 상담을 통해 해결 가능한지의 여부를 확인한 뒤 체계적이고 전문적인 상담을 실시하거나 외부 전문기관에 위탁하여 상담이나 치료를 받도록 조치해야 한다.
- 가해자의 성장배경과 가정환경, 폭력 노출 정도 등을 파악하여 사회 폭력이나 성인기 폭력으로 연결되지 않도록 지도할 필요가 있다. 이를 위해 가해자 학생들의 성장배경과 가정환경, 폭력 노출정도 등을 점검하여 원인을 분석하고, 그들의 정서적 장애와 심리적인 문제를 해결하는데도 최선의 노력을 기울이도록 한다.
- 가해자와 피해자의 부모와 면담을 하되, 피해자 부모의 흥분을 고려하여 개별적으로 면담을 실시하는 것이 좋다. 양쪽 부모가 어느 정도 진정된 상태에서는 함께 모셔서 합리적인 해결책을 모색해 보아야 한다. 폭력 가담 학생과 가정의 부모 그리고 학교의 교사가 상호 협력할 수 있는 체제를 마련하는 것이 중요하다.

일방적 구타는 그것이 집단으로 행해지던 개인적으로 행해지던 피해자를 정신적으로 황폐화시키고 인간의 존엄성을 말살시키는 비열한 행위이다. 그리고 이들의 폭력행동은 단순히 청소년기에 나타날 수 있는 반항적이고 모험적인 행동이 아니라 조직적이고 지속적이며 의도적인 범죄성향을 지니고 있다. 그러므로 일방적 구타가 발생하였을 때 교사는 일단 폭력 가해자들이 폭력에 개입하게 된 경위와 원인을 분석하고, 피해자의 신체적 또는 심리적 상처 정도를 파악해야 한다. 이들의 폭력이 극단적인 비행과 연결되지 않도록 조치하고, 더 이상 폭력이라는 방법을 동원하지 못하도록 하는 등의 적극적인 지도가 이루어져야 한다.

참고문헌

교육부(2016). 2016년 1차 학교폭력실태 조사결과 보도자료.

오세혁(2012). 학교폭력 발생시 학교, 교사, 학부모의 올바른 대처방안. 미간행원고.

조선에듀(2016). 어려지는 학교 폭력, 초등 현장에 번지는 '초4병' (2016.08.17.기사).

조정실(2012). 효과적인 학교폭력 예방과 대처방안. 학교폭력담당 책임교사 연수자료집. 경남교육2012-110.

청소년폭력예방재단(http://www.jikim.net). 학교폭력 화해・분쟁조정센터.

한국일보(2017). 학교폭력으로 6주 입원치료, 가해자는 고작 6일 출석정지.(2017.01.04.기사).

제26장 언어폭력 사례

학습목표

1. 학교폭력의 유형 중 언어폭력 사례를 알고, 이해할 수 있습니다.

1. 언어폭력의 개념 및 유형

가. 언어폭력의 개념

언어폭력이란 말하는 사람의 언어적 표현이 듣는 사람에게 매우 폭력적이거나 공격적인 느낌을 주게 됨으로써 상대방의 자아 개념을 손상시키는 부정적 표현을 일삼는 행위를 말한다.

나. 언어폭력의 유형

놀리기, 비하하기, 욕하기, 모욕하기, 위협하기(말, 쪽지, 이메일), 소문 퍼뜨리기 등이 언어폭력의 대표적인 유형이며, 이를 일반적인 언어폭력과 정보통신상의 언어폭력으로 나눌 수 있다.

〈표 26-1〉 언어폭력의 유형

언어폭력의 유형	내용
일반적 언어폭력	• 성격공격: 상대의 성격을 부정적으로 말함 예) 네 성격은 구제불능이야! • 능력공격: 상대의 능력을 부정적으로 말함 예) 공부도 못하는 주제에 망나니 짓을 하다니! • 배경공격: 상대의 배경을 공격하는 표현 예) 쌍놈의 집안 자식이니 그렇지! • 외형공격: 상대의 생긴 모습이나 옷차림을 부정적으로 표현 예) 호박에 줄 근다고 수박 되냐? • 기타공격: 저주, 희롱, 조롱, 협박, 욕설 예) 벼락을 맞을 놈 같으니!, 너희 부모님이 그렇게 시키더냐?
정보통신상의 언어폭력	• 휴대폰, 스마트폰 이용한 언어폭력 • 인터넷 사용에 의한 악성 댓글 • 블로그, 트위터 등을 이용한 인신공격

학교폭력 예방법과 관련된 언어폭력은 명예훼손, 모욕, 협박이며, 이에 따른 구체적인 예시상황은 〈표 26-2〉와 같다.

〈표 26-2〉 학교폭력 예방법과 관련된 언어폭력 예시 상황

유형	학교폭력 예방법 관련	예시 상황
언어 폭력	• **명예훼손** • **모욕** • **협박**	• 여러 사람 앞에서 상대방의 명예를 훼손하는 구체적인 말(성격, 능력, 배경 등)을 하거나 그런 내용의 글을 인터넷, SNS 등으로 퍼뜨리는 행위(명예훼손) → 내용이 진실이라고 하더라도 범죄이고, 허위인 경우에는 형법상 가중 처벌 • 여러 사람 앞에서 모욕적인 용어(생김새에 대한 놀림, 병신, 바보 등 상대방을 비하하는 내용)를 지속적으로 말하거나 그런 내용의 글을 인터넷, SNS등으로 퍼뜨리는 행위(모욕) • 신체 등에 해를 끼칠 듯한 언행(죽을래 등)과 문자메시지 등으로 겁을 주는 행위(협박)

2. 학교내 언어폭력의 실태

가. 교사의 언어폭력

남·여교사가 무의식적 또는 습관적으로 행하는 언어폭력이 많으며, 언어폭력 교사의 연령대는 40대, 30대, 50대, 20대 순으로 30-40대 선생님이 다른 연령층의 선생님 보다 많이 행사한 것으로 나타났다. 학생들이 교사로부터 언어폭력을 당하는 장소는 교실, 운동장, 교무실 순으로 나타났으며, 교사가 행하는 언어폭력의 내용은 주로 학생 비하적 발언이 대다수였다. 예를 들면 병신, 이 새끼들, 개새끼, 미친년, 죽여 버려, 쌍놈의 새끼, 바보새끼 등이었다.

교사의 언어폭력의 문제점은 다음과 같다. 첫째, 학생들에게 불신감을 주어 학교에 오기 싫어하는 원인을 제공한다. 둘째, 교사의 언어폭력은 학생의 반항심을 유발하여 교사의 지시에 불응하는 자세를 보이게 된다. 셋째, 학생들은 교사를 모방하여 죄책감 없이 언어폭력을 행사하게 된다.

1) 선생님의 '언어폭력'은 학생의 평생을 좌우한다

국가인권위원회에 학부모들이 진정한 사례들을 보면 한 초등학교 교사는 알림장에 부모 도장을 받아오지 않은 3학년 학생에게 "엄마 아빠가 모두 죽었냐. 가정교육도 못 받은 것이, 무식하다"는 폭언을 했다. 어떤 중학교 교사는 보충수업을 안 받겠다고 한 학생에게 "엄마가 술 먹고 바람 피우냐"고 했고, 고교 미술교사는 조울증 3급 장애학생에게 "어떻게 일반학교에 들어왔냐, 구제불능이다"라는 인격모멸적인 막말을 했다. 교사의 이런 폭언은 학생에게 씻을 수 없는 모멸감을 주고 인생을 통째로 좌절하게 만들 수도 있다.

출처: 조선일보(2010). 선생님의 '언어폭력'은 학생의 평생을 좌우한다.(2010.09.24.기사): http://news.chosun.com/site/data/html_dir/2010/09/24/2010092401485.html

2) 교사들의 언어폭력 그 정도라니

교사의 언어폭력에 시달리는 학생들이 적지 않은 것으로 드러났다. 지난 4~6월 3개월 동안 **국가인권**위원회에 교사의 언어폭력 등을 고발하는 진정과 상담이 73건이나 접수됐다고 한다. 인권위에 접수된 **내용** 가운데는 방과 후에 옆반 친구를 기다리며 손가락으로 유리창을 두드렸다가 교사에게 빰을 30대 이상 맞아 고막치료를 받고 있는 경우도 있다. 일부 교사들의 일탈적인 행태라고 치부하기에는 정도가 심하다.

얼마 전에는 자신이 담임을 맡은 초등학생들을 무차별적으로 폭행하는 교사의 동영상이 공개돼 충격을 줬다. 이른바 '오장풍 교사' 파문이다. 이번에 인권위를 통해 공개된 **사례**들도 그에 못징낳게 반교육적이다. 알림장에 부모 도장을 받아오지 않은 초등학생에게 "엄마 아빠가 다 죽었느냐, 가정교육도 못 받은 것, 무식하다"고 말한 교사가 있는가 하면, 한 학생은 **보충**수업을 안 받는다는 이유로 담임교사로부터 "엄마는 술 먹고 바람 피우니, 네 아빠는 술 먹고 때리냐"라는 등의 폭언을 들었다고 한다. 이런 사례들을 접하고 가슴이 답답해지는 학부모가 많을 것이다.

출처: 세계일보(2010). 교사들의 언어폭력 이 정도라니. (2010.10.14.기사)

3) 학생에게 '언어폭력' 가한 교사 유죄…전국 첫 사례

수업 중 학생을 향해 언어폭력을 가한 교사에게 법원이 유죄를 선고했다.

특히 이번 판결은 제자에게 한 막말이 정서학대로 인정된다는 첫 판결이어서 향후 교육현장에 적잖은 영향을 미칠 것으로 보인다.

12일 수원지법 형사9단독 지귀연 판사는 다문화 가정 학생에게 언어폭력을 가한 혐의(아동복지법 위반)로 불구속 기소된 수원지역의 모 초등학교 교사 이모씨(52 · 여)에게 벌금 300만원을 선고했다.

지귀연 판사는 판결문에서 "교육자인 피고인이 우리 사회가 포용하고 함께 걸어가야 할 다문화가정 어린이에게 큰 상처과 아픔을 준 사실이 인정된다"며 "다만 깊이 뉘우치고 있고 초범인 점, 피해자에게 사과와 용서를 구한 것으로 보이는 점 등을 참작해 벌금형을 선고한다"고 밝혔다.

이로써 이모 교사는 금고 이상의 선고일 경우 교사직을 박탈당한다는 국가공무원법에 따라 일단 교사직을 유지하게 됐다.

하지만 검찰은 곧 항소했고, 향후 항소심 결과에도 귀추가 쏠리고 있다. 이모 교사는 지난 5월부터 캐나다인 아버지와 한국인 엄마를 둔 릴리양(12)이 수업시간에 질문이 많고 김치를 먹지 않는다는 등의 이유로 학급 학생들에게 '릴리바로'라고 세번 외치게 하는 등 비하발언을 한 혐의로 릴리양 부모로부터 고소를 당했다.

출처: 국제뉴스(2015). '언어폭력' 가한 교사 유죄…전국 첫 사례(2015.02.13.기사)

나. 학생 간의 언어폭력

학생들의 언어폭력은 쉬는 시간 교실, 화장실, 복도, 하굣길, PC방, 오락실 순으로 많이 나타나 교실에서 가장 많은 언어폭력이 이루어지고 있고, 언어폭력의 내용은 구체적 욕설, 비하발언, 놀림, 부모님 모독 등의 순으로 행사되고 있다.

언어폭력을 당한 이유를 조사한 결과에 따르면 '아무런 이유 없이'에 대한 응답이 높게 나타나 청소년사이에서 무분별하게 난무하고 있는 상황이며, 정보통신매체를 이용한 언어폭력이 급격하게 증가하고 있다.

학생 간의 언어폭력의 문제점과 개선방안은 다음과 같다.

첫째, 언어 폭력적 행동을 자신 과시의 수단으로 사용되고 있다.

둘째, 대부분의 언어폭력을 가해하는 학생들은 그에 대한 심각성을 별로 느끼지 못하고 있으므로 많은 학생들이 언어폭력을 사용함으로써 피해 학생들의 심리적·정서적인 문제로 발전할 수 있음을 인식하지 못하고 있다.

셋째, 학생들의 언어폭력을 예방 지도 할 수 있는 구제적인 지도 자료가 요구된다.

넷째, 습관적 언어폭력은 학교에서 뿐만 아니라 가정·사회에서도 일반적으로 쓰이게 되어 학생들의 인격적 발달에 장애를 가져올 수 있다.

다섯째, 핸드폰, 스마트폰 등 인터넷상에서 이루어지는 언어폭력에 대한 제재방안이 모색되어야 한다.

1) 학교내·외 언어폭력 괴롭힘

중3학년 재학중인, 가해학생은 피해학생에게 습관처럼 바보같다,멍청하다는 등 외모에 대해서도 재수없게 생겼다는 비하하는 발언과 없는얘기로 모함을 하며, 지속적으로 괴롭혔습니다.

또한 친구들과 어울리지 못하도록 막았는데요, 피해학생은 정신적 스트레스를 받으며, 가까스로 1년을 보냈고, 졸업을 하였습니다.

며칠 후, 고1학년이 되어 입학을 하였습니다, 우연치 않게 또 다시 가해학생과 같은 반이 되었는데요. 역시나 가해학생은 피해학생에게 언어폭력를 행사하였고, 외모를 지적하는 비하발언으로 모욕감을 주었습니다. 반 친구들에게도 함께 따돌림을 강요하였습니다.

결국 피해학생은 이 사실을 부모에게 알렸고, 학교에서 자치위원회를 열어 가해학생에게 서면사과와 사회봉사 처벌을 내렸는데요!

피해학생 부모는 그 전학년 때부터 지속적인 언어폭력으로 괴롭힘을 받아왔고, 학년이 올라가면서 새입학을 하였는데도 피해학생에게 변함없이 언어폭력을 행사하고 따돌리는 모습을 지적하며, 처벌이 미약하다고 생각하여 재심을 청구하였습니다.

[출처] 행정사 사무소(2017). 학교내 · 외 언어폭력 괴롭힘.(2017.03.14.)
http://blog.naver.com/ysy3098/220956961736

2) "친구들이 놀려서 학교가기 싫어요"

학교폭력 실태조사 '언어폭력' 가장 심각해

온라인 기사 2016.12.16 17:04

[일요신문]

"야이 X납작아." 대구의 한 중학교에서 동급생들이 부르는 A(14)군의 별명이다. 뒤통수가 남들보다 납작하다고 해서 붙여진 별명이다. 여기에 10대들이 자주 쓰는 최상급의 표현인 '개'를 붙여 'X납작이'로 불린다.

으레 학창시절에는 친구들끼리 별명을 부르는 일이 다반사다. 그러나 과거와는 달리 인터넷과 SNS, 통신시설 등이 발달한 요즘에는 이러한 작은 일들이 크게 번지기도 한다.

얼마전 A군은 친구들과의 카톡창에서 자신의 뒤통수를 찍은 사진이 올라온 것을 보고 화가 나 친구들과 말다툼을 하게 됐다. 문제는 여기서 그치지 않았다. 짓궂은 한 친구가 A군의 뒤통수 사진을 SNS를 통해 유포한 것이다.

심한 충격을 받은 A군은 이 사실을 부모에게 알렸고, 화가 난 부모는 SNS에 사진을 유포한 학생들을 상대로 명예훼손 여부까지 검토하겠다고 나섰다. 아이들의 싸움이 어른들의 싸움으로 번지는 흔한 사례 중 하나다.

3. 언어폭력 사례

가. 외모, 가정환경 등을 통한 언어폭력 사례

물리적인 신체폭력이 줄어드는 반면에 지속적인 욕설과 협박, 따돌림 등 뚜렷한 증거가 남지 않는 폭력이 증가하는 추세이며, 언어적 · 심리적 폭력에 시달리다 못해 고통과 해결책을 호소하는 상담문의가 많다(세계일보, 2014).

16명 그룹 채팅에서 "살 빠져도 돼지 XX야, X나 웃기지 병신아, 근데 우리 왜 XXX 까는 거냐? 못 생겨서 ㅋㅋ" 등의 집단 언어폭력 당했다.

초등학교 6학년 김모(13)군은 지난 6개월 동안 이모(13)군 등 동급생 3명에게서 '관심종자'라는 비아냥과 욕을 들었다. 김군은 자존심이 상했지만 혼자 당해낼 수 없어 속으로 끙끙 앓았다. 그러다 괴로움을 잠시나마 잊으려고 온라인 게임에 손댔다가 지금은 중독 수준이다. 김군은 "매일 학교에 가는 게 지옥 같다"고 토로했다.

중학교 3학년 박모(16)군은 불안장애에 시달리고 있다. 한때 같은 반이었던 최모(16)군 때문이다. 최군은 올해 1학기 초 '미운 놈 때리기 게임'이라는 스마트폰 애플리케이션에 박군 사진을 합성했다. 이후 쉬는 시간마다 박군에게 와서 "직접 못 때리니 이렇게라도 때리고 싶다"며 약을 올렸다. 최군은 최근 전학조치를 당한 뒤에도 동네에서 박군을 만나면 "나대지 말라"고 위협하거나 문자메시지로 '정신병자' 등의 욕설을 날렸다. 급기야 박군은 '약물 · 상담치료가 필요하다'는 의사 소견까지 받았지만 집안 형편이 어려워 엄두를 못내고 있다.

중3학년 재학 중인, 가해학생은 피해학생에게 습관처럼 바보 같다, 멍청하다는 등 외모에 대해서도 재수 없게 생겼다는 비하하는 발언과 없는 얘기로 모함을 하며, 지속적으로 괴롭혔습니다.

또한 친구들과 어울리지 못하도록 막았는데요, 피해학생은 정신적 스트레스를 받으며, 가까스로 1년을 보냈고, 졸업을 하였습니다.

며칠 후, 고1학년이 되어 입학을 하였습니다, 우연치 않게 또 다시 가해학생과 같은 반이 되었는데요. 역시나 가해학생은 피해학생에게 언어폭력를 행사하였고, 외모를 지적하는 비하발언으로 모욕감을 주었습니다. 반 친구들에게도 함께 따돌림을 강요하였습니다.

결국 피해학생은 이 사실을 부모에게 알렸고, 학교에서 자치위원회를 열어 가해학생에게 서면사과와 사회봉사 처벌을 내렸는데요!

피해학생 부모는 그 전학년 때부터 지속적인 언어폭력으로 괴롭힘을 받아왔고, 학년이 올라가면서 새입학을 하였는데도 피해학생에게 변함없이 언어폭력을 행사하고 따돌리는 모습을 지적하며, 처벌이 미약하다고 생각하여 재심을 청구하였습니다.

[출처] 행정사 사무소(http://blog.naver.com/PostView.nhn?blogId=ysy3098&logNo=220956961736)

친구 도둑 누명 씌우고 언어폭력까지… "가해학생 전학조치 정당"

친구에게 하지도 않은 도둑질 누명을 씌운 것도 모자라 언어폭력를 가한 중학생의 전학처분은 정당하다는 판결이 나왔다. 25일 서울고법 행정7부(민중기 수석부장판사)는 가해학생의 어머니가 경기도학교폭력대책지역위원회를 상대로 "전학조치를 내린 처분을 취소해달라"며 낸 행정소송 항소심에서 원심을 깨고 원고 패소로 판결했다고 밝혔다.

A양과 B양은 2012년 경기도에 있는 한 중학교 1학년에 입학해 친구로 지냈다. 같은 해 4월 A양은 B양에게 '곧 갚겠다'면서 7만원을 빌린 뒤 돈을 갚아달라는 B양의 독촉에도 갚지 않았다.

그러다 11월 말 A양은 B양의 신발주머니에 다른 친구의 화장품을 몰래 넣어놓은 뒤 다른 학생들 앞에서 B양이 이 화장품을 훔친 것처럼 몰았다. 이어 A양은 다른 친구들과 함께 B양의 가방을 뒤지다 B양의 화장품 파우치를 발견하고 이를 가져가 제 물건인 양 계속 사용했다. 그러던 어느 날 이 파우치가 없어지자 A양은 학교 측에 B양이 자신의 파우치를 훔쳐갔다며 도난신고까지 했다.

B양은 A양과의 다툼 이후 급성스트레스 반응으로 내과 및 정신과 진료를 받고 다음 학기 대부분을 결석했으며 결국 다른 도시에 있는 학교로 전학했다.

이후 B양의 부모는 A양 등의 학교폭력을 이 학교의 학교폭력대책자치위원회에 신고했고 자치위원회는 처음에 A양에게 전학조치를 내렸다. 이에 A양의 어머니가 경기도학생징계조정위원회에 재심을 청구하자 이 위원회는 전학조치를 취소하고 '출석정지 4일 및 특별교육이수 5시간'을 결정했다.

그러나 B양의 부모가 재심을 청구하자 경기도학교폭력대책지역위원회는 다시 A양의 전학조치를 결정했고, A양의 어머니가 이에 불복해 법원에 소송을 냈다. 1심은 A양이 신체적·물리적인 폭력에는 이르지 않았고 출석정지 4일 등의 조치를 이미 이행했다는 등의 이유로 전학조치는 지나치다며 이 처분을 취소하라고 판결했다.

그러나 항소심 재판부는 "두 학생 사이에 물리적 폭력은 없었으나 피해학생의 정신적 고통이 상당했던 것으로 보이고 두 학생이 결국 화해하지 못한 점 등을 고려하면 전학처분이 지나치다고 볼 수 없다"며 1심 판결을 취소하고 A양 측의 청구를 기각했다.

출처: 국민일보(2015). 친구 도둑 누명 씌우고 언어폭력까지… "가해학생 전학조치 정당" (2015.02.25.기사)

앞의 사례처럼 친구의 외모나 가정환경까지 걸고넘어지며 차별적인 언사를 하는 경우도 적지 않다. 한국교원단체총연합회가 2012년 말 초·중·고생 1941명을 대상으로 벌인 설문조사에서 '친구들 간 키나 몸무게, 신체부위 장애 등 외모를 이유로 차별·편견의 말을 들은 적 있냐'는 물음에 응답자 10명 중 3명 꼴(34.7%)로 '그렇다'고 답했다. '그런 말을 한 적이 있다'는 응답률도 31.1%나 됐다. 또 "너희 집은 그것도 없냐"거나 "부모님이 (기껏) 그런 일을 하시냐"는 식의 가정환경 비하 발언을 들었다는 비율도 5.9%였다.

이처럼 언어폭력은 피해자와 가해자 모두의 인격을 파멸시키고, 그 후유증이 오래간다는 점에서 청소년들의 언어문화환경 개선대책 등 다각적인 노력이 시급하다.

나. 사이버 공간에서의 언어폭력 사례

욕설·따돌림 등 사이버 폭력이 지난해보다 3배 이상 증가하여 학교 언어 폭력 피해자가 신체 폭행 피해로 이어져 심각하다(소년한국일보, 2014).

초등학교 5학년 김△△는 얼마 전 같은 학원에 다니는 한 친구의 사진을 찍어 카카오톡에 올리고 다른 친구들과 욕을 하며 놀렸다. 이 사실을 안 강사가 아이들을 모아 혼을 냈지만 반성하는 모습은 보이지 않았다.

초등학교 6학년 여학생인 이○○은 셀카를 찍어 소셜 네트워크 서비스(SNS)에 올리는 게 취미다. 하지만 이 때문에 심한 욕과 사이버 따돌림을 당했다. 사진을 올릴 때마다 친구들이 "XX야, 역겨운 사진 그만 올려라. 눈 썩는다.", "아직까지 안 죽었냐?", "XX 같이 생겨서 뻔뻔하게 사진을 올리다니……." 등 감당하기 힘든 댓글로 상처를 입은 이○○은 결국 정신과에 입원하게 됐다.

지난해 중학교 3학년이던 ㄱ군은 같은 반 친구 ㄴ군의 언어폭력에 시달리다 정신적 충격으로 현재 약물치료를 받고 있다. ㄴ군은 '미운 놈 때리기'란 스마트폰 게임 애플리케이션에 ㄱ군의 사진을 합성한 뒤 쉬는 시간마다 휴대폰을 들어보이며 "직접 때리진 못하지만 이렇게라도 널 때리고 싶다"고 괴롭혔다. ㄱ군은 수차례 "하지 말라"고 했지만 ㄴ군은 "내 휴대폰으로 내가 게임을 하는데 무슨 상관이냐"며 막무가내였다. 참다 못한 ㄱ군의 신고로 학교폭력대책자치위원회가 열려 ㄴ군이 전학을 갔지만 같은 동네에 사는 탓에 자주 마주쳤고, "나대지 말라"는 등 ㄴ군의 언어폭력은 계속됐다.

[출처]: 경향신문(2013). 학교폭력 피해 학생 45% "자살 생각했다" . (2013.04.22.기사)

이처럼 어린이들의 언어폭력이 사이버 공간을 통해 크게 번지고 있다. 인터넷 게시판은 물론 카카오톡과 같은 SNS의 사용이 잦아지면서 온라인 공간에서 거침없이 욕설을 내뱉는 것이 아무렇지도 않은 듯 일상화되어 가는 모습이다.

다. 지속적 언어폭력 사례

학생들이 가장 많이 당한 학교폭력은 협박이나 욕설 등 '언어폭력'인 것으로 나타났다(조선일보, 2012).

전남 지역 중소도시에 사는 초등학교 6학년 A군은 같은 학교에서 친구가 한 명도 없다. 이른바 '전따(전교생이 1명을 찍어서 왕따시키는 것)'다. 체구가 왜소하고 내성적이어서 친구들과 어울리지 못한 A군은 3학년 때부터 서서히 따돌림을 당해 왔다. 그렇다고 학생들이 A군을 때리거나 돈을 빼앗는 것은 아니다. A군을 수년간 괴롭혀 온 것은 또래들의 '말'이다. 같은 반 B군은 A군 옆을 지날 때마다 "전따 새끼 혼자 또 어디 가냐"라고 묻고 킥킥댄다. 또 다른 학생들은 자기들끼리 모여 "A 면상 존나 구리지 않냐" "가까이 가면 냄새 난다"고 수다를 떤다.

경상도 사투리를 쓴다는 이유로 지속적으로 조롱을 당한 한 중학생이 외상후 스트레스 장애를 갖게 되자 법원이 가해 학생의 부모에게 그 피해를 보상하라고 명령했다(뉴시스, 2013).

A군은 2010년부터 2012년까지 인천의 한 중학교에 재학할 당시, 경상도 사투리를 사용하고 말할 때 발음이 정확하지 않다는 이유로 B군으로부터 지속적으로 모욕적인 말을 들어 왔다.

이로 인해 A군은 가슴통증, 호흡곤란, 우울감, 적응장애 등의 증상이 생겨 병원을 찾은 결과 외상 후 스트레스 장애 진단을 받게 되자 소송을 제기했다.

사투리 쓴다고 욕하고 놀리고 … 언어폭력 중학생 1700만원 물려

사투리를 쓴다는 이유로 조롱을 당한 한 중학생이 외상후 스트레스 장애를 갖게 되자 법원이 가해 학생의 부모에게 배상을 명령했다. 울산지법 민사3단독 김성식 판사는 30일 정모(16)군과 정군의 부모가 중학교 동급생 이모군의 부모 등에게 제기한 손해배상청구소송에서 "정군과 부모에게 위자료와 치료비 등으로 1700여만원을 지급하라"고 판결했다.

인천의 모 중학교에 다니던 이군은 2010년 3월부터 지난해까지 2년6개월 동안 동급생인 정군에게 "장애인, 병신, 나가 죽어라"라고 하는 등 모두 18차례 심한 욕설을 했다. 경상도 사투리를 사용하면서 발음이 정확하지 않다는 이유에서였다. 주로 같은 반 학생 20여 명이 있는 교실에서 정군에게 언어폭력이 가해졌다.

담임교사를 비롯한 학교는 정군이 수년간 조롱을 당한 사실을 알아차리지 못했다. 교사가 없을 때 언어폭력이 일어났기 때문이다. 보복을 우려한 정군도 괴롭힘을 당한 사실을 학교에 알리지 않았다. 정군의 학급친구들 역시 정군을 모른 체했다.

정군은 언어폭력을 당한 이후부터 가슴통증과 호흡곤란, 우울증 등을 호소했다. 병원에서 외상후 스트레스 장애진단이 내려짐에 따라 지금도 심리·약물치료를 받고 있다. 더 이상 이 학교를 다니기 힘들다고 판단한 정군은 3학년 때 울산의 한 중학교로 전학 갔다.

정군의 부모는 이군의 부모와 담임교사, 인천시 등을 상대로 손해배상 소송을 제기했다. 재판부는 판결문에서 "이군의 부모는 평소 자녀가 학교 친구 등을 괴롭히거나 타인에게 해를 입힐 수 있는 위험한 행동을 하지 않도록 지도할 의무가 있는데 이를 게을리한 책임이 있다"고 밝혔다.

재판부는 위자료는 정군에게 500만원, 정군의 부모에게 400만원을 지급하도록 명령했다. 800만원은 병원 치료비 등 재산상 손해액이다.

반면에 담임교사와 학교에는 '배상 책임이 없다'고 판단했다. 재판부는 "담임교사가 교실에 없는 상황에서 욕설이 이뤄진 점, 학생들을 상담하는 과정에서도 신고나 상담요청이 없는 점으로 볼 때 교사가 가해행위를 파악하기는 힘들었을 것으로 보인다"고 이유를 밝혔다. 이군은 보호관찰소 프로그램 이수 처분을 받았다.

[출처] 중앙일보(2013). 사투리 쓴다고 욕하고 놀리고 … 언어폭력 중학생 1700만원 물려(2013.10.01.기사).

라. 장애학생 언어폭력 사례

반 카톡에 장애학생인 OOO 학생에 대한 욕설을 수차례 올리고 따돌림이 있었다. 학교폭력대책자치위원회를 개최하여 가해학생에게는 사회봉사 20시간, 특별교육 3일, 가해 학부모에게는 특별교육 3시간, 피해학생에게는 심리상담을 실시하였다.

서울 마포지역 장애학생을 대상으로 한 학교폭력 실태조사 결과 신체폭력보다는 언어폭력이 더욱 심한 것으로 조사됐다(에이블뉴스, 2013).

학교폭력 경험이 있는 마포지역 발달장애인 60명을 대상으로 1대 1 인터뷰로 진행됐고, 설문응답자 중 의사소통이 어려운 자폐성장애의 경우는 부득이 부모가 설문문항에 응답하는 방식으로 진행됐다.

조사결과에 따르면 학교에서의 신체폭력과 언어폭력 경험을 묻는 질문에 응답자의 58.3%가 신체폭력 경험이 있다고 응답했다. 반면 88.3%는 언어폭력 경험이 있다고 답했다.

특히 학교폭력은 1회성에 그치지 않고, 동일한 가해자에 반복적으로 발생했다. 동일한 가해자로부터 지속적으로 언어폭력을 경험한 경우는 69.8%였고 동일한 가해자의 지속적인 언어폭력 경험 횟수는 10회 이상(35.1%), 5회(29.7%), 3회(21.6%) 순이었다.

신체폭력 언어폭력을 가장 많이 당한 장소는 각각 일반교실이 60.0%, 79.2%로 가장 높게 나타났고, 기타장소로는 복도, 화장실, 친구 집, 계단, 운동장, 특수학급 교실 등이었다.

학교폭력 발생이유로는 놀림 48.3%, 따돌림이나 괴롭힘 33.3%, 이유 없음 8.3%의 의견을 제시했다. 학교폭력 발생시간으로는 쉬는 시간이 68.3%로 가장 높았다. 이어 등하교시간 10.0%, 방과후 시간 6.7% 순으로 발생했다.

학교폭력 피해 인지 경로는 본인(자녀)이 이야기한 경우가 28.3%, 상처를 보고 15.0%, 부모가 현장을 직접 목격 8.3% 등 순이었다.

마. SNS 언어폭력 사례

동급생들의 집단 따돌림과 '카톡 언어폭력'이 여학생의 자살로 이어진 불상사로 경찰이 수사에 나서게 되었다(CBS, 2012). 서울의 한 여고생이 아파트 11층에서 뛰어내려 스스로 목숨을 끊는 사건이 발생했다.

중3 때 만난 A(17.남)와 사귀다 지난 2월 이별통보를 받았다. 하지만 A와 헤어지면서 그의 친구들을 비롯해 중학교때부터 같이 놀던 친구들이 갑자기 적으로 돌변했다.

이 모든 시작은 '버터구이 오징어 사건'이었다. 지난 4월 어느날 한 편의점에 들어간 수진이는 곧이어 A와 A의 친구 B(17.남)가 들어오자 무심코 손에 집었던 오징어 과자를 그 친구들 쪽으로 던졌다. 그 뒤로 수진이는 '이상한 아이'가 됐다.

다니고 있던 송파구 일대 4~5군데 학교에까지 소문이 퍼졌다. 이름조차 모르는 다른 학교 학생들까지 채팅방에 들어와 욕을 했다. 소문이 퍼져 나갈수록 ○○이 곁에 있던 친구들도 하나둘씩 떠나기 시작했다. 중학교때부터 친하게 지내고 ○○이가 많이 도와줬던 C(17.여)이도 결국 외면하고 말았다.

하지만 학교 담임이나 부모님들은 ○○이에게 이런 일이 일어나고 있는지 전혀 알지 못했다. 실제로 ○○이를 물리적으로 폭행한 사람이 없기 때문이다.

8월 9일. 아빠에게 그동안 캡처해뒀던 채팅방 사진을 보여줬다. 아빠의 충격이 큰 듯했다. 아빠는 조금도 주저하지 않고 괴롭힌 학생들을 찾아 나섰다.

아빠는 담임을 만나고 괴롭혔던 학생들을 만나 타이르기도 했다. 하지만 이미 결심을 했다. 지난 14일 남겨뒀던 나머지 채팅방 사진을 아빠한테 보냈다. 그로부터 약 15분 뒤 ○○이는 살고 있던 아파트 11층에서 몸을 던졌다.

"엄마 미안해. 내가 없어도 힘들어하지 말고 잘 살아야 해. 아빠, 엄마 잘 보살펴줘. 오빠, 예쁜 여자 만나서 잘 살아야 해."

○○이는 하얀 종이에 담담한 말투로 유서를 남긴 채 지난 14일 오후 1시 30분쯤 그렇게 세상을 떠났다.

주먹질 학교폭력은 옛말…SNS 욕설·협박 신종 폭력 '기승'

지난 6일 청주시의 모 아파트 7층 계단 창문에서 여중생이 아래로 뛰어내렸다. 팔과 다리를 심하게 다쳐 서울의 한 병원으로 옮겨져 치료를 받았다. 이 학생은 소셜네트워크서비스(SNS)상에서 괴롭힘을 당해 힘들어했다는 취지의 말을 친구에게 했던 것으로 알려졌다.

지난해 중학생 3명은 페이스북에 악성 댓글을 다는 것으로 친구를 괴롭히다가 자치위원회에 회부됐다. 가해 학생 중 한 명은 피해 학생이 '성적으로 문란하다'는 내용의 댓글도 달았다. 다른 중학교에서는 이성 교제 관련 페이스북 댓글을 둘러싼 친구들 간 갈등이 폭행 사건으로 이어졌다. 가해자 3명은 피해자 3명을 카카오톡 단체채팅방으로 불러 심한 언어폭력을 행사한 뒤 다시 놀이터에서 만나 폭력을 휘둘렀다.

모 고교에서는 남학생이 여학생들의 사진을 찍어 이름, 전화번호와 함께 트위터에 공개한 것이 문제가 돼 학교폭력 사안으로 접수되기도 했다. SNS 연관 사이버 · 언어폭력은 특히 여학생들 사이에서 많이 발생하고 있다.

도교육청 관계자는 "신체폭력은 줄고 있지만, SNS를 통한 따돌림이나 정보통신망을 이용한 언어폭력 등은 증가하는 추세"라며 "바른말 쓰기 등 학교 현장에서 인성교육이 더 강화돼야 한다"고 말했다.

[출처] 연합뉴스(2016). "SNS 언어폭력이 신종 학교폭력"…괴롭힘 당한 여중생 투신하기도. (2016.08.15.기사).

바. 성적 욕설 등 집단 언어폭력 사례

대체로 남학생 보다는 여학생이 단체로 개인에게 성적인 언어폭력을 가한다는 점에서 더 무섭다(동아일보, 2014).

초등학교 5학년 때 부모님의 일로 전학을 갔고, 그 얼마 뒤 아이들은 그냥 "왜 사냐"며 빈정거렸다. 처음에는 새로 전학을 와서 그런가 생각했지만, 어느새 우리 반 아이들, 전교생으로 확대되었고, 아이들로 부터 "찐따"라고 불리게 되었다.

중학교 1학년이 되어 일부러 집에서 멀리 떨어진 여자중학교에 지원했다. 초등학교 동창생들을 만나기 싫어서였다. 그런데 친구 A가 학교에 왔다. 초등학교 동창중에 나를 유일하게 아는 친구A가 몇몇 친구에게 나를 가리키며 쑥덕거리는 모습을 봤다. 그 후 나는 '초등학교 때 왕따'라는 이름표가 붙었다. 이유 없는 괴롭힘은 같았지만 '나쁜 말' 수위는 더 잔인해졌다. 나에게는 이름이 없어지고 '더러운 년', '창녀', '걸레'라고 불려졌다.

중학교 2학년이 되어 시도 때도 없이 신경이 곤두서 있었고, 아이들 입을 보기 무서웠다. 아이들은 미술 시간에 내가 그린 그림을 찢으며 욕을 했다. 시험 기간엔 내 책상에 '죽어라'라는 빨간 글씨가 쓰여 있었다. 스마트폰을 쓰고 나선 페이스북과 단체 카카오톡 등을 통해 집단 공격이 시작되어 집에서도 무서웠다.

2013년 8월 서울 송파구에 사는 강모 양(16)은 아파트 11층에서 몸을 던져 목숨을 끊었다. 강양이 삶을 포기한 이유는 언어폭력이다. 가족에 따르면 약 두 달 전부터 친구 16명으로부터 집단 언어폭력을 당했다. 강양의 아버지는 "오전 1시에도 친구들이 그룹 채팅방에 우리 딸을 초대해 1분에 50여 건의 욕설을 퍼붓기도 했다."면서 흐느꼈다. 여중생 이모 양(13)은 "여자애들은 스마트폰을 끼고 산다. 그러다 보기 단톡(단체 카톡)방에서 누구 하나를 타깃으로 정해 밤낮 가리지 않고 말로 '조지는'게 하나의 문화가 됐다."고 했다.

초등학교 6학년 ㄷ양은 지난해 자살을 몇 차례 시도했다. 반 친구들이 눈에 띄지 않는 방식으로 ㄷ양을 괴롭혔기 때문이다. 5명이 연달아 ㄷ양을 뒤에서 살짝 치고 지나가거나, 지우개 가루를 ㄷ양의 머리에 뿌리곤 "미안, 실수"라며 킥킥거렸다. 실수라는 말에 대꾸하기도 애매하고 교사에게 말해도 아이들이 발뺌해 속수무책이었다. ㄷ양의 부모가 학교 측에 문제 해결을 요구해도 "증거가 없다"며 가해학생들의 서면사과 조치만 취했다.

[출처]: 경향신문(2013). 학교폭력 피해 학생 45% "자살 생각했다". (2013.04.22.기사)

참고문헌

경향신문(2013). 학교폭력 피해 학생 45% “자살 생각했다”. (2013.04.22.기사)

국민일보(2015). 친구 도둑 누명 씌우고 언어폭력까지… “가해학생 전학조치 정당” (2015.02.25.기사)

국제뉴스(2015). 언어폭력 가한 교사 유죄…전국 첫 사례(2015.02.13.기사).

CBS(2012). 여고생의 죽음 불러 온 ‘카카오톡 채팅 폭력’(2012-08-17 기사).

뉴시스(2013). 지속적 언어폭력에 의한 피해, 가해 부모 배상해야(2013-09-30 기사).

동아일보(2014). 잔인해진 여학생들의 언어폭력(2014-03-27).

세계일보(2014). 소통수단서 날 선 흉기로…도넘은 청소년 언어폭력(2014-07-10 기사).

세계일보(2010). 교사들의 언어폭력 이 정도라니. (2010.10.14.기사)

소년한국일보(2014). 온라인에서… 학교에서… 언어폭력에 물드는 어린이들(2014-05-21 기사).

연합뉴스(2016). “SNS 언어폭력이 신종 학교폭력” … 괴롭힘 당한 여중생 투신하기도. (2016.08.15.기사).

에이블뉴스(2013). 마포 장애학생 학교폭력 실태조사 결과 발표(2013-08-28 기사).

조선일보(2012). 학교폭력 39%가 협박·욕설 장애학생 신체폭력보다 언어폭력 심해 (2012-04-28 기사).

조선일보(2014). 학교 폭력, 이젠 그만 자살 충동 느끼게 하는 언어폭력(2014-04-28 기사).

조선일보(2010). 선생님의 ‘언어폭력’은 학생의 평생을 좌우한다.(2010.09.24.기사)

중앙일보(2013). 사투리 쓴다고 욕하고 놀리고 … 언어폭력 중학생 1700만원 물려(2013.10.01.기사).

청소년폭력예방재단(http://www.jikim.net). 학교폭력 화해·분쟁조정센터.

행정사 사무소(2017). 학교내·외 언어폭력 괴롭힘.(2017.03.14.) http://blog.naver.com/ysy3098/220956961736

제27장 금품갈취 및 강요 사례

학습목표

1. 학교폭력의 유형 중 금품갈취의 사례를 알고, 처리과정을 이해할 수 있습니다.
2. 학교폭력의 유형 중 강요의 사례를 알고, 처리과정을 이해할 수 있습니다.

1. 금품갈취 및 강요의 개념 및 유형

가. 금품갈취 및 강요의 개념

금품갈취란 법적으로 "사람을 공갈하여 재물의 교부를 받거나 재산상의 불법한 이익을 취득하거나 타인으로 하여금 이를 얻게 함으로써 성립하는 범죄"라고 하는데, 소위 폭행이나 협박을 동반하는 경우가 많기 때문에 강도와 유사한 성격을 지니며, 따라서 폭력 범죄의 주요한 형태로 간주할 수 있다(지순덕, 2005).

강요는 강제적 심부름, 강요는 속칭 빵 셔틀, 와이파이 셔틀 등으로 나타나거나, 의사에 반하는 행동을 강요하는 행위(과제 대행, 게임 대행, 심부름 강요), 폭행 또는 협박으로 상대방의 권리행사를 방해하거나 의무 없는 일을 하게 하는 행위, 의사결정의 자유를 침해하는 행위를 말한다.

나. 금품갈취의 원인

금품갈취는 자신보다 약한 학생을 위협한 후, 가진 것을 빼앗는 행위로서 혼자서 할 수도 있고, 여럿이 어울려서 할 수도 있다. 대체적으로 지적인 면에서나 경제적인 면에서나 열등의식을 갖는 학생들이 자신보다 힘은 약하나, 지적인 부분에서 우수하고 교사나 급우들로부터 사랑을 받으며 경제적으로도 우위에 있는 학생들에게 협박과 공갈을 하여 돈과 물건 등을 빼앗는 행위이다.

금품갈취는 자기보다 나은 사람을 신체적인 힘이나 권력으로 짓누름으로써 가진 것을 빼앗고 여기에서 일종의 쾌감과 만족감을 누리려는 부적응적 행위이며, 또한 상대방을 결핍시키고 자신을 보충시켜 심리적으로 대등한 관계를 만들어보려고 하는 욕구에서 비롯된 행동이기도 하다.

다. 금품갈취의 특성

금품갈취는 주로 학교주변에서 일어나는 폭력으로 학교중퇴자나 불량학생에 의해서 일어나게 된다. 구체적으로 보면, 갚을 생각 없이 돈을 빌려 달라며 가지고 가거나, 폭행을 동반하기도 하고, 거액의 금품을 갈취하기도 한다. 또한 단순히 돈 뿐만이 아니라 피해자가 착용하고 있는 유명 의류, 신발, 가방, 시계나 핸드폰을 비롯하여 심지어 피해자를 협박해 집이나 부모의 가게에 들어가 돈을 훔쳐오게 하는 경우도 발생되기도 한다.

금품갈취가 주로 벌어지는 시간은 학생들의 하교 시간대나 늦은 저녁이고, 발생장소는 학교(외진 곳, 옥상 등) 및 학원, 유흥업소 주변이다. 길을 가다 운 나쁘게 한 두 차례 당하는 수도 있지만, 동일인에게 지속적으로 갈취당하는 경우도 있다. 가해자들은 기성 폭력조직을 모방하기도 하고, 피해자가 신고하면 보복행위도 서슴치 않는 경우도 있다.

라. 금품갈취의 유형

금품갈취는 갚을 생각이 없으면서 돈 빌리기, 입고 있는 의류, 가방 등 빼앗기, 돈을 걷어오라고 강요하기, 교통카드, 시계, 핸드폰, PMP 등 개인물품 빼앗기, 빵, 음료수 등을 구입해 가져오라고 하기 등과 같은 유형으로 나타난다.

마. 금품갈취 피해 학생의 특성

일반적으로 금품갈취를 당하기 쉬운 청소년의 특성은 다음과 같다.

첫째, 신체적, 정서적 장애가 있거나, 지적능력이 떨어지는 학생

둘째, 외모적으로 작고 왜소하거나 힘이 약한 학생

셋째, 평범한 학생으로 잘난 척, 예쁜 척, 착한 척, 돈 많은 척, 짱인 척 하는 등 튀는 행동을 하는 경우

넷째, 남을 무시하고 이기적으로 행동하는 경우

다섯째, 사회적 기술이 부족하여, 도움을 청할 자신감도 확신도 결여되고 대인관계가 서툰 경우

여섯째, 농담이 통하지 않을 정도로 꽉 막혀있는 친구

일곱째, 지나치게 소극적이어서 반응이 없거나 분위기에 맞추지 못하는 경우

자녀가 이유 없이 아래와 같은 행동을 보일 경우, 금품갈취 등의 학교폭력을 당하고 있지는 않은지 살펴보고, 만약 아래와 같은 사실이 자주 있다면, 금품갈취의 사실을 확인하고 그러한 경우 학교 선생님과 전문가의 도움을 요청하여 사건을 해결하는 것이 필요하다.

첫째, 비싼 옷이나 운동화 등을 자주 잃어버리고 온다.

둘째, 용돈이 모자란다고 하거나, 말없이 집에서 돈을 가져갈 때가 있다.

셋째, 친구, 선배들에게 전화가 자주 걸려오거나 불려나가는 경우가 있다.

다섯째, 굶고 집에 들어올 때가 많다.

여섯째, 핸드폰을 잠궈 놓거나 비밀이 많다.

2. 금품갈취 및 강요 대처방안

학교 내 금품갈취 등으로 인한 피해는 다수의 학생에게 장기간 지속적으로 이루어진다는 면에서 우려가 되는 일이다. 그러나 이들의 사후 적발은 피해가 크고, 해당학생 처리의 어려움, 보복 등의 문제가 이어지는 만큼 사전 적발과 발생된 경우 지속적으로 관리하는 것이 중요하다.

가. 가해자 및 가해자 학부모 만남

갈취의 피해액수가 적고 문제 제기를 처음하는 경우나 가해자를 아는 경우 등

가해자와 부모를 만나 재발 방지에 대한 다짐을 받는 것이 중요하다.

첫째, 가해자의 사실 인정 및 사과와 재발 방지 약속, 각서를 받도록 한다.

둘째, 피해액수 등이 파악된 경우, 갈취 금품 배상을 요청하고 미진할 시나 재발이 우려되는 경우 학교 측에 알려 학교중재를 요청한다.

금품갈취 사건에 대처하는 부모님의 태도는 다음과 같다.

첫째, 아이가 보복의 두려움, 해결방법이 없다고 생각하고 있음을 기억한다.

둘째, 자녀를 안심시키고 대안을 찾아보도록 한다.

셋째, 자녀가 폭력을 자기 탓으로 돌리고 자책하지 않도록 지지한다.

넷째, 내 자녀가 부족해서 당했다는 생각 또는 질책하지 않는다.

다섯째, 후유증 예방을 위해 끊임없는 관심을 보여준다.

나. 학교 중재, 적극적인 지도 요청

지속적인 피해, 집단 또는 무력에 의한 갈취의 경우나 교육적 차원의 해결을 원하는 경우는 학교 중재를 요청할 수 있다.

자치위원회를 통한 합의가 어려울 시 교육청 민원 또는 경찰신고를 할 수 있고, 갈취의 경우, 형사재판과 민사재판이 가능하고, 금품갈취사건은 민사소송·형사소송이 가능하다.

금품갈취는 신체폭력과 동반가능성이 많으니 특별한 주의가 필요하다. 아무리 적은 금액이라도, 다른 학생에게 돈을 빼앗겼을 경우에는 반드시 담임교사에게 사실을 알려 피해가 커지지 않도록 평소에 예방교육을 철저히 해야 한다.

다. 경찰신고 및 순찰요청

피해액수가 크고, 가해자가 모르는 사람일 경우 또는 가해자와 학교의 중재를 통해서도 문제가 해결되지 않는 경우, 경찰에 신고할 수 있다. 금품갈취의 경우, 액수에 상관없이 피해가 증명될 수 있으면 형사입건이 가능하고, 피해자의 신분노출을 원하지 않을 경우, 피해금액 배상보다는 신변보호를 요청할 수 있다.

또한, 재발방지를 위해 경찰의 주변순찰 강화를 요청할 수 있다.

피해상황을 파악할 경우 사실여부, 정황, 시간, 장소, 형태 파악, 지속성 여부,

가해자 인적사항 등 파악, 피해상황을 아는 친구를 만나 확인(비밀보장 협조), 신체폭행이 있었을 경우, 상처부위 사진촬영 및 진단서, 증인의 진술서 또는 증언 녹취 등을 확보하여야 한다.

3. 금품갈취 및 강요 사례

가. 금품갈취사례

1) 강제 전학간 학교에서도 폭력, 금품 갈취 중학생 구속

강제 전학 등 조치를 취했음에도 또다시 폭력 등을 휘두르고 동급생 금품을 갈취한 중학생이 구속됐다. 제주서부경찰서는 6일 제주시내 모중학교 2학년에 재학중인 A군(14)을 폭행, 금품갈취 등(폭력행위 등 처벌에 관한 법률위반) 혐의를 받고 있다.

경찰에 따르면 A군은 지난해 10월 중순께 동급생인 B군을 협박, 금품을 빼앗는 등 올해 9월부터 11월까지 20여 회에 걸쳐 20여 명으로 부터 약 30만원 상당의 금품을 빼앗은 혐의를 받고 있다.

A군은 또 경찰에 신고한 동급생을 불러 내 보복폭행을 저지른 혐의도 받고 있으며, 올해 초에도 형사 입건된 바 있다.

경찰은 "A군은 금품 갈취와 폭행을 일삼다, 학교폭력대책자치위원회에서 A군에 대해 강제전학 등과 같은 조치를 취했음에도 반성과 뉘우침이 전혀 없고, 교사의 지도에 대항해 교권을 침해하는 등 상습적으로 폭력을 행사함에 따라 구속영장을 신청, 이에 법원은 A군이 재범 우려가 있음에 따라 이로부터 피해자를 보호할 필요가 있다."며 구속영장을 발부했다.

[출처] 제주포커스(2012). 강제 전학간 학교에서도 폭력, 금품 갈취 중학생 구속(2012.12.02.기사).

2) 경북경찰, 금품갈취 학교폭력 중2구속

경북 영주경찰서는 13일 친구들로부터 상습적으로 금품을 빼앗은 혐의(상습갈취)로 영주시내 모 중학교 2학년 A군을 구속했다. 영주시내 중학교에서 속칭 '싸움짱'으로 통하는 A군은 지난 5월 하순께부터 최근까지 모두 10여명의 학생에게서 스마트폰이나 유명 스포츠메이커 등산 의류, 현금 등을 빼앗은 혐의를 받고 있다.

조사결과 A군은 같은 학교 학생들에게 자기 집 청소나 담배 심부름을 시키기도 한 것으로 드러났고, 자신이 다니던 학교에서 지난 4월 한 중학생이 동급생들의 괴롭힘을 못 이겨 스스로 목숨을 끊고 경찰이 가해자로 지목된 중학생들을 처벌하는 것을 보면서도 계속해 범행한 것으로 전해졌다.

경찰은 피해학생들의 심리적인 안정을 위해 경찰관과 학생을 연계한 심리케어 상담을 실시하고 범죄예방교육과 117신고 홍보 등도 계속하기로 했다.

[출처] 연합뉴스(2012). 경북경찰, 금품갈취 학교폭력 중2 구속(2012.07.13.기사).

3) 청소년 10여명이 또래 2명 폭행 · 금품갈취

서울 동대문경찰서는 또래 청소년을 폭행하고 금품을 빼앗은 혐의(폭력행위등처벌에관한법률 위반)로 김모(16.무직)군 등 2명을 입건하고 박모(16.무직)군 등 10명의 행방을 쫓고 있다고 8일 밝혔다.

경찰에 따르면 이들은 지난달 21일 오전 3시께 서울 중구 을지로6가의 한 대형 쇼핑몰 앞에서 A(16)군과 B(16)군을 강제로 오토바이에 태운 뒤 동대문구의 한 초등학교로 이동해 마구 폭행하고 현금 45만원과 점퍼, A군의 오토바이 등을 빼앗은 혐의를 받고 있다.

음식점 배달원으로 일하는 A군 등은 전날 식당에서 받은 월급으로 쇼핑하러 왔다가 이 같은 일을 당한 것으로 조사됐다.

B군은 사건 이후 친구들에게 가해 청소년들의 인상착의를 설명해 이들의 신원을 최대한 파악한 뒤 경찰에 제공했으며 경찰은 이를 바탕으로 7일 김군 등 2명을 우선 검거했다.

[출처] 연합뉴스(2012). 청소년 10여명이 또래 2명 폭행 · 금품갈취(2012.01.08.기사).

4) 금품 빼앗고 부모 카드 절도 강요… '봇물 터진' 학교폭력

특수절도 등 전과 5범인 A군은 친구 B군(19)과 함께 지난해 11월 12일 오후

5시50분쯤 광주 금호동의 한 도로에서 고교생 C군(17) 등 5명에게 "집에 가서 부모의 은행 신용카드를 훔쳐오라"며 각목으로 폭행하고 협박했다. 이들은 훔친 카드로 금을 구입하게 한 후 이를 되팔아 150만원을 빼앗는 등 모두 210만원을 갈취한 것으로 드러났다.

부산에서는 또래 학생들을 폭행하고 '교복 위의 교복'으로 통하는 유명 아웃도어 브랜드 점퍼를 빼앗은 혐의(강도상해 등)로 경찰이 중학교 3학년 P군(15)에 대해 구속영장을 신청하고, 4명을 불구속 입건했다.

박군 등은 지난달 19일 오후 5시쯤 부산 부전동 길을 가던 중학생 K군(13)을 인근 골목으로 끌고 가 마구 때려 전치 4주의 상처를 입힌 뒤 시가 33만원 상당의 패딩 점퍼를 빼앗았다. P군 등은 같은 수법으로 4명의 중학생을 폭행하고 패딩 점퍼 4벌(시가 121만원 상당)을 빼앗아 입고 다닌 것으로 밝혀졌다.

서울에서도 자신들에 대해 험담을 하고 다닌다며 함께 어울렸던 여중생을 감금하고 때린 혐의(강제추행 및 감금 등)로 A양(15) 등 10대 소녀 3명에 대해 서초경찰서가 이날 구속영장을 신청했다. 또 A양 등의 범행을 거든 혐의로 B군(17) 등 남자 가출청소년 2명을 불구속 입건했다.

중학교 중퇴생인 A양 등 3명은 지난달 5일 오후 10시30분쯤 A양 집으로 여중생 C양(15)을 끌고 가 청테이프로 손발을 묶고 상의를 벗기고 추행했다. 또 가위로 C양의 머리카락을 자르고 담뱃불로 지지는 등 1시간 동안 폭행했다. B군 등 남자 청소년들은 옆에서 동영상을 촬영하는 척하며 공포 분위기를 조성했다.

충남 논산경찰서는 같은 반 친구들을 때리고 금품을 빼앗은 혐의(폭력행위 등 처벌에 관한 법률 위반)로 모 고교 A군을 불구속 입건했다. 몸집이 크고 반장인 A군은 지난해 3월부터 12월 말까지 급우 3명을 26차례 상습 폭행해 전치 2주의 상처를 입히고, 이들로부터 현금과 시계 등 42만원 상당의 금품을 갈취했다.

[출처] 국민일보(2012). 금품 빼앗고 부모 카드 절도 강요… '봇물 터진' 학교폭력(2012.01.06.기사).

5) 협박 및 금품 갈취 사례

중학교 2학년 남학생인 A는 평소에 스마트폰에 성인영상물을 가지고 다녔는데, 쉬는 시간에 구석에서 야한 동영상을 보고 있는 모습을 B, C, D가 발견하고 몰래 다가가서 그 모습을 촬영하였다. 눈치를 보고 있던 A가 놀라자 그 모습도 촬영하여 '나는 너의 비밀을 알고 있다'라고 놀렸다. A가 안절부절못하지 못하고 지워달라고 부탁하자 그 모습에 도리어 B, C, D는 '그럼 빵사와 봐'라고 시키거나 '아까 그 동영상 주인공처럼 해봐'라고 강요했다. 또한 A가 시키는 대로 하지 않으면 '이 영상을 니네 엄마한테 보내고 우리 반 애들 카톡방에 올리면 어떻게 될까나?'와 같은 말로 협박했다.

A는 B, C, D가 자신이 성인 영상물을 본 것을 아이들에게 퍼뜨릴까봐 B, C, D가 시키는 행동들을 했다. 그 후 B, C, D는 A에게 돈도 가져오라고 하여 한 학기 동안 30여만원의 금품갈취를 했다. A는 돈을 구하기 어려울 때는 부모님의 지갑에도 손을 대어 B, C, D에게 주었다.

B, C, C의 지속적인 협박과 금품갈취로 인해 A는 수업시간에 집중력이 저하되어 성적도 떨어졌고, 계속 초조하고 억울한 마음을 가진 채 멍한 상태로 지내고 있다. 또, 부모님 돈을 훔친 사실이 밝혀 질까봐 부모님께 미안한 마음과 수치심이 들어 도움을 요청하지 못하고 있다. 무엇보다 A는 자신의 동영상을 가지고 있는 B, C, D가 언제 유포할지 모른다는 생각 때문에 유포가 되면 차라리 죽어버려야겠다는 생각이 자주 든다.

(출처: (재)푸른나무 청예단 학교폭력 화해분쟁조정센터 갈등・분쟁 사례는 재구성한 것임.)

6) 금품갈취 등 학교폭력으로 전학조치

다음은 중학교 2학년생이 다수의 피해학생들에게 금품갈취, 강요, 욕설, 무단침입 등의 행위에 대하여 전학조치를 받은 사건이다.

1차 자치위원회에서 전학조치 등 징계를 보류하고 자발적으로 전학을 가도록 유도하였는데, 가해행위의 내용을 보았을 때 자치위원회의 조치를 따르는게 현명하였을 것이다.

청구인은 이에 불복하여 전학을 거부하고 재심의를 요구하였으나, 제2차 자치위원회가 열려 전학조치 처분을 확정짓게 되는 불이익을 받게 되었고, 이후 재심청구, 행정심판 청구 등으로 불복을 하였지만 모두 기각되었다.

가해학생 갑, 을, 병이 상기 피해학생들에 대한 금품갈취, 강요, 욕설, 무단침입 등의 이유로 2012. 3.26. 학교폭력 신고가 되어, 2012. 4. 16. 제1차 자치위원회를 개최하였다.

자치위원회는 가해학생 갑(청구인)에게 일정기간을 주고 전학을 가도록 결정하여 징계를 보류하고, 가해학생 을은 자치위원회 개최전 전학 감에 따라 다시 돌아올 경우 징계하기로 하고, 가해학생 병은 법원송치 건이 있어 그 결과에 따라 추후 추가 조치할 것과 교내봉사 5일 처분을 하였다.

청구인 갑의 아버지는 사안을 분리하여 재심사해 줄 것을 요청하여 피청구인은 2012. 4.18. 청구인에게 자기변론서를 작성하도록 하였으나, 청구인은 제출하지 않았다.

2012. 5. 8. 제2차 자치위원회를 개최하여 청구인의 학교폭력 사안을 다시 심의 하였으나 전학조치하는 것으로 결정되고, 2012. 5.10. 청구인에게 전학처분을 통보를 하였다.

2012. 5.25. 청구인은 ○○도학생징계조정위원회에 재심을 청구하였으나, 2012. 6.18. 기각 되어 2012. 6.28. 타 학교로 배정받고, 2012. 7. 17. 전학조치되었다.

피청구인은 이 사건 처분을 하면서 적법한 절차에 따라 처분을 하였고, 청구인도 가해사실과 잘못을 인정하고 있으며, 피해학생이 청구인과 학교생활을 같이 하는데 어려움을 호소하고 있으며, 청구인 입장에서도 새로운 환경에서 반성하고 올바로 성장할 수 있는 교육환경을 갖는게 필요함에 따라 전학처분을 한 것으로 이 사건 처분은 적법·타당하다.

[출처] 행정심판달인(2016). 금품갈취 등 학교폭력으로 전학조치. (2016.01.27.)
http://blog.naver.com/PostView.nhn?blogId=epeople99&logNo=220604460293

7) 여러 고등학생이 중학생 폭행과 금품갈취

각각 '가', '나', '다' 고교에 재학 중인 학생 갑, 을, 병은 서로 친구지간입니다. 그런데 학생 갑, 을, 병과 함께라 중학교에 다니는 학생 정을 폭행하고 금품을 여러 차례 상납 받아온 사실로 학교폭력 사안을 처리해야 합니다.

이때 '가' 고등학교는 어떻게 대응해야 할까요?

① 여러 학교가 관련되어 있을 경우 공동자치위원회 개최 가능

학교폭력으로 인한 가해학생과 피해학생이 각각 다른 학교에 재학중인 경우에는 교육감에의 보고를 거쳐 둘 이상의 학교가 공동으로 학교폭력대책자치위원회를 개최할 수 있습니다.(학폭법 제12조 제1항 단서, 학폭법 시행령 제13조제1항)

따라서 각각의 가해학생들이 소속된 '가', '나', '다' 고등학교의 피해학생이 소속된 '라' 중학교가 공동으로 자치위원회를 구성할 수 있습니다.

② 공동자치위원회 개최 방법 및 유의사항

공동자치위원회 구성 시 소속 교육청의 관련과에 자문을 구한 뒤 학교의 책임교사는 자치위원회 일정 및 필요한 내용들(위원수, 주관학교 등)을 서로 협의하여야 합니다.

특히, 공동자치위원회를 구성할 때에는 피해학생에 대한 보호조치가 적극적으로 행사될 수 있도록 공동의 위원을 구성하여야 하고, 교육감 보고 과정에서 조정될 수 있습니다.

[출처] 굿맨행정사(2014). **여러 고등학생이 중학생 폭행과 금품갈취.** 2014.07.12.
http://blog.naver.com/goodjungmo/220057196568

8) 금품갈취 가해학생 행정심판 청구사례

(1) 사건의 개요

가해학생 A 은 중학교 3학년 학생으로 1학년 하급생 피해자 B에 대해 금품갈취 및 협박을 하여 학교폭력대책자치위원회의 심사결과, 가해학생 A은 학교폭력에 해당되어 출석정지 9일의 징계 처분을 받았다.

(2) 가해학생 A의 주장

돈을 갈취 했다는 것은 사실이 아니며, 대낮에 돈을 빌린 것이며, 이와 비슷한 다른 가해학생에게는 교내봉사 처분을 내렸으나 자신에게는 출석정지 처분을 하였으므로 형평성과 공정성이 결여된 처분이라고 주장함.

(3) 피해학생 B의 주장

① 피해자는 가해학생을 평소 알지 못한다고 주장

② 가해학생이 가방을 뒤져서 돈이 나오면 때리겠다고 말을 하여 두려움에 돈

을 주었다고 주장

③ 가해학생이 자치위원회에 참석하여 해당 사실을 모두 인정 한 점

④ 피해학생의 집을 찾아가 문을 두드려 피해학생이 공포감을 느꼈다고 주장

(4) 파트너 행정사 판단

① 피해학생은 평소 가해학생을 알지 못하고,3학년인 가해학생이 1학년인 피해학생에게 돈을 요구함에 있어 분명히 힘의 불균형인 상황에서 이뤄진 것으로 명백한 금품갈취행위로 학교폭력에 해당한다.

② 또한 가해학생은 피해학생의 집을 찾아가 문을 두드리는 등 반성의 기미가 없는 점으로 형평성과 공평성이 결여된 처분이라 볼 수 없다.

③ 따라서 가해학생의 출석정지 9일의 징계처분은 위법·부당한 처분이라 볼 수 없다.

마지막으로 다시 말씀드리지만 학교폭력으로 인하여 가해학생이 행정심판을 청구하는 경우 행정심판 위원회가 가장 중요하게 보는 것은 피해학생이 입은 피해의 정도가 누가 뭐라고 하든 1순위입니다

[출처] 학교폭력 행정심판 청구사례는?|작성자 cmlawfirm(2017.01.13.)
http://blog.naver.com/PostView.nhn?blogId=cmlawfirm&logNo=220904164545

나. 강요 사례

1) 선물강요 없으면 폭행… 초중교 언니의날 성행

대전 서구의 한 초등학교에 재학중인 A양(5학년)은 최근 같은 반 친구가 상급생인 6학년 언니에게 '특정한 날'에 선물을 주는 것을 자주 목격했다.

A양은 "언니들이 4-5학년 후배들에게 본인 생일날 등에 선물을 요구한다"며 "선물을 주지 않으면 언니네 반으로 불려가 혼쭐이 난다"고 했다. A양은 "언니들에게 선물을 주지 않아 가끔 맞는 친구들도 있다고 들었다"고 했다.

또 다른 초등학교(유성구)에 재학중인 B양(5학년)도 "언니들이 'OO날'을 지정한 후 우리에게 자주 선물을 가져오도록 요구한다"며 "(우리)반 친구 몇 명은 이런 일을 자주 겪다 보니 스트레스를 받는다"고 했다. 그러면서 "생일날이 아니더라도

알고 지낸 지 50일, 100일 등 기념하는 날을 정해 선물을 강요하기도 한다"고 했다. 또 다른 초등학생 C양(5학년)은 "상급생 언니들은 스스로 언니의 날을 지정한 뒤 카카오톡 등 SNS를 통해 후배들에게 알리고 선물을 받고 있다"고 전했다.

초・중학교 여학생들 사이에 학교폭력의 일종인 소위 '언니의 날'이 성행하고 있다. 주로 상급생 언니들이 자신이 소속된 일진이나 소모임 등과 연결된 후배들에게 생일날 등에 선물을 요구하는 것. 하지만 대부분의 학부모나 교사들은 '언니의 날'이 있는지 조차 모르고 있는 것으로 나타났다.

한 학부모(43・서구 내동)는 "딸아이가 어느 날 학교에서 돌아와 '상급생 언니가 언니의 날을 만들어 우리 반 친구 몇 명에게 선물을 갖고 오라고 했다'는 얘기를 들려 주더라"며 "학교 폭력이 뿌리 깊게 만연해 있는 것 같아 적잖이 놀랐다"고 말했다.

[출처] 대전일보(2012). 선물강요 없으면 폭행… 초중교 언니의날 성행(2012.06.05.기사).

2) 초교 싸움짱 가입 강요…주축멤버 되려 무모한 폭력

경기도내 학교폭력에 대한 대대적인 단속과 예방활동에도 교내 폭력써클인 일명 '일진'들의 활동이 여전하다. 특히 폭력써클에 가입한 선배들은 올해 입학한 신입생을 대상으로 새내기 색출작업에 열을 올리고 있는 것으로 조사됐다.

24일 경기도내 중학교 등에 따르면 도내 일선 중학교에서는 입학 시즌을 맞아 신입생들을 대상으로 일진 선발모집이 활발하게 진행되고 있다. 신입생들은 학교의 주축 멤버로 자리잡기 위해 출신 초등학교 학생들끼리 임시 그룹을 형성해 세력다툼을 벌이고 있다.

통상 학기 초 2, 3학년 일진 학생들이 학년 대장(일명 짱)과 리더, 행동대장 등을 정하기 때문이다. 이 학생들은 학교를 대표하는 일진들로 타 학교와 다툼이 있을 때 선두에 나서 폭력을 행사한다. 또 학교간의 미묘한 경쟁심리를 벌이기도 한다.

폭력써클에서 활동하고 있는 한 학생은 "한 학년에 일진으로 지목되는 학생 수가 대부분 20여명 안팎인데 예전처럼 간판이나 얼굴대표 등을 따로 뽑지는 않는다"라며 "학년 초기 때 정해진 서열이 중학교 생활과 졸업 후 생활을 좌지우지 하기 때문에 선배들의 눈에 띄어 한 자리 차지하기 위한 무모한 폭력을 행사하기도 한다"라고 말했다.

선배들로부터 일진으로 지목된 뒤 이어지는 가혹행위도 여전한 것으로 확인됐다. 이들은 선·후배간 군기확립과 서열정리 등을 목적으로 폭력을 행사하고 있었으며, 조폭영화에서나 있을 법한 '신고식' 문화도 학내 교정에서 이뤄지고 있었다.

수원의 A중학교에서 일진으로 지목됐다는 한 학생은 "학교가 끝난 뒤 한적한 놀이터에서 집합해 선배들이 돌리는 '뺑뺑이'라는 놀이기구를 잡고 버티는 것으로 신고식을 치뤘다"라며 "뺑뺑이 횟수를 정하고 그 횟수 동안 버티는 것인데, 중간에 어지러워 나가 떨어지면 남은 횟수만큼 각목과 목검으로 두들겨 맞는 식이다"라고 말했다.

다른 중학교 일진 학생은 "신입생들을 상대로 일진을 선발하기 위해 선배들이 직접 나서서 지목하기도 하지만 초등학교 때 싸움을 할 줄 아는 아이들 대부분이 학교생활에 도태되지 않기 위해 폭력을 행사하며 일진에 가입하려 한다"라고 말했다.

[출처] 중부일보(2013). 초교 싸움짱 가입 강요…주축멤버 되려 무모한 폭력(2013.03.25.기사).

3) 매일 '자살연습' 강요당한 중학생 결국 자살… 日 잔혹한 이지메

한국의 학교 폭력이 심각한 가운데 일본에서도 한 중학생이 친구들로부터 자살연습을 강요당한 끝에 실제로 스스로 목숨을 끊었다는 증언이 나와 충격을 주고 있다. 4일 마이니치신문 등에 따르면 지난해 10월 일본 시가현 오쓰시의 한 시립 중학교에서 중학교 2학년생(당시 13세)이 자신의 집에서 투신자살을 했다. 이에 대해 학교 측은 전교생을 상대로 조사를 벌인 뒤 숨진 학생이 자살연습을 강요당했다는 증언은 숨긴 채 "이지메(집단 괴롭힘)는 있었지만 이지메와 자살 사이의 인과관계는 판단할 수 없다."고 주장했다.

이 학교가 벌인 조사에는 1~3학년 학생 약 320명이 참가했다. 이들 중 15명이 "(숨진 학생이 다른 학생들로부터) 매일 점심 시간에 자살 연습을 강요당했다고 들었다."거나 "(괴롭힌 학생이) 숨진 학생에게 '자살 연습은 했느냐'고 말했다더라."고 답변했다. 또 다른 답변 중에는 "(숨진 학생이) 괴롭힌 학생에게 매일 '죽겠습니다'라고 이메일을 보냈다더라."거나 "암에 걸린 친구에게 생명을 바치겠다고 말했다더라."라는 등 자살과 집단 괴롭힘의 관련을 시사한 것도 있었다.

숨진 학생의 부모는 지난 2월 "집단 괴롭힘이 자살 원인"이라며 오쓰시와 가해 학생 3명, 보호자 등을 상대로 약 7720만엔(약 11억원)을 청구하는 소송을 냈다.

이번 조사결과는 17일 재판에서 원고 측 준비서면에 포함할 예정이다. 사망 학생의 아버지(46)는 "작지만 (자살) 신호를 해 준 학생이 있는데도 (학교 측은) 왜 조사를 중단했는지 구체적으로 설명하지 않고 있다."고 말했다.

[출처] 서울신문(2012). 매일 '자살연습' 강요당한 중학생 결국 자살(2012.07.05.기사).

4) 일명 빵셔틀 사건-가해학생 징계(퇴학재심결정)

2009년 10월 29일 sbs뉴스추적에서는 '빵셔틀'을 집중보도 했다. 어른들에겐 낯설지만 '자신을 괴롭히는 학생들에게 빵을 사다주거나 온갖 심부름까지 도맡아 하는 학생'을 가리키는 은어이다. 최근에는 이 '빵셔틀'이 모인 '대한민국 빵셔틀 연합회'라는 인터넷 커뮤니티가 만들어졌다 폐쇄되기도 했다. 교실에 하나씩은 꼭 있다는 빵셔틀. 실제로 취재진이 만난 아이들은 학교를 귀족과 천민이 있는 계급 사회라고 부르고 있었다.

(1) 사건재요

가. 청구인은 2010.3.경부터 2012.4.27.까지 3학년 김○○학생에 대하여 지속적으로 금전을 요구하거나 방과 음료수를 사게 하는 방법으로 학교폭력을 행사하여 2012.5.3.학교폭력대책자치위원회의 요청에 따라 ○○○○고등학교장으로부터 사회봉사 10일의 조치를 받은 후 사회봉사 징계기간중인 2012.5.24. 점심시간에 선배가 지나가는데 계속 떠들고 장난을 치고 있다는 이유로 2학년 배○○ 학생에게 욕설을 하면서 팔뚝을 때리고 머리를 잡아 흔드는 등 신체적 폭력을 행사하였다.

나. 이 사건 외에도 같은 학교 여학생에 대한 성희롱 발언 및 배○○외 다수의 학생들에 대하여 욕설과 신체적 폭력 등의 학교폭력을 행사한 사실로 인하여 2012.6.4. 학교폭력대책자치위원회의 요청에 따라 ○○○○고등학교장으로부터 '퇴학처분'을 받았으며, 이에 청구인은 이 퇴학처분에 이의를 가지고 ○○○도학생징계조정위원회에 재심을 청구하였고, 이에 대하여 ○○○도학생징계조정위원회에서는 2012.6.27. 심의결과 청구인들의 재심청구를 기각 결정하였다.

[출처] 한결행정사사무소(2017). 일명 빵셔틀 사건-가해학생 징계(퇴학재심결정) 처분 취소청구. (2017.01.09.) http://blog.naver.com/apapark/220906063015

5) 데이터 갈취 '스마트폰 학교폭력' 심각

중학생 A군은 매일 학교에 도착하자마자 스마트폰 핫스팟부터 켠다. 같은 반 친구 3명이 공짜 무선 인터넷을 즐기기 위해 A군에게 일명 '와이파이 셔틀'을 하라고 요구했기 때문이다. 데이터요금 때문에 부모님께 혼난 적도 부지기수지만 A군은 "핫스팟 잘 켜놔라. 끊기면 맞는다"는 친구들의 말이 더 무섭다.

경찰은 '와이파이 셔틀', '포켓몬 셔틀' 역시 형법상 강요죄(5년이하 징역)로 처벌할 수 있다고 지적했다.

출처: 광주일보(2017). 데이터 갈취 '스마트폰 학교폭력' 심각. (2017.03.02.기사).

6) 협박 강요에 의한 학교폭력 가해학생 전학 등 행정심판청구

이번에는 협박, 강요하는 행위에 대해 가해학생이 불복청구한 사례입니다. 특히, 협박, 강요하는 행위는 중.고등학생들 사이에서 많이 일어나는 행위입니다.

가해학생은 강제적으로 한 학생에게 심부름을 강요하였고, 과제를 대신 하라는 강요를 하였습니다. 강요와 협박으로 피해학생은 부모에게 이 사실을 알렸고, 학교 측에서도 알게되어 자치위원회를 열어 출석정지와 전학조치를 받았는데요.

가해학생은 피해학생에게 잘못을 인정하고, 화해의 시도를 여러번 하며 연락을 해왔습니다. 가해학생 부모는 잘못을 인정하지만, 전학조치에 대한 부분은 과하다고 생각하여 행정심판청구를 통해 불복했습니다.

[출처] 행정사사무소(2017). 협박 강요에 의한 학교폭력 가해학생 전학 등 행정심판청구(2017.03.07.) http://blog.naver.com/ysy3098/220951350066

7) 학폭 피해 학생 '야설 주인공' 만든 여중생

중학교 1학년인 A(13)양은 수업 시간에 이상한 기척이 느껴져 뒤를 돌아봤다. B양 등 같은 반 여학생 셋이 자기를 가리키며 낄낄거리고 있었다. 이들은 자신을 주인공으로 한 '야한 소설'(야설)을 돌아가며 공책에 쓰고 있었다. 수치심을 느낀 A양이 "쓰지 마라"고 했지만 B양은 "얼굴도 성형시키고 몸매도 좋게 만들어 쓰고 있다"며 놀려댔다.

B양 등은 사람이 많이 오가는 근처 대형 마트의 에스컬레이터 앞에서 A양에게

노래를 부르라고 강요하기도 했다. 노래하지 않으면 다른 친구들과 어울리지 못하게 하겠다는 협박도 이어졌다. 결국 A양이 노래를 불렀지만 다음날 다른 학생이 "나는 못 들었다"며 다시 노래를 시켰다.

서울 광진구의 한 중학교에서 벌어졌던 학교폭력 사건의 일부 사례다. 12일 서울행정법원에 따르면 이 학교에 재학 중인 중학생 B양 등 4명은 같은 반의 A양을 지난해 6월부터 10월까지 4개월간 지속적으로 괴롭혔다.

가해 학생들은 A양을 구타하고 야설의 주인공으로 삼았다. "미친X" "병X" 등의 욕과 함께 시험 당일 "너는 30점 맞을 거야" 등 폭언이 이어졌다. 이유 없는 구타가 이어졌고, A양의 책상에는 '삼가 고인의 명복을 빕니다' '시험 망칠 거다' 등의 낙서도 가득했다. A양에게 강제로 자리를 바꿔 달라고 한 뒤 물건을 훔쳐 가고 A양이 찾지 못하게 사물함 등에 넣어 놓기도 했다. 돈을 요구하는 일도 흔했다. A양에게 매일 심부름을 시키거나 숙제 등을 대신 하라며 떠넘기기도 일쑤였다.

학교폭력 사실을 알게 된 학교 측은 학교폭력대책자치위원회를 열어 A양에 대한 가해 학생 4명의 서면 사과, 접촉 · 협박 · 보복 행위 금지, 학생과 보호자 특별교육 4시간씩의 처분을 내렸다. 하지만 한 가해 학생의 학부모가 지난해 11월 "학교 측이 가해 학생들의 학부모들에게 형식적인 진술 기회만 줬고, 가해 학생들이 평소 품행이 단정했는데 학교가 재량권을 이탈, 남용해 처벌했다"며 학교장을 상대로 되레 소송을 제기하면서 1년 1개월 넘도록 처벌이 내려지지 않았다. 가해 학생들은 아무런 처벌도 받지 않고 1년 여간 A양과 같이 학교에 다녔다.

도를 넘어선 이들의 행위는 결국 법원의 판결로도 재확인됐다. 서울행정법원 행정12부(부장 이승한)는 같은 반 친구를 괴롭히던 가해 학생의 학부모가 학교장을 상대로 낸 가해학생조치처분을 취소해 달라는 원고의 청구를 기각했다고 이날 밝혔다. 재판부는 "가해 학생과 피해 학생들의 증언으로 볼 때 학교폭력으로서의 가해 행위가 인정되며 학교 측 조치는 가해 사실에 비해 오히려 가볍다"며 "원고의 주장은 모두 이유가 없다"고 기각 이유를 설명했다.

[출처] 서울신문(2014). **학폭 피해 학생 '야설 주인공' 만든 여중생.** (2014.02.13.기사)

참고문헌

국민일보(2012). 금품 빼앗고 부모 카드 절도 강요… '봇물 터진' 학교폭력(2012.01.06.기사).

굿맨행정사(2014). 여러 고등학생이 중학생 폭행과 금품갈취. 2014.07.12.
http://blog.naver.com/goodjungmo/220057196568

광주일보(2017). 데이터 갈취 '스마트폰 학교폭력' 심각. (2017.03.02.기사).

대전일보(2012). 선물강요 없으면 폭행… 초중교 언니의날 성행(2012.06.05.기사).

서울신문(2012). 매일 '자살연습' 강요당한 중학생 결국 자살(2012.07.05.기사).

서울신문(2014). 학폭 피해 학생 '야설 주인공' 만든 여중생. (2014.02.13.기사).

연합뉴스(2012). 경북경찰, 금품갈취 학교폭력 중2 구속(2012.07.13.기사).

연합뉴스(2012). 청소년 10여명이 또래 2명 폭행·금품갈취(2012.01.08.기사).

제주포커스(2012). 강제 전학간 학교에서도 폭력, 금품 갈취 중학생 구속(2012.12.02.기사).

중부일보(2013). 초교 싸움짱 가입 강요…주축멤버 되려 무모한 폭력(2013.03.25.기사).

지순덕(2005). 청소년 학교폭력현황과 대처방안에 관한 연구. 중앙대학교 행정대학원 석사 학위논문.

행정사사무소(2017). 협박 강요에 의한 학교폭력 가해학생 전학 등 행정심판청구(2017.03.07.)
http://blog.naver.com/ysy3098/220951350066

행정심판달인(2016). 금품갈취 등 학교폭력으로 전학조치. (2016.01.27.)
http://blog.naver.com/PostView.nhn?blogId=epeople99&logNo=220604460293

제28장

따돌림 사례

학습목표

1. 학교폭력의 유형 중 따돌림의 사례를 알고, 처리과정을 이해할 수 있습니다.

1. 따돌림의 개념 및 유형

가. 따돌림의 개념

따돌림이란 학교폭력의 일부로서 학교 내외에서 2명 이상의 학생들이 특정인이나 특정집단의 학생들을 대상으로 지속·반복적으로 신체적·심리적 공격을 가해 상대방이 고통을 느끼도록 하는 행위를 말한다.

따돌림이란 다른 사람을 신체적으로나 정신적으로 괴롭히려는 의도를 가지고 공격적인 행동을 반복적으로 하는 활동을 말한다. 따돌림은 다른 사람을 이기려는 개인의 행동이라는 특징이 있다(Wkiipedia, 2013). 또한 미국상담심리학회(American Psychological Association: APA) 사전에 의하면, 따돌림은 "더 작거나 약한 사람들을 향해 지속적으로 위협하고 공격하는 행동"이다.

또한 집단 따돌림(bullying)은 집단 내에서 다수가 특정인을 대상으로 위해를 가하는 행위로 학교에서의 다수의 학생들이 특정 학생을 대상으로 2주 이상의 기간에 걸쳐 심리적·언어적·신체적 폭력, 금품 갈취 등을 해하는 것을 말한다.

나. 따돌림의 유형

1) 박성규(1999)의 유형

박성규(1999)는 따돌림의 유형을 〈표 28-1〉과 같이 소외형, 욕·협박형, 조롱형, 장난형, 강제형의 5가지로 제시하고 있다.

〈표 28-1〉 박성규(1999)의 따돌림 유형

유형	특징
소외형	① 인사를 해도 노골적으로 무시 ② 노는데 끼어주지 않음 ③ 점심을 같이 먹자고 해도 들은 척 안함 ④ 다른 친구들과 놀지 못하도록 방해 ⑤ 뒤에서 손가락질
욕·협박형	① '재수없다'라는 말을 함 ② X년(놈)등의 심한 욕을 함 ③ '꼴보기 싫으니 학교오지마라' '꺼져버려라' 등의 말을 함 ④ '죽여버리겠다' '가만 두지 않겠다' '없애버리겠다' 등의 협박을 함
조롱형	① 신체적 장애, 체형과 관련한 심한 놀림 ② 공부를 못하거나 머리가 나쁘다고 놀림 ③ 소심한 성격 때문에 심한 놀림 ④ 집안형편(너무부자, 너무가난)과 관련해 놀림
장난형	① 체육복, 가방, 신발 등을 훼손 ② 목조르기, 옷벗기기 등의 심한 장난 ③ 툭툭치기, 발로차기, 꼬집기 등의 장난
강제형	① 숙제를 강제로 시킴 ② 매점가기 등의 심부름 ③ '가방 들어라' 고 시킴 ④ 시험 볼 때 시험지를 강제로 보여달라 함 ⑤ 준비물을 빼앗음 ⑥ 도시락을 빼앗음

2) 이혜영(1999)의 유형

이혜영(1999)은 따돌림의 유형을 크게 〈표 28-2〉과 같이 집단따돌림 행위와 집단따돌림 집단으로 나누어 제시하고 있다.

〈표 28-2〉 이혜영(1999)의 따돌림 유형

유형	특징
집단따돌림 행위	① 소외로써 같이 놀지 않거나 상대하지 않고 도시락을 같이 먹지 않는 경우 ② 모함으로써 엉뚱한 소문을 내는 것 ③ 경멸로써 은근히 욕하거나 빈정되고 면박이나 핀잔을 주는 행위 ④ 괴롭힘으로써 말을 따라하거나 놀리거나 분필이나 물건 던지기, 발 걸기, 도시락 반찬 뺏어 먹기 ⑤ 폭력으로써 이것은 장난을 빙자하여 때리거나 가혹행위를 하는 것
집단따돌림 집단	① 소집단 내에서 벌어지는 따돌림으로써 집단이 같은 집단에 소속된 한 개인을 지속적으로 따돌리고 괴롭히는 유형 ② 소집단 내에서 대등한 힘을 가지는 성원들이 서로 따돌리고 괴롭히는 유형 ③ 소집단 또는 대집단에 소속되어있는 성원들이 고립된 개인을 따돌리고 괴롭히는 유형 ④ 한 집단이 다른 집단에 소속된 개인을 괴롭히는 유형

3) Olweus(1999)의 유형

Olweus(1999)은 따돌림의 유형을 크게 〈표 28-3〉과 같이 직접적인 따돌림과 간접적인 따돌림으로 나누어 제시하고 있다.

〈표 28-3〉 Olweus(1999)의 따돌림 유형

유형	특징
직접적인 따돌림	피해대상에 대해 외부적으로 공격행동을 가하는 것
간접적인 따돌림	집단으로부터 사회적 소외, 내적인 배제를 가하는 것으로 여기에는 외형적으로 구타나 폭행을 하는 공격행동으로부터 외부로 드러나지 않으나 어느 한 집단에서 소외를 시키거나 또는 심리적 갈등이나 부적응을 갖도록 하여 괴롭히는 것까지를 포함

4) 강진령 · 유형근(2000)의 유형

위에 제시한 것처럼 집단따돌림의 유형에 대한 분류는 다양하지만 강진령 · 유형근(2000)은 〈표 28-4〉와 같이 방법에 따른 유형과 대표적인 행동을 예시하여 보여 주고 있다.

〈표 28-4〉 강진령 · 유형근(2000)의 따돌림 유형

유형		예시 행동
신체형따돌림	강제형	• 숙제를 강제로 시킨다. • 하기 싫은 심부름을 시킨다.
	장난형	• 가방, 옷에 벌레를 집어넣는다. • 금전 및 물품을 빌리고 돌려주지 않는다.
언어형따돌림	욕 · 협박형	• 자존심이 상하는 약점만을 이야기한다. • 심한 욕을 한다.
	조롱형	• 신체적 특징을 돼지, 거지 등으로 부른다. • 몇몇이서 쑥덕거리며 쳐다보고 웃는다.
소외형따돌림	소외형	• 쉬는 시간에 함께 놀지 않고 고립시킨다. • 묻는 말을 의도적으로 무시한다.

2. 따돌림 원인과 피해자의 특성

가. 따돌림의 원인

따돌림의 원인은 크게 세 가지로 요약할 수 있다.

첫째, 나와 또래를 비교하면서 나 자신에 대해 유능감이 아닌 열등감을 가지게 되고, 더 나아가 경쟁적인 질투심으로 확산되어 또래를 비난하게 된다.

둘째, 이기적인 자기중심적 경향은 또래 수용능력을 약화시키고, 더 나아가 또래의 고통에 둔감해지는 비인간적 행동을 보이게 된다.

셋째, 도덕교육이 제대로 이뤄지지 않아서 또래를 따돌려서 심각한 상처를 주어도 정당한 것으로 지각한다.

따돌림 피해자가 되기 쉬운 학생의 특성과 따돌림 피해자가 나타내는 문제행동의 특성은 〈표 28-5〉와 같이 정리할 수 있다.

〈표 28-5〉 따돌림 피해자의 특성

유형	예시 행동
• 잘난척하고 다른 친구를 무시한다. • 고자질을 잘한다. • 집적거린다. • 내숭떤다. • 거짓말을 잘한다. • 자신의 생각을 분명히 말하지 못한다. • 당당하지 못하고 지나치게 소심하다. • 어눌해 보인다.	• 하교 후 피곤해 한다. • 학용품 등 소지품이 자주 없어진다. • 집에서 몰래 돈을 가져가려 한다. • 손발이나 신체 부위에 경미한 상처가 있다. • 급식을 잘 못먹는다. • 낙서가 많아진다. • 비관적인 내용과 말과 글이 증가한다. • 말수가 적어진다. • 의욕이 없다. • 울적해 한다. • 넋이 나간 듯이 멍하다. • 혼자 있고 싶어한다. • 짜증을 잘 낸다. • 초조해 하는 기색을 보인다. • 특별한 이유없이 화를 잘 낸다. • 학교가기를 유달리 싫어한다. • 자기는 왜 이렇게 못났냐고 생각한다.

3. 따돌림 사례

가. 집단 따돌림 사례(1)

여중생 투신 … '보이지 않는' 집단 따돌림 여전(경남도민일보, 2012).

창원에서 중학교 1학년 학생이 투신자살하는 사건이 발생하면서 학교폭력과 집단따돌림 현상이 도내 교육현장에서 여전한 것 아니냐는 우려가 제기되고 있다.

지난 18일 중 1학년 ㄱ(13) 양이 아파트 10층에서 뛰어내려 목숨을 잃었다. ㄱ 양은 "친구들 때문에 많이 운다", "적응하기 힘들다", "소외당하는 느낌이 강하다" 등의 평소 고민을 유서에 남긴 것으로 알려졌다.

경찰은 자살한 ㄱ 양 스스로가 학교생활에 적응하지 못한 데 무게중심을 두고 있으며 곧 수사를 마무리할 예정이다. 학교 교사들의 진술과 같은 반 학생들의 설문 내용 등을 종합해볼 때 뚜렷한 집단따돌림 현상을 발견하지 못한 데 따른 것이다.

도교육청 관계자 역시 "학교폭력이 자살의 직접적인 원인이 된 건 아니었던 것 같다"

는 조사 결과를 전했다. 하지만 이 관계자는 ㄱ 양이 초등학교 시절에도 학교생활에 적응하지 못했고 따돌림을 당한 적이 있음을 시사했다.

이런 조사결과를 두고 ㄱ 양이 다니던 중학교 주변 학부모들 사이에서는 "학생 본인에게 책임이 있는 것처럼 돌리면서 학내에 만연한 신종 따돌림 현상 등을 숨기려고만 하는 것 아니냐"는 우려가 제기되고 있다.

또한 ㄱ 양은 자살하기 직전에 다녀온 2박 3일 수련회에서 자살을 시도했던 것으로 알려져 학생 안전을 관리해야 할 학교의 대응에 구멍이 뚫렸음을 보여줬다.

나. 집단 따돌림 사례(2)

집단따돌림, 더 이상은 안된다 (경인일보, 2013)

학교에서 집단 따돌림을 받아 온 인천의 한 여고생이 스스로 목숨을 끊으려 한 사실이 뒤늦게 밝혀져 충격을 주고 있다. 이 여고생은 집단따돌림을 견디다 못해 선생님과 경찰에 이런 사실을 알렸는데도 해결될 기미가 보이지 않자 결국 '자살기도'이란 극단적인 방법을 택한 것으로 드러났다.

자살을 기도했던 학생은 가해 학생들이 반 친구들 앞에서 자신의 외모를 놀리거나 욕을 하고, 심지어는 자신에게 말을 걸거나 밥도 같이 먹지 못하도록 했다고 한다. 이 학생은 자신이 '왕따'를 당하고 있다며 교사에게 털어놨다. 하지만 학교 측은 이 학생의 고충을 듣고도 1년 가까이 방치했다. 학교 측은 가해자로 지목된 학생들이 관련 사실을 부인하자 이 학생 부모에게 경찰에 신고할 것을 권유했다고 한다. 학교 폭력이 발생할 경우 열도록 돼 있는 '학교폭력대책자치위원회'도 소집하지 않았다. 학교 측은 심지어 새학기 반 배정을 하면서 이 학생과 가해학생들을 같은 반에 편성하기도 했다. 신고를 받은 경찰은 집단따돌림의 진상을 파악하기 보다 화해를 종용했다. 사과로 사건을 마무리 지었다. 피해 학생은 결국 자살로 괴로운 현실을 잊으려 했다. 학교 폭력의 피해자로서 '선생님'과 '경찰아저씨'에게 호소했지만 이들의 소극적 대처로 피해자는 정신적 고통 속에서 살아야 했다.

다. 집단 사이버 따돌림 사례

의견 차이가 집단 사이버 따돌림으로 이어져((재)푸른나무 청예단 학교폭력 회해분쟁조정센터).

A와 B는 중2 남학생으로 같은 반이며, 평소에 티격태격 시비를 거는 사이였다. 어느 날 A는 반 학생들이 함께 있는 그룹채팅방에 학생 C가 올린 연예인 사진을 보고 그 연예인 별로라고 하며 자신은 그런 스타일이 싫다고 이야기했다. 그러자 B는 A에게 "네가 뭘 아는데 까부냐××아"면서 욕을 하였다. A는 그냥 그 연예인이 자신의 스타일이 아니라는 의견을 말할 것뿐이라고 답을 하자 B는 "너 같은 찐Xk가 스타일이 어디 있냐 ㅋ ㅋ 오늘 들은 이야기 중에 젤 어처구니 없다"며 계속적으로 욕을 했다. 그러자 그룹채팅방에 있던 다른 친구들로 A의 말에 종조하면서 자신을 비웃기 시작했다.

그 이후로 그룹채팅방에 A의 사진을 올리면서 "넌 내 스타일 아니야 임마"라고 비웃는 친구들이 생기면서 반 친구들로부터 따돌림을 당하기 시작했다. A는 그룹채팅방에서 지속적으로 놀림과 언어폭력을 당해서 퇴장을 했음에도 불구하고 반 친구들은 계속해서 A를 그룹채팅방으로 초대하여 심한 욕설을 보냈다. A는 이 사안에 대해서 선생님이나 부모님에게 말하면 B를 포함한 반 친구들에게 보복을 당할 것 같아서 두렵다. A는 요즘 스마트폰 알람이 울릴 때마다 화들짝 놀래며, 학생들이 또 어떤 욕을 할까 걱정하면서 힘겨운 날들을 보내고 있다. 또, 밤마다 내일은 어떻게 버텨야 하나 생각하며 불면증에 시달리면서 카톡알림음과 학생들이 욕을 하는 것이 환청으로 들린다.

학교폭력 / 집단 따돌림 / 서면사과

1. 사건 개요

- 2013. 7.12 OO고등학교 1학년생인 가해학생 A는 친구들(가해학생들)과 함께 피해학생 B를 따돌린다는 이유로 신고되어 학교폭력대책자치위원회가 개최됨.
- 2013. 7.25 학교폭력대책자치위원회는 가해학생들에 대해 '조치없음' 결정을 함.
- 2013. 8. 2 피해학생 B의 부가 이에 불복하여 재심청구를 함.
- 2013. 8. 26. 시도학교폭력대책지역위원회는 피해학생이 정신적 고통을 받은 점이 분명하다고 판단하여 가해학생에게 '서면사과' 조치를 결정 함.
- 2013. 9. 가해하가생 A의 부는 이 조치에 불복하여 행정심판을 청구함.

2. 청구인 주장

- 손바닥으로 머리를 쓰다듬은 정도이며 평소 여학생들간에 일상적으로 일어

나는 행위이며, 따돌림과 폭력을 행사했다는 것은 피해학생의 일방적인 주장이다.

– 또, 피해학생이 경찰에 신고한 폭력행위에 대해 증거불충분을 이유로 불기소 결정서가 나온 점을 볼 때 이 사건 처분은 위법·부당 하다.

3. 위원회의 판단

– 비록 가해학생이 아무런 의도 없이 한 행동이라고 해도, 그동안의 정황으로 보아 피해학생에게 마음의 상처가 가중되고 정신적 고통을 받은 점이 분명해 보이는 점,

– 또, 지역위원회가 가해학생에 대해 조치한 '서면사과'의 결정은 '피해학생 보호'와 '가해학생에 대한 선도 필요성'이라는 관점에서 볼 때 지나친 처분이라고 보기 어려운 점 등,

– 종합적으로 고려할 때 이 사건 처분은 위법·부당하다고 할 수 없어 청구인의 청구를 기각한다.

[출처] 행정심판달인(2015). 학교폭력/ 집단 따돌림/ 서면사과(2015. 4. 17.)
http://m.blog.naver.com/epeople99/220333603699

라. 사이버 따돌림 사례

김모(11)양은 최근 같은 반 학우들이 모여 수다를 떠는 SNS 그룹 채팅 방에 접속해 '방학인데 다들 잘 지내고 있어?'라고 말을 걸었지만 어느 누구도 답하지 않았다. 친구들은 김양의 채팅은 무시한 채 '영화는 뭐가 재미있다더라.', '아이돌 가수는 누가 좋다더라.' 등 다시 자신들끼리만 대화했다. 김 양은 중간 중간 열심히 답 글을 달았지만, 모두 무시당했다. 김 양은 "그곳(사이버상)에서 나는 유령이었다."고 울먹였다.

대전 동구의 모 초등학교 5학년 박 모양은 학기 초 같은 반 학우에게 괴롭힘을 당하다가 여름방학이 되면서는 사이버 상으로 집단 '왕따'를 당했다. 같은 반 친구들끼리 그룹채팅이 가능한 모바일 메신저에서 따돌림을 당한 것. 처음에는 몇몇 학생이 따돌림을 주도했지만, 시간이 지나면서 반 학생 아무도 김 양을 대화에 껴주지 않았다. 심지어 어떤 친구는 문자로 입에도 담지 못할 욕을 하는 등의 언어

폭력을 행사했다. 박 양은 "반에서 따돌림은 참을 수 있었지만, 온라인상에서 없는 사람 취급한 것은 죽고 싶을 만큼 힘들었다."고 말했다.

수도권 중학교에 다니는 혜진(가명 · 중2)이는 초등학교 5학년 때부터 따돌림을 당했다. 초등학교를 졸업하면 끝날 줄 알았던 따돌림은 인터넷을 통해 "우리 학교 왕따가 어느 중학교에 간다"는 소문으로 퍼지면서 중학교에서도 계속됐다. 혜진이를 욕하는 저주 카페가 생겼고 그의 얼굴과 영화 속 괴물을 합성한 사진이 카페에 올라왔다. 이를 본 혜진이는 충격을 받았고 결국 지난해 2학기 휴학했다.

고등학교 1학년인 A군은 같은 학급에 있는 또래학생들에 비해 다소 체구가 작았다. A군은 부모님의 이혼으로 할머니의 보살핌을 받아 자라온 결손가정의 학생이었다. A군은 반 친구들에게 욕설과 폭력을 사용하였고, 체육시간이나 점심시간 등으로 반에 아무도 없을 때에는 도둑질을 하기도 하였다. 또한 큰 목소리와 잦은 반문으로 수업이 진행되기 어려운 정도가 많았다. 이러한 행동들과 함께 A군은 다른 학생들에 비해 단정하지 못했던 외모와 불쾌한 냄새로 점점 반 친구들에게까지 따돌림을 당하게 되었다. A군은 어렸을 때부터 부모님의 사랑과 관심을 많이 받고 자라지 못하였기 때문에 누군가 자신에게 관심을 가져주기를 바라는 마음에서 그에 대한 표현으로 나쁜 행동들을 일삼았던 것이다.

이 때 A군의 담임교사는 문제 발생 초기에 몇 번의 주의를 주었을 뿐 별다른 제지를 하지 않았고, 적절한 대화를 하지 못하였다. 또한 같은 행동들이 반복되었기 때문에 다른 선생님들과 A군에게 무관심의 방법을 사용하여 지도하였다. 관심을 주지 않으면 A군의 행동들이 잠잠해질 것으로 생각하여 이와 같은 방법을 사용하였지만, 이후 A군은 학년이 올라갈수록 더욱 공격적으로 성격으로 변하였고, 결국 학교생활을 견디지 못하고 그만두게 되었다고 한다.

여중에 재학 중이었을 때 같은 학급에는 B양이 있었다. B양은 단정한 외모에 공부도 잘하였으나, 사회성의 결여로 친구들과의 관계가 원만하지 못하였다. 자기만의 생각으로 수업 중에 궁금한 것들이 생기면 주위 친구들을 의식하지 않은 채 선생님들에게 질문을 하여 수업에 방해가 되었고, 이와 관련하여 같은 반 C양과 B양은 크게 다투었다. 그 후 C양이 B양을 싫어하고 따돌리게 되었다. 이 때 담임교사는 B양이 집단따돌림을 당한다는 사실을 바로 알아차렸다. B양과의 1:1 면담, 부모님과의 상담, 반 전체 학생들과의 대화, 주말이나 방학을 이용한 학급 봉사활동 및 현장학습, 마티또 선정 등 다양한 방법으로 집단따돌림의 해결책을 제시하였고, 그 결과 B양과 학급 전체 학생들과의 관계는 학년이 올라갈 때까지 지속되었다.

카톡방 집단 따돌림 못 견뎌" 여고생 투신(채널A, 2016)

카카오톡 대화방에서 집단 괴롭힘을 당한 여고생이 유서를 남기고 아파트 5층에서 투신했다. 지난 9일 새벽 1시쯤 인천시 구월동의 한 아파트 5층에서 16살 A양이 투신했지만, 1층 차양막에 떨어져 목숨을 건졌다.

A양은 부모님과 담임 선생님에게 문자메시지로 힘들어서 못살겠다며, 투신하면 자신을 괴롭힌 학생들이 학교에 다닐 수 있냐고 남겼다.

A양은 친구들에게 카톡방에서 같은 반 학생들이 SNS를 통해 거짓말을 퍼뜨리고, 감당하기 힘든 욕설을 퍼붓고 집단으로 따돌렸다고 말한 것으로 알려졌다.

혹시 나도 '투명인간' 아닐까

수도권 고등학교 고2 담임교사 A씨는 최근 '신경쇠약'을 이유로 병가를 냈다. 발단은 모바일 메신저 단체 채팅방이다. A씨 학급 여학생들은 1학기초부터 급우인 B양만을 제외한 단체 채팅방을 만들어 활용했다. 재적 여학생 11명 중 10명이 초대된 이 채팅방에는 학급 일정부터 개인사, 대학 진학정보까지 다양한 정보들이 공유됐다. A씨 학급 여학생들은 오프라인에서는 B양과 어울렸지만 온라인에서는 끼워주지 않았다. 학급내 '물리적인 따돌림'이 없어 A씨도 단체 채팅방의 존재를 알지 못했다. 1학기말 학급 여학생간 다툼으로 B양이 단체 채팅방의 존재를 알게 되면서 학급은 요동치기 시작했다. B양 부모가 학급 여학생들을 '학교폭력'으로 신고한 것이다. 학교측은 학교폭력위원회(학폭위)를 열어 A씨 학급 여학생들을 불러 조사한 후 '학교 폭력이 아니다'는 결론을 내렸다. 학급 여학생들에 대한 처벌도 의결하지 않았다. 채팅 내용을 확인한 결과, B양에 대한 언급이 전무했고 오프라인상에서 물리적 따돌림도 없었다는 이유에서다. B양은 학폭위 결정 이후 등교거부를 시작했고, B양 부모는 매일 수차례 A씨에게 항의전화를 걸어 대책을 요구했다. A씨 학급 여학생들은 '단체 채팅방에서 B양에 대해 언급한 적이 없다'며 사과를 거부했다. 상황을 수습하다 불면증 등에 시달리던 A씨는 결국 학급을 떠나기로 했다. A씨 학교 관계자는 "물리적 따돌림이 있었던 것이 아니라 학교에서도 적용할 규정을 찾지 못했다"며 "A씨가 B양 부모와 학급 여학생 양쪽에 시달리다가 병가를 택했다"고 설명했다.

A씨 학교 관계자는 "단체채팅방에 피해학생을 초대해 욕설을 하거나, 단체채팅방에 초대해놓고 투명인간 취급을 한 사례, 모바일 메신저에 거짓 소문을 내는 행위 등은 징계한 전력이 있다"며 "B양은 눈에 보이는 따돌림이 없어 징계할 근거를 찾지 못했다. B양 부모가 교육청까지 찾아가 처벌을 요구했지만 마땅히 처벌할 사유가 없었다"고 말했다.

[출처] 뉴시스(2016). [진화하는 사이버폭력①]혹시 나도 '투명인간' 아닐까. (2016.09.14.기사)

마. 장애학생 따돌림 사례

청각장애학생 따돌림, 방관하고 면박 준 교사들(한국일보, 2014)

서울 A중과 이 학교에 다니는 청각장애 학생 B(13)군의 부모 등에 따르면 이달 20일 B군은 음악 수업의 리코더 연주 수행평가 도중 교사로부터 "23일 음악시간까지 제대로 불지 못하면 학급 전체에 수행평가 점수를 줄 수 없다"는 말을 들었다. 태어날 때부터 귀가 들리지 않아 4세 때 인공 와우 수술을 받은 B군은 청각장애 2급으로 학교처럼 웅성거리는 소리가 많이 나는 곳에서는 모든 소리가 소음으로 들린다.

음감이 비장애 학생들보다 떨어져 연습을 해도 리코더 연주 실력이 늘지 않았던 것인데 반 친구들은 "장애인 때문에 우리가 점수를 못 받는다"며 비난의 말을 퍼붓기 시작했다.

B군의 부모는 학년 초 담임교사에게 "음악 실기 평가 등 청력을 사용해야 하는 시험이나 과제 등의 평가는 필답시험으로 대체해 달라"고 요청했었다. 올해 1월 시행된 교육부의 '학교생활기록 작성 및 관리지침'의 '청각장애 학생은 청력을 사용해야 하는 시험을 필답시험으로 대체할 수 있다'는 규정에 따른 것이다.

그러나 B군은 반 친구들에게 리코더를 불지 못하는 '공공의 적'이 돼 버렸고, 문제가 커지자 담임 교사는 특수교사에게 B군의 면담을 요청했다. 면담 결과 B군은 1학기 때부터 같은 반 학생 5~6명으로부터 집단 따돌림과 놀림, 언어폭력을 당했던 것으로 드러났다. 몇몇 학생들은 B군의 어깨를 쳐 넘어뜨리는 등의 폭력도 휘두른 것으로 나타났다.

반 친구 C군은 B군에게 수시로 "넌 리코더도 못 부는 장애인이냐"는 말을 했고, 지난달에는 발로 밟은 과자를 먹으라고 강요한 것으로 조사됐다. B군의 부모는 "아이가 자신의 상황을 담임 교사에게 호소했으나 교사는 가해학생들에게 '하지 말라'는 말만 했을 뿐 적극적으로 대처하지 않았다"며 "대책이라고 내놓은 게 아이를 도와주는 봉사자로 가해학생 C군을 지정해 괴롭힘을 방지하겠다는 것이었다"고 주장했다. B군의 부모는 관할 경찰서에 학교폭력을 신고하고 학교측에 문제를 제기했다.

해당 학교는 29일 학교폭력자치위원회를 열고 가해 학생들에 대한 징계 절차에 착수했다. B군의 아버지(45)는 "사건을 방치하고 키운 교사들과 무성의한 대응으로 일관한 학교가 문제"라고 주장했다.

이 학교 관계자는 "해당 교사들이 사과하는 입장을 밝혔고 학교도 조정 노력을 했다"고 말했다. 이 관계자는 "청각장애 학생에게 실기 평가는 어려운 과제지만 음악 교사가 학생에게 평가 기회를 두 번이나 줬다"며 "평가를 완료하기 전에는 다른 학생들의 점수도 공개하지 못한다는 뜻으로 말했던 것"이라고 해명했다.

이에 대해 B군의 아버지는 "음악 실기 수행평가 점수를 포기하겠다는 의사까지 밝혔는데도 교사가 듣지 않았다"고 주장하며 "교사들이 만나달라는 말만 할 뿐 무엇이 잘못됐는지 인정하지 않고 있다"고 말했다.

학원 화장실서 목매 숨진 초6 학생, "틱장애로 '왕따' 당해"

3일 YTN은 서울 중계동에 있는 한 학원 화장실에서 숨진 채 발견된 13살 A군이 같은 반 친구들로부터 지속적인 괴롭힘을 당해왔다고 보도했다.

보도에 따르면 A군의 반에 있는 한 학생이 A군에게 욕을 하며 주도적으로 괴롭혔고 다른 학생들이 이를 거들었다고 한다.

A군의 담임 선생님 역시 이 사실을 알고 있었지만 친구들에게 주의만 줄뿐 징계 조치를 하지 않았다.

학교 측은 "A군이 '어깨 틱 장애가 있다'는 이유로 괴롭힘을 당한 것으로 보인다"며 "담임 교사가 부모님과 몇 차례 상담을 진행한 적이 있다"고 말했다.

앞서 전날인 2일 오후 5시쯤 서울 중계동에 있는 학원에서 수업을 받던 A군은 이날 화장실에 다녀오겠다며 교실을 나선 뒤 돌아오지 않았고, 화장실에서 가방끈에 목매 숨진 채 발견됐다.

유가족들은 평소 A군이 밝게 지냈고 다음날 가족들과 제주도 여행을 가는 것에 들떠 있었기 때문에 스스로 목숨을 끊었을리가 없다고 주장했다.

하지만 A군이 친구들로부터 집단 괴롭힘을 당했다는 충격적인 사실이 드러나면서 학교 측의 대응을 놓고 논란은 커질 것으로 보인다.

[출처] 문화뉴스(2016). 학원 화장실서 목매 숨진 초6 학생, "틱장애로 '왕따' 당해."(2016.08.04. 기사).

4. 따돌림 사례에 대한 효과적 지도 방안

가. 학급내 공감대 형성이 중요하다.

수지는 모범적인 고등학생으로 공부도 잘하는 부반장이었다. 선생님은 수지를 예뻐했고 모든 일을 수지에게 맡겼다. 학급이 수지위주로 돌아가게 되자 그것을 싫어하는 아이들이 늘어나 집단따돌림으로 수지를 괴롭혔다. 수지는 이 사실을 부모에게 말했고 부모는 담임교사에게 사실을 알리며 가해아이들의 접근을 막아줄 것을 요구했다. 담임교사는 수지를 괴롭히지 말라며 반 아이들을 심하게 혼내고 통제했다. 반 아이들은 담임교사가 수지만 감싸고돈다며 심하게 질투하며 괴롭혔고 급기야 수지를 인근 주차장으로 끌고 가 집단폭행했다. 이 사실을 알게 된 피해부모는 가해학생들에 대한 처벌을 강력히 요구했고 가해부모들은 교사의 편애와 피해학생의 문제점을 지적하며 맞서자 사건이 확대되었다.

1) 사건발생시 교사의 생각과 반응

교사는 신뢰관계를 바탕으로 모범생 위주로 학급을 운영한다.

모범생인 피해자에 대해서는 상대방의 문제가 크다고 생각한다.

가해자의 행동은 통제 할 대상이라 생각한다.

모든 면에서 완벽하고 특출한 점이 아이들에게 질투를 유발한다. 공부를 잘하는 모범생들은 늘 관심과 칭찬을 받기 때문에 질투의 대상이 된다. 아이들과의 사교적인 활동을 할 시간이 부족하여 아이들에게 따돌림 대상이 되기 쉽다.

－아이들 간의 문제점을 찾아내어 해결하려는 노력이 부족

－모범생에 대한 특혜로 그 아이는 문제가 없고 완벽하다고 간주

－다른 아이들에 대해서는 통제만이 능사다.

－다른 아이들의 입장을 이해하지 못한다.

2) 피해부모의 심리와 반응

모범생을 둔 부모는 아이가 우월하면 나도 우월하다고 생각한다.

공부가 인생의 전부라고 생각한다. 모든 특혜와 대우가 따라야 하며 자랑삼고 싶어진다. 친구들이 괴롭히는 이유는 질투심이라고 생각한다. 그런 아이들과 어울리는 것도 싫고 주변에 있는 것조차 싫다. 아이 앞에서 가해자와 가정을 비난하여 아이의 자존심을 세우고 우월감을 갖도록 하고 싶어진다.

- 상대를 얕잡아 보기에 맞서 싸우는 대신 교사에게 해결을 맡긴다.
- 교사가 제대로 대처하지 못했을 때 비난하고 책임을 추궁한다.
- 우리 아이는 모두에게 인정받고 있기에 가해자로부터 사과 받는 절차는 필요 없다고 생각한다.
- 가해자와 분리되었으면 하는 생각으로 가해학생을 다른 곳으로 전학시키길 원한다.
- 한 편으로는 가해자의 보복을 두려워한다.
- 우리 아이를 특별보호조치 해야 한다고 생각한다.

3) 가해부모의 심리와 반응

부모의 무조건적인 지지와 교사의 편애로 인해 피해자가 오만하고 건방지며 이기적이라 모든 친구들에게 배척당한다고 생각한다. 피해자가 안하무인으로 행동하니 감정이 예민한 시기의 자녀가 불의를 참지 못했다고 생각하며 가해아의 변명을 인정한다. 원인제공은 피해자가 했다고 주장하며 자기 자녀가 주도한 것이 아니라 친구들에게 현혹되어 가담한 것이라 생각하여 주동한 친구들을 원망한다.

- 피해부모의 자신감에 위축되고 자존심도 상한다.
- 미안한 감정보다는 피해부모의 교육방식을 비난하게 된다.
- 상대가 모범생이란 것에 주위의 비난을 받을까 염려된다.
- 교사가 공부 잘하는 피해자편에 설 것이라 걱정한다.
- 아이가 교사의 눈에 벗어나 학교생활이 힘들어질 것이라 생각한다.
- 아이가 적응을 못하고 학교에서 겉돌며 나쁜 아이들과 어울려 다닐까 염려된다.

4) 아이들과 공감대를 형성해야 해결할 수 있다.

교사들은 이런 일을 대수롭지 않게 생각하는 경우가 종종 있다. "요즘 애들 왜 이런지 모르겠네." "뭐 하나 똑바로 하는 게 없는 것들이 미운 짓만 골라서 해요." 그러나 이 상황은 심각하게 보고 섬세하게 접근해야 한다. 이 사건의 경우 상당수의 아이들이 담임교사가 편애한다고 생각하며 가해자들의 행위에 정당성을 부여했을 것이다. 아이들은 타인에게 인정받으면서 자신감을 갖게 되고 자신감이 생겨야 열등의식에서 벗어날 수 있다. 열등의식에서 벗어나야 타인의 장점을 진심으로 인정할 수 있다.

아이들이 갖게 된 질투심에 대해서는 충분히 그럴 수도 있다고 인정해주어야 한다. 교사 자신이 잘못한 부분이 있다고 생각한다면 아이들에게 사과할 필요도 있다. 그러나 폭력행위는 어떠한 경우에도 정당화될 수 없다는 것을 인지시켜야 한다.

아이들과 공감대가 형성되면 이후 지도는 한결 수월해진다. 가해자들이 자신의 잘못을 인정하게 할 수 있고 방관자들에게도 반성의 기회를 줄 수 있다. 가해자들이 진심으로 반성하지 않았다고 하더라도 스스로 행동을 조심하게 된다. 폭력행동이 옳지 못하다는 공감대가 아이들 사이에 형성되었기 때문이다.

학급 내 공감대 형성을 위한 노력과 더불어 놓치지 말아야 할 것이 있다. 가해행동에 대한 책임을 지우는 것이다. 무거운 처벌이든 피해자 부모가 처벌을 원하지 않아 가벼운 처분을 내리든 잘못한 행동에 대해서는 책임을 지게 해야 사건의 재발을 막을 수 있다.

[출처]: 조정실(2012). 효과적인 학교폭력 예방과 대처방안. 학교폭력담당 책임교사 연수자료집. 경남교육2012-110. pp.24-26.

나. 담임의 빠른 상황 판단과 대응조치가 중요하다.

학급에서 어떤 특정한 한 학생에 대해 4~5명의 또래들이 주도적으로 언어적·신체적 폭력 등을 행사하면서 집단따돌림을 한다. 그리고 그밖에 대다수의 학생들은 그런 행위에 동조하면서 그 학생에 대해 기피하고 무시한다.

이러한 사례가 학교현장에서 일어났을 때 담임 입장에서 처리가 매우 곤란해진다. 이 경우 피해 학생의 대인관계문제, 성격적인 취약점이 주요요인으로 작용한다. 피해학생이 원인을 제공하는 경우가 많기 때문에 가해학생지도 뿐 아니라 피해학생에 대한 상담 치료도 병행해야 더욱 효과적 일 것이다. 학급구성원 대다수에게 집단따돌림을 당하는 아이는 다음 세 가지의 특징을 가지고 있다.

첫째 가해자의 요구에 쉽게 굴복해 버리거나 저항을 하지 못하는 특징을 지니고 있다.

둘째, 피해학생은 가해학생들의 입장에서 볼 때 집단따돌림을 당할 개인적인 요인들을 가지고 있다. 예를 들어 잘난 척하거나, 이기적인 성격, 피해망상, 타인 및 사회에 대한 부정적이며 비현실적인 사고 등이 있다.

셋째. 자존심이 낮고 사회적으로 고립되어 있으며, 신체적으로 약하거나 불안이 높다.

그리고 피해학생은 집단따돌림에 대해 두 가지 방식으로 대응한다. 첫째는 수동적인 방식으로 대응한다. 이 유형에 속한 아이들은 자신의 의견을 잘 표현하지 못하고 내성적이고 사회성이 떨어져 다른 사람들의 놀림이나 비판으로부터 자신을 보호하거나 방어하는 것이 힘든 경우가 많다. 대부분의 피해학생이 이 유형에 속할 것이다.

둘째 공격적인 방식으로서 다른 아이들에게 난폭하게 대하거나 괴롭히는 행동을 보이는 경우가 있다. 이 유형은 그렇게 흔한 경우는 아니지만 고학년으로 올라갈수록 많이 나타나고 있다. 이 유형에 속한 학생은 자신이 피해자라는 인식 때문에 다른 동료에 대해 복수심과 적개심을 갖고 심지어 폭력적으로 대처하기도 한다. 이 과정에서 또래들에게 거부당할 가능성이 더욱더 커지게 된다.

○ 담임과 학교에서 해야 할 일

- 따돌림당할 소지가 있는 학생에 대한 계속적인 상담과 그에 대한 기록을 남겨놓아야 한다. 그리고 그 학생의 학교생활태도, 교우관계 등을 사전에 기록한다.
- ■ 피해학생을 도와 줄 수 있는 학생을 찾아서 모둠을 만들어 주고 하루빨리 학급을 정상화시킨다.
- 만일 피해 학생의 상태가 담임교사의 상담이나 지도로 해결되지 못한다고 판

단 될 경우 학부모 상담을 요청한다. 그래서 피해학생이 집단따돌림을 당한 요인에 대해 설명하고 적극적이고 전문적인 상담치료를 요구한다

○ 학부모 상담시 유의사항

• 피해자 부모의 입장에서 이야기를 해야한다. 피해자 부모는 자녀의 피해 때문에 감정이 상한 상태이기 때문에 집단 따돌림의 원인이 자신의 자녀라고 말하는 것이 아닌가하는 오해를 해 교사에게 서운함을 느낄 수 있다.

• 대부분의 피해자 부모들은 단지 자기 자식이 피해를 입은 사실에만 집착하지 근본적으로 이러한 문제가 왜 일어났고 앞으로 어떻게 해결해야 할 것인지에 대해서는 무관심할 수 있다. 그래서 담임선생님은 앞으로 피해 학생이 원만한 학교생활을 하기 위해 무엇이 필요한가에 초점을 맞추어서 피해학생 부모와 상담을 해야 한다.

■ 가해자에게는 누구나 공감 할 수 있는 벌을 주되, 가해자 부모에게도 책임을 준다.
(예-경찰서 청소/ 고아원/ 꽃동네/ 양로원/ 미화원 돕기 등 실시)

○ 가해자 지도시 유의사항

• 가해 학생에게 집단따돌림이 엄연한 폭력이고 법적 문제로 비화될 수 있다는 사실을 주지시켜줄 필요가 있다. 그리고 상담 등을 통해 가해학생들에게 피해학생의 마음을 역지사지할 수 있도록 도와준다.

• 행위의 결과만 가지고 처벌했을 때 진심으로 뉘우치는 가해자는 많지 않다. 오히려 반발하고 방어하고 뒤집어씌우기까지 하며, 피해자가 고자질해서 자기가 혼나고 있다는 생각을 해 더욱더 교묘히 피해학생을 괴롭힐 수 있다. 처벌이 중요한 것이 아니라 다시는 그런 행동이 발생하지 않도록 변화시키는 것이 중요하다. 자신의 잘못을 인정할 수 있도록 교사가 자세히 설명을 하고 자신의 잘못을 인정하도록 지도해야 한다.

■ 가해학생에 대해 처벌보다 봉사활동 참여를 유도할 필요가 있다. 봉사활동은 학기중. 방학중. 연중으로 나눠 졸업 할 때까지 지속적으로 실시한다.

■ 선도위원회는 담임. 양쪽 부모. 교장. 교감 및 관련담당선생님 등이 모두 참

석한 가운데 진행되어야 하며, 회의 결과를 전교생에게 공고하도록 한다.

■ 양쪽 부모님이 안심하는 수준까지 서로 친숙함이 무르익고 반 전체가 안정을 찾으면 학급회를 통하여 선도 해제와 사건 종결을 학생들 스스로 발표하도록 이끌어 준다.

다. 담임의 적극적인 중재자세와 중립적인 태도가 필요하다.

평소에 어울려 지내던 8명의 여학생 중 2명의 학생이 한 남학생으로 인해 사이가 나빠져 이중 한 명을 다른 7명의 학생이 학교에서 집단적으로 따돌리다가 하교 후 학교 밖에서 피해학생을 집단 구타한 사건이 발생하였다. 피해학생의 학부모가 피해 학생을 병원에 입원시킨 뒤 도교육청에 민원을 내고 언론기관에 제보함과 동시에 경찰에 고소하였다.

○ 담임이나 학교측이 초기에 해야 할 일

- 피해학생 담임선생님(가해학생 담임선생님도 참여하는 것도 좋음)과 학교 측 학생부장, 교감 등이 병원을 방문하여 입원 학생의 피해상태를 확인하고 위로한다.
- 해당 담임선생님과 학생부에서 사건의 진상을 알 수 있도록 원점부터 철저히 조사한다. 여기서 유의해야할 사항은 모든 문제를 피해자 중심으로 처리해야 한다는 것이다. 피해학생이 폭행 당한 사실이 분명할 때는 그 사건의 원인 제공을 누가 했는가를 따지는 것은 중요하지 않다. 분명 가해 학생들은 자신의 행위를 정당화하려고 할 것이고 해당 담임선생님 입장에서도 자기 반 학생을 보호하려고 할 것이다. 그래서 피해학생 담임선생님과 가해 학생 담임선생님이 이 사건에 대해 서로 인식의 공유가 중요하고 서로 함께 해결하려는 자세가 중요하다.
- 피해 학생 학부모를 만나 사건의 진상 인식 여부 파악, 민원 및 언론기관 제보와 고소에 대한 의도를 파악한다.
- 가해 학부모를 만나 사건이 악화된 사유, 학교측의 중재 역할에 대한 학부모의 견해를 청취한다.
- 사건의 경위를 도교육청 담당 장학사에게 보고한다.

- 해당 담임이 참여한 학생선도위원회를 열어 교직원들의 의견을 수렴하여 해결 방안을 모색한다.

○ 학교측에서 취해야 할 태도

- 학교측에서는 적극적인 중재 태도와 중립적인 자세를 견지해야 할 필요가 있다.
- 학교측이 취하는 태도에 따라 다음과 같은 세 가지 해결 방안이 예상된다.

(제1안): 학교측의 적극적인 중재로 치료비 정도 선에서 양측의 합의가 이루어지고, 고소가 취하되고, 피해자 측에서 언론기관에 해명을 하는 경우

(제2안): 치료비와 피해보상의 과다한 요구로 양측의 합의가 이루어지지 않아 기소되어 재판 중에 합의가 된 경우

(제3안): 학교측의 노력에도 불구하고 끝까지 법의 심판을 받게 되는 경우

▶ (제1안)에 따른 문제 해결 시 학교측에서 취해야 할 태도

- 가장 바람직한 해결 방안이다.
- 피해자 측에서 손해라는 생각을 가질 수 있으므로 가해자 측에서는 피해 학생과 학부모에 대해 부상 치료와 적극적인 위로의 마음을 표시하고, 가해 학생들은 학교선도위원회의 결정에 따라 처리함이 필요하다.
- 학교측에서도 사전지도가 미흡했던 점을 인정하고 재발 방지 노력을 다진다.
- 부상 치료비는 많지 않을 것으로 예상되므로 가해자 측에서 지불할 것으로 예상된다.
- 교사들이 피해학생에 대해 애정 어린 관심을 갖고 지도하도록 한다.
- 가해학생들을 엄중히 주의 조치하되, 사건의 후유증이 생기지 않도록 계속적인 관심을 갖는다.

▶ (제2안)에 따른 문제 해결 시 학교측에서 취해야 할 태도

- 최선의 선택은 아니나 차선의 방법으로 취할 수 있는 방안이다.
- 부상 치료비는 전액 가해자 측에서 지불하고, 정신적 피해 보상액을 적정 선에서 조정되도록 학교가 적극 중재한다.
- 피해자 측은 가해 학생들을 구속시키거나 연행해 조사하기를 강력히 요구할

수 있으므로 이에 대한 대비책을 강구해야 한다.

- 학부모 중 법조계 인사가 있으면 법률 자문을 받는 방안도 고려해 보아야 한다.
- 피해 보상금은 가해자 측이 지불 능력이 있는 경우는 가해자 측이 부담토록 조정하고 지불 능력이 없는 경우는 교직원의 동의를 얻어 성금으로 충당하는 방안도 강구할 수 있다.

▶ (제3안)에 따른 문제 해결 시 학교측에서 취해야 할 태도

- 피해 학생 학부모와 가해 학생 학부모 사이의 감정적 대립이 원인이 될 수 있으므로 학교는 어느 한 편을 두둔한다는 인상을 주지 않도록 한다.
- 재판 심리 중 학교측은 엄정 중립 자세를 견지한다.
- 이 경우 사건 관련 학생들의 조치는 법원 판결 이후 처리한다.

참고문헌

강진령 · 유형근(2000). 집단괴롭힘. 학지사.

경남도민일보(2013). 여중생 투신 … '보이지 않는' 집단 따돌림 여전 (2013.04.22.기사).

경인일보(2013). 집단따돌림, 더 이상은 안된다 (2013.04.16.기사).

뉴시스(2016). 혹시 나도 '투명인간' 아닐까. (2016.09.14.기사).

문화뉴스(2016). 학원 화장실서 목매 숨진 초6 학생, "틱장애로 '왕따' 당해." (2016.08.04.기사).

박성규(1999). 「왕따리포트」, (주)우리교육 (주)가우다.

서울신문(2016). 2학기 학폭 학생 처벌 때 1학기 폭력 소급은 정당. (2016.5.15.기사).

조정실(2012). 효과적인 학교폭력 예방과 대처방안. 학교폭력담당 책임교사 연수자료집. 경남교육2012-110.

한국일보(2014). 청각장애학생 따돌림, 방관하고 면박 준 교사들(2014.10.31.기사).

채널A(2016). 카톡방 집단 따돌림 못 견뎌" 여고생 투신(2016. 07.13.기사).

행정심판달인(2015). 학교폭력/ 집단 따돌림/ 서면사과(2015. 4. 17.)
http://m.blog.naver.com/epeople99/220333603699

제29장 성폭력 사례

학습목표

1. 학교폭력의 유형 중 성폭력의 사례를 알고, 처리과정을 이해할 수 있습니다.

1. 성폭력의 개념 및 구별

가. 성폭력의 개념

성폭력은 힘의 차이 즉 물리적인 힘뿐만 아니라 역할관계·연령·지적수준·사회적 지위 등을 이용하여 청소년에게 가해지는 모든 성적 행위를 말한다.

성폭력은 폭행·협박을 하여 성행위를 강제하거나 유사 성행위, 성기에 이물질 삽입, 성기 모양을 가지고 놀리기 등의 경우, 상대방에게 폭행과 협박을 하면서, 성적 모멸감을 느끼도록 신체적 접촉을 하는 경우, 성적인 말과 행동을 함으로써 상대방이 성적 굴욕감, 수치심을 느끼도록 하는 행위에 해당된다.

청소년은 성폭력으로부터 안전하고 보호를 받을 권리가 있다. 우리나라 법에는 성폭력을 한 가해자를 처벌하는 규정을 두고 있다.

성폭력은 성적자기결정권이 침해되는 행위로 이성간, 동성 간에도 일어날 수 있다. 또한 여학생뿐만 아니라 남학생도 성폭력 피해자가 될 수 있다.

성폭력 예방을 위해서는 자신이 하루 동안 경험한 일들을 부모나 교사 등 믿을 수 있는 어른에게 꼭 이야기하는 것이 중요하다. 성폭력은 가해자 책임이므로 피해자에게는 아무런 잘못이 없음을 기억하고 성폭력예방은 평소 상대방을 존중하고 배려하는 마음에서 시작된다(교육과학기술부, 2012).

나. 개념 구별

1) 성희롱

성희롱은 업무와 관련해 성적 언어나 행동 등으로 성적 굴욕감을 느끼게 하거나 성적 언동 등을 조건으로 고용상 불이익을 주는 행위라고 정의하고 있다. 성희롱은 일반인이 생각하는 것보다 훨씬 깊은 상처를 남겨 실제 생활에서 심리적, 조직적 측면에서 심각하게 부정적인 결과를 나타낸다.

2) 성추행

성추행은 성폭력의 정도가 성희롱을 넘어 범죄로 처벌되는 것으로서 폭행이나 협박을 수단으로 추행하는 것이다. 대법원은 '상대방의 의사에 반하는 물리력의 행사로 그 힘의 대소강약을 불문한다'로 밝히고, 판례에서 상대방을 알몸이 되게 하거나 유방을 만지는 행위, 간음이외의 빙정상적인 성행위 강요 등을 의미한다.

3) 성폭행

성폭행은 강간과 강간미수를 말하는데 강간은 폭행 또는 협박을 가해 부녀를 강간하는 것이다.

4) 성폭력

성폭력은 '성을 매개로 해서 상대방의 의사에 반해 이루어지는 모든 가해행위'로서 성희롱이나 성추행, 성폭행 등은 모두 성폭력의 개념에 포함된다. 이 밖에 사이버 성폭력과 스토킹 등을 넓은 의미의 성폭력에 포함시키기도 한다.

2. 성폭력 사례

가. 또래 성폭력

친구들이 힘들게 해요(경기도교육청, 2012).

저는 중학교 남학생인데요. 지난 7월부터 최근까지 같은 학교 형들이 학교 빈 교실이나 화장실 등으로 불러서 문을 잠근 뒤 수개월간 저를 때리고 변태적인 행동을 시켰어요. 그리고 부모님이나 선생님에게 이 사실을 알리면 죽이겠다고 협박하는데 어떡해야 할까요?

여학생들의 집단 성폭력 충격(뉴시스, 2012).

강원 태백경찰서는 지난 6월 초 모 학교 교실에서 쉬는 시간에 A(16)양에게 치마를 걷어 올린 뒤 이를 동영상으로 촬영해 청소년들이 즐겨 보는 음악전용 TV에 올려 유포한 혐의로 이 학교 학생들을 조사하고 있다.

경찰에 따르면 모두 9명에 달하는 가해 여학생들은 평소에도 A양을 집단으로 따돌림을 해왔으며 이날은 아예 A양의 치마를 들어 올리거나 걷어 내리는 장면을 연출해 동영상을 촬영하는 등의 성폭력을 자행했다는 것이다.

이 일로 심한 충격을 받은 A양은 학교에 등교하지 않고 있으며 뒤늦게 이 사실을 안 학교측은 A양의 집에 찾아가 학부모와 함께 상담을 했지만 충격의 후유증에서 벗어나지 못한 상태로 알려졌다.

태백경찰서 관계자는 "수사결과 상습적으로 집단 따돌림을 당하다가 성폭력으로 이어진 사건"이라며 "동영상 유포자를 찾아내 형사처벌 할 방침"이라고 말했다.

또 문제의 학교 관계자는 "성폭력 내용을 확인하고 즉각 피해학생 보호에 나섰다"면서 "가해 학생들에게 적절한 처벌과 재발방지 교육을 실시하고 있다"고 말했다.

이에 대해 가해 학생들은 "잘못을 뉘우치고 있다"며 "다시는 그런 일을 하지 않도록 할 것"이라고 강조했다.

후배에게 성폭력 행한 남고생 물의(YTN, 2014).

서울 강동경찰서는 강동구의 한 남자 사립고등학교에서 2학년 학생이 1학년 학생에게 성폭력을 행사했다는 신고가 접수돼 수사에 나섰다고 밝혔다.

학교 기숙사 자치회장인 2학년 학생 김 모 군은 지난 6월 24일 밤 1학년 학생을 기숙사에서 불러내 유사 성행위를 강요한 것으로 드러났다. 사실을 안 학교 측은 학교폭력대책자치위원회를 열어 김 군을 퇴학시키고 경찰에 신고했다.

경찰은 해당 학교 전교생 가운데 상당수가 기숙사 생활을 하는 점을 고려해 추가 피해가 더 있을 가능성도 염두에 두고 수사하고 있다.

'해괴한 성폭력까지'...중3, 1년간 학교폭력 당해(연합뉴스, 2015).

경북 포항의 중학교 3학년생이 1년여간 친구 2명에게서 집단 괴롭힘을 당해 온 것으로 드러났다.

이 같은 사실은 피해학생 A군의 어머니가 최근 포털사이트 다음 아고라 게시판에 '아들이 친구들에게 1년간 학교폭력을 당했다'는 글을 올리면서 드러났다.

어머니는 "가해 학생들이 칼로 아들의 손을 찌르고 볼펜으로 온몸에 낙서를 하는가하면 정수리의 머리카락을 둥글게 자른 뒤 잔디에 물을 준다며 물을 뿌렸다"고 주장했다.

또 "치약이나 귤껍질, 흙이 섞인 눈 등을 강제로 먹이는가 하면 화장실에 가둔 채 물을 뿌리고 샤프심을 잘게 부숴 머리에 뿌리기도 했다"고 밝혔다.

특히 "폭력이 2학기부터는 더 심해졌으며 교실창가 커튼 뒤에서 바지를 내리게 한 뒤 돌아가며 음모를 뽑는 등 성적 수치심을 일으키는 행동도 일삼았다"고 주장했다.

어머니는 "이제 곧 졸업을 하고 고등학교에 진학하지만 부모로서 등록금을 내고 교복을 사주는 것 말고는 해줄 것이 없다"며 "상처받은 우리 아이가 고통에서 벗어나 정상적인 생활을 하고 다시는 이 같은 학교폭력이 일어나지 않도록 도와 달라"고 호소했다.

학교 측은 작년 말 사건을 인지하고 진상조사를 벌인 뒤 12월 22일과 26일 두차례에 걸쳐 폭력대책자치위원회를 열어 가해학생 2명에 대해 출석정지 8일과 학급교체, 서면사과 등의 조치를 했다.

학교 측은 A군이 평소 친구들과 잘 어울렸고 함께 심한 장난도 쳐 학교폭력은 생각도 못했으며 중학교는 퇴학 규정이 없어 최대한의 처벌을 내렸다고 설명했다.

김○○교장은 "조사 결과 대부분의 폭력은 인정되며 성폭력(강제추행) 부분은 친구들끼리 게임을 하는 차원에서 같이 했는데 게임 자체가 좀 심했다"며 "철저한 관리로 학교폭력이 일어나지 않도록 하겠다"고 말했다.

경찰은 A군 어머니의 고소를 접수해 피해경위 등을 조사 중이며 조만간 검찰에 사건을 송치할 예정이다.

한편 이 글은 7만건이 넘는 조회수를 기록하면서 '반드시 처벌해 학교폭력을 뿌리뽑아야 한다'며 경찰의 철저한 수사를 촉구하고, '가족들 힘내세요'라는 위로의 댓글이 달렸다.

모범 대안학교서 장애학생 집단 성추행(SBS뉴스, 2014)

10년 전부터 자연학습 중심의 교육으로 주목받아 온 대안학교이다. 이 학교는 학생의 10%를 장애 학생으로 채워 통합 교육의 모범 사례로도 꼽혀왔다.

그런데 최근, 이 학교에서 충격적인 학교폭력 사건이 일어났다.

학교 학부모: (장애학생에 대한) 일상적인 폭력이 진행됐었고, 예를 들어 때린다든지…그런데 몇몇 아이들 중심으로 성폭력 사건이 일어났다는 걸 알게 됐고요.]

두 달 전에는 교내 샤워실에서 일반 학생들이 장애 학생 1명의 바지를 벗긴 뒤 성추행하고, 여학생까지 불러 구경시킨 일도 있었다.

학교폭력을 당한 장애 학생 3명은 심리치료까지 받았고, 가해 학생 3명은 6개월 정학 처분을 받았다. 일반 학교의 경우 학교폭력 피해자와 가해자 격리 원칙에 따라 가해자를 강제 전학시키지만, 이 학교는 12년을 함께 공부한다는 공동체 성격을 내세우며 격리조치를 하지 않은 것이다.

대낮에 학교에서 어떻게 이럴 수가…대구 초등학생 집단성폭행 사건 전말(뉴스포스트, 2008).

이번 사태의 발단은 작년 11월 말로 거슬러 올라간다. 대구시의 A 초교. B교사는 우연히 교실 내에서 학생들이 이상한 행위를 하는 것을 목격하게 된다. 두 남학생이 포르노에서나 볼만한 성행위를 다른 학생들이 지켜보는 가운데 시범을 보이고 있었던 것. 처음에는 단순 성호기심에서 발생한 행위라 생각하고 음란물을 보는 아이의 명단을 조사하는 선에서 끝내려고 했지만 이 과정에서 B 교사는 충격적인 내용을 전해 들었다.

소위 학교 짱으로 불리는 학생을 비롯해 6학년 남학생들이 인터넷이나 케이블 TV 등으로 포르노를 보고 이를 모방하기 위해 저학년 남학생들을 끌어들였다. 그들은 후배들에게 성기를 만지게 하거나 어른들을 흉내 내며 구강섹스, 항문섹스 등의 성행위를 강요했다. 이를 거부할 경우 왕따를 시키거나 구타를 일삼기도 했다는 내용이었다. 문제의 심각성을 인지한 B교사는 학교장에게 대책을 요구했다. 그러나 의외의 대답을 들었다. 교장은 교사들을 문책하며 이 사건을 덮으려고 한 것이다. 교장은 "이 문제가 불거지면 교사들의 교육에 대한 질책을 면치 못할 것"이라며 "교내에서 교사들이 적정선에서 해결하라."는 것이었다.

교장의 완고한 입장이 수그러들지 않자 한 교사가 익명으로 대구시교육청에 문의했다. 그러나 시교육청은 "문서로 보고하라."며 무관심한 태도를 보였고, 남부 교육청은 "자기들끼리 좋아서 성행위를 한 경우는 성폭력이 아니니 학교폭력으로 보고하라."며 비상식적인 발언을 했다. 또 여성가족부에서는 "우리 소관이 아니다."라는 답변이 돌아왔고 경찰은 "신고할 정도가 아니다."며 사건이 커지는 것을 달가워하지 않았다.

현실의 벽에 부딪힌 해당교사 B씨와 뜻을 같이하는 교사들은 지역아동센터에 찾아가 이번 사태에 대해 교육청과 경찰에 신고해 주기를 요청했다. 지역아동센터는 해당 교육청에 메일과 전화 등으로 사건의 위험성과 특별 대처가 필요함을 알렸다. 그러나 시교육청은 "문서보고만 가능하다."며 앵무새처럼 같은 대답만 되풀이했다. 남부교육청은 무슨 이유에선지 장학사가 "이 건을 내 메일로 보고하라."고 말해 사건의 축소에 무게를 두는 것을 암시했다.

교장은 지난 1월 대구시교육청에 '협의 사항' 형식으로 이번 사건을 약식보고 했고 기존의 조치가 적절하다는 답신을 얻은 뒤 계속 가해 학생에 대한 교육을 진행했다. 이어 2월 말 교육청에 '학생들이 모두 반성하고 있고 문제가 해결됐다'는 내용의 정식 보고를 한 뒤 시내 다른 초등학교로 자리를 옮겼다.

이에 대해 해당 교장인 김 씨는 "처벌보다는 교육을 통해 문제를 해결하려한 것이다. 문제의 학생도 피해자로 봤기 때문에 자체적으로 문제를 해결해보려 한 것이지 사건을 은폐했다는 말은 인정할 수 가 없다."고 주장했다.

이와 관련해 시교육청의 한 관계자는 "사태가 여기까지 이르도록 교육청이 제 역할을 못해 죄송스럽다. 정확한 진상조사를 하는 한편, 학교 측의 자체 조치가 적절했는지 여부 등을 종합적으로 검토하겠다."고 말했다.

한편 여성부는 "현재 진위 판단을 위해 해당 문의를 받은 관련자를 색출중이나 아직 확인되지 않고 있다."고 대답을 회피했다.

새 학기 이후 B교사의 조사 결과 방학 중에 피해가 더 커졌으며 여자아이들에게까지 피해가 확산된 것을 알게 됐다. 문제의 학생들은 죄의식 없이 공개된 장소에서도 성행위를 벌여 초등학생들이 행한 행위라고는 믿기지 않을 정도로 성폭력을 일삼고 있었다. 이들은 학교 내, 동네 놀이터 심지어 부모가 없는 집에서도 성폭력을 휘둘렀다. 또 여러 학생이 보는 앞에서 남학생들끼리 성행위를 하는가 하면 남녀 학생 50여명이 지켜보는 가운데서도 성행위를 한 사례도 있어 그 충격을 더하고 있다.

A초교 학생 10여명이 지난 21일 인근 중학교 교정에서 같은 학교 여학생 3명을 집단 성폭행한 혐의로 경찰 조사를 받게 됐고 이 과정에서 언론에 처음으로 이번 사태를 알려졌다.

대책위는 피해를 입은 학생들이 최소 50여명에서 많게는 100여명에 이를 것이라 추측하고 있지만 대구시 교육청은 부풀려진 숫자라는 입장이다. 경찰은 성폭행에 직접 가담한 학생은 초등생 6명을 포함해 총 12명으로 보고 있다. 또 피해 여학생은 8명에 이르는 것으로 추정하고 있다.

김영순 대구여성회 대표는 "방과 후 부모의 적절한 보살핌을 받지 못한 아이들이 포르노물에 노출됐다. 이들을 적절히 보호하지 못했다는 점에서 모두 성폭력 피해자로 봐야 한다."며 "청소년 성범죄는 모방이 대부분이며 죄의식이 없고 학습화 · 반복화 · 강력화 되고 있다. 얼마나 많은 학생들이 성폭력에 노출됐는지에 대한 실태조사와 상담치료, 성교육이 시급하다."고 강조했다.

이에 네티즌들은 "전국을 뒤흔든 밀양사건이 터진지 벌써 4년 전이다. 그동안 대처가 전혀 없었다고 봐야하는 것 아니냐. 피해 학생 보호는 물론, 예방교육, 상담체계 어느 하나 달라진게 없다."며 성토하고 있다.

[출처] 뉴스포스트(2008). 대낮에 학교에서 어떻게 이럴 수가…대구 초등학생 집단성폭행 사건 전말. (2008.05.09.기사).

나. 사이버 성폭력

채팅하다 만났어요(경기도교육청, 2012).

어제 저녁에 채팅을 하는데 어떤 남자와 대화를 했어요. 그 남자는 여자냐, 핸드폰 화상 되느냐고 물어 된다고 했더니 핸드폰에서 ○○톡에서 선물을 주었어요. 처음에는 선물도 받고 해서 가벼운 것부터 시작해서 나중엔 제 몸을 보고 싶다면서 보여 달라고 했어요. 저도 처음엔 호기심에 시키는 대로 했는데 조금씩 더 야한 포즈를 하라고 했어요. 저는 못한다고 했더니 선물 받아놓고 안한다고 사진을 인터넷에 올리고 그 사진을 선생님께 메일로 보낸다고 협박을 하면서 만나자고 해요. 만나면 사진도 삭제해주고 원하는 것을 사주겠다고 하는데...

집단사이버성폭력 처리논란(중부매일, 2015).

아산의 모 초등학교에서 동급생의 집단 사이버성폭력으로 인해 피해 학생과 학부모가 고통이 가중되고 있다며 반발하고 있다.

아산 모 초등학교 5학년인 A양 등 5명은 사회관계망서비스(SNS)를 통해 동급생인 피해학생에게 수개월동안 성적수치심을 느낄 수 있는 사진과 글을 보내는가 하면 여러 차례 욕설을 하는 등 사이버성폭력 및 모욕과 따돌림 등을 통해 피해학생을 괴롭혀 왔다.

이같은 사실은 지난 3월 가해학생이 담임교사에게 옆 반에 다니는 피해학생이 자신에게 욕을 해서 속상하다며 욕을 한 사실과 관련해 친구들과 함께 사과할 것을 요구했으나 계속 발뺌을 하고 있다고 신고해 이를 조사하는 과정에서 밝혀졌다.

이에 학교 측은 학교폭력대책자치위원회를 열고 조치 결과를 내놓았지만 피해학생 학부모는 가해 학생 5명 중 2명은 자진해 다른 학교로 전학을 가버렸고 피해학생과 같은 반 학생을 옆 반으로 보내는 수준의 솜방망이 조치로 오히려 가해학생을 보호하고 있다고 반발하고 있다.

사이버 성폭력

1. 사건 개요

- 2013. 12.27 OO중학교 A군이 친구B와 같은 학교 재학중인 피해학생 C를 성희롱했다고 신고됨.

* 성희롱 내용: B가 A의 휴대폰을 빌려 C에게 음란사이트를 보내고, 수치스러운 언급을 함, A는 옆에서 동조 방관.

- 2014. 1.7 학교폭력대책자치위원회에서 B에게는 '전학'조치를, A에게는 '특별교육이수 5일' 조치 결정
- 2014. 1.17 피해학생 C의 모가 재심 청구를 하자, 시도학교폭력대책지역위원회에서 '전학'조치를 병과함.
- A는 자신이 직접한 행위가 아닌데 '전학'조치는 가혹하다며 행정심판을 청구함.

2. 행정심판위원회의 판단

가. 검토 자료

- 행정심판청구서, 답변서, 진술서, 사실확인서, 자치위원회 회의록, 자치위원회 결과통보서, 재심청구서, 학교의견서, 시도학교폭력대책지역위원회 회의록, 재심결정서 등

나. 판단

- 청구인 A가 B에게 휴대폰을 빌려주고 음란사이트를 알려주어 최초의 원인제공자라는 점,
- 또 B가 C에게 음란 문자를 보낼때 옆에 같이 있으면서 말리지 않았던 점,
- 피해학생 C가 받은 사진,문자 내용을 볼 때 청구인의 가해행위 정도가 결코 가볍다고 볼 수 없는 점,
- 피해학생의 정신적 충격과 모욕감 · 수치심이 컸으리라 보이고, 향후 청구인과 마주칠때 심리적 부담감이 가중될 것으로 보이는 점,
- '전학'조치가 피해학생의 보호와 가해학생의 선도 필요성이라는 관점에서 볼 때 청구인에게 과도한 처분이라고 보기 어려운 점 등을 종합적으로 고려할 때 이 사건 처분은 위법 · 부당하다고 할 수 없다.

[출처] 행정심판달인. 사이버성폭력. (2015.04.25.)http://m.blog.naver.com/epeople99/220340385587

다. 낯선 사람에 의한 성폭력

길가다가 성폭행 당했어요(경기도교육청, 2012).

일주일 전 학교 길에 모르는 사람이 잠깐만 따라오라 하여 구석진 곳으로 끌고 가서는 잡아 놓고 변태행위를 했어요. 너무나 화가 나고 수치스럽고 창피해요. 엄마에게 알렸더니 없었던 일로 하자고 하는데 자꾸 머릿속에서 생각나 아무것도 할 수 없고 나가는 것도 너무나 무서워요.

묻지마 폭력, 성희롱에 초등학생 시달린다(연합뉴스, 2010).

초등학생들 사이에 고학년생이나 동급생에 의한 '묻지마' 폭력이 빈발하고 있고, 학교 밖에서의 성폭력·성희롱 사건도 적지 않아 대책 마련이 시급한 것으로 지적됐다.

25일 어린이재단에 따르면 지난해 9월부터 4개월간 '아동폭력예방(CAP, Child Assault Prevention)' 워크숍에 참가해 상담을 희망한 초등학생 335명 가운데 41명(12.2%)이 심각한 수준의 학교폭력 또는 성폭력을 당한 적이 있었다고 말했다는 것이다.

35명은 학교폭력, 6명은 성폭력이나 성희롱 피해 경험이 있다고 했다. 지난해 워크숍에 참가한 전체 1천609명에게서 받은 소감문에서도 30건(1.9%)의 성폭력 관련 내용이 발견됐다.

아동에게 정신적 충격을 줄 정도의 성폭력·성추행 상담 사례도 여럿 접수됐다.

1학년 여학생은 "같은 아파트에 사는 윗집 아저씨가 뽀뽀하고 몸을 만졌다. 너무 무서워 처음엔 소리를 못 질렀는데 아저씨가 또 뽀뽀를 하려 해 울면서 소리를 질렀다. 엄마가 바로 나오자 아저씨는 도망갔다"고 말했다.

5학년 여학생은 "놀이터에서 아빠가 잠시 전화통화하러 간 사이 낯선 사람이 다가와 내 몸을 만지고 갔다. 그땐 너무 무서워서 아빠한테 말 못하고 있다가 집에 와서 할머니에게 이야기했다"고 털어놨다.

4학년의 한 남학생은 10세 때 낯선 아저씨에게서 납치당할 뻔한 아찔했던 기억을 떠올렸고, 3학년 남학생은 하굣길에 중학생에게 성희롱을 당한 경험을 털어놨다.

라. 아는 사람에 의한 성폭력

아르바이트 하는 곳에서 생긴 일(경기도교육청, 2012)

저는 편의점에서 아르바이트를 하는 고등학교 1학년 여학생입니다. 알바 하는 곳에는 사장님과 교대를 하는 대학생 오빠 등 3명이 일을 하고 있어요. 그런데 어느 날 사장님이 몸이 좋지 않아 혼자 집까지 가기가 힘들다면 근처니깐 같이 가자고 부탁을 했어요. 가기 싫었지만 앞으로 이곳에서 계속 일을 해야 하기 때문에 어쩔 수 없이 알겠다고 하고 부축해서 따라 갔어요. 그런데 집에 도착하자마자 저의 허리를 안고 자고 가라는 말도 안되는 요구해서 그 자리를 뛰쳐나왔어요. 전 어떻게 하면 좋을까요?

술취한 10대 여학생 성폭행한 20대男 '집유'(뉴스1, 2015)

술에 취한 10대 여학생에게 성폭행한 혐의로 기소된 20대가 집행유예를 선고받았다.

울산지법은 아동청소년의성보호에관한법률위반혐의로 기소된 A(22)씨에 대해 징역 3년에 집행유예 4년을 선고하고 80시간 성폭력 치료프로그램과 120시간 사회봉사를 명령했다고 26일 밝혔다.

A씨는 2013년 8월 지인을 통해 알게 된 B(15) 양과 후배 등과 함께 모텔에서 술을 마시던 중 B양을 성폭행한 혐의로 기소됐다. 재판부는 "사건 당시 피해자는 15세 청소년으로 정신적으로 성숙하지 못한 시기이며, 이로 인해 상당한 성적 수치심과 정신적 충격을 입은 점으로 볼 때 결고 그 죄가 가볍지 않다"며 "다만 성범죄 전과가 없는 점, 피해자와 원만히 합의한 점 등을 고려해 양형을 결정했다"고 판시했다.

한의사, 치료 빌미 여중생 성추행 ... '2심도 실형'(의협신문, 2015)

임상 경험상 터득한 개인적 치료 방법이라며 40대 한의사가 13세 여중생을 성추행한 사건에 대해 2심 재판부도 1심과 마찬가지로 실형을 선고했다.

서울고등법원 제9형사부는 최근 경기도 수원에서 한의원을 운영하는 한의사 장모 씨가 여중생 유모 양을 두 차례 추행한 범행에 대해 징역 1년과 40시간의 성폭력 치료프로그램 이수를 명했다.

스포츠댄스 특기생인 피해자 유 양은 2013년 2월경 장 씨의 한의원을 찾아 2달 동안 성장치료를 받았다. 그런데 친밀감이 생기자 장 씨는 치료를 빌미로 혈자리를 지압해 주겠다는 핑계로 피해자를 추행한 것이다.

법원 판결에 따르면 장 씨는 2013년 2월 중순 내지 하순경 한의원 추나요법실에서 치료를 받기 위해 침대에 누워있는 피해자의 청바지 단추를 풀고 지퍼를 내린 다음 속옷 하의 속으로 손을 집어넣어 음부를 만져 위계로써 피해자를 추행했다.

또한 2013년 3월 30일경에는 유 양의 교복 바지 단추를 풀고 지퍼를 내린 다음 "허벅지 근육이 다 굳었다"며 허벅지 부위를 마사지하다가 바지 속으로 손을 집어넣어 음부를 만지는 추행을 저질렀다.

장 씨는 "치료행위의 일환으로 유 양의 사전 동의 아래 피해자의 가슴 및 치골과 단전 사이의 혈자리를 눌렀을 뿐 추행의 고의는 없었다"고 주장했지만 1 · 2심 모두 실형을 선고했다.

재판부는 "장 씨는 치골 부분부터 단전 부위까지를 누른 것이 성장치료의 일환이었다고 주장하지만 이 같은 방법이 성장치료와 관련 있다는 문헌적 근거는 없고 단지 자신의 임상경험에 의한 것이라는 취지로 변명하고 있을 뿐"이라고 지적했다.

또 "함께 성장치료를 받은 유 양의 동생에게는 해당 부위를 누르는 방법으로 성장치료를 한 사실이 없다. 또한 유 양의 어머니가 추나요법실에 함께 있었던 경우에도 해당 방법을 시행하지 않았다"고 설명했다.

이어 "자신으로부터 치료를 받던 나이 어린 피해자를 추행한 것은 그 죄질이 매우 나쁘고 자신의 잘못을 전혀 반성하지 않은 채 유 양에 대한 인격 모독을 자행하고 있다"며 "장 씨에게 징역 1년과 40시간의 성폭력 치료프로그램 이수를 명한다"고 판시했다.

여중생 울린 S여중 집단교사 성폭력, SNS로 잡았다(머니투데이, 2016).

학생들에게 성희롱과 성추행을 일삼은 중학교 교사들의 만행이 세간에 폭로됐다. 다름아닌 피해 학생들이 직접 목소리를 모았다. 교육청은 뒤늦게 경찰에 수사를 의뢰했다.

한 학생의 용기가 현실을 바꿨다. 서울 S여중에 재학 중인 A양은 이달 4일 SNS(소셜네트워크서비스) 트위터에 'S여중 · 고 문제 공론화'라는 제목으로 계정을 만들었다. 학교 교사들의 성추행이나 성희롱 사례를 제보받는 계정이다.

계정이 만들어진 이후 매일 수십건씩 제보 사례가 게시되고 있다. 피해를 입은 학생들은 이 계정에 "선생님이 여학생 팔뚝을 자주 만지며 '팔뚝 느낌이 제일 가슴과 비슷하다'고 말했다", "미술 전공 학생들에게 '누드화도 그리냐'고 했다", "너는 엉덩이가 큰데 왜 짧은 치마를 입느냐"는 등 신체적 언어적 성폭력 피해 사례를 폭로했다.

졸업생들의 제보도 이어졌다. 이 학교 졸업생 B씨는 "10년이 지났지만 사춘기 내내 고생했다"며 "지금 생각하면 화가 치민다"고 말했다. 제보 글 중에는 한 교사가 이 학교 출신 30대 유명 여자 가수의 엉덩이를 대걸레로 때려봤다며 자랑처럼 말했다는 내용도 있었다.

졸업생들까지 가세해 학교 내 성희롱 · 성추행 문제가 최근에 생긴 게 아니고 오랜 기간 묵인 돼 왔음이 드러났다. A양은 "학생들은 수치스러움을 느껴도 불이익을 당할까봐 쉽게 입밖에 내놓지 못하는 분위기였다"며 "SNS에 익명으로 올릴 수 있어 용기를 냈는데, 이런 일이 더 이상 일어나지 않았으면 한다"고 말했다.

S여중 사례가 이슈화되자 서울 시내 다른 지역의 C중학교 학생들도 목소리를 내기 시작했다. 이달 10일 트위터에 개설된 'C중 성희롱 공론화' 계정에도 "한 교사가 여자가 성폭행당하는 이유는 짧은 치마와 파인 옷 때문이라고 했다"는 등 불과 며칠 만에 제보 글 수백 개가 게시됐다.

서울시교육청은 학생들의 분노가 언론에 보도되는 등 이슈화되고 나서야 움직이기 시작했다. 서울시교육청은 이달 12일 S여중 전교생 27학급 708명을 대상으로 설문조사를 실시했다. SNS에 폭로된 내용과 일치하는 응답을 다수 확보한 서울시교육청은 14일 서울 방배경찰서에 S여중 교사 8명에 대한 수사를 의뢰했다.

경찰은 학생들의 시험 기간이 끝나는 다음 주부터 피해자 조사를 시작할 방침이다. 강남교육지원청과 본청 학생생활교육과는 S여중에 대한 조사를 자체적으로 진행하고 있다. 문제를 일으킨 교사들은 학생과 분리 조치하도록 권고했다.

S여중 측은 일단 문제의 교사들을 담임직과 수업에서 배제했다. 이 학교는 이미 이달 3월 성희롱 문제가 불거지자 교사 1명을 해임했다. 해임된 교사는 이번 경찰 조사 대상 8명 중 1명이다.

S여중 관계자는 "최근 학생들이 개설한 SNS 계정을 보고 문제가 심각하다는 걸 알게 됐다"며 "경찰 조사결과에 따라 해당 교사들에 대해 징계 등 추가 조치를 취할 것"이라고 밝혔다.

이 학교는 교사들을 대상으로 성추행 예방 연수를 강화하는 한편, 학생들에게는 성추행 대응 교육을 실시할 방침이다.

[출처] 머니투데이(2016). 여중생 울린 S여중 집단교사 성폭력, SNS로 잡았다. (2016.12.15.기사).

바. 친족에 의한 성폭력

사촌오빠가 미워요(경기도교육청, 2012).

저는 중학교 1학년 여학생입니다. 그리고 중학교 3학년 사촌오빠가 집안 사정에 의해 한달 째 같이 지내고 있어요. 어느 날 새벽에 잠이 깼는데 누가 손을 제 브래지어 안에 넣어서 가슴을 만지고 있더라구요. 그래서 저는 당연히 엄마가 장난으로 그런 거겠지라고 생각했어요. 제가 엄마를 부르면서 뒤돌아 봤는데 오빠가 제 가슴을 만지고 있다가 브래지어 속에서 손을 스윽 빼는 겁니다. 저는 "꿈이었나?"이렇게 생각하고 용기를 내어 오빠에게 "오빠야 오빠야가 내 가슴을 만졌어?"라고 물어보니까, 자던 사람이 벌떡 일어나 "아니~"라고 능청스럽게 말하더군요. 그 후로 오빠만 보면 부들부들 떨려요.

피해자의 아버지는 엄마에 대한 폭력이 심하고 늘 칼을 가는 모습을 보여주는 등 매우 폭력적인 사람이었다. 사건 당시 엄마가 아빠의 폭력을 이기지 못해 가출을 하면서 아이들만 두고 나가게 되었는데 이 때 아버지가 몸을 만지는 등 성추행을 하였다. 이에 엄마에게 이 사실을 이야기하여 동생과 함께 아빠의 폭력을 피해 부산으로 왔는데 아버지가 다시 찾아와서 폭력을 행사하여 고소하였다.

피해자는 증조할머니, 할머니, 이혼한 삼촌과 함께 살고 있었는데, 할머니가 집안일로 고모 집에 간 사이, 삼촌이 새벽에 술을 마시고 들어와서는 강간을 하였다. 다음 날 삼촌은 피해자에게 아무 일도 없었던 것처럼 전화를 하여 매우 당황하였다. 이후 아빠에게 말했으나 별 조치를 취하지 않았다. 이후 사촌오빠에게도 성추행을 당하는 등 다른 남자들에게 성폭력을 당해 세상에 대한 불신과 분노를 호소하였다.

친부에 계부까지 어린 딸에게 성폭력 일삼아(국민일보, 2015).

A양(13)은 6세였던 2007년 8월부터 2009년 11월까지 수차례에 걸쳐 친아버지로부터 성추행을 당했다. 이로 인해 가족과 떨어져 성폭행 피해자 보호기관에서 홀로 지내야 했던 A양은 모든 문제를 자기 탓으로 돌렸다. 또 집안에 문제를 일으키면 가족들과 다시 떨어져 지내야 할지도 모른다는 두려움을 갖게 됐다.

A양의 어머니는 2010년 7월 안씨와 동거를 시작하며 A양도 함께 살았다. A양의 어머니로부터 A양의 이야기를 들은 안씨는 이러한 심리상태 및 자신과의 관계를 이용해 A양을 호시탐탐 노렸다. 결국 2011년 11월 A양 방에 몰래 들어가 자고 있는 A양을 성폭행하기에 이르렀다. 안 씨는 이후 A양이 12세가 될 때까지 본인 소유 승합차나 A양 오빠 방으로 불러내 수차례 성폭행했다.

친부 때 기억으로 A양은 피해사실을 다른 가족에게 알리지 못하고 혼자 견뎌냈다. 사건이 드러난 뒤에도 A양은 의붓아버지의 처벌을 원치 않는다고 재판부에 알리기까지 했다.

재판부는 "피고인이 사실혼 관계에 있는 처의 딸인 피해자와 동거하며 위력으로 피해자를 간음해 그 죄질과 범정이 매우 중하고 이로 인해 피해자가 육체적·정신적으로 큰 충격과 고통을 받았을 것으로 보인다"며 중형이 불가피하다고 판결 이유를 밝혔다.

3. 성폭력 사례에 대한 효과적 지도 방안

가. 교장 등 관리자 유의사항

1) 사안 보고를 받은 즉시 신고의무에 따라 경찰서(112) 또는 ONE-STOP지원센터에 유선 및 Fax로 신고한다.
2) 법에 정한 신고의무에 따라 성폭력피해 사실을 신고한 교사를 격려하고 보호하며 필요한 지원을 한다.
3) 성교육 담당 교사 등 성폭력 관련 사항들을 충분히 이해하는 교사에게 사건 관련 업무처리 창구를 일원화한다.

나. 교사의 유의사항

1) 교사는 법에 따라 성폭력피해 사실을 신고해야 할 의무를 지고 있으며 교감이나 교장 등 어떤 상급자도 법적 신고의무를 제지하거나 제한할 수 없음을 명심해야 한다.
2) 의문이 있거나 판단하기 어려운 상황에서는 성폭력상담소 1366에 문의하고 지원을 요청한다.
3) 사건을 숨기거나 학교 내에서 임의로 사건을 해결하려 하지 않는다.
4) 학교의 잘못된 대처로 수사 및 피해자의 치료시기를 놓쳐 더 큰 문제로 확산되고 결국 학교와 교사가 법적 책임을 지고 거액의 손해배상을 하는 사례들이 발생하고 있음을 명심한다.
5) 교사는 상급자에 대한 보고와 동시에 성폭력상담소 1366, ONE-STOP지원센터 등 전문기관에 문의 및 상담한다.
6) 다른 교사나 학생들에게 비밀이 누설되지 않도록 유의하며, 당황하지 말고 침착하게 대응한다.
7) 주위 학생들에게 성폭력피해의 심각성과 피해자 지지 및 보호의 필요성을 충분히 설명하고 납득시킨다.

다. ONE-STOP지원센터의 신고 시 유의사항

1) 피해자의 인적사항 등을 밝히지 않고 상담하거나, 전화연락만 한 경우는 신고라고 볼 수 없다.(유선 및 팩스신고 동시에 해야 함)
2) '성범죄 신고서'등을 송부하여 신고접수 유무를 확인 한다

라. 기타 유의사항

1) 집단화·광역화된 학생 성폭력 사안인 경우 학교간 공동 대응책을 모색한다.
2) 피해자 중심의 사안 처리한다.
3) 가해자에 대한 특별교육과 전학조치를 한다.
4) 전학조치 시 유의 사항: 특별교육이수 후 조치
5) 종결
   - 중대사안의 경우 사안 처리 결과 교육청 보고
6) 학교에서 준비할 사항
   - 고충처리접수대장 혹은 사건 상담일지, 교육청 보고공문 작성, 서면신고서(기관)
   - 학교에서 성폭력 예방을 위하여 실시한 교육 근거 및 자료의 준비

[출처]: 울산광역시교육청(2012). 안전한 학교를 만들기 위한 아동·청소년 성폭력 대응 매뉴얼. 울산교육 2011-19. pp.15-16.

마. 아동성폭력 피해의 조기 발굴

아동성폭력 피해가 밝혀지는 데는 상당한 기간이 소요되므로 당사자가 피해발생 이후 성폭력으로 인지하가까지 많은 시간이 소요되기 때문이다(이미정 외, 2013). 피해아동이 가해자인 어른의 영향력 하에 있는 동안 피해를 비밀로 유지할 수 밖에 없다. 피해를 자각하는 시점은 초등학교 고학년이나 중학년인데, 잠재된 후유증이 밖으로 표출되는 시기는 후기 청소년기나 초기 성인기이다.

따라서 피해 당시에는 성폭력인 것을 모르다가 중학교나 고등학교에 이르러서 과거의 경험이 성폭력이라는 것을 인지하면서 좋지 않은 기억이 되살아나 정신적 고통을 겪는다.

친족성폭력 피해자는 가해자가 친권자이기 때문에 이에 맞서서 성폭력을 중단시

키거나 폭로할 힘이 없는 경우가 많아, 문제가 알려지기까지 오랜 시간이 걸린다. 친권자 및 양육자 권한 하에 있기 때문에 아동이 그 영향력을 벗어나기 쉽지 않아 남에게 알리면 가만 두지 않겠다는 협박에 시달리는 경우가 많다. 이처럼 친족성폭력이 오랜 기간 지속되는 이유 중 하나는 피해아동의 어머니를 포함하여 여타 가족 구성원들이 이것을 문제로 드러내고 가해자를 제재할 역량이 없기 때문이다.

부모 부재나 생계 등의 이유로 자녀양육에 관심을 갖지 못하는 경우에는 아동의 후견인이 대응하지 않는 경우 제3자에 의한 피해 발굴이 있어야 한다. 자녀가 성폭력 사실을 어머니에게 알려도 모르는 체 하거나, 시설 거주 아동의 경우 성폭력 피해사실을 시설장에게 알려도 묵살당하는 경우가 있다. 피해ㅣ 사실을 알려도 부모나 후견인으로부터 일을 복잡하게 만들었다고 비난을 받고, 피해아동이 청소년은 분노를 느끼고 마음의 상처를 입는다.

이런 사례는 가능한 빠른 시일 내에 피해가 외부에 알려지는 것이 중요하다. 어린이집이나 유치원 선생님, 초중등학교 선생님, 소아과 의사 등 아동의 신체나 행동을 가까운 곳에서 관찰할 수 잇는 사람들은 관심을 기울여야 하고 이들에 대해서 관련 홍보 및 교육 자료가 배포되어야 한다.

[출처] 이미정 외(2013). 성폭력피해자 사례분석을 통한 지원체계 개선방안 연구. 한국여성정책연구원 연구보고서10, 191-192.

바. 학부모 관리

1) 피해자 학부모 관리

첫째, 피해학생 학부모에 대한 공감과 심리적 지지를 얻도록 한다. 대부분 학부모는 자녀의 피해사실을 쉽게 수용하기 힘들며 심리적으로 격양된 상태로 두려움, 분노, 공포 등의 감정을 표출한다. 이에 대해 교사는 충분한 위로와 공감으로 표현하며 학부모가 자녀의 인생이 다 끝난 것처럼 좌절하거나 자녀를 잘 보호하지 못했다는 죄책감에 빠지지 않도록 심리적인 지지를 제공하여야 한다.

둘째, 성폭력에 대해 올바르게 이해할 수 있도록 유도한다. 성폭력에 대한 잘못된 통념을 사전면담을 통해 바로 잡지 않고 피해학생과 대면시킬 경우, 부모가 피해의 원인을 피해학생 탓으로 돌리거나 심한 경우 신체적 폭력, 비난, 분노 등을 표출하여 피해학생에게 더 큰 상처를 입힐 수 있다.

셋째, 피해학생이 회복할 수 있는 다양한 방법을 모색해본다. 피해와 관련하여 피해학생은 잘못이 없으며 현재의 사건으로 가장 힘든 사람은 피해학생이라는 것을 인식시키고, 성폭력 피해로 인해 생길 수 있는 신체적 · 정신적 후유증과 어떤 치료가 필요하며 어디서 어떤 도움을 받을 수 있는지 등을 안내한다.

피해극복에 보호자와 주변 인적자원의 지원이 가장 중요하다는 것을 인식시킨다. 피해학생은 학교나 집에서 사건과 관련하여 비난이나 몰이해, 따돌림 등을 겪을 수 있다. 이를 예방하기 위해 피해학생에게 해서는 안 될 말과 해야 할 말과 행동은 어떤 것이 있는지 구체적으로 안내한다.

피해학생이 성폭력 피해와 관련된 장소, 시간, 위치 등에 공포심을 갖거나 혼자 다니는 것을 두려워할 수 있으므로 필요하다면 등하교시 가족이 동반하거나 활동 시간의 변화를 주는 등 안정을 찾을 때까지 보호하도록 한다.

사건의 해결과정이 원만하게 진행되지 않거나 법적 결과가 원하던 대로 이루어지지 않을 경우, 결과에 대한 실망이나 그동안 억눌렀던 심리적인 문제가 표면으로 드러날 수 있으므로 심리적 치유상담을 받을 수 있도록 권유한다.

2) 가해학생 학부모 상담

가해학생의 보호자 역시 피해학생의 부모와 마찬가지로 자녀의 가해 사실에 충격을 받고 그 사실을 쉽게 인정하기 힘들어하며, 가해자, 범죄자로 낙인찍힐까 봐 두려워하며 때로는 억울함과 분노 등을 호소할 수 있다.

가해학생이 평소 착실하고 모범적인 학생이어서 가해사실을 인정하기 힘들어하는 경우, '성폭력과 공부를 잘하는 것은 관련이 없으며 마땅히 바로잡아야 하는 폭력행위'라는 것을 받아들일 수 있도록 한다.

가해학생이 아닌 성폭력 피해학생의 입장을 최우선으로 생각하도록 이해시킨다. 피해학생이 원한다면 전학이나 전문기관에서 재범방지 교육을 받거나 피해학생의 상담비용을 제공하는 등 '피해학생의 충격과 아픔을 어떻게 하면 최소화 하고 치유할 수 있을까?'라는 입장에서 문제를 풀어가도록 돕는다.

[출처] 김영란 · 이정옥(2007). 학교폭력 위기개입의 이론과 실제. 서울: 학지사. pp.152-166.

바. 지도상의 유의점

1) 성폭력에는 신체추행, 성기노출, 성희롱 등이 포함됨을 알려주고 이러한 경우 즉각적으로 그 자리를 피하고 신고하거나 부모, 교사에게 이야기하여 대처하도록 지도한다.
2) 청소년 성폭력의 후유증 및 피해의 심각성 지도 시 성폭력 발생에 따른 신고 및 절차에 따른 중요성을 알도록 지도한다.
3) 청소년기는 또래 친밀감 및 유대관계가 높은 시기이므로 성폭력 피해 후 어른에게 이야기하기보다는 같은 또래에게 이야기하는 경우가 많다. 반드시 도움이 되는 성인에게 이야기하고 신고의 절차를 받을 수 있도록 지도하며, 또래의 성폭력을 알게 되었을 때는 친구의 비밀을 유지해 주기 보다는 교사에게 이야기하도록 지도한다.
4) 성폭력 관련사실을 핸드폰이나 인터넷으로 유포하는 것은 범죄 행위라는 것을 학생들에게 알려주고, 2차 피해를 막도지 지도한다.
5) 성폭력 대응을 위한 평상 시 교사의 역할을 알아두도록 한다.
   - 평상 시 학생의 이야기부터 들어주는 습관을 가지며, 학생이 무언가를 말하고 싶어 할 때는 즉각 상담을 한다.
   - 학생들과 친밀감 형성을 위해 학생들과 함께 있는 시간을 가능한 많이 가진다.
   - 관찰과 관심을 통해 학생의 특성을 파악하여 학생이 방임, 소외되지 않도록 한다. 또한 성폭력의 후유증 및 징후를 숙지하고 관심 있는 관찰이 필요하다.
   - 학생이 먼저 다가올 때까지 기다리기보다는 관심의 표현으로 먼저 다가가거나 이름을 자주 부르거나, 관심을 보이는 구체적인 행동을 한다.
   - 학생의 말을 믿어주고 구체적인 칭찬과 긍정적인 메시지로 학생들의 자존감과 자신감을 높여준다.
   - 학생들이 사람과 사람 사이에 지켜야 하는 예절, 반과 학교에서 지켜야 하는 규칙을 정하도록 한다.
6) 성폭력 피해 학생을 대하는 방법을 평상시 알아두도록 한다.
   - 정서적으로 안정을 취하도록 배려한다.

- 비밀엄수를 약속하며 육하원칙에 의해 피해 정도를 솔직하게 털어놓도록 유도한다.
- 신체적으로 손상은 없는지 살펴보고 필요한 경우 외과나 산부인과 등 병원에 데리고 간다.
- 부모 등 보호자도 알고 있는지 물어보고 부모님과 상의하도록 한다.
- 피해 당시 입었던 옷이나 주위의 관련 물건 등을 잘 보관한다.
- 주위에 알고 있는 친구들에게도 비밀엄수를 부탁한다.
- 가해자의 신원을 알고 있는 경우 신고하도록 유도한다.
- 가해자가 누구인지 모를 경우는 범인을 밝히도록 노력하자고 용기를 주고 신고 여부를 상의해서 결정한다.
- 신고절차 등에 충분히 협조하고 도와줄 수 있다는 믿음을 갖게 한다.

7) 성폭력 발생 시 항거하는 행동으로 인해 더 큰 피해를 초래할 수 있음을 지도한다.
8) 성폭력은 가해자에 의해 발생하므로 피해자가 항거하더라도 피해자의 잘못이 아님을 지도한다.
9) 또래 성폭력의 경우 친구의 성폭력 행위에 대해서 망을 보거나, 음폐하여도 처벌의 대상이 된다는 것을 알도록 하고, 성폭력과 관련해서 어떠한 행위가 처벌의 대상이 되는지 범죄 유형(범죄의 범위)를 알도록 해서 처벌을 받지 않도록 처벌규정을 강조하여 지도한다.
10) 성폭력은 사회적 범죄이며 처벌의 대상이 된다라는 것을 인식하도록 지도한다.

[출처] 보건복지부 외(2015). 중·고등학생을 위한 안전교육 프로그램 교상용 지도서. pp.32-44.

참고문헌

곽동원(2005). 성폭력범죄 피해자 보호에 관한 연구. 목원대학교 대학원 석사학위논문.

교육과학기술부(2012). 중・고등학생을 위한 성폭력 예방 및 대처방안.

국민일보(2015). 친부에 계부까지 어린 딸에게 성폭력 일삼아(2015.05.14.기사).

김영란・이정옥(2007). 학교폭력 위기개입의 이론과 실제. 서울: 학지사.

뉴스1(2015). 술취한 10대 여학생 성폭행한 20대男 '집유'(2015.05.26.기사).

뉴스포스트(2008). 대낮에 학교에서 어떻게 이럴 수가…대구 초등학생 집단성폭행 사건 전말. (2008.05.09.기사).

뉴시스(2012). 여학생들의 집단 성폭력 충격(2012.07.10.기사).

머니투데이(2016). 여중생 울린 S여중 집단교사 성폭력, SNS로 잡았다. (2016.12.15.기사).

보건복지부 외(2015). 중・고등학생을 위한 안전교육 프로그램 교상용 지도서.

연합뉴스(2010). 묻지마 폭력.성희롱에 초등학생 시달린다(2010.03.25.기사).

연합뉴스(2015). '해괴한 성폭력까지' … 중3, 1년간 학교폭력 당해(2015.01.29.기사).

울산광역시교육청(2012). 안전한 학교를 만들기 위한 아동・청소년 성폭력 대응 매뉴얼. 울산교육 2011-19.

이미정 외(2013). 성폭력피해자 사례분석을 통한 지원체계 개선방안 연구. 한국여성정책연구원 연구보고서10.

이재희(2008). 2차적 성폭력의 발생과 피해 정도. 신라대학교 대학원 석사학위논문.

의협신문(2015). 한의사, 치료 빌미 여중생 성추행...'2심도 실형'(2015.05.21.기사).

중부매일(2015). 집단사이버성폭력 처리논란(2015.05.17.기사).

행정심판달인(2015). 사이버성폭력. (2015.04.25.)
http://m.blog.naver.com/epeople99/220340385587

SBS(2014). 모범 대안학교서 장애학생 집단 성추행(2014.07.30.기사).

YTN(2014). 후배에게 성폭력 행한 남고생 물의(2014.08.05.기사).

제30장 사이버폭력 사례

학습목표

1. 학교폭력의 유형 중 사이버폭력의 사례를 알고, 처리과정을 이해할 수 있습니다.

1. 사이버폭력의 개념 및 종류

가. 사이버폭력의 개념

사이버 폭력은 익명성을 이용하여 이루어지므로, 물리적인 힘으로 이루어지지 않는다는 특징이 있다. 이는 기존의 폭력에서 '가해자' 범주에 속하던 사람도 사이버 폭력의 피해자가 될 수 있게 한다. 또한, 익명성 때문에 죄책감이 작아져 폭력이 일종의 놀이화되는 경향이 있다. 직접적 대면이 없으므로, 상대방의 기분을 일반적인 경우보다 더 이해하기 힘들다는 특성도 있다. 또, 사이버 세계에서는 현실과 달리 감시망이 부재하므로 사이버 폭력이 이루어지기 쉽다. 악질적인 경우, 표적을 정하여 지속적으로 인신공격을 가하거나 개인정보를 사이버 상에 유포하는 경우도 발생한다.

학계에서는 '상대방에게 정신적, 심리적 피해를 유발할 수 있는 가상공간에서의 욕설, 비난, 위협, 유언비어, 따돌림과 괴롭힘 등과 같은 행위'로 개념화하고 있고(김경은 · 윤혜미, 2012), 정부 등 공공기관에서는 '정보통신망을 통해 부호 · 문헌 · 음향 · 화상 또는 영상을 이용하여 타인의 사생활 침해 또는 명예훼손 등의 권리를 침해하는 행위'로 설명하기도 한다(방송통신심의위원회, 2008).

법률적으로는 '인터넷, 휴대전화 등 정보통신기기를 이용하여 학생들이 특정 학생들을 대상으로 지속적, 반복적으로 심리적 공격을 가하거나, 특정 학생과 관련된 개인정보 또는 허위사실을 유포하여 상대방이 고통을 느끼도록 하는 일체의 행위'로 정의하고 있다(학교폭력 예방 및 대책에 관한 법률).

사이버폭력이란 컴퓨터 등 정보통신기기를 활용하여 사이버공간에서 타인에게 주로 글, 이미지, 음성 등으로 적대적인 표현 및 태도를 고의반복적으로 행하여 정신적, 물질적으로 피해를 입히는 범죄행위로 요약할 수 있다(정한라, 2013).

나. 사이버폭력의 특징

사이버폭력은 〈표 30-1〉과 같이 가해행위의 집단성율, 빠른 전파성, 시공간 제약 없는 가해, 피해 기록의 영속성, 은밀한 폭력방식의 정리와 같은 특징이 있다.

〈표 30-1〉 사이버폭력의 특징

특징	설명
가해행위의 집단성율	• 사이버 공간은 "접근의 용성과 비대면성, 익명성"의 속성을 가져, 다수의 가해자가 손쉽게 폭력 행위에 가담
빠른 전파성	• 인터넷, SNS의 빠른 전파성과 무한 복제성으로 피해자를 공격하는 소문, 허위사실 등이 빠르게 확산되어 피해를 확대
시공간 제약 없는 가해	• 시공간 경계가 없는 사이버 공간의 특성으로 24시간 장소의 구애 없이 사이버폭력에 노출
피해 기록의 영속성	• 인터넷 상에 노출된 사이버폭력의 내용은 삭제가 어려워 평생 피해 기록에 대한 두려움에 시달림
은밀한 폭력방식	• 현실의 대면공간에서 발생하는 물리적 폭력 행위에 비해 비대면 사이버 공간에서의 사이버 폭력은 사적이고 은밀하게 발생

자료: 한국인터넷진흥원(2013). 내부자료

나. 사이버폭력의 유형

사이버폭력의 유형은 〈표 30-2〉과 같이 모욕, 명예훼손, 성폭력, 스토킹, 사이버따돌림의 5가지 정도로 나누어 볼 수 있다.

〈표 30-2〉 사이버폭력의 유형

<table>
<tr><th colspan="2">특징</th><th colspan="2">설명</th></tr>
<tr><td colspan="2">모욕</td><td colspan="2">• 인터넷상에서 특정인에 대하여 모욕적인 언사나 욕설 등을 하는 행위</td></tr>
<tr><td colspan="2">명예훼손</td><td colspan="2">• 비방을 목적으로 인터넷상에 구체적인 내용의 허위 또는 사실이 유포되어 피해를 입은 경우</td></tr>
<tr><td colspan="2">성폭력</td><td colspan="2">• 인터넷을 통해 성적 수치심이나 혐오감을 일으키는 말이나 음향, 글이나 사진·그림, 영상 등을 받은 경우</td></tr>
<tr><td colspan="2">스토킹</td><td colspan="2">• 공포심이나 불안감을 일으키게 하는 음성, 문자, 화상 등을 반복적으로 받아 피해를 입은 경우</td></tr>
<tr><td rowspan="7">사이버따돌림</td><td rowspan="5">카카오톡왕따(카따)</td><td colspan="2">• 카따란 '카카오톡 왕따'를 뜻하는 10대들의 은어로, 오프라인에서의 왕따 행위를 모바일 공간으로 옮겨와서 자행하는 것</td></tr>
<tr><td>떼카</td><td>• 채팅방에서 피해학생에게 단체로 욕을 퍼붓는 것</td></tr>
<tr><td>카톡방폭</td><td>• 채팅방에 피해학생을 초대한 뒤 한꺼번에 나가버려 피해학생만 카톡방에 남게 하는 것</td></tr>
<tr><td>카톡감옥</td><td>• 피해학생을 계속 채팅방으로 초대하여 괴롭히는 것</td></tr>
<tr><td>기타</td><td>• 채팅방에서 피해학생의 말만 무시하며 유령 취급하는 행위
• 피해학생을 초대한 뒤 일제히 의미 없는 메시지를 던져서 휴대폰을 마비시키는 행위</td></tr>
<tr><td>와이파이셔틀</td><td colspan="2">• 현실의 대면공간에서 발생하는 물리적 폭력 행위에 비해 비대면 사이버 공간에서의 사이버 폭력은 사적이고 은밀하게 발생</td></tr>
<tr><td>하트셔틀</td><td colspan="2">• 현실의 대면공간에서 발생하는 물리적 폭력 행위에 비해 비대면 사이버 공간에서의 사이버 폭력은 사적이고 은밀하게 발생</td></tr>
</table>

자료: 한국인터넷진흥원(2013). 내부자료

2. 사이버폭력의 실태

최근 학교폭력에 대한 피해학생의 정서적 고통 중 사이버 폭력에 대한 주관적 심각성이 가장 높은 것으로 나타났다. 인터넷과 스마트폰 이용이 보편화된 가운데 온라인 메신저, 인터넷 카페, SNS(Social Network Service)등에 익숙한 청소년들은 의사소통의 수단으로 온라인을 이용하는 빈도가 높아졌다. 이로 인하여 괴롭힘의 수단으로도 악용되고 있는 사이버 폭력 폐해는 심각하다.

청소년들은 사이버 공간에서의 폭력이 직접 신체적으로 폭행이 일어나거나 대면하여 욕설을 하지 않는다는 점을 이유로 단순한 장난으로 여기며 학교폭력이 아니라고 인지하는 경우가 많다. 그러나 사이버 폭력은 학교폭력의 유형 중 하나이며 이는 피해자로 하여금 심각한 심리적 고통을 유발한다.

2012년 (재)청소년폭력예방재단의 전국 학교폭력 실태조사에 따르면 학교폭력을 당한 공간에 대한 질문에 '사이버 공간'이라고 응답한 학생이 8.4%로 나타났다. 또한 심각하다고 생각하는 학교폭력 유형에 대한 질문결과 사이버폭력이라고 응답한 학생은 2011년 1.8%이었으나 2012년 4.7%로 2.5배 증가한 것으로 나타나 학생들이 사이버공간 상의 학교폭력의 심각성을 인식하고 있음을 알 수 있다.

3. 사이버폭력 사례

가. 〈사례 1〉: 카카오톡

〈왕따보다 무서운 사이버 학교폭력 8〉설마 내 아이가 사이버폭력피해자? 무관심한 부모들(헤럴드경제, 2014).

강원도지역의 한 고등학교에 재학 중인 김호영(17 · 가명)은 학교폭력 상담창구를 통해 수 차례 괴로움을 호소했다.

"'바보'라며 계속 놀리고 카톡으로 똑같은 소문을 퍼뜨린다. 한 친구가 게임 아이템을 선물하라고 괴롭혀서 선물했는데, 엄마에게 들켜서 혼이 났다"는 것이 주된 상담 내용이었다.

상담을 진행했던 상다미쌤은 김 군의 부모에게 연락을 취해 김 군의 우울증세가 심하다며 정신과 치료를 여러 차례 권했다. 하지만 그때마다 김 군 부모는 "우리 아이는 경미한 지적장애를 겪고 있고, 원래 친구와 잘 어울리지 못한다. 그냥 내버려두라"며 냉담한 반응을 보였다.

상담센터 측은 "가정형편 때문이라면 진료비를 지원하겠으니 김 군이 진료받도록 해야 한다"며 김 군 부모를 설득했다. 경미한 지적장애를 겪고 있던 김 군이 사이버 학교폭력으로 인해 이상행동을 자주 보였기 때문이었다. 전문적인 정신과 치료를 받기 위해서 일주일에 한 번씩 강릉까지 통원치료를 받아야 하는 상황에서 김 군의 부모는 "치료비용 지원 같은 건 필요없다. 참견하지 말라"는 말만 반복했다.

이런 상황에서 김 군은 힘들 때마다 117 학교폭력신고센터에 전화를 걸어 괴로운 마음을 털어놨지만 이마저도 김 군 부모는 "더 이상 117에 전화를 걸지 말라"며 말리기에 급급했다. 6개월여가 지나면서 김 군은 "이제는 친구들이 때리기까지 한다. 전학을 가고 싶다"며 눈물로 상담센터에 도움을 요청했다. 사이버 학교폭력에서 벗어나기는커녕 부모의 무관심 속에서 김 군은 더 심각한 상황에 내몰릴 수밖에 없었다.

서울 강남에 거주하는 송은정(16 · 가명) 양은 학교폭력상담센터에서 상담을 받는 과정에서 "손목을 그으면 어떻게 될까요?" "목을 매면 아플까요?"등의 심각한 질문을 자주해 상다미쌤을 놀라게 했다.

사이버 불링과 사이버 갈취 등의 피해에 노출돼 있던 송 양은 "부모님에게 말해도 소용없다. 엄마는 공부를 잘해서 1등하면 다 해결된다고만 말한다"며 답답함을 토로했다.

상담센터 측은 송 양의 상태가 심상치 않다는 판단 아래 송 양 부모에게 치료 동의를 요청했지만 반응은 싸늘했다. 송 양의 부모는 "우리 애가 미쳤다는 말이냐. 정신과 치료를 받았다가 나중에 시집 못 가면 책임지겠느냐. 고발하겠다"며 노발대발했다.

한 상다미쌤은 "가정형편이 어려워 당장 생계가 급한 부모는 '비자발적 무관심'으로 일관하는 경우가 많고, 경제력이나 사회적 지위를 어느 정도 갖춘 부모는 사회적 시선이 두려워 문제를 덮고 가려는 경향을 보인다"며 "정신과 치료에 대한 부모의 인식개선 역시 시급한 과제"라고 말했다.

나. 〈사례 2〉: 따돌림 동영상

따돌림 생중계 당하는 왕따, '사이버폭력'에 두 번 운다(노컷뉴스, 2012).

학교폭력의 피해자, 이른바 '왕따'들이 교실 밖에서도 '사이버폭력'에 시달리고 있다. 따돌림을 당하거나 맞는 장면이 스마트폰으로 찍혀 실시간 중계되기도 하고, 개인 홈페이지나 트위터, 페이스북 등이 욕설과 악성 댓글로 '도배' 되기도 일쑤다.

한 인터넷방송 사이트에는 지난 11월 '울학교찌질이패기'라는 제목으로 교실에서 한 학생을 괴롭히고 때리는 동영상이 올라왔다.

이 동영상에는 따돌림의 대상이 된 학생을 때리도록 주위 학생들을 종용하면서 폭행을 가하면 주위학생들이 웃는 모습이 담겼다.

지난해 10월 중학교 1학년이었던 A양은 친구들로부터 따돌림을 받자 하소연을 할 공간으로 자신의 미니홈피에 일기를 쓰며 심경을 토로했다 더 큰 충격에 휩싸였다.

며칠 사이 자신을 따돌렸던 친구들이 일기장과 방명록에 악성 댓글을 퍼부어 결국 A양은 미니홈피를 폐쇄할 수밖에 없었다.

이같은 '사이버왕따'는 학교 밖이더라도 24시간, 어디서나, 익명을 쓴 누구에게나 공격을 당할 수 있다는 점 때문에 더 흉폭한 폭력에 시달릴 수밖에 없다.

한국정보화진흥원이 전국 초중고교생 1260명을 상대로 지난해 11월 설문조사한 결과, 사이버 공간에서 욕설 피해를 입었다는 대답은 9.1%, 놀림과 따돌림을 당했다는 각각 7.8%, 4.1%, 나쁜 소문이 퍼졌다는 응답은 3.1%였다.

특히 읍면 지역이 대도시 보다, 중학생이 초, 고교생보다 사이버폭력에 노출된 비율이 높다는 점에서 오프라인에서 이뤄지는 폭력과 비슷한 양상을 보였다는 분석이 뒤따랐다.

다. 〈사례 3〉: 엽기사진

〈왕따보다 무서운 사이버 학교폭력〉 엽기 얼굴사진 퍼뜨리고 집단으로 놀려(헤럴드경제, 2013).

"또 울었어요. 저 정말 죽고 싶어요." 최명실(15 · 가명) 양은 경남 지역의 한 중학교에 다니는 평범한 학생이다. 최 양은 지난달 21일 같은 반 친구의 카톡(카카오톡) 프로필 사진을 보자마자 눈을 질끈 감았다. 눈에는 금세 눈물방울이 맺혔다. 공개된 친구의 프로필 사진란에는 최 양의 '엽사(엽기사진)'가 올라와 있었다.

엽사는 최 양을 비롯한 3명의 얼굴 사진에 심한 포토숍 장난을 덧칠한 것이었다. 제목은 '울 학교 돼지X들'이었다.

최 양은 친구에게 "사진 좀 지워줬으면 좋겠어"라고 카톡을 보냈지만 "왜? 멋지지 않냐?"라는 답만 돌아왔다. 사진은 금세 학교에 퍼졌고, 최 양 엽사를 카톡 프로필 사진에 올려 괴롭힘에 동참하는 친구도 하나 둘 늘어났다.

최 양은 열린의사회가 운영하는 청소년 학교폭력 상담프로그램 '상다미쌤' 상담에서 "죽고 싶다"는 말부터 했다. 평소 아이들의 따돌림을 꾹 참고 있던 터에 이번 카톡 사건까지 겹치면서 최 양은 학교생활을 무척 버거워하고 있다.

학교 상담 권유에 대해 최 양은 "학교 상담을 하면 아이들이 뭐라고 할 거예요. 담임 선생님이 알아도 일만 커질 것 같아요"라고 대답했다. "예전에 외부 상담센터에 엄마랑 함께 갔었는데 엄마가 너무 마음 아파하는 걸 봤어요. 엄마를 아프게 하고 싶지도 않아요"라고도 했다.

요즘 청소년들이 SNS에서 벌이는 여러 사이버 학교폭력 유형 가운데 최 양이 겪은 것은 '이미지 불링(image bullying)'이다. 이미지 불링은 사진 · 동영상 같은 이미지를 활용해 상대방을 괴롭히고 모욕감을 주는 행위를 말한다.

현재 필리핀유학 중인 장수영(16 · 가명) 군은 벌써 1년6개월이나 지난 옛날 일에 가슴앓이를 하고 있다. 지난해 4월 친구 여럿이 몰려가 친구 집에서 함께 잠을 잤는데, 한 친구가 자신의 성기 사진을 찍어 SNS로 퍼뜨린 사건 때문이다.

"남자들끼리 그런 장난은 할 수 있다고 생각해요. 장난 후에 사진을 지우면 그만이죠. 하지만 사진이 여자 아이들한테까지 다 퍼졌어요." 장 군은 당시 이것이 그렇게 큰 문제인지 몰랐다고 털어놨다.

장 군은 그러나 사건 한 달 후 유학을 와 철이 들면서 뒤늦게 수치심을 갖게 됐다고 한다. 그는 "방학 때 한국에 들어오면 친구들 만나기가 꺼려진다"며 "올여름 방학 때 친구에게 사과를 요구했지만 대수롭지 않게 여겨서 더 상처를 받았다"고 말했다.

라. 〈사례 4〉: 페북, 카카오스토리

〈왕따보다 나쁜 사이버 폭력 1-3〉 페북, 카카오스토리에 숨은 위험한 시선... 사이버 스토킹(헤럴드경제, 2013).

이현우(15 · 가명) 군이 지난 7월 열린의사회에서 운영하는 학교폭력 상담프로그램 '상다미쌤(상담 선생님을 친근히 부른 말)'에게 알려온 내용이다. 학교폭력 가해자로부터 두 달 동안문자 스토킹을 당한 이 군은 이 말을 마지막으로 열린의사회와 연락을 끊었다.

중학교 2학년이던 이군은 같은반 대부분의 아이들로부터 왕따를 당했다. 잘난척을 한다는 것이 이유였다. 어느 순간 부터 이 군은 학교에서 유령이 돼 있었고, '장난'을 빙자한 아이들의 폭력도 수시로 이뤄졌다.

그 중심에는 김무석(15 · 가명) 군이 있었다. 견디지 못한 이 군은 지난 4월 학교와 경찰에 이를 알렸다. 학교폭력대책위가 열리고 이 군의 따돌림을 주도했던 김 군에게는 강제 전학 조치가 내려졌다. 악몽은 끝난 듯 했다.

하지만 그게 아니었다. 전학을 간 김 군은 끊임없이 이 군에게 소셜네트워크서비스(SNS)인 카카오톡을 통해 메시지를 보내왔다. 욕설과 함께 "나만 너를 따돌렸냐?", "나만 때렸냐?", "내가 여기 전학와서 왕따 당하면 니가 책임 질 거냐?" 등의 메시지가 수백통 씩 쏟아졌다. 대답을 하지 않으면, "왜 대답을 안하냐", "내가 우습냐. 내가 전학왔다고 우리가 만나지 않을 것 같냐"라는 협박이 이어졌다.

친구 차단을 해도 소용이 없었다. 낯선 아이디로 문자가 왔다. 김 군이었다. 김 군은 친구의 이름으로, 부모님의 이름으로, 혹은 탈퇴후 아이디를 바꾼 뒤 메시지를 보냈다. 카카오톡을 스마트폰에서 지울 까도 생각했지만, 그 아이 하나 때문에 다른 친구들과의 소통 자체를 포기할 순 없었다. 수백통 씩 쏟아지는 김 군의 문자는 두 달 동안 이어지다 이 군이 경찰에 다시 신고를 한 뒤 비로소 끝이 났다. 이 군은 경찰에 신고를 하고 두 달 뒤인 6월 말 학교를 스스로 그만뒀다.

지난 10월 초등학교 5학년인 이윤정(12 · 가명) 양은 '상다미 쌤'에게 "아이들이 나를 왕따 시키는 것 같다. 죽고 싶다"며 상담을 신청해왔다. '절친'이었던 최영선(12 ·

가명)양과 사소한 다툼으로 사이가 멀어진 후였다. 최 양은 이 양의 사진을 '원숭이'와 합성한 뒤 사진 중심의 SNS인 카카오스토리에 올렸다. 처음엔 장난인 줄 알았다. 하지만 이 사진에 댓글들이 줄을 이었다. "정말 똑같다", "원숭이냐, 이윤정이냐", "생긴 것뿐만 아니라 하는 짓도 똑같지 않아" 등의 댓글이 올라왔다. 또다른 형태의 왕따라는 느낌이 들었다. "지워달라"는 이 양의 요구에 최 양은 화답했지만, 그 때 뿐이었다. 사진은 사라졌다가, 몇 분 뒤 다시 올라왔다. 카카오스토리에 걸린 사진은 급기야, 이 양의 카카오톡 프로필 사진으로 대체됐다. 이후 원숭이와 이 양의 합성 사진은 다른 사진들로 합성돼 한 달 동안 올라왔다, 지워졌다를 반복했다.

〈주먹질 학교폭력은 옛말…SNS 욕설·협박 신종 폭력 '기승'(연합뉴스, 2016)〉

지난 6일 청주시의 모 아파트 7층 계단 창문에서 여중생이 아래로 뛰어내렸다. 팔과 다리를 심하게 다쳐 서울의 한 병원으로 옮겨져 치료를 받았다. 이 학생은 소셜네트워크서비스(SNS)상에서 괴롭힘을 당해 힘들어했다는 취지의 말을 친구에게 했던 것으로 알려졌다.

주요 사례를 보면 지난해 중학생 3명은 페이스북에 악성 댓글을 다는 것으로 친구를 괴롭히다가 자치위원회에 회부됐다. 가해 학생 중 한 명은 피해 학생이 '성적으로 문란하다'는 내용의 댓글도 달았다. 다른 중학교에서는 이성 교제 관련 페이스북 댓글을 둘러싼 친구들 간 갈등이 폭행 사건으로 이어졌다. 가해자 3명은 피해자 3명을 카카오톡 단체채팅방으로 불러 심한 언어폭력을 행사한 뒤 다시 놀이터에서 만나 폭력을 휘둘렀다. 모 고교에서는 남학생이 여학생들의 사진을 찍어 이름, 전화번호와 함께 트위터에 공개한 것이 문제가 돼 학교폭력 사안으로 접수되기도 했다.

〈연합뉴스(2016), 2016.08.15.기사〉

〈온라인으로 확대된 은밀한 폭력 '사이버 왕따'(데일리한국, 2015)〉

"나를 욕하는 게 보기 싫어도 자꾸 이름을 태그해 고통스럽다"는 정모(15) 양은 카카오톡 단체 방에 초대돼 무차별 공격을 당했다. "보기 싫으니까 작작 나대"라며 정 양을 괴롭히는 친구 무리의 폭언을 들었고 방을 나가면 계속해서 초대했다. "너 계속 나가면 해킹도 당하고 그래서 너 핸드폰 못 쓸 수도 있다"며 "초대를 하면 넌 거절 못 하고 계속 욕먹어야 한다"고 정 양을 협박했다.

페이스북에서는 정 양을 향한 '저격글'을 올렸다. 정 양을 겨냥해 "아 너 그러고 살지 마라" 라는 글에는 "너 왜 그러냐? 누구 때문에 그러냐"라는 댓글이 달리며 점점 퍼졌다. 급기야 정 양을 태그해 "너 보라고 한 말이다"라며 댓글을 달아 정 양을 '소환'했다. 정 양은 "피하고 싶어도 피할 수 없어 고통스럽다"고 말했다.

중학생 박모(14)군은 친구 4명이 조를 나눠 PC방에서 온라인 게임 '서든어택'을 하기로 했다. 박 군과 한 조가 된 친구들은 게임을 하는 내내 "넌 잘하는 게 하나도 없다", "너랑 같은 편이 돼서 재수 없다"며 계속 채팅 메시지를 보냈다. 결국 박 군만 빼고 5명 전원이 게임에서 빠져 박 군 혼자 게임을 해야 했다.

청소년 요금제를 사용하는 초등학생 강모(13)군은 항상 데이터가 부족하다. 그런데 반에서 '힘이 있는' 한 친구가 "나 데이터 다 썼다"며 데이터를 빌려달라는 부탁에 고통스럽다고 말했다. 강 군의 휴대전화를 와이파이 삼아 모바일 핫스팟을 켜달라며 "잠깐 쓰면 되잖아, 잠깐 쓴다고 배터리가 닳는 것도 아니고 조금만 쓰겠다"고 부탁 삼아 강요한다는 것이다. 다른 친구들까지 "왜 나는 데이터를 안 주느냐"며 강 군을 괴롭혀 고민이 된다며 한숨을 쉬었다.

중학생 윤모(14)양은 같은 반 친구의 카카오톡 프로필 사진을 보고 충격을 받았다. 자신의 얼굴에 심한 포토샵이 되어 있는 '엽사'가 올라가 있는 것을 보고 "사진 좀 지워 달라"고 부탁했다. 하지만 다른 반 단체 카톡방에도 엽사를 올리고 SNS에도 사진을 올렸다. 잘 모르는 다른 반 친구들까지 윤 양을 놀렸고 '엽사'를 카카오톡 프로필 사진에 올려 괴롭힘에 동참하는 친구들이 늘어났다.

〈데일리한국(2015), 2015.12.19.기사〉

마. 대구 학교폭력의 구제를 위한 행정심판청구사례(사이버폭력)

청구인은 모 중학교 1학년에 재학중인 운동부 남학생인데요.

2학년 선배 운동선수 김○○학생이 이유도 없이 청구인을 때렸다고 해요.

속이 많이 상한 청구인은 혼잣말로 욕을 했는데,

우연히 그 옆을 지나가던 운동부의 다른 선배 이○○학생이 듣고선 청구인에게 욕을 하고 때렸다고 합니다.

때마침 운동부 코치 선생님이 와서 아무런 일 없이 그냥 지나갔는데요.

이○○학생은 그날 밤 1학년 여학생들에게 위의 이야기를 전하였고,

1학년 여학생들은 청구인을 카카오스토리로 초대하여 집단적으로 사이버폭력을 행사했답니다.

나중에는 12:1로 청구인 한 명에 대하여 집중적으로 공격을 했는데, 처음에 청구인이 참았는데 여학생들 중 2명이 차마 입에 담기 어려운 성적인 욕을 하였고 청구인의

부모님을 성적으로 비하하는 말을 듣고 격분한 청구인은 억울한 마음에 12명을 상대로 욕을 하였어요. 만약 청구인이 이러한 욕을 듣고고 아무런 반응을 하지 않는다면 1학년 여학생들이 자신을 만만하게 보고 앞으로도 더욱더 놀림감이 될 것 같아서 어쩔 수 없이 욕을 했다는군요.

12명이 청구인에게 한 욕설은 120회인 반면 청구인이 12명을 향해 한 욕설은 3회인데, 청구인이 욕설을 한 것은 부모님에 대한 성적인 욕설을 듣고 난 후였다고 해요. 청구인은 너무나 억울한 마음에 다음날 학교에 가서 위 12명에 대하여 학교폭력으로 신고를 하였고 카카오스토리의 대화 내용을 캡쳐한 사진을 학교폭력 전담 선생님에게 제출하였어요.

며칠 후 학교폭력대책자치위워회가 열렸는데, 청구인을 주먹으로 때린 운동부 선배들에게는「피해학생에 대한 서면사과」조치를 청구인에게 집단적으로 사이버 폭력을 행사한 여학생들에게는「학교 내에서의 봉사」조치가 결정되었습니다.

그런데 12명으로부터 사이버 폭력을 당한 청구인에게는 '피해 학생의 보호에 관한 조치'가 아니라 가해학생에 대한 조치의 일종인「피해 학생에 대한 서면사과」조치가 내려졌으니 얼마나 황당한 일입니까?

누가 누구를 보고 사과를 하라는 것인지!

학교폭력대책자치위원들은 청구인도 욕을 3회 했기 때문에 가해학생에 해당된고 판단하여 이런 말고 안되는 결정을 한 것 같습니다.

청구인의 부모님은 학교의 이러한 결정에 대하여 도무지 받아들일 수가 없다고 하시면서 행정심판을 통해서 청구인에게 내려진 위 조치가 취소되기를 희망하셨어요.

마음 같았으면 재심청구를 통해 가해학생에 대한 좀더 강한 조치를 요구하고 싶은데, 집단적인 보족이 두려워 자녀를 위해 참기로 하셨다는군요.

[출처] 대구시민행정사사무소(2015). 대구 학교폭력의 구제를 위한 행정심판청구사례(사이버폭력)(2015.01.31.)http://blog.naver.com/minwonsos/220258543502

아. 애들 싸움이 어른들 SNS 싸움으로

아이들 싸움이 어른 싸움으로 번지는 일은 SNS(소셜네트워크서비스)에서도 자주 일어난다. 초등학생 자녀를 둔 학부모 가운데 일부가 아이들 간의 다툼을 SNS에 올려 여론 재판을 유도하는 것이다.

충남 천안시의 한 초등학교 1학년 김주영(7 · 가명)군은 입학한 지 한 달도 안돼 문제아로 낙인찍혔다. 김군이 지난 3월 실내화 주머니를 휘두르며 같은 반 친구를 위협하는 장면을 담은 동영상이 카카오스토리를 통해 학부모들 사이에 퍼졌기 때문이다. 동영상을 본 다른 학부모들이 자기 자녀에게 "주영이와 어울려 놀지 말라"고 하면서 김군은 '왕따'가 됐다.

이 영상은 김군과 싸운 상대 학생의 어머니가 촬영한 것이었다. 이 어머니는 우연히 학교에 들렀다가 싸움을 목격하고는 자기 아들이 위협받는 장면 위주로 동영상을 찍어 SNS에 올렸다. 실제 싸움에서는 김군이 상대 학생에게 멱살을 잡히기도 했지만, 그런 부분은 동영상엔 빠져 있었다.

김군의 어머니는 "동영상이 퍼진 뒤 열심히 해명했지만 아무 소용이 없었다"며 "'폭력 학생'이 돼 버린 아들에게 해줄 수 있는 것은 전학 보내는 방법밖에 없는 것 같다"고 했다.

초등학생 6학년 딸을 둔 김모(42)씨는 지난 3월 "딸이 새로 사준 휴대폰 배터리 충전기를 잃어버렸는데, 우리 딸 얘기로는 민지(가명)가 가져갔다더라"는 글을 자신의 SNS에 올렸다.

이 글을 본 민지양의 어머니가 "남의 딸을 도둑 취급하다니 그 엄마에 그 딸이네. 가정교육에 문제가 있는지, 그 집 딸은 산만해서 선생님이 자주 야단친다더라"는 내용의 글을 SNS에 올려 싸움이 커졌다. 이 학교 교사 성모(27)씨는 "요즘 자녀 싸움이 학부모들 간의 SNS 싸움으로 번지고, 결국 '담임은 뭐 하는 거냐'며 교사에게 불똥이 튀는 일이 잦다"면서 "학부모들이 SNS에서 '여론 재판'을 유도하는 것은 피해 학생에게 2차 피해를 가하는 또 다른 형태의 사이버 폭력"이라고 말했다.

[출처] 조선일보(2016). 애들 싸움이 어른들 SNS 싸움으로. (2016.05.06.기사).

"xx년 재수 없다" 막가는 요즘 초등생 SNS(조선일보, 2016).

"오늘 성나은이 입고 온 하늘색 원피스 완전 극혐(극도로 혐오한다는 뜻)!"

인천에 사는 초등학교 4학년 성나은(10 · 가명)양은 최근 하굣길에 스마트폰으로 페이스북에 접속했다가 한참을 울었다. 같은 반 친구가 성양을 흉보는 글을 페이스북에 올려놓고 성양과 반 친구 10여명을 태그(다른 이용자와 게시물을 공유하는 것)한 것이다. 태그된 친구들은 공감을 뜻하는 '좋아요'를 눌렀다. 성양이 '페따(페이스북 왕따)'가 된 것이다. 반 친구들은 돌아가며 자신의 페이스북에 "옆에 가면 냄새 난다" "키가 작고 뚱뚱하다" "영어를 못 읽는다"며 성양이 싫은 이유를 썼다. 또 "XX년 재수 없다" 같은 욕설도 잔뜩 써놓았다.

SNS(소셜네트워크서비스)를 이용하는 연령대가 낮아지면서 초등학생들 사이에서 SNS가 학교 폭력의 도구로 활용되고 있다. 5일 본지가 입수한 방송통신위원회 · 한국인터넷진흥원의 '2015년 사이버 폭력 실태조사 보고서'에 따르면, 초등학생 가운데 14%가 "사이버상에서 폭력을 당한 적이 있다"고 답했다. 초등학생들이 꼽은 '사이버 폭력'의 30%가량은 페이스북이나 카카오스토리 같은 SNS에서 일어난 일이었다.

SNS를 이용한 학교 폭력은 교사나 학부모의 눈을 피해 이뤄지기 때문에 조기(早期) 발견이 쉽지 않다. 경기 오산시의 한 초등학교 6학년 담임 이모(26)씨는 지난달 정연아(13 · 가명)양과 이채린(13 · 가명)양이 교실에서 말다툼하는 것을 보고 서로 사과편지를 쓰게 했다.

이씨는 두 학생이 금방 화해하는 모습을 보고 안심했다. 하지만 며칠 후 반 학생들의 카카오스토리에 접속했다가 깜짝 놀랐다. 많은 학생이 봄 소풍 때 찍은 단체사진을 올려놓았는데, 정양 얼굴만 모자이크로 가린 것이었다. 이양과 친한 친구들은 정양이 찡그린 얼굴을 크게 확대해놓고 '굴욕 사진'이라며 낄낄거렸다. 결국 이씨는 반 학생들에게 카카오스토리 금지령을 내렸다. 이씨는 "연아 사건 이후 학교 차원에서 '학교 폭력을 막으려면 학생들의 SNS를 모니터링 해야 한다'는 공감대가 생겼다"고 말했다. 방통위와 인터넷진흥원의 실태조사 결과, 초등교사의 42%가 "학생들의 SNS를 주기적으로 들어가 본다"고 답했다.

사이가 좋은 친구들끼리도 한 명씩 돌아가며 '왕따' 학생을 지정해 놀리는 'SNS 왕따 놀이'도 퍼지고 있다. 경기 파주시에 사는 김모(43)씨는 최근 아들 다울(12 · 가명)군의 SNS를 샅샅이 뒤졌다. 다울이가 아침에 갑자기 "배가 아파 학교에 못 가겠다"고 하자, "혹시 학교 폭력에 시달리는 것 아닌가"라는 의심이 들었기 때문이다. 다울군의 페이스북엔 지난달 일본 도쿄 가족여행 때 찍은 사진이 올려져 있었고, 그 아래에 김군의 친구들이 적어놓은 "방사능충(蟲) 꺼져" "방사능 옮기지 말고 집에 있어라" 같은 악성 댓글(악플) 수십 개가 달려 있었다. 놀란 김씨에게 다울이는 웃으면서 "친구들끼리 SNS 왕따 놀이를 하는데 이번이 내가 당하는 차례다. 다음 차례 친구에겐 내가 당했던 것 이상으로 복수할 것"이라고 말했다.

[출처] 조선일보(2016). "××년 재수 없다" 막가는 요즘 초등생 SNS. (2016.05.06.기사)

사. 〈사례 5〉: 미국 사례

〈왕따보다 무서운 사이버폭력〉 사이버 폭력 사범 엄격한 형사처벌…국내는 세부내용 보완 필요(헤럴드경제, 2014).

지난해 5월 22일 미국 뉴욕시 퀸즈빌리지의 109중학교에 다니던 12세 소녀 가브리엘 몰리나는 자신의 침실에서 숨진 채 발견됐다.

꽃다운 나이의 소녀의 자살은 미국 사회에 적잖은 논란을 일으켰다. 몰리나가 사이버 따돌림을 당했다는 친구들의 증언이 잇따랐으며 스스로 목숨을 끊기 전 휴대전화에 '매춘부(a whore)'라는 모욕적인 문자 메시지가 온 사실이 밝혀졌다.

친구들과의 불화, 남자친구와의 결별로 벼랑 끝에 선 몰리나를 끝내 죽음으로 등떠민 것은 익명의 발신자들이 보낸 문자 메시지였다.

이른바 '가브리엘 몰리나' 사건은 미국 내 사이버 폭력 대책 마련을 촉구하는 도화선이 됐다. 사건이 발생한 뉴욕주는 사이버 폭력 사건을 형사범으로 처벌할 수 있도록 법을 개정했으며, 뉴욕시 교육감은 시내 1700여개 학교에서 사이버 폭력에 대한 교육을 실시하도록 지시했다.

이에 사이버 폭력이 발생할 경우 피해자 혹은 목격자는 학교 상담사에게 즉각 신고해야 하며 이를 목격하고도 신고하지 않은 학생들에게 처벌을 내릴 수 있게 됐다. 나아가 학교 당국이 교육청이나 경찰에 즉각 보고하지 않으면 법적 처벌을 받는다.

한편 캐나다는 '파슨스' 사건을 계기로 사이버 폭력을 처벌하는 법을 주 정부 차원에서 도입하고 있다.

17세 소녀 레테 파슨스는 지난 2011년 친구들과 10대 모임에 참석해 술을 마신 뒤 남학생 4명에게 집단 성폭행을 당했다. 비극은 여기서 그치지 않았다. 당시 현장 사진이 인터넷에 유포돼 그는 온·오프라인상에서 오랜 집단 괴롭힘에 시달리다 결국 지난해 4월 4일 스스로 세상을 떠났다.

캐나다 노바스코샤주 정부는 이후 사이버 폭력 전담 조사팀을 설치해 신고를 접수하고 피해자 보호 및 가해자 조사를 벌이도록 하는 내용의 법안을 마련해 주 의회에 제출했다. 이에 따라 피해신고가 있으면 법원으로부터 보호 명령을 받아 가해자의 온라인 활동을 즉각 금지하고, 사이버 폭력에 사용된 컴퓨터나 전화를 압수해 조사에 들어가도록 했다. 또 가해자는 초범이라도 5000달러의 벌금이나 6개월 실형에 처하게끔 규정했다.

4. 사이버폭력 사례에 대한 효과적인 지도방안

가. 사이버에티켓 교육을 통한 건전한 사이버 문화를 형성하여야 한다.

성○학생과 최○학생은 초등학교 시절에는 같은 학교에 다녔으며 중학교는 다른 학교를 다니게 되었다. 둘은 서로 잘 아는 사이이지만 항상 서로 경쟁관계에 있었고, 힘은 성○학생이 우위로 주로 괴롭히곤 하다가 고등학교에 들어와서 얼굴을 마주친 후 학교 홈페이지를 이용하여 서로 보이지 않는 싸움을 시작하게 되었다. 일방적으로 성○학생이 욕설로서 위협을 한 후 학교에서 만나게 되었을 때 주먹을 휘두르고 여러 학생들을 동원하여 최○학생에게 집단 폭력을 가하였다. 최○학생은 겁이나 친형에게 연락을 하였다. 이후 최○학생의 형은 공익근무요원으로 오후에 7명의 괴청년들을 데리고 3대의 승용차에 나누어 탄 후 학교교문에 도착하였고, 성○학생을 기다리면서 시위를 하던 중 학생부 선생님과 실랑이가 붙었다. 이후 여러 청년들은 성○학생을 보고 학교로 진입하여 교내의 여러 학생과 편싸움이 붙고 전 선생님들이 동원 된 후 진정이 되었다. 일반인과 과격한 대응을 한 학생들은 경찰서로 호송되었다. 일반인들은 훈방 조치되었고 학생들은 학교에 통보되어 학교 선도위원회에 회부되어 처리되었다.

1) 교사와 학교의 대처요령

- 학급에서 자주 일어나는 사건은 아니나 최근에 새롭게 자리를 잡아가는 신종 폭력이다. 교사는 학생들의 과거 친구관계에 대한 정보를 잘 알고 있어야 하며, 학교 홈페이지 상에서 사이버를 통한 지속적인 괴롭힘과 상대방 모함 등을 차단할 수 있도록 해야 한다. 따라서 학교 홈페이지를 주기적으로 관리하는 교사를 지정해 두고, 그로 하여금 홈페이지 관리와 갱신, 사이버 에티켓 교육 등을 전담 실시하도록 하되 수업시간 감면과 잡무 경감 등의 혜택을 함께 부여해야 할 것이다.
- 위 사례에서 최초의 가해자가 결국에는 피해자로 전락되고 있음을 알 수 있다. 가해자와 피해자가 불분명한 경우인데, 이 때 교사는 폭력 가담 학생들 모두를 직접 불러 놓고 가해-피해 관계를 분명하게 밝혀야 한다. 서로가 피해자라고 주장할 수 있지만, 결국 서로가 가해자일 수 있음을 주지시켜야 한다. 상대방의 폭력에 대한 대처방법이 비합리적이고 감정적이었기 때문에 피해자가 가해자가 된 것이다. 예컨데 피해자가 형의 친구들을 동원함으로써 학교 내 집단폭력의 가해자가 되고 말았다.
- 학생 모두의 진술을 충분히 듣도록 한다. 그리고 초등학교에서부터 친구관계였기 때문에 부모님들을 불러서 양 쪽 가정의 상호 협력과 공동 대응방안을 모색한다. 이 때 양 가정간의 갈등이나 불화가 내재되어 있을 수 있는데, 그

런 경우 먼저 가정간의 갈등을 해결하도록 조력할 필요가 있다. 양쪽 가정의 식구들이 함께 참여하는 등산대회, 스포츠 활동, 가정 초정, 영화보기 등을 추천한다.

- 학교 내 모든 학생들에게 폭력 사건의 경위와 문제해결 과정을 공개하고, 사이버 폭력이 실생활 폭력으로 연결될 수 있음을 주지시키고, 건전한 사이버 문화를 정착시키는데 앞장서도록 지도한다.

2) 시사점

사이버 폭력은 대부분 언어적 폭력 즉, 욕설이나 모함, 비난 등의 내용을 담고 있음으로서 실제 폭력행위보다 더 심각한 분노와 적개심을 야기시키고 있다. 인터넷의 보편화와 핸드폰 문자 메시지의 활용 증가는 청소년들의 생활과 문화를 개선시키는 긍정적인 측면도 있지만, 무차별적인 인격 침해를 위한 수단으로 사용되기도 한다. 청소년들의 친구관계는 우정과 대인관계를 확대시키는 긍정적인 측면도 있지만, 경쟁과 시기심을 자극하는 부정적인 측면도 포함하고 있다. 경쟁심과 시기심은 오랫동안 청소년 개인의 성장을 방해하는 요인이 되며, 신경증과 불안, 강박관념 등의 정서적 장애를 초래하기도 한다. 따라서 학교에서는 또래들간의 건전한 대인관계와 우정관계가 형성되고 강화될 수 있도록 체계적인 교육 프로그램을 마련하여 주기적으로 실행할 필요가 있다.

나. 사이버폭력 예방 및 대처를 위한 10원칙

1) 존중과 배려의 원칙

자녀에게 사이버공간에서 타인도 자신과 같이 감정과 생각을 가진사람임을 잊지 않도록 이야기 해주세요.

2) 개인정보 보호의 원칙

자녀가 자신의 개인 정보를 소중히 생각하고 보호하도록 하고, 부모의 개인정보를 함부로 이용하지 않도록 해주세요.

3) 의사소통의 원칙

평소에 대화를 통해 학생이 올바른 언어 습관을 가지도록 하고 온라인 게시 글 등록 시 여러 번 생각해본 후 남기도록 해주세요.

4) 이하부정관의 원칙

타인으로부터 오해나 불신을 살만한 행동은 하지 않도록 해주세요.

5) 지피지기의 원칙

사이버 폭력에 대해 명확히 이해하도록 교육해주세요.

6) 대화의 원칙

평소 사이버공간에서의 활동과 관련하여 자녀와대화의 시간을 자주 갖도록 해주세요.

7) 도움요청의 원칙

사이버폭력을 당할 경우, 언제든 부모가 든든한 지지자가 됨을 알려주세요.

8) 초기대응의 원칙

자녀에게 사이버폭력에 대해 분명한 거부 의사를 표현하도록 하고, 보복하지 말고 무시하고 차단하도록 교육해주세요.

9) 증거보존의 원칙

자녀를 비난하거나 욕설 등의 메시지를 확인한 경우 삭제하지 말고 증거를 확보해주세요. 이 때 자녀가 분명히 거부 의사를 표시한 내용을 함께 확보하는 것이 좋습니다.

10) 적극대응의 원칙

사이버폭력을 당했을 때 관련기관을 찾아 상담과 도움을 받습니다. 또한, 사이트 관리자에게 사이버폭력 피해사실을 신고하고 삭제를 요청하세요.

[출처]: 교육부 · 한국교육학술정보원(2015). 사이버 폭력 예방 대응 학부모 가이드(도란도란 학교폭력 예방 누리집).

다. 사이버폭력 상담 방안

1) 학생 상담

가) 은밀한 사이버폭력 관련 학생을 한 장소에 모이게 한 후 조사를 하는 것은 피해학생에게 위축감, 불안감을 줄 수 있으므로 각자 개별적으로 상담한다.

나) 집단폭행이나 목격학생을 조사할 때에는 관련 학생 모두를 한꺼번에 불러 다른 장소에서 일제히 조사하는 것이 바람직하다.

다) 2차 피해 예방을 위해 관련학생 상담 또는 조사 과정 등이 주위에 알려지지 않도록 유의한다.

라) 가해학생에게 훈계나 평가를 하는 것은 오히려 역효과를 줄 수 있으므로, 비난이나 심문하는 태도를 취하지 않는다.

2) 학부모 상담

가) 보호자가 감정적으로 격앙되어 있을 경우 동요하지 않고 침착하게 대응한다.

나) 학교에서 책임감을 가지고 사안을 처리하고 학생들을 지도할 것을 알린다.

다) 자치위원회의 결정전에는 가해 · 피해학생을 단정짓지 않는다.

라) 보호자의 심정을 충분히 공감하고 이해하며 경청한다.

마) 당사자의 개인정보(주소, 전화번호 등)를 당사자 동의 없이 상대방에게 알려주지 않는다.

참고문헌

교육부・한국교육학술정보원(2015). 사이버 폭력 예방 대응 학부모 가이드(도란도란 학교폭력예방 누리집).

김경은・윤혜미(2012). 청소년의 사이버폭력에 관련된 생태체계변인의 영향. 청소년복지연구.

대구시민행정사사무소(2015). 대구 학교폭력의 구제를 위한 행정심판청구사례(사이버폭력)(2015.01.31.)

http://blog.naver.com/minwonsos/220258543502

데일리한국(2015). 온라인으로 확대된 은밀한 폭력 '사이버 왕따'(2015.12.19.기사).

방송통신심의위원회(2008). 사이버권리침애 대응안내서.

연합뉴스(2016). 〈주먹질 학교폭력은 옛말…SNS 욕설・협박 신종 폭력 '기승'(2016.08.15기사).

정한라(2013). 국내외 사이버폭력 사례 및 각국의 대응방안. Internet & Security Focus, 10월호, 31-46.

조선일보(2016). 애들 싸움이 어른들 SNS 싸움으로. (2016.05.06.기사).

조선일보(2016). "××년 재수 없다" 막가는 요즘 초등생 SNS. (2016.05.06.기사)

헤럴드경제(2014). 〈왕따보다 무서운 사이버 학교폭력 8〉설마 내 아이가 사이버폭력피해자? 무관심한 부모들(2014.01.20.기사).

헤럴드경제(2013). 〈왕따보다 무서운 사이버 학교폭력〉 엽기 얼굴사진 퍼뜨리고 집단으로 놀려(2013.12.31.기사).

헤럴드경제(2013). 〈왕따보다 나쁜 사이버 폭력 1-3〉 페북, 카카오스토리에 숨은 위험한 시선... 사이버 스토킹(2013.12.24.기사).

헤럴드경제(2014). 〈왕따보다 무서운 사이버폭력〉 사이버 폭력 사범 엄격한 형사처벌…국내는 세부내용 보완 필요(2014.02.17.기사).

노컷뉴스(2012). 따돌림 생중계 당하는 왕따, '사이버폭력'에 두 번 운다(2012.01.12.기사).

찾아보기

『ㅅ』

『ㅇ』

『ㅈ』

『ㅊ』

『ㅌ』

『ㅍ』

『ㅎ』

『기타』

저자 약력

신재한

경북대학교 교육학박사

한국교육개발원 연구위원

교육부 연구사

현) 국제뇌교육종합대학원대학교 뇌교육학과 교수

국제뇌교육종합대학원대학교 뇌교육학과 인성교육전공 주임교수

인성교육연구원 및 원격교육연수원 부원장

권민석

경북대학교 교육학박사

경북대학교, 대구교육대학교 외래강사

사례로 배우는 학교폭력 예방 및 대처의 이론과 실제

2017년 8월 20일 1판 1쇄 인쇄
2017년 8월 25일 1판 1쇄 발행

저 자 : 신재한 권민석
발행자 : 한 정 주
발행처 : 교육과학사

저자와의 협의하에 인지생략

경기도 파주시 광인사길 71
전화 (031)955-6956~8/팩스 (031)955-6037
Home-page : www.kyoyookbook.co.kr
E-mail : kyoyook@chol.com
등록 : 1970년 5월 18일 제2-73호

낙장・파본은 교환해 드립니다.
Printed in Korea.

정가 24,000 원
ISBN 978-89-254-1193-4